비스마르크를 격침하라

비스마르크를 격침하라

1941년 대서양 전투의 변곡점

앵거스 콘스텀 지음 / **이승훈** 옮김

일조각

차례

프롤로그 7
시간, 속력, 거리와 방위에 관해 11
머리말 14

제1장 전함 비스마르크 19
제2장 독일의 대서양 전략 40
제3장 본국 함대 63
제4장 준비 81
제5장 발트해 통과 98
제6장 노르웨이에 머물다 116
제7장 뤼첸스의 한 수, 토비의 맞대응 130
제8장 덴마크 해협 151
제9장 새벽의 결투 168
제10장 후드 폭침 185
제11장 대서양으로 205
제12장 비스마르크 사냥 227
제13장 항공 공격 244
제14장 밤의 구축함 265
제15장 마지막 전투 282

에필로그 300
미주 307
참고문헌 323
옮긴이 후기 326
찾아보기 329

일러두기

1. 외래어 표기는 국립국어원의 외래어 표기법과 용례에 따랐다.
2. 제2차 세계대전 당시 영국은 영미단위계(야드파운드법)를 사용한 반면 독일은 국제단위계(미터법)를 사용했다. 원서에서는 영국과 독일 군함의 무장 제원을 모두 인치, 파운드로 표기했으나 실제 독일 해군은 아군 함포를 '○○인치 포'가 아닌 '○○cm 포'라 불렀다. 번역서에서는 단위를 혼용해서 생기는 혼란을 피하고자 제원의 경우 영미단위계로 통일해 표기하고 괄호 안에 국제단위계 단위를 병기했다〔예: 15인치(38cm)〕. 따라서 독일군에 대한 서술에서 15인치, 8인치 포라고 기술된 경우 실제로는 38cm, 20cm 포를 가리킨다. 아울러 마일, 야드, 시 마일, 해리 단위로 표기된 거리 단위도 모두 국제단위계로 환산해 병기했다.

프롤로그

전함 비스마르크Bismarck의 함교 시계는 05시 53분을 가리켰다.[1] 그 순간, 함교에 있는 인원들은 남쪽 수평선에서 다가오는 두 개의 검은 형체를 주시했다. 영국 순양함일까? 아니면 전함일까? 얼마 지나지 않아 견시원들은 선도함에서 물결처럼 일어나는 오렌지색 불꽃을 보았다. 어떤 사람에게는 번쩍이는 번개처럼 보였다. 적함은 사격하고 있다. 15인치(38.1cm) 포탄이 2만 5,000야드(12.5 시 마일, 22,860m) 거리를 날아오는 데 약 50초가 걸린다. 함교에서 할 수 있는 일은 없었다. 곧 특급열차가 지나가는 것 같은 소리가 들렸다. 첫 포탄이 떨어진 것이다.

사실 영국 순양전함 후드Hood의 사격 목표는 비스마르크와 함께 행동하던 중순양함 프린츠 오이겐Prinz Eugen이었다. 프린츠 오이겐은 거대한 비스마르크 바로 앞에서 항해하고 있었다. 굉음은 두 번째 적함이 발사한 포탄이 낸 소리였다. 이 포탄들은 비스마르크를 몇백 야드 지나쳐 거대한 물기둥 여섯 개를 일으켰다. 순양함이 아니었다. 전함이 발사한 포탄이었다!

포술장 슈나이더Adalbert Schneider 소령Korvettenkapitän은 함내 전화로 발포 허가를 요청했다. 적 선도함을 추적하던 15인치(38cm) 포 8문은 사격 준비를 끝냈다. 누군가가 소리쳤다. "후드, 후드다!" 목표물인 순양전함 후드는 해양강국 영국의 상징과도 같은 전설적 존재였다. 함장 린데만Ernst Lindemann 대령Kapitän은 함교 전화의 수화기를 들었다. "발포 허가." 몇 초 뒤 슈나이더의 대구경 함포들이 앞서 영국 함선들과 비슷한 오렌지색 불꽃을 뿜었다. 결투가 시작되었다.

그때쯤 대열의 두 번째 영국 전함은 킹 조지 5세급King George V class 전함으로 식별되었다.[2] 이 전함에는 14인치(35.5cm) 포 10문이 탑재되어 있었다. 후드는 15인치(38cm) 포 8문을 탑재했고 비스마르크도 마찬가지였다. 프린츠 오이겐은 8인치(20cm) 포 8문만 보유했다. 따라서 독일군은 수적으로 열세였으나 화력이 크게 뒤떨어지지는 않았다. 양측의 주포 포반은 포탄이 탄착하면서 내는 물기둥을 지켜보다가 조준을 수정했다. 독일 함대가 05시 54분에 약간 우현으로 선회했으나 거리는 계속 좁혀지고 있었다. 이제 독일군이 유리한 위치를 잡았다. 독일 함선의 함포는 모두 사격할 수 있었던 데 반해 영국 함대는 전방 주포탑만 적을 겨냥할 수 있었다. 구경이 작으나 발사 속도가 빠른 프린츠 오이겐의 함포가 발사한 포탄이 곧 후드 주변에 낙하하기 시작했다. 후드에 처음으로 명중한 프린츠 오이겐의 포탄으로 인해 작은 화재가 발생했다. 그때쯤 큰 함포에서 발사된 포탄들이 목표물 가까이에 협차되고 있었다.

뤼첸스Günther Lütjens 제독은 비스마르크가 적 순양전함과 대적하도록 프린츠 오이겐에 목표물을 전함으로 바꾸고 비스마르크의 뒤로 가라고 지시했다. 세 번째 일제사격에서 비스마르크의 포탄이 후드에 협차되기 시작하며 물기둥이 높은 장벽처럼 솟아올랐다. 포수들이 정확한 거리를 찾은 것이다. 05시 59분, 슈나이더는 포탄 세 발을 30초 간격으로 빠르게 연사했다. 이때쯤 거리는 1만 8,000야드(9 시 마일, 16,459m)였고 포탄의 비행시간은 고작 30초였다. 이때 발사한 첫 포탄들이 또다시 후드를 협차했다. 명중탄은 없었다. 06시, 비스마르크의 다섯 번째 일제사격 중 포탄 중 한 발이 명중했다.

그 뒤 일어난 일을 정확히 아는 사람은 아무도 없다. 독일 함선에서 이 장면을 본 몇몇 목격자는 후드의 주 마스트 옆에서 솟아오르는 불기둥을 보았다. 프린츠 오이겐의 포탄이 일으킨 화재로 인한 폭발일 수도 있고, 비스마르크가 일제사격 한 포탄이 명중했을 수도 있다. 몇 분의 1초 새에 독일군 15인치 포탄이 후드의 후부갑판, 아마도 X포탑(3번 포탑—옮긴이) 근처 어딘가를 뚫고 들어갔다. 포탄은 함체 깊숙한 곳에서 폭발해 후드의 후부 탄약고에 유폭을 일으켰다. 함교에서 강한 흔들림을 느낀 사람들은 명중탄이 발생했음을 깨달았다.[3] 조타수가 타륜이 반응하지 않는다고 보고했다. 탄약고가 유폭했을 때 함의 후미 부분이 이미 뜯겨 나간 상태였다.

비스마르크에서 뮐렌하임-레흐베르크Burkard von Müllenheim-Rechberg 소령Korvettenkapitän은 원거리에서 독일 함선들을 미행하는 영국 순양함들을 지켜보고 있었다. 그때 인터콤에서 "후드가 폭발한다!"라는 소리가 들렸다. 대위는 재빨리 좌현 조준경을 통해 밖을 내다보았다. 후드는 흔적도 찾을 수 없었고, 거대한 연기 기둥만 후드가 있었던 곳에서 솟아오르고 있었다. 자세히 보니 연기 기둥 아래에 후드의 함수가 기울어진 채 삐죽 해수면 위로 튀어나온 모습이 보였다. 사실이었다. 후드는 둘로 쪼개졌다. 그 모습을 지켜보는 동안 또 다른 오렌지색 불꽃이 눈에 들어왔다. 후드의 전방 포탑에서 발사된 마지막 일제사격이었다. 후드 승조원들은 자기 배가 침몰하고 있다는 사실을 부정하는 듯했다.

비스마르크의 함교에 있던 항해장도 후드가 두 동강 나며 불꽃에 휩싸이는 모습을 보았다. 곧이어 충격파가 전해졌다. 후드와 9해리(16.7km) 떨어진 거리에 있었으나 사지가 뜯겨 나가는 기분이었다. 그 순간 또는 몇 분

만에 심한 손상을 입은 순양전함의 함체는 1,415명에 달하는 승조원의 강철 관이 되었다. 생존자는 단 세 명뿐이었다.

시간, 속력, 거리와 방위에 관해

1941년 5월 18일, 비스마르크가 고텐하펜Gotenhafen(현재 폴란드의 그디니아Gdynia)항에서 출항했을 때의 작전 기준시간은 그리니치 표준시(GMT)보다 한 시간 앞선 중앙 유럽 표준시(CET)였다. 하지만 계절 요인으로 인해 이 시간은 중앙 유럽 일광절약시(CEDST)로 변경되었다. 그리니치 표준시보다 두 시간 앞선다(GMT+2시간이 된다). 그때 영국도 같은 시간을 쓰고 있었는데 영국 이중 일광절약시(BDST)로 불렸다. 따라서 독일과 영국군 모두 시간을 GMT+2에 맞췄다.

시간대 때문에 복잡한 문제가 생겼다. 선박이 서쪽으로 항해해 갈수록 일몰시간이 늦어진다. 북대서양은 다섯 개 시간대에 걸쳐 있으므로 어떤 선박이 하나의 시간대에서 다른 시간대로 가면 대개 새 시간대에 맞춰 선박의 시계 시간을 바꾼다. 시간 문제를 단순화하고자 뤼첸스 제독은 5월 23일에 덴마크 해협Denmark Strait에 접근할 무렵, 13시에 전 함대의 시계를 중앙 유럽 표준시, 즉 GMT+1로 바꾸라고 명령했다. 이로 인해 독일 함대의 시간은 베를린의 해군사령부와 런던의 영국 해군성보다 한 시간 앞서게 되었다.

대개 북대서양 동쪽 해역에서 작전하던 영국 함선들 역시 시간대에 따라 런던 시간보다 한 시간이나 두 시간 앞서 있었다. 단순화를 위해 본국함대Home Fleet의 통신 관련 일자와 시간은 대개 영국 이중 일광절약시에 맞춰 기록되었으나 함의 항해일지는 함이 현재 위치한 시간대에 맞춰 기록되었다. 상술한 모든 문제를 간단히 하기 위해 달리 명시하지 않는 한 이 책의 모든 시간은 CET(또는 GMT+1시간)이다. 예를 들어 비스마르크는 11시 30분(CEDST)에 고텐하펜 부두를 떠났고 5일 뒤에 뤼첸스가 중앙 유럽 표준시로 시간을 바꿀 때까지 이 시간을 사용했다. 따라서 이 책에서는 그날 13시에 새로 시간이 변경될 때까지는 앞의 방식으로 시간을 기록했다가 그 후에는 번거로운 'CEDST' 딱지를 떼기로 한다.

다른 관행들은 이보다 간단하다.[1] 수면을 항행하는 함선의 속도는 노트로 표시한다. 한 시간당 항해하는 해리로 표현된 속력이다. 1929년 이래 1해리는 공식적으로 2,025야드(1,852m)로 정의되었다. 따라서 30노트로 움직이는 선박은 한 시간 내에 30해리 또는 30분 내에 15해리를 이동하는 것이다. 부수적으로 영국 해군은 1970년대까지 해군성 해리Admiralty Mile를 고집했는데 앞서 설명한 해리보다 1야드 더 길다. 역사적으로 1해리는 위도상 1분 또는 위도 1도의 1/60과 동일하다. 1해리는 케이블cable이라고 불리는 하위 단위로 나뉜다. 10케이블이 1해리다.

그런데 해군 포술에서는 1해리가 2,000야드(1,829m)로 규정되었기 때문에 문제가 더 복잡해진다. 이것이 시 마일sea mile이다. 따라서 후드가 비스마르크와 2만 5,000야드(22,860m) 거리에서 교전을 시작했을 때, 이것은 12.5 시 마일이다. 독일군은 물론 야드 대신 미터로 거리를 계산했다. 시 마일은 2,000야드(1,829m)라서 해리보다 약간 짧다. 육상 마일land mile은 1,760야드(1,609m)다. 따라서 관행상 이 책에서는 속력은 노트로, 항정거리는 해리로 표시한다. 포격 관련 기술에서 거리는 미터가 아닌 야드 또는 시 마일로 표기한다.

마지막으로 항로와 침로와 방위에 대해 짧게 설명하겠다. 침로와 방위는 나침의로 결정되며 나침의는 360도로 나뉜다. 네 개의 주요 방위기점 cardinal points은 북(0도 또는 360도), 동(90도), 남(180도), 서(270도)다. 이 시기의 함선에서는 좌현port은 배의 왼편, 우현stardboard은 오른편이다. 이는 항해등에 사용되는 색과도 연관이 있다. 적색등은 좌현을, 녹색등은 우현을 가리킨다. 군함에 탑승해 앞쪽을 바라보는 관찰자에게 배가 나아가는 방향에서 어느 한쪽으로 약 90도에 있는 물체는 현측(좌현 또는 우현)에 있는 것이 된다. 배의 앞쪽에 있는 물체는 '함수', 뒤쪽에 있는 물체는 '함미' 쪽에 있는 것이 된다. 따라서 함 정면 왼쪽에서 발견된 적함은 '함수 좌현'에 있다고 표현한다.

머리말

거의 80년 전, 강력한 독일군 전함이 첫 작전에 나섰으나 돌아오지 못했다. 차가운 물속에 잠긴 채 부서지고 녹슬어 간 전함의 잔해는 지금 대서양 수면 1만 5,700피트(4,785m) 아래 칠흑 같은 어둠 속에 누워 있다.[1] 비스마르크라는 전함은 사라졌지만 잊히지는 않았다. 비스마르크가 격침될 때 전 세계의 관심은 이 전함과 대서양 출격을 둘러싼 극적 사건에 집중되었다.

전쟁이 끝나고 시간이 지나며 열띤 관심은 식었지만 비스마르크와 이 배의 마지막 9일은 여전히 사람들을 매혹하고 있다. 놀라운 일은 아니다. 비스마르크의 마지막 항해 이야기는 역경을 넘어선 승리, 잡히지 않는 적을 뒤쫓는 긴박한 사냥, 강철 거인들의 결투, 창자를 도려내는 듯한 인간적 비극에 관한 이야기다. 행운과 기회, 해명되지 않은 몇몇 수수께끼와 거대한 사건에 붙들려 버린 수병 수천 명의 운명도 이 이야기에 뒤얽혀 있다. 무엇보다 비스마르크의 마지막 항해는 해전사에서 여전히 고전의 위치를 차지하고 있다.

전함 비스마르크는 1941년 5월 24일 여명이 밝고 얼마 뒤 첫 실전 사격을 시작했다. 당시 전 세계에서 가장 크고 현대적인 전함이었음에 틀림없으나 비스마르크는 가장 거대한 함선도, 가장 명성 높은 함선도 아니었다. 그 지위는 영국 순양전함 후드가 차지하고 있었다. 후드는 우아하고 인상적인 배였고 20년 동안 해양세력으로서의 영국을 체화한 존재이자 국민적 자존심의 원천이었다. 이제 아이슬란드 서쪽의 얼어붙는 듯한 바다에서 후드는 독일에서 온 숙적과 생사를 건 결투를 벌이게 되었다.

20분간 전개된 덴마크 해협 해전Battle of the Denmark Strait에서 후드는 격침되었고 신예 프린스 오브 웨일스Prince of Wales는 전투를 계속하기 어려울 만큼 피해를 입었다. 비스마르크와 후드가 벌인 포격전은 가장 유명한 현대 해전 중 하나일 것이다. 아이러니하게도 이 전투로 인해 비스마르크와 승조원들의 운명이 정해졌다. 피해는 경미했지만 사령관 뤼첸스 제독은 계획을 재고할 수밖에 없었다. 결국 제독은 아군 항구로 회항해 수리를 받기로 했다. 그동안 복수심에 불타는 영국 본국 함대가 투입되었다.

다음에 벌어진 추격전은 모든 면에서 덴마크 해협 해전만큼 극적이었다. 비스마르크와 프린츠 오이겐은 항공모함의 공격을 떨쳐 버리고 영국군을 따돌려 광대한 대서양으로 사라졌다. 두 척은 여기서 헤어져 프린츠 오이겐은 호송선단 사냥에 나섰고 비스마르크는 독일이 점령한 프랑스의 브레스트Brest 항으로 향했다. 브레스트에서 수리를 마치면 비스마르크는 다시 한 번 운을 시험해 볼 수 있었다. 피 말리는 31시간 반이 지나는 동안 비스마르크의 소재는 오리무중이었고 영국군은 비스마르크를 탐지할 수 없었다. 마침내 아일랜드 남서쪽 150해리(278km) 해상에서 카탈리나 비행정 탑승원이 비스마르크를 다시 발견했다. 추격이 재개되었다.

그런데 추적에 나선 영국 함선 대부분이 엉뚱한 곳에 있었다는 게 문제였다. 토비John Cronyn Tovey 제독의 본국 함대는 서쪽 멀리에 있었고 H부대Force H는 동쪽(비스마르크와 프랑스 해안 사이)에 있었으며 비스마르크를 저지하기에는 너무 전력이 약했다. 비스마르크는 추적자들을 따돌릴 것 같았다. 결국 영국 항공모함 아크로열Ark Royal이 가한 최후의 공격에 모든 것이 달렸다. 공격을 수행한 것은 구형 복엽기 12기였다. 놀랍게도 모든 불리함을 무릅쓰고 이들이 투하한 어뢰 가운데 한 발이 키에 명중했다. 이것이 비스마르크의 아킬레스건이었다. 키는 왼쪽으로 꺾인 채 움직이지 못했고 비스마르크는 비틀거리며 엉뚱한 항로로 계속 나아갔다. 그러나 이제 영국 본국 함대는 비스마르크를 따라잡을 수 있었다.

다음 날 아침, 장대한 드라마의 마지막 장이 열렸다. 토비의 전함 킹 조지 5세King George V와 로드니Rodney가 비스마르크를 따라잡았고 두 척은 비스마르크를 두들겨 맞은 채 떠다니는 고철더미로 만들었다. 간신히 귀항할 만큼의 연료밖에 남지 않은 영국 함선이 필사적으로 시도한 결과였다. 주포는 침묵에 빠지고 갑판은 온통 불바다인 채, 한때 독일 해군의 자랑이었던 전함은 자력 항행이 불가능한 상태로 큰 파도에 이리저리 흔들리는 신세가 되었다. 승조원들이 자침용 폭약을 점화했을 때 영국군이 어뢰로 비스마르크를 끝장내기 위해 가까이 다가왔다. 이렇게 하여 비스마르크는 옆으로 넘어가며 침몰했다. 2,200명의 승조원 중 생존자는 114명뿐이었다.

9일이라는 짧은 작전 기간 동안 양국 해군의 자존심인 거대한 함선 두 척이 침몰했고 승조원 3,500명 이상이 목숨을 잃었다. 이것만으로도 비스마르크 추격전을 제2차 세계대전에서 매우 중요한 전투 가운데 하나로 꼽기에 부족함이 없을 것이다. 하지만 비스마르크의 마지막 항해는 그 이상의 것이었다. 우선 작전을 둘러싼 수수께끼가 있는데, 그 가운데 몇몇은 지금도 해명되지 않았다. 그중 일부는 뤼첸스 제독, 토비 제독의 결단과 연관되어 있지만, 가장 큰 수수께끼는 비스마르크의 침몰 정황이다. 비스마르크는 격침되었을까 아니면 자침했을까? 극적인 추격에 더해 최후의 순간에 이루어진 건곤일척의 항공모함 공격, 불리함을 무릅쓰고 달성한 어뢰 명중은 비스마르크 추격전을 해전사에서 고전의 반열에 올릴 소재다.

물론 비스마르크 추격전은 그동안 많은 책에서 다뤄졌다. 1954년에 영국에서 출간된 공간公刊 전사戰史2부터 5년 뒤에 나온 C. S. 포레스터C. S. Forester의 극화된 버전까지 내용과 형식이 다양하다. 포레스터의 책을 바탕으로 1960년에는 훌륭한 영화가 나왔고, 비스마르크 또는 대서양 출격에 관한 책이 꾸준히 출간되었다. 어떤 책은 시대에 뒤떨어졌고 또 어떤 책은 기술적 분석과 통계로 가득하다. 비스마르크의 생존자인 젊은 장교가 쓴 책도 있고 덴마크 해협 해전 같은 큰 이야기에 집중한 책도 있다. 그렇다면 내가 같은 사건을 또 이야기하는 책을 내는 이유는 무엇인가?

비스마르크의 마지막 항해에 관해 많은 책이 출간되었지만, 대부분은 현대적 해군 전술이나 기술에 대하여 탄탄한 기본 지식이 부족한 독자들이 접근하기 어려운 책이라는 점을 그 이유로 들 수 있다. 이야기의 인간적 측면을 간과하고 불필요한 세부사항에 매몰된 책도 많다. 어떤 책은 이와 반대로 불필요한 추측과 클리셰로 역사적 기술을 흐리거나, 새롭게 포장한 과거의 역사적 도그마를 반복한다. 비스마르크에 관한 책 가운데 루도빅 케네디Ludovic Kenndey가 쓴 『추격*Pursuit*』(1974)의 우아한 산문에 필적할 만한 책은 거의 없다. 그는 비스마르크의 마지막 전투를 목격한 사람이기도 하다. 하지만 이 책이 쓰인 지 거의 반세기가 되어 간다. 독자들의 역사적 취향이 바뀌었다. 그러니 지금까지 많은 책이 쓰였다 해도 적어도 한 권 정도 더 나올 만하다고 생각한다. 이 책은 현대 독자들에게 기술적인 부분을 잘 짚어 가며 고전적인 해전 이야기를 전할 수 있는 해군 역사가가 쓴 비스마르크의 마지막 9일에 대한 이야기다.

2019년 오크니에서

앵거스 콘스텀

제1장

전함 비스마르크

취역식

8월 하순 치고 이례적으로 춥고 바람이 거센 날이었다.[1] 때이른 기상 전선이 슬며시 들어와 마치 가을이 일찍 오려고 애쓰는 듯, 함부르크Hamburg 앞바다에는 쌀쌀한 동풍이 불었다. 신예 전함의 후갑판에서는 군악대원들이 금관악기에 입김을 불어 넣으며 온기를 유지하려고 애쓰고 있었다. 그 옆에 도열한 수병들은 바람에 날아가지 않도록 모자를 단단히 눌러썼다. 이날은 1940년 8월 24일이었다. 수병들과 군악대원들이 서 있는 전함은 공식적으로 전함 'F'로 알려져 있었다. 간단한 행사를 마치고 몇 분 뒤에 이 전함은 독일 해군(크릭스마리네Kriegsmarine)에 공식적으로 인도될 것이다. 새 전함의 이름 앞에는 공식적으로 KMS라는 머리글자가 붙었는데, 독일 해군 함선(KriegsMarineSchiffe—옮긴이)이라는 뜻이다. 전함 'F'는 나치 독일의 최신예 전함이자 첫 현대적 전함이 될 것이다. 그리고 설계자와 건조자들이 사용한 F라는 이름은 적절한 이름으로 교체될 것이다. 그때가 되면 이 배는 비스마르크Bismarck 함이 될 것이다.

후갑판 뒤쪽 끝에 갑판보다 한 단 높게 연단이 세워졌다. 질서정연하게 줄지어 선 이 막강한 신예 전함의 승조원 2,000명은 함수에서 함미까지 양현의 가용 갑판 공간을 빈틈없이 메웠다. 그러나 현대적 전함의 상갑판은 육군의 연병장처럼 매끈한 공간이 아니었다. 갑판 공간은 곳곳에 있는 수 없이 많은 갑판 부속물, 해치, 캡스턴, 함미 닻줄로 나뉘어 있었다. 무엇보다도 거대한 주포탑 4기가 주변을 압도했다. 대기하는 수병들의 머리 위로 솟은 포탑이 행사에 위협적 분위기를 더했다. 부사관들은 부하들을 이리저리 잡아당기며 줄을 똑바로 맞춰 세웠고, 장교들은 신경질적으로 예도를 만지작거리며 모든 게 다 제자리에 있는지 확인하려고 깔끔하게 말아 놓은 밧줄과 광을 낸 갑판 부속물부터 수병들의 제복 상태까지 전부 점검했다. 긴장감에 찬 흥분이 대열을 휩쓸고 지나갔다. 부장이 집합한 승무원들에게 차렷 그리고 우로봐를 지시했다.

그때 날씬하고 하얀 모터보트가 나타나 우현 현문 옆쪽에 부드럽게 배를 댔다. 보트에서 나타난 첫 번째 사람은 새 함장 에른스트 린데만 대령이었다. 린데만 대령은 키가 크고 마른 체형에 등이 대쪽처럼 꼿꼿하고 얼굴이 홀쭉했다. 이 추운 아침에 그는 다른 장교들처럼 긴 해군 오버코트를 입고 가죽장갑을 끼었다. 살짝 튀어나온 귀는 검은 테두리의 제모에 가렸고 완벽하게 광을 낸 검은 구두가 반짝였다. 부하들도 마찬가지였다. 전 승조원이 최고의 매무새를 갖췄다. 린데만 함장이 현문舷門, gangway(선박의 뱃전 옆에 만들어 놓은 출입구—옮긴이) 꼭대기에 모습을 드러내자 기다리던 의장대원이 차렷 자세를 취했다. 모여 있던 장교 전원이 경례했다. 함의 트럼펫 주자가 트럼펫을 부는 동안 린데만도 답례했다.

앞으로 한 걸음 나와 환영 인사를 전한 사람은 부장 또는 영국 해군 용어로는 제1보좌First lieutenant인 한스 욀스Hans Öls 중령Frigattenkapitän이었다.

월스 중령은 엄격한 규율 강조론자이자 깐깐한 원리원칙주의자로 알려졌다. 하지만 함장 대리인으로서 그날 아침 욀스가 원한 것은 모든 게 계획대로 정확히 진행되는 것이었다. 함의 승조원은 열두 개 그룹 또는 '과課, Division/Abteilung'로 구성되었는데 각 과마다 지휘 책임을 맡은 장교가 있었다. 몇 분 전, 각 과장은 현문 옆의 욀스에게 부하 전원이 출두해 사열 준비가 되었다고 보고했다. 따라서 함장이 도착했을 때 욀스는 모든 게 제대로 진행되고 있다고 확신했다. 환영 인사가 끝나자 린데만 함장은 앞쪽으로 몸을 돌려 승조원 사열을 시작했다.

비스마르크호의 에른스트 린데만 함장

비스마르크의 열 개 과는 직별에 따라 나뉘었다. 네 개는 일반 갑판병으로 구성되었고 세 개는 기술 관련, 두 개는 대공포 관련, 나머지 세 개는 기타 역할을 맡았다. 린데만 대령은 각 과장의 경례를 받고 수병들을 사열하면서 간혹 발걸음을 멈추고 조용히 몇 마디를 나눴다. 수병 가운데 몇몇은 린데만 대령이 순양함 아드미랄 셰어Admiral Scheer의 함장일 때와 여러 육상기지 지휘관이었을 때 휘하에서 복무했다. 린데만은 함의 좌현을 따라 앞으로 걸어갔다가 우현으로 내려오며 사열했다. 함의 중간, 우현 건널판gangplank(배에서 부두에 걸쳐 놓는 이동식 다리—옮긴이) 근처에 있던 집총 의장대가 함장이 다가오자 차렷 자세를 취했다. 욀스 부장 뒤에서 발걸음을 맞춰 따라오던 사람 가운데 새 전함의 4번 포술장교인 부르카르트 폰 뮐렌하임-레흐베르크 소령이 있었다. 그의 임무는 두 상관의 의견이나 지적사항을 받아 적는 것이었다.

사열하는 내내 군악대는 군악을 연주했다. 마침내 린데만 함장이 후갑판에 도착했다. 함장은 차렷 자세를 취한 마지막 과의 승조원들을 사열한 다음 작은 연단에 올랐다. 욀스의 명령에 따라 승조원들은 몸을 돌려 함미 쪽을 바라보았다. 린데만의 앞쪽에는 '도라Dora' 포탑(독일 해군 전함의 포탑에는 순서에 따라 A, B, C, D로 시작하는 이름이 붙었다. 포탑이 4기인 비스마르크의 1번 포탑은 안톤Anton, 2번 포탑은 베르타Bertha, 3번 포탑은 카이사르Caesar, 4번 포탑은 도라Dora다.—옮긴이)의 주포구 아래에 기술적으로는 아직 이 배를 소유한 블롬운트포스Blohm+Voss 조선소의 대표들이 모여 있었다. 후갑판에선 조선소에서 온 민간인들과 수병들은 함장의 연설을 들으려고 귀를 쫑긋 세웠다. 배의 앞쪽에 있던 사람들을 위해 마이크와 연결된 라우드스피커가 함장의 말을 전했다. 연설이 시작되자 신호부사관 두 명이 깔끔하게 접힌 꾸러미에 담긴 함의 새 깃발을 들고 함장 뒤에서 움직였다. 이들은 대기하던 핼야드halyard(깃발을 거는 데 쓰는 밧줄—옮긴이)에 능숙한 솜씨로 깃발을 걸고 다음 명령을 기다렸다. 그동안 함장의 목소리만이 조용한 함 곳곳에 메아리쳤다.

"비스마르크함의 병사 여러분," 린데만이 연설을 시작했다. 독일 해군에서 수병은 공식적으로 '병사'라고 불렸다. "멋진 우리 배의 취역일이 마침내 왔습니다." 함장은 이렇게 믿기 어려울 정도로 훌륭한 배를 일정보다 앞서 완공한 블롬운트포스 조선소 관계자들에게 감사를 표했다. 그리고 이 배를 진정 효율적인 전쟁 도구로 탈바꿈시키는 역할은 승조원들에게 달려 있다고 강조했다. 다음으로 린데만 함장은 이번 전쟁과 자신이 비스마르크에 기대하는 역할에 대해 간단히 말한 후, 독일 제국의 '철혈 재상' 오토 폰 비스마르크Otto von Bismarck에서 따온 배 이름의 유래에 대해 이야기했다. 비스마르크는 "정책은 연설이나 사격 축제, 노래가 아니라 오로지 피와 강철로만 만들어진다"라고 말했다. 린데만은 자신이 지휘를 맡은 강력한 전함이 비스마르크의 말에 부응할 것이라고 확신했다.

연설을 마친 후 함장은 뒤쪽으로 몸을 돌렸다. 수병 전원이 차렷 자세를 취하고 장교들이 거수경례하는 동안 린데만이 명령을 내렸다. "해군기, 취역기 게양!" 명령과 동시에 신호 부사관 두 명이 핼야드를 당겼다. 그러자 적색, 흑색, 백색으로 이루어진 독일 해군기가 신선한 산들바람을 맞으며 펄럭였다. 그와 동시에 주 마스트에서 함의 취역을 알리는 취역기가 펼쳐졌다. 군악대는 하이든이 작곡한 독일 국가 〈도이칠란트리트Deutschlandlied〉의 익숙한 가락을 연주하기 시작했다. 해군기와 취역기가 펼쳐지며 펄럭이자 전함 비스마르크는 독일 해군이 취역한 최신 함선이 되었다. 이 소박한 행사를 목격한 이들 중, 고작 9개월 뒤에 거대한 전함의 깔끔한 갑판이 이리저리 뒤틀리고 찢긴 강철 더미가 되고, 심하게 손상된 잔해가 대서양 1만 5,700피트(4,785m) 해저에 눕게 되고, 린데만과 윌스 그리고 쌀쌀한 8월의 어느 날 갑판에서 차렷 자세를 취한 승조원 대부분이 전사하리라고 상상한 사람은 아무도 없었다.

전함 'F'

비스마르크는 설계대와 조선소에서 처음부터 완성된 형태로 세상에 나오지 않았다.[2] 이 전함은 빌헬름 황제의 독일 제국 해군 시절로 거슬러 올라가는 진화 사슬의 최종 결과물이었다. 1916년 5월에 벌어진 유틀란트 해전Battle of Jutland에서 독일 원양함대High Seas Fleet/Hochseeflotte는 영국 해군에 수적으로 열세였을 뿐 아니라 화력도 뒤졌다. 그렇긴 해도 독일 해군의 12인치(30.5cm) 포는 영국 해군의 '슈퍼 드레드노트Super Dreadnaughts'(현재 전함의 기준을 세운 1905년 건조 드레드노트 이후 건조된 초대형 전함의 통칭—옮긴이)에 탑재된 13.5인치(34.3cm) 포와 거의 비슷한 위력을 발휘했다. 유틀란트 해전으로 영국 해군의 최신예 '고속전함fast battleship'(순양전함과 비슷한 고속 성능에 주안점을 두어 설계된 전함—옮긴이)에 사용된 15인치(38.1cm) 포의 타격력이 더 우월하다는 점이 증명되었다. 하지만 독일 해군도 15인치 포를 보유했고, 유틀란트 해전을 치른 지 겨우 6주 뒤에 15인치 포를 탑재한 바이에른급Bayern class의 첫 번째 함이 취역했다. 이제 최소한 독일 원양함대는 영국의 새로운 괴수를 상대하기에 충분한 화력을 갖춘 드레드노트형 전함을 보유하게 되었다.

1918년 전쟁이 끝날 무렵에 독일은 바이에른급 전함 중 겨우 두 척만 완성했다. 적함과 실전을 치르지는 않았으나 두 전함은 발트해에서 육상 목표물을 포격해 자신의 가치를 입증했다. 거의 18해리(33km)에 달하는 사정거리, 뛰어난 성능의 측거의와 사격통제장치를 갖춘 바이에른급의 주포는 당시 세계에서 가장 위력적인 함포였을 것이다. 하지만 독일의 패전과 베르사유 조약(1919)이 부과한 가혹한 제약으로 인해 이런 전함은 바이마르 공화국 해군Reichsmarine(라이히스마리네, 이하 공화국 해군—옮긴이)에서 차지할 자리가 없었다. 낡은 제1차 세계대전기의 드레드노트형 전함들이 자침 처분을 당하거나 제적된 상황에서 신생 독일 해군은 함대의 규모와 목적을 소규모 해안방어용으로 제한할 수밖에 없었다. 독일 해군의 전력은 구식 전 드레드노트형 전함pre-Dreadnaughts(현대적 전함의 기준인 1905년 건조 드레드노트 이전에 만들어진 구식 전함—옮긴이) 여섯 척으로 한정되었고, 이 전함을 신규 대체할 장갑함의 배수량이 1만 톤을 넘어가면 건조가 불가능했다. 본질적으로 베르사유 조약은 독일 해군이 강력한 전력을 갖추는 길을 원천 차단했다.

전시 연합국들 사이에 체결된 1922년 워싱턴 해군조약Washington Naval Treaty은 전후 군비 경쟁을 막기 위해 설계되었다.[3] 조약은 신규 전함의 크기를 3만 5,000톤으로 제한했으며 모든 조약 당사국에 전시 함대의 규모 축소를 허용했다. 당연히 바이마르 독일은 이 조약에서 배제되었고 8년 뒤에 조약이 개정될 때도 마찬가지였다. 1932년, 프랑스의 강한 반대에도 불구하고 독일 대표단은 제네바에서 새로 열린 해군회담에 초청되었다. 비록 여전히 베르사유 조약의 엄격한 제약을 받았으나, 독일이 구식이 되어 가던 함대를 재건하는 것을 암묵적으로 인정하는 조치였다. 공화국 해군은 새로운 장갑함 세 척의 건조를 개시해 해군 현대화 작업을 시작했다. 첫 장갑함인 도이칠란트Deutschland는 1931년 5월에 진수되었다. 이것은 사실상 독일 해군이 예전의 세력을 회복하기 시작했음을 실질적으로 대변하는 사건이었다.

함선 용어로 장갑함은 '물고기도 새도 아니었다neither fish nor fowl.' 3연장 포탑 2기에 11인치(28cm) 포 6문을 탑재했으므로 영국은 도이칠란트급 장갑함을 포켓전함Pocket Battleship이라고 불렀다.4 하지만 이들의 장갑은 당시의 중순양함 수준이었고, 탑재된 신뢰성 높은 디젤 엔진 덕에 작전 반경이 상당히 늘어났으나 도이칠란트급은 증기 터빈을 탑재한 동시대 순양함들에 비하면 느렸다(도이칠란트급의 최고속력은 28노트였는데 타국 중순양함들의 최고속력은 대개 30노트 이상이었다.—옮긴이). 따라서 도이칠란트급 장갑함은 전투에서 적함에 꽤 심한 타격을 가할 만한 화력을 보유했으나 위험에 처했을 때 도망칠 만한 속력을 내지는 못했다. 1939년 말에 벌어진 라플라타강 해전Battle of the River Plate에서 장갑함 아드미랄 그라프 슈페Admiral Graf Spee는 아래 체급의 영국 순양함 세 척과 싸우다가 어쩔 수 없이 후퇴했다. 따라서 장갑함의 전략적 용도—독일 해군이 이들에게 부여한 확고한 역할—는 잘 무장한 통상파괴전용 함선이 고작이었다.

독일 해군의 함선 설계자들은 11인치 함포로 무장한, 장갑함보다 훨씬 큰 순양전함(독일 해군은 이들을 순양전함Grosser Kreuzer이 아니라 전함Schlachtschiff으로 분류했다.—옮긴이)을 건조할 비밀 계획을 세웠다. 1만 9,000톤이라는 배수량은 베르사유 조약에 따른 배수량 제한의 거의 두 배였기 때문에 설계 작업은 비밀리에 이루어졌다. 나중에 샤른호르스트Scharnhorst와 그나이제나우Gneisenau가 된 이 함선의 배수량은 사실 3만 5,000톤 이상에 달할 터였다.[5] 물론 설계와 별도로 베르사유 조약을 위반해 이런 배를 건조하는 것은 완전히 다른 문제였다. 독일 국내와 외교 무대에서 이 조약을 부인할 강력한 정치적 의지가 필요했다. 그런 의지는 곧 생겨날 것이다.

1928년의 총선에서 극우파 국가사회주의독일노동자당Nationalsozialistische Deutsche Arbriterprtei, NSDAP 또는 '나치당'의 지지율은 전체 투표율의 3% 이하였다.[6] 그러나 이 당은 당의 준군사조직인 '갈색셔츠단'의 위협과 폭력에 힘입어 위상을 높여 갔다. 그 결과 나치당은 1932년에 독일 국회Reichstag의 원내 1당이 되었다. 1933년 1월, 힌덴부르크Paul von Hindenburg 대통령은 긴장에 찬 정치적 상황이 해소되기를 기대하며 아돌프 히틀러Adolf Hitler를 수상에 임명했다. 이 일은 힌덴부르크의 기대와 반대로 히틀러에게 독일이라는 나라를 장악할 기회가 되었다. 히틀러는 반대자의 입을 틀어막고 시민의 자유를 박탈했다. 곧 경쟁 정당들이 해산당하고 독일은 점점 더 커지는 독재 권력을 획득한 히틀러가 다스리는 일당 국가가 되었다. 이렇게 독일 역사에서 가장 암울한 시기인 히틀러의 제3제국이 시작되었다.

1935년 3월 히틀러는 베르사유 조약을 파기했다. 독일은 국제연맹과 제네바 해군회담에서도 탈퇴했다. 이로 인해 독일 해군은 상상만 하던 새 순양전함 및 기타 함선을 자유로이 건조하게 되었다. 그렇지만 히틀러는 여전히 영국이 유럽 제일의 해상세력임을 인정했다. 그는 해군을 확장하기 위해 영국의 지원이 필요했다. 그렇지 않으면 1918년에 독일 제국 항복의 원인이 된 봉쇄를 다시 겪을 위험이 있었다. 히틀러는 영국과 외교적 대화를 시작했고 그 결과 1935년 6월에 영독 해군협정Anglo-German Naval Agreement이 체결되었다.[7] 이 협정은 사실상 베르사유 조약이 가한 제약을 없애고 영국과 독일 함대의 상대적 규모를 규정한 새로운 지침을 만들었다. 독일은 이제 배수량 3만 5,000톤 이하의 전함을 자유로이 건조할 수 있게 되었다.

한 달 전에 신예 순양전함 샤른호르스트와 그나이제나우의 건조를 시작한 독일 입장에서는 두 전함의 배수량을 3만 5,000톤까지 올릴 수 있어서 다행이었다. 하지만 샤른호르스트와 그나이제나우를 '순양전함'이라고 부를 수는 없었다. 함선 설계자라면 누구나 알겠지만, 함선 설계는 속력, 방어력, 화력의 균형을 잡는 작업이다. 삼위일체 중 한 요소를 선호한다면 다른 요소는 희생해야 한다. 제1차 세계대전 때 활약한 순양전함은 속력을 위해 방어력을 희생한 주력함capital ship이었다(제2차 세계대전 당시에는 전함과 순양전함을 가리킨다.—옮긴이). 이 위험성은 유틀란트 해전에서 영국 해군 순양진함 네 척이 폭침된 데 반해 독일 해군 순양전함은 한 척만 손상이 심해 자침 처분된 결과에서 드러났다. 영국 해군에는 1941년에도 후드Hood, 리펄스Repulse, 리나운Renown이라는 순양전함 세 척이 현역으로 있었다. 세 척 모두 앞으로 펼쳐질 드라마에서 역할을 할 것이다. 이와 대조적으로 샤른호르스트와 그나이제나우는 방어력이 강했으나 고작 11인치 포를 탑재했으므로 방어 대신 화력을 희생한 모양새였다.[8] 어쨌건 이들은 독일 해군으로서는 큰 진보였다.

같은 시기에 공화국 해군이 이름을 바꿨다. 1935년부터 독일 해군은 크릭스마리네Kriegsmarine 또는 '전투함대'라고 알려졌다(이 책에서는 독일 해군이라고 옮겼다.—옮긴이). 신예 중순양함 두 척과 강력한 구축함 전력의 건조가 개시되었고, 더 중요했던 것은 가공할 위력을 가진 새로운 유보트 함대였다.[9] 그러나 이것만으로는 충분하지 않았다. 이미 1935년에 전함 두 척의 건조 계획이 진행 중이었다. 이 전함들은 유럽 수역에 있는 그 어떤 전함보다 강력할 터였다. 따라서 베르사유 조약의 제약을 벗어던지고 해군력 확장에 대한 영국의 암묵적 승인을 확인한 나치 독일은 성장하는 산업과 기술을 마음껏 자랑하며 자라나는 국가적 자존심과 군사력을 반영한 새로운 전함을 자유로이 만들 수 있게 되었다. 노후화해 가는 전 드레드노트형 전함을 대체하기 위해 의회가 예산을 승인한 단계적 장기 프로그램인 '시프바

워자츠플란Schiffbauersatzplan'(대체 함선 건조 계획) 덕에 건함 작업을 수행할 수단도 있었다. 이 계획은 도이칠란트급 장갑함 및 샤른호르스트와 그나이제나우 건조에 필요한 예산을 대는 데 사용되었다. 이제 이 계획은 진정한 전함을 건조하는 데 다시 사용될 것이다.

사실 현대적 전함의 건조 계획은 1934년에 처음으로 작성되어 다음 해에는 상당히 진척되어 있었다. 이번에도 작업은 비밀리에 진행되었다. 프로젝트에는 공식적으로 "슐라흐트시프 '에프', 에어자츠 하노버Schlachtschiff 'F', Ersatz Hannover"(하노버 대체함, 전함 'F')라는 코드명이 붙었다. 이 전함은 1931년에 퇴역한 구식 전 드레드노트형 전함 하노버를 대체할 계획이었다.[10] 그런데 이것은 단순한 대체함이 아니었다. 하노버가 모델-T라면 하노버보다 세 배 더 크고 훨씬 강력한 새 전함은 호사스런 메르세데스-벤츠나 듀센버그 또는 재규어 승용차였다. 디자인 단계에서, 심지어 건함 중에도 설계가 많이 바뀔 수 있었지만, 선가대船架臺 위에 나타난 것은 당시 세계 최고의 전함 비스마르크였다.

비스마르크의 설계주임은 킬Kiel에 있는 독일 해군 건함부 부장 헤르만 부르크하르트Hermann Burkhardt 박사였다. 해군은 일차적으로 배수량 3만 5,000톤 미만의 전함을 설계하라고 지시했다. 워싱턴 해군조약과 나중의 영독 해군협약에서 정한 제약에 맞춘 외교적 지시였다. 해군의 지시는 전함 한 척에 국한되지 않았다. 부르크하르트는 'F'와 'G'라는 전함 두 척을 설계하라는 지시를 받았다. 'G'는 나중에 비스마르크의 자매함 티르피츠Tirpitz가 되었다. 1934년 말, 부르크하르트는 프랑스 해군의 됭케르크급Dunkerque class 전함처럼 13인치(33cm) 포를 탑재한 설계안을 공화국 해군 총사령관 에리히 레더Erich Raeder 제독에게 제출했다. 레더는 부르크하르트에게 전함 'F'에 13.8인치(35cm) 포를 탑재할 수 있게 설계를 수정하라고 지시했다. 이와 더불어 새 전함은 북해와 발트해를 쉽게 오가도록 카이저 빌헬름 운하Kaiser Wilhelm Canal을 통과할 수 있어야 한다고 규정했다. 부르크하르트와 설계팀은 설계대로 되돌아가 수정 작업을 시작했다.

1935년 초, 독일 해군 수뇌부는 3만 5,000톤 제약을 깰 수 있겠다고 생각했다. 이에 따라 설계팀은 조금 더 유연하게 속력, 방어력, 화력의 삼위일체의 균형을 맞출 수 있게 되었다.[11] 그해 여름에 레더는 또다시 계획을 바꿔 설계팀에 전함 F의 2연장 포탑 4기에 15인치 포(38cm)를 탑재하라고 요구했다. 레더는 완성안이 늦게 나온다 해도 설계를 변경해 화력이 강화된다면 그럴 만한 가치가 있다고 느꼈다. 추진 시스템이나 장갑의 규모 같은 문제들도 여름에 해결될 터였다. 변경 작업과 동시에 전함 'F'의 최종 설계가 모습을 갖추기 시작했다. 설계 작업이 상당히 진척되었으므로 레더는 공식적으로 전함 'G'(티르피츠)를 주문할 정도로 자신감에 차 있었다. 11월에 전함 'F'의 최종 설계 도면이 승인을 받았고 함부르크에 있는 블롬운트포스사와 건조 계약을 체결했다. 1939년 가을에 인도하기 위해 다음 여름에 건조 작업을 시작하기로 계획이 잡혔다.

하지만 이것은 시작에 불과했다. 함포와 증기 터빈에서 양탄기, 조리실 도구와 배관 시스템까지 모든 부품에 대한 계획을 수립하고 계약을 체결했다. 현대적 전함 건조는 설계자뿐 아니라 해군, 조선소, 크고 작은 수많은 하청업자가 관여하는 복잡한 사업이었다. 그동안 킬의 부르크하르트와 설계팀은 설계 원안의 많은 부분을 수정하고 개선했다. 레더가 15인치 포와 30노트 속력을 고집했기 때문이다.[12] 무장과 속력을 늘린다는 것은 장갑판의 두께를 약간 줄여야 한다는 뜻이었고, 추진 기관도 마지막 순간에 변경되었다. 그즈음에는 전 세계적으로 일어난 사건들로 인해 예전의 3만 5,000톤 제한이 무의미해졌다. 일본, 미국과 이탈리아가 이미 배수량 제한을 깬 전함을 건조할 계획으로 알려졌으며 바야흐로 본격적으로 건함 경쟁이 시작되었다. 상황이 달라지자 전함 'F'의 건조를 둘러싸고 어른거리던 외교적 의구심마저 사라져 버렸다. 마침내 1936년 7월 1일, 간단한 행사를 마친 후 전함 'F'의 용골이 놓였다.

비스마르크의 건조

불과 2년 반 동안 전함 F는 한 부분 한 부분이 용접되며 점점 커져 갔다.[13] 블롬운트포스 조선소의 9번 선가대는 배가 만들어지는 마법이 일어나는 장소였다. 조선소는 엘베Elbe강의 남쪽 둑, 번창한 함부르크 도심에서 강 하나를 건넌 위치에 있었다. 이곳에서 카이저의 대형 전함 여러 척이 건조되었고 이제 더 장대한 무엇인가가 같은 장소에서 펼쳐질 것이다. 바로 독일의 진정한 첫 현대적 전함의 건조였다.

전함 건소 과정은 길고도 복잡했다. 먼지 기대한 용골이 놓인 다음 프레임과 격벽이 가로세로로 짜이며 선박의 강철 뼈대가 모습을 드러낸다. 용골이 배의 등뼈라면 올바른 각도로 설치된 프레임은 갈비뼈다. 이들을 한데 묶는 것은 세로 방향으로 줄지어 설치되는 프레임과 가로 방향으로 설치되는 격벽이다. 최종적으로 프레임과 격벽으로 스물두 개의 수밀구획이 만들어진다. 수밀구획과 이중저double bottom가 있으면 적의 포탄이 선체를 관통해도 배가 가라앉지 않는다. 작업이 꾸준히 계속되면서 조금씩 거대한 전함이 모습을 갖추어 갔다.

1937년 봄이 올 무렵, 선체 프레임 작업의 대부분이 끝났다.[14] 즉 조선소 기술자들이 경화 강철판 외피를 부착할 수 있다는 뜻이었다. 전함 'F'의 장갑판은 탄약고와 기관을 보호하기 위해 함 중앙부의 집중방호구역citadel에 집중되었다. 그 앞쪽과 뒤쪽은 그보다 방어력이 약했다. 장갑판을 두른 중앙부의 집중방호구역은 대부분의 함포탄에 견딜 수 있다고 여겨졌다. 그 위로 장갑 갑판이 덮였는데 실제로는 배의 상갑판 밑이었다. 장갑으로 둘러싸인 거대한 상자를 원형 수직통로shaft가 관통했다. 설계상 여기에 거대한 주포탑 4기, 부포탑 6기가 들어가게 되어 있었다. 그해 연말 무렵에는 장갑을 덮은 집중방호구역이 완공되었고 상갑판 대부분과 장갑 갑판도 설치되었다. 그다음으로 포탑을 설치할 큰 튜브 모양의 강철 바베트barbette(군함의

진수 직후의 비스마르크. 1939년 2월 14일, 함부르크.

상갑판에 돌출된 원통형 장갑부로 여기에 포탑이 설치된다.—옮긴이)를 추가했고, 그 후 함수와 함미의 장갑판을 부착했다.

작업은 1938년 내내 계속되었다. 그동안 근처에서는 독일 해군의 신예 중순양함 중 첫 번째 함이 의장 작업을 받고 있었다. 아드미랄 히퍼Admiral Hipper라고 명명된 이 순양함은 사실상 신예 전함의 축소판이었는데, 비스마르크가 완공되면 사실로 입증될 것이다.[15] 그동안 킬의 게르마니아베어프트Germaniawerft 조선소에서는 히퍼의 자매함 프린츠 오이겐의 건조 작업이 아직 진행 중이었다. 프린츠 오이겐은 그해 8월에 진수되었다. 그동안 9번 선가대에서 비스마르크는 점점 더 위압적인 모습을 갖추어 갔다.[16] 고장력 강판을 실은 열차들이 조선소에 계속 들어왔고, 장갑판들이 하나씩 하나씩 기중기로 들어 올려져 제자리에 용접되었다. 선체를 완성한 후에는 상부 구조물 작업에 들어갔다. 비스마르크의 건조 계획은 세부까지 꼼꼼히 수립되었고 1938년 연말에는 예정대로 1939년 초 진수가 확실해졌다.

1939년 성 발렌타인 데이, 9번 선가대 주변에 세워진 플랫폼에 마련된

좌석에 선별된 내빈 다수가 앉았다.[17] 많은 조선소 노동자들이 배경을 이루었다. 모두 합쳐 6만 명이 행사를 지켜보았다. 정오가 되자 독일 총통 아돌프 히틀러가 함부르크의 고급 호텔인 호텔 아틀란틱을 떠나 요트에 탑승했다. 히틀러를 태운 요트는 강을 건너 조선소에 도착했다. 나치 당·정·군 핵심 관계자들(괴링Göring, 괴벨스Göbbels, 힘러Himmler, 헤스Hess, 폰 리벤트로프von Ribbentrop, 카이텔Keitel, 보르만Bormann)은 이미 자리에 앉아 있었다. 도착한 히틀러가 연단에 올랐고, 13시에 진수식이 시작되었다. 히틀러는 짧은 연설에서 전함 'F'에 위대한 독일 정치인 오토 폰 비스마르크의 이름을 따서 명명할 것이라고 처음으로 밝혔다. 철혈 재상의 손녀 도로테 폰 뢰벤펠트-비스마르크Dorothee von Löwenfeld-Bismarck가 히틀러와 나란히 섰다. 폰 뢰벤펠트-비스마르크 부인은 유명한 조부의 이름을 따서 이 전함을 비스마르크라 명명하고 절차에 따라 스파클링 와인 한 병을 함수에 부딪혀 깼다. 새 이름을 받은 전함이 엘베강으로 미끄러져 들어가는 동안 군악대는 〈도이칠란트리트〉를 연주했다.

행사가 끝나자 예인선들이 비스마르크를 근처의 의장부두로 예인했다. 의장 작업이 수행될 장소였다. 이 작업에도 최소 1년에서 그 이상이 걸릴 예정이었다. 그러고 나면 속이 텅 빈 강철제 껍데기에 불과한 비스마르크는 제 기능을 하는 전함으로 탈바꿈할 것이다. 7개월 뒤에 전쟁이 일어났을 때 비스마르크는 아직 의장부두 옆에 있었다. 작업은 계속되었으나 대공포대가 조선소를 둘러쌌고 탐조등의 불빛이 함부르크의 밤하늘을 훑고 다녔다.

1939~1940년의 겨울 날씨는 혹독했고 조선소의 정박거碇泊渠도 얼음으로 덮였다. 그럼에도 불구하고 1월경에 전함의 거대한 주포탑 4기 중 마지막 주포탑이 설치되었고 의장 작업의 마지막 단계가 시작되었다. 1940년 4월에 첫 승조원들이 도착했지만, 처음에는 근처에 정박한 병영선兵營船에서 묵었다.

이들이 탈 배는 여전히 어수선했다. 기술자, 의장 작업자, 목수, 금속공,

의장 작업 중인 비스마르크. 1939년 12월 10~15일경.

심지어 배관공까지 완공을 향해 열심히 일하고 있었다. 사방에 전선이 놓여 있고 중요한 장비들이 설치되는 와중에 새로 도착한 승조원들은 이곳저곳을 다니며 새 전함에 관해 배워야 했다. 무엇보다 기계장치와 무장에 익숙해져야 했다. 모든 것이 서서히 모습을 갖춰 나갔다. 여름이 되자 건선거로 옮겨진 비스마르크에 프로펠러를 장착하고 하부 선체를 도색했다. 그때쯤에는 몇몇 마무리 작업과 마지막에 발견된 자잘한 결함을 해결하는 일만 남았다. 취역 당일에는 모든 작업을 끝내고 함장과 해군에서 온 감독관들이 공식적으로 건조 작업 완료를 승인하여 조선소가 완공한 배를 해군에 인도할 준비를 마쳤다. 이날부로 비스마르크는 독일 해군 소속이 되었다.

소령의 새로운 배

그해 6월 신예 전함에 한 포술장교가 합류했다.[18] 4번 포술장교 부르카르트 폰 뮐렌하임-레흐베르크 소령은 알자스 귀족 가문 출신이었다. 올해

부르카르트 폰 뮐렌하임-레흐베르크 소령. 비스마르크의 생존자 중 최선임 장교인 소령은 전후에 외교관으로 활동했으며 비스마르크 최후의 항해에 관한 중요한 회고록을 남겼다.

스물아홉 살인 소령은 이미 많은 경험을 쌓은 장교였고 전쟁이 일어나기 전에는 런던의 독일대사관에서 무관보로 근무했다. 다른 함선에서도 복무했지만 비스마르크에 비할 바는 전혀 아니었다. 소령이 비스마르크 근무 시절을 회상하며 쓴 회고록에는 젊은 소령이 위용에 찬 신예 전함에 가졌던 자부심이 비친다. 이야기는 단순한 통계 수치로 시작된다. “비스마르크함의 기준배수량은 4만 5,928미터톤metric ton이며 만재배수량은 4만 9,924.2미터톤이다. 전장은 251미터, 전폭은 36미터, 설계상 흘수는 9.33미터, 만재 시는 10.17미터다.”[19] 소령은 포술장교로서 특히 함의 넓은 전폭에 깊은 인상을 받았다. 넓은 전폭은 사격할 때 함을 안정적으로 유지하는 역할을 한다. 비스마르크의 폭은 카이저 빌헬름 운하를 간신히 통과할 정도로 넓었다. 부르크하르트 박사는 설계 과정에서 전폭을 최대한도까지 밀어붙였다.

뮐렌하임-레흐베르크 소령은 이중저와 주 선체 밖에 설치되어 일종의 충격 흡수층 기능을 한 대어뢰 격벽과 스물두 개의 수밀구획에 기반한 수선하 방어력을 강조했다. 모든 함선은 항공기, 잠수함 또는 구축함의 어뢰 공격에 취약했고 어뢰의 폭발에 함이 전혀 타격을 입지 않기란 불가능했다. 따라서 외부 선체를 만들어 폭발의 충격을 흡수시켜 선체 내부구역이 심각한 피해를 보는 사태를 막자는 의견이 제기되었다. 이 시스템은 비스마르크의 넓은 폭으로 인해 더욱 효과가 컸다.

소령은 함의 장갑에도 깊은 인상을 받았다. 보탄강Wotan steel이라는 특수 경화강으로 제작된 비스마르크의 장갑판은 무게만 1만 8,000톤에 달했지만 모든 곳을 방어할 수는 없었다. 따라서 대위의 말을 빌리면, 장갑은 가장 필요한 곳에 집중되어 있었다. "함체 바깥쪽은 장갑 벨트로 방어되었다. 최대 320밀리미터까지 두께가 다양했으며 터빈, 보일러, 탄약고 같은 중요한 시설을 보호했다. 그보다 더 위쪽 장갑의 두께는 120~145밀리미터였고 장갑 갑판 위에 있는 갑판을 보호하는 일종의 집중방호구역을 형성했다." 그는 장갑 갑판의 최대 두께가 4.3인치(10.9cm)라는 말을 덧붙였다. 다만 그 위쪽의 주갑판을 보호하는 장갑의 두께는 2.4인치(6.1cm)에 불과했다. 파편을 막기에는 충분한 두께였지만 그보다 더 강력한 것을 막을 수는 없었다. 하지만 이 정도로만으로도 충분했다. 함의 주요 부분은 훌륭하게 방어되고 있었다. 당시 대부분의 함선들처럼 비스마르크의 몇몇 부분은 장갑으로 완전히 방어되지 못했다. 무게를 억제하면서도 가장 중요한 방어력, 화력과 속력의 균형을 유지하기 위한 조치였다. 비스마르크 침몰 뒤 연합군 해군 분석관들은 비스마르크가 이 세 가지 요소의 거의 완벽한 균형을 달성했으며 나중에 개발된 영국군이나 미군 전함보다 설계가 뛰어났음을 인정했다. 어쨌건 슬쩍 보기에도 비스마르크는 방어력이 뛰어난 함선이었다.

뮐렌하임-레흐베르크는 회고록에서 비스마르크의 추진 시스템인 증기 터빈과 열두 개의 고압보일러가 동력원인 세 개의 프로펠러를 묘사했다. "기관은 3(프로펠러)축, 출력 13만 8,000마력으로 29노트의 속력을 내도록 설계되었다. 하지만 통상 최대출력인 15만 마력을 내면 30.12노트까지 올릴 수 있었다."[20] 소령은 이 말을 덧붙이지 않을 수 없었다. "비스마르크는 그때 건조된 가장 빠른 전함들 중 하나였다." 다음으로 순항 능력을 언급했다. "비스마르크의 최대 연료 탑재량은 8,700톤이며 항속거리는 17노트로 8,900해리(16,483km), 16노트로는 9,280해리(17,187km)다." 당시의 증기 터빈 함정으로는 상당한 항속거리다. 이것은 비스마르크가 처음부터 원양작전을 염두에 두고 설계되었음을 보여 준다. 뮐렌하임-레흐베르크 소령은 계속해서 전기구동식 키 두 개와 곳곳에 있는 강력한 발전기들을 묘사한다. 하지만 그가 가장 매혹된 부분은 함의 무장이었다.

"이 전함의 주 무장은 15인치(38cm) 포 탑재 2연장 포탑 4기다. 이 중 안톤, 브루노 포탑은 앞쪽에, 카이사르와 도라는 뒤쪽에 배치되었다. 함포의 최대 사거리는 3만 6,200미터였다."[21] 이 포는 그 자체로 매우 인상적이며 포신 길이만 66피트(20.1m)에 달했다. 소령은 주포뿐 아니라 거대한 포탄을 끊임없이 공급하고, 발사한 포탄의 명중을 보장하는 탄약고, 양탄기, 측거의, 아날로그 컴퓨터, 사격통제장치가 이룬 복잡한 체제 전반에 깊은 인상을 받았다. 각 포탑의 무게는 1,000톤을 조금 넘었으나 롤러 위에 균형을 잘 맞춰서 배치된 덕에 빠르게 선회해 목표물을 겨냥할 수 있었다. 무게가 거의 800킬로그램(0.75톤)인 포탄은 양탄기가 들어 올려 포탑으로 운반되었으며 유압식 장전기가 이 포탄을 포미에 장전했다.

아날로그 컴퓨터는 속력, 방위, 풍향과 습도와 같은 요소를 이용해 포신 조준 위치를 계산하는 데 사용되었다. 사격 제원이 나오면 포를 목표물로 선회하여 발사했다.[22] 뮐렌하임-레흐베르크 같은 포술장교에게 비스마르크의 화력에 필적할 만한 것은 아무것도 없었다. 대위는 비스마르크의 다른 무장, 2연장 포탑에 탑재된 6인치(15cm) 포 12문과 대량으로 배치된 가공할 위력의 대·중·소구경 대공화기(또는 플라크Flak)에도 찬탄을 금치 못했다. 대구경 대공화기는 고성능 사격통제 시스템 다섯 개의 지원을 받아 엄청난 위력의 탄막(대구경 대공화기가 적기를 저지하기 위해 벽을 쌓듯 포탄을 쏘아 올리는 사격)을 칠 수 있었다. 그동안 소구경 대공화기는 개별 적기를 겨냥했다. 탑재한 레이더 시스템은 수상이나 상공에 있는 적의 위험을 어느 정도 사전에 경고했다. 수중청음기는 적 잠수함에 대해 레이더와 마찬가지 역할을 했다. 뮐렌하임-레흐베르크에게는 이 모든 것이 인상적이었다. 그는 비스마르크를 "떠다니는 포대"라고 불렀다. 얼마간 맞는 말이었다.

모두 합쳐 장교 103명, 병·부사관 1,962명이 탑승한 비스마르크는 급양, 피복, 위생 시설도 모두 갖췄다.[23] 함에 있는 조리시설은 최첨단이었으며 창고와 냉장고는 음식으로 넘쳐 났다. 식사는 넓은 식당이나 사관실에서 이루어졌다. 비스마르크에는 자체 제빵 시설이 있었고 맥주가 제공되는 바도 있었다. 창고에는 피복이 가득했고 세탁 시설이 있어 제복을 청결하게 유지할 수 있었다. 함에는 재단사와 구두 수선공도 있었다. 경험 많은 군의관들이 이끄는 의무반이 시설을 완비한 진료실과 수술실, 치과 진료실과 약국을 운용하면서 승조원의 건강을 지켰다. 샤워와 청소 시설을 갖추어 위생적인 환경을 유지했고, 하갑판은 박박 문질러 청결하게 관리했다. 주민 전원이 남자라는 점을 제외하면 비스마르크는 사실상 바다에 떠다니는 도시였다.

승조원들이 탑승하자 비스마르크는 시험 항해를 할 준비를 마쳤다.[24] 시험 항해는 성능을 시험하고 기관이 어느 정도 출력으로 얼마나 속력을 낼 수 있는지 검증하는 과정이다. 이 시험을 완료하지 않은 군함은 취역할 수 없다는 게 독일 해군의 방침이었고, 여기에서 발견된 문제점은 시정되었다. 어떤 결함은 함부르크로 돌아가야 고칠 수 있었다. 이 과정을 완료해야 승조원 훈련을 개시할 수 있었고, 시험 항해와 훈련이 끝난 후에야 독일 해군은 새 함선이 실전 배치가 가능한 상태라고 공표했다. 1940년 9월 14일, 거대한 비스마르크는 부두를 떠나 예인선의 도움을 받으며 엘베강으로 들어갔고, 브룬스뷔텔Brunsbüttel과 카이저 빌헬름 운하 서쪽 끝까지 가는 40해리(74km)의 항해에 나섰다.

그날 밤 브룬스뷔텔에 정박한 비스마르크는 처음으로 실전 사격을 했다.

함의 대공포대가 킬로 다가오는 영국군 폭격기와 교전했던 것이다.[25] 다음 날, 비스마르크는 운하에 진입했다. 린데만 함장은 운하와 양현 사이의 간격이 몇 센티미터에 불과한 상황에서 운하를 통과하는 전함을 초조하게 지켜보았다. 뮐렌하임-레흐베르크의 말에 따르면, "작은 실수로도 … 재앙이 벌어질 수 있었다." 어쨌거나 모든 것이 순조롭게 진행되었고 9월 17일 저녁에 비스마르크는 킬의 해군용 부두인 셰어하펜Scheerhaven에 안전하게 정박했다. 11일 뒤인 9월 28일, 비스마르크는 킬을 떠나 발트해로 향했다. 이때부터 8주간 진정한 시험 항해가 시작되었다.

검증 과정은 기관 시험과 속력 시험으로 시작되었다. 시험 결과 비스마르크는 30노트를 쉽게 달성했다. 린데만 함장은 고속 선회와 급격한 속력 변화를 포함해 차근차근 점점 더 복잡한 시험을 시행했다. 함은 완벽하게 반응했다. 11월 12일, 레더 해군 총사령관이 고텐하펜에 정박한 비스마르크를 점검하러 승함했고 신형 4.1인치(10.4cm) 대공포좌 두 개를 포함한 새로운 무장이 추가되었다. 마침내 시험 항해가 성공으로 판정되어 12월 초에 비스마르크는 킬로 귀항했다. 12월 9일에 비스마르크는 어떤 문제라도 해결할 준비가 된 블롬운트포스 조선소의 의장부두에 돌아왔다. 사실 문제는 거의 없었다.

린데만 함장은 승조원들의 노고를 치하하고, 당연히 받아야 할 크리스마스 휴가 뒤 비스마르크가 전력화 훈련 또는 승조원 훈련을 위해 발트해로 돌아간다고 말했다.[26] 훈련이 끝나고 비스마르크가 진정한 전투 기계로 탈바꿈하면 함은 작전 준비를 완료해 첫 작전에 나설 것이다. 12월 16일, 뮐렌하임-레흐베르크는 함부르크를 떠나 2주간 바이에른에서 스키를 즐겼다.[27] 다른 사람들도 집으로 가서 가족을 만나거나 함부르크에서 즐거운 시간을 보냈다. 그동안 다시 배에 오른 조선소 노동자들이 승조원들이 돌아왔을 때 비스마르크가 이상 없이 출격 태세를 갖추도록 수리했다. 이 과정이 끝나자 비스마르크는 완벽하게 가동하는 전함, 독일 해군의 자부심이 되었다. 몇 달 안에 비스마르크와 승조원들은 이번 전쟁에서 임무를 수행할 수 있을 것이다.

제2장

독일의 대서양 전략

레더의 전망

비스마르크는 다른 독일 해군 함선들처럼 분명하게 정의된 임무가 있었다. 비스마르크 같은 주력함에서 유보트 함대에 이르기까지 독일 해군의 건함 계획은 '해양 거부sea denial' 전략을 따랐다. 이것은 당대는 물론이고 후대까지 큰 영향력을 끼친 미국 해군 전략가 앨프리드 세이어 머핸Alfred Thayer Mahan이 만든 용어이다. 빌헬름 2세도 19세기에 나온 그의 저서를 읽었으며, 강력한 독일 해군을 추구한 카이저의 열정 밑바탕에는 머핸의 말이 자리 잡고 있었다.[1] 하지만 카이저는 독일이 영국 해군에 필적할 규모의 함대를 만들지 못할 것임을 잘 알고 있었다.[2] 그 대신 카이저의 함대는 더 제한된 목표를 염두에 두었다. 영국의 해양 자산을 꼼짝 못 하게 만드는 것이다. 이를 위해 유보트 함대는 영국의 생존에 필수적인 해양 무역로를 끊는 임무에 착수했다. 영국의 생존은 모두 선박으로 수입되는 식량과 원자재의 안정적 공급에 달려 있었다. 선박을 격침해 무역로를 절단하면 독일은 영국을 굴복시킬 수도 있었다.

제1차 세계대전 때 이 계획은 거의 성공할 뻔했다.[3] 영국은 해상 교통로를 보호하기 위해 상당한 자원을 다른 곳에서 끌어온 후에야 파국을 피할 수 있었다. 영국은 상선을 보호하기 위한 호송선단convoy(집단 항해하는 수송선단에 호위세력을 덧붙인 선단—옮긴이)을 조직하고 새로운 대잠수함 기술을 개발했다. 이러한 노력과 미국의 참전 때문에 전세가 뒤집어졌고 카이저의 전략은 실패로 돌아갔다.

그동안 영국 해군은 다른 게임을 하고 있었다. 그 역할은 '해양 통제sea control', 다시 말해 함대를 이용해 해상 교통로를 보호하고 적의 접근을 막음으로써 완전한 해상 지배를 유지하는 것이다. 독일보다 훨씬 더 야심찬 정책이었으나 당시 영국 해군은 이 정책을 실행할 정도의 규모를 갖추었다. 반면 해양 거부는 해양 통제보다 노리는 범위가 좁았으므로 독일로서는 해군력이 훨씬 작다는 한계를 인정한 셈이었다. 독일 해군은 해양 통제가 불가능했지만 최소한 영국의 주요 해상 교통로의 목을 졸라 적의 외양 통제를 막을 수는 있었다.

사실 바이마르 공화국 시절에 독일은 영국을 결코 잠재 적국으로 보지 않았다. 1928년 에리히 레더 제독이 공화국 해군 총사령관이 되었을 무렵에는 프랑스를 적대 가능성이 가장 큰 국가로 여겼다.[4] 프랑스 함대는 강력했으나 대서양과 지중해로 전력을 나눠야 했다. 따라서 독일 해군이 전력을 늘린다면 대서양과 영불해협의 항만 그리고 해외 식민지를 잇는 프랑스 해상 교통로의 목을 조를 수 있을지도 몰랐다. 매우 제한적인 목표였지만 레더는 달성 가능하다고 느꼈다. 이것이 그가 도이칠란트급이라는 '포켓 전함'의 건조를 승인한 이유다.[5] 도이칠란트급은 프랑스 해군의 주력함과 대결하기에는 화력이 부족했으나 통상파괴전이라는 역할에는 완벽하게 맞았고 '해양 거부'라는 전략에도 들어맞았다. 비밀리에 건조 중이던 소규모 유보트 함대도 마찬가지였다.

히틀러가 1933년에 집권하자 독일 해군의 전략 계획 전체가 완전히 뒤바뀌었다. 베르사유 조약 파기와 영독 해군협정 체결은 레더가 원하는 대로 함선을 건조할 수 있게 되었음을 뜻했다.[6] 독일 해군은 함대 확장을 겨냥한 건함 프로그램을 시작했고 이것은 폴란드와 소련을 잠재적 적성국 목록에 추가한 히틀러의 공격적인 대외 정책과도 맞아떨어졌다. 그런데 두 나라의 해군은 프랑스보다도 작았다. 폴란드, 소련 해군보다 전력 규모가 약간 큰 독일 해군은 두 나라에 대해서는 해양 통제라는 목적을 달성할 가능성이 더 커졌다. 간단히 말해 프랑스, 폴란드, 소련에 대한 군사작전의 운명은 육상전에서 결판나겠지만 더 큰 함대가 있으면 독일 해군은 이 전쟁에서 더 큰 역할을 할 기회를 얻을 수도 있었다.

1938년이 되어서야 히틀러는 영국과 전쟁을 벌일 가능성을 고려하기 시작했다.[7] 이 시점에 독일 해군이 영국 해군에 도전하는 임무를 맡기에는 전력이 부족하다는 것은 분명했다. 1939년에도 독일 함대의 전력은 영국 함대의 10분의 1에 불과했다. 다시 말해 독일이 해군에 대한 계획을 재평가하고 그 규모를 확대해야 함을 뜻했다. 1938년 말경, 레더는 겨우 3년 전에 체결한 영독 해군협정이 부과한 제한을 훨씬 뛰어넘는 장기 해군 확장 프로그램을 제출했다. 히틀러는 1939년 1월에 'Z계획Plan Z'이라고 알려진 이 프로그램을 승인했다.[8] Z계획에 따르면 독일 해군은 7년에 걸쳐 3,300만 마르크 이상의 예산을 투입해 전함, 항공모함, 순양함, 대규모의 유보트 함대를 포함한 상당한 규모의 함대를 건조할 예정이었다. 히틀러는 해군 원수Grossadmiral가 된 레더에게 7년 뒤인 1946년 1월 이전까지 영국과 전쟁을 하지 않겠다고 확약했고, Z계획의 성사 여부는 이 약속에 달려 있었다. 하지만 평화가 지속된 기간은 Z계획을 승인한 후 겨우 7개월간에 불과했다.

1939년 9월에 영국, 프랑스와 벌인 전쟁은 Z계획에 사망선고나 다름없었다. 첫 희생자는 비스마르크보다 더 큰 'H'급 신예 전함군과 항공모함이었다.[9] H급 전함 두 척의 건조 작업은 1939년 9월경에 개시되었고 항공모함 그라프 제펠린Graf Zeppelin은 킬에서 의장 작업 중이었다. 레더는 경제적 지원이 육군과 공군에 집중되고, 함대에는 제한된 자원만 배분될 것임을 알고 있었다. 우선순위를 정해야 했다. 다시 말해 대형 주력함보다 빨리 건조할 수 있는 유보트와 소형 함선 건조에 집중해야 했다. 따라서 함부르크와 브레멘Bremen에서 이제 막 용골이 놓인 'H'급 전함은 용골 작업이 끝나기도 전에 폐기처분되었다. 이미 진수되어 의장 작업 중이던 그라프 제펠린은 길고 고통스러운 죽음을 맞았다. 비행기와 조종사를 제공할 예정이던 공군은 이 프로젝트에 뜨뜻미지근한 태도를 보였고 관련 작업은 1940년에 중단되었다.

근본적으로 레더와 독일 해군최고사령부Oberkommando der Marine, OKM는 준비되지 않은 채 불충분한 자원만을 가지고 전쟁을 치러야 했다. 비스마르크, 티르피츠와 아드미랄 히퍼급Admiral Hipper class의 세 번째 중순양함, 다수의 신조 구축함과 유보트를 비롯한 신예함들이 계속 완공되고 있었다.[10] 해군최고사령부는 여러 부서로 나뉘어 있었는데[11] 이 가운데 작전사령부Seekriegsleitung, SKL(이하 SKL—옮긴이)가 가장 중요했다. SKL은 전략 계획, 함선과 자원의 배분, 특정 작전의 지도 감독을 맡았다. 공식적으로는 레더가 SKL의 책임자였으나 실제로 SKL을 운용한 사람은 레더의 참모장 오토 슈니빈트Otto Schniewind 중장이었다. 1939년 가을이 되자 레더와 슈니빈트는 총통이 일어나지 않을 것이라고 확약했던 전쟁에 기반한 완전히 새로운 계획을 만들어야 했다.

1939년 영국 해군은 전함 열두 척, 순양전함 세 척과 항공모함 여섯 척을 보유했다.[12] 이와 대조적으로 독일 해군의 주력함은 샤른호르스트급 두 척뿐이었으며, 전함 두 척은 아직 의장 작업 중이었다. 전력이 압도적으로 열세한 독일 해군은 해양 통제를 목적으로 영국 해군에 도전할 수 없었다.

해양 통제는 독일 해군의 장기 목적인 Z계획이 순조롭게 진행되었더라면 가능했을지도 모르나, 전쟁 발발이 이 계획을 사실상 끝장냈다. 이제 남은 선택지는 해양 거부뿐이었다.

영국과 프랑스와의 해상전에 관해 말하자면, 독일 해군은 제한된 자원을 넓은 전선에 투입해야 하고(규모가 제한적인 프랑스와의 단독 전쟁에서는 그 정도가 더 심해질 것이다.) 영국은 해상 교통로에 모든 자원을 의지해야 했다. 따라서 제1차 세계대전 때처럼 통상파괴전을 수행하면 의미 있는 결과를 가져올 수도 있었다. 해군최고사령부는 이전 전쟁에서는 독일 주력함대가 북해 수역에 갇혀 있다시피 했으나, 이번 전쟁에서는 대형 함선이 대서양에서 작전할 것이라고 기대했다.

따라서 도이칠란트급 장갑함(원문은 장갑순양함armored cruiser이나 도이칠란트급은 장갑순양함이 아닌 장갑함armored ship/Panzerschiff이다. —옮긴이) 세 척, 도이칠란트(뤼초Lützow로 개명), 아드미랄 그라프 슈페와 아드미랄 셰어Admiral Scheer(원문은 아드미랄 히퍼이나 히퍼는 도이칠란트급이 아닌 히퍼급 중순양함이다. 도이칠란트급 3번함은 아드미랄 셰어다. —옮긴이), 순양전함 샤른호르스트와 그나이제나우, 최종적으로는 비스마르크와 티르피츠도 모두 통상파괴전에 투입할 계획이었다.[13] 독일 해군이 보유한 함선의 수는 적었으나 상황이 그렇게 암담해 보이지는 않았다. 우선 영국 해군은 전 세계에 걸쳐 임무를 수행 중이었고 상당한 전력이 지중해와 극동에 배치되어 있었다. 두 번째로 독일 해군의 주력함은 신조함인 데 반해 영국 해군의 전함 대부분은 제1차 세계대전을 치른 구형 함이었다. 따라서 영국 해군이 엄청난 수적 우위를 누렸지만 함선 대 함선으로 보면 독일 해군이 우월했다. 영국 해군은 이 점을 대독일 전략에 반영했다. 영국 해군이 사용한 전략은 독일 해군을 북해에 가둬 놓고 대서양 접근을 막는 '원격 봉쇄distant blockade'였다.[14] 당시 영국 본국 함대Home Fleet가 선개한 선통석 선시 기지인 오크니Orkney 제도의 스캐파플로Scapa Flow는 바로 이런 봉쇄 작전을 시행하기에 이상적인 위치에 있었다. 레더와 슈니빈트는 대서양에서 해양 거부 작전을 펼칠 수 있도록 이 봉쇄를 뚫는 방안을 고안해야 했다.

그 방안은 SKL의 전쟁수행 1호 지침에 들어 있었다.[15] 1939년 8월 31일에 작성되어 비밀리에 함대에 배포된 이 문건에는 이렇게 적혀 있었다. "우리 해군은 통상파괴전을 수행할 것이며 작전 주 목표는 영국이다." 폴란드를 침공할 태세를 갖춘 마지막 순간까지도 히틀러는 영국과 프랑스가 이번에도 한발 물러서서 폴란드와 맺은 동맹조약을 지키지 않기를 바랐다. 따라서 통상파괴전 준비를 계속하다가 영국이 선전포고를 한 순간 개시할 생각이었으나 지난번 전쟁에서 카이저의 유보트가 했던 것처럼 전면적 해상공세는 아니었다. 대신 독일 해군은 여객선 공격을 피하고, 배를 격침하기 전에 해당 선박 탑승원들에게 퇴선을 요청하며, 잠재적 목표물에 중립국 깃발이 달려 있는지 확인하는 등의 국제 예양을 지켜야 했다. 이런 상황은 곧 바뀌겠지만 최소한 당시에는 이론적일지라도 이런 규칙이 적용되었다.

전쟁 초기 대형함의 출격

전쟁의 먹구름이 끼었을 때 레더 해군 총사령관은 앞날을 내다보고 통상파괴전용 함선 대부분을 외양으로 보내 놓았다. 1939년 9월 3일, 장갑함 아드미랄 그라프 슈페는 중부 대서양을 돌아다니고 있었고 멀리 북쪽에서는 자매함 도이칠란트가 그린란드 남단 앞바다에서 배회하고 있었다.[16] 두 척 모두 8월 말, 영국 해군 본국 함대에 앞길이 가로막히기 전에 독일을 빠져나왔다. 유보트 스물한 척도 마찬가지였는데 이는 가용 유보트 전력의 5분의 4에 해당하는 규모였다. 1939년 9월 1일 12시 30분, 함교에서 시가를 피우던 한스 랑스도르프Hans Langsdorff 대령에게 다가온 무전병이 전문 한 통을 건넸다. 영국군 평문 전신을 방수한 것이었다. 내용은 단순했다. "완전한 독일Total Germany.” 이것은 선전포고를 뜻했다. 조금 뒤에 SKL이 보낸 다른 전문이 앞의 전문을 확인했다. 내용은 다음과 같았다. “지금부터 영국에 대한 적대행위 개시.” 마침내 때가 왔다. 아드미랄 그라프 슈페와 도이칠란트는 항해를 계속하며 전투를 개시했다.

사실 두 척이 달성한 전과는 거의 없었다. 폴란드를 정복하면 영국이 협상에 나설지도 모른다는 히틀러의 희망 때문에 도이칠란트는 그 뒤로 3주간 연합군 상선을 제한적으로 공격했다. 이 수역을 지나가는 상선이 적다는 점과 악천후까지 도이칠란트의 활동을 방해했다. 도이칠란트가 7주간 작전 항해를 한 결과는, 영국 화물선 한 척을 격침하고 중립국 화물선 두 척을 각각 나포하고 격침한 것뿐이었다. 도이칠란트는 덴마크 해협을 통과해 독일로 돌아와 11월 17일에 고텐하펜에 도착했다. 랑스도르프 함장의 아드미랄 그라프 슈페는 이보다 큰 성공을 거둬, 서아프리카 연안을 순항하다가 인도양으로 진출해 영국 상선 아홉 척을 격침했다.

하지만 아드미랄 그라프 슈페 사냥에 나선 영국과 프랑스 함대가 올가미를 조여 왔고, 12월 13일에 아드미랄 그라프 슈페는 남아메리카 해안의 라플라타강 하구에서 전투를 벌이게 되었다. 이 전투에서 영국 순양함 세 척은 자기들보다 강력한 아드미랄 그라프 슈페를 우루과이의 몬테비데오Montevideo항으로 몰아넣었다. 억류를 피하려면 어쩔 수 없이 바다로 돌아가야 하는 상황이 되자 랑스도르프 함장은 자신보다 강력한 영국 함대와 전투해 부하들을 잃느니 배를 자침 처분하기로 했다. 이번 전쟁에서 독일 해군이 처음으로 입은 심각한 손실이었고, 통상파괴전의 이면에 있는 불편한 진실을 드러낸 사건이었다. 다시 말해 대서양으로 출격한 통상파괴용 함선은 아무리 강력해도 혼자라는 사실이었다.

그때쯤 통상파괴용 함선의 제2파가 출격했다. 전함(저자는 1장에서 샤른호르스트와 그나이제나우를 '순양전함'으로 부르는 것은 오류라고 하고 다시 순양전함이라는 표현을 썼다. 이하 원서에서 샤른호르스트와 그나이제나우를 '순양전함'이라고 부르는 경우 가급적 이 표현을 피한다.—옮긴이) 샤른호르스트와 그나이제나우는 시험 항해와 승무원 훈련으로 1939년 가을을 분주하게 보낸 후 11월 22일에 빌헬름스하펜Wilhelmshaven을 빠져나와 북쪽으로 향했다.[17] 두 함선은 악천후 덕분에 영국군의 초계를 피해 셰틀랜드Shetland와 노르웨이 사이를 빠져나와 아이슬란드 북쪽을 목표로 북서쪽으로 함수를 돌렸다. 기함 그나이제나우에 탑승한 사령관 빌헬름 마르샬Wilhelm Marshall 제독은 불량한 시계의 도움을 받아 아이슬란드와 페루 제도Faroe Islands 사이의 틈을 몰래 빠져나갈 계획을 세웠다. 그런데 그날 저녁, 폭풍이 찾아들었고 11월 23일 새벽에는 맑은 하늘과 잔잔한 바다가 나타났다. 하지만 영국군은 독일군의 행보를 탐지하지 못했고 그런 상태로 하루가 지나갔다. 마르샬은 영국군의 봉쇄망을 뚫고 탈출할 수 있겠다고 기대하기 시작했다.

오후 늦은 시각, 독일군 견시원들이 선수 좌현에서 배 한 척을 포착했다. 에드워드 케네디Edward Kenndey 대령이 지휘하는 무장 상선 순양함armed merchant cruiser(선단 보호 또는 통상파괴전을 위해 상선에 무장을 갖춘 임시 특설함정—옮긴이) 라왈핀디Rawalpindi였다.[18] 케네디 함장은 연막을 전개하고 거대한 독일 전함들을 피해 도망하면서 간신히 목격 보고를 발신했다. 정선하라는 독일군의 신호를 무시하고 도주하던 케네디는 탈출이 불가능함을 깨닫자 싸우기로 결정했다. 완전히 일방적인 싸움이었다. 전투가 벌어지자 라왈핀디의 6인치(15.2cm) 포는 명중탄을 단 한 발도 내지 못한 반면, 독일군 포탄은 라왈핀디를 흠씬 두들겼다. 탄약고에 포탄이 명중해 두 동강이 난 라왈핀디는 케네디 함장을 포함한 승조원 서른여덟 명과 함께 침몰했다. 황혼이 드리워지는 가운데 독일군 순양전함들은 생존자를 구조하기 위해 속력을 늦췄다. 견시원들은 영국군 선박들이 접근하는 모습을 포착했다. 이들이 고작 순양함이라는 사실을 알 길이 없었던 마르샬은 뱃머리를 돌리라고 명령했다. 나흘 뒤 샤른호르스트와 그나이제나우는 빌헬름스하펜으로 돌아왔다.

이번 대서양 출격은 실패였으나 다음 해 초에도 대형함의 대서양 출격이 예정되어 있었다. 그런데 독일 해군이 다른 작전준비 명령을 하달받으면서 유보트를 이용한 공세 이외의 통상파괴전은 전면 중지되었다. 이 작전은 독일 해군의 전략에 큰 영향을 미쳤다. 개전 이래 레더 원수는 노르웨이 침공을 옹호해 왔다.[19] 노르웨이 침공에는 해군이 중요한 역할을 할 상륙전이 수반될 뿐 아니라 성공한다면 해군은 노르웨이 해안을 따라 안전한 기지를 보유할 수 있었다. 이렇게 되면 영국의 독일 봉쇄는 더 어려워지므로 이론적으로는 독일 해군이 북대서양으로 강행 돌파를 하기가 더 쉬워졌다. 노르웨이 침공은 1940년 4월에 시작되었다. 독일은 노르웨이와 덴마크를 모두 정복했지만 해군은 큰 손실을 입었다. 노르웨이 수역에서 순양함 세 척과 구축함 열 척이 격침되었고 샤른호르스트와 그나이제나우는 손상되었다. 하지만 레더는 함대 절반을 잃어도 노르웨이의 통제권은 획득할 만한 가치가 있다고 언명했다.

점령한 노르웨이에 대한 지배를 공고히 하기도 전에 히틀러는 다음 공세를 개시했다. 스칸디나비아 작전은 주 작전의 서곡에 불과했다. 1940년 5월 10일, 독일의 프랑스와 저지대 국가 침공이 개시되었고, 5일 안에 독일군 전차부대는 스당Sedan 근처의 전선을 돌파했다.[20] 독일군 전차들이 프랑스를 가로지르는 동안 벨기에의 영국군과 프랑스군은 남쪽으로 후퇴하기 시작했다. 하지만 5월 20일에 독일군은 영불해협 해안에 도착해 연합군을 분단했다. 지상과 공중 양쪽에서 압박이 증대하자 영국은 됭케르크Dunkirk에서 연합군 병력을 철수하기로 결정했다. 이 철수 작전으로 25만 명 이상의 영국군과 프랑스군 병사가 생명을 구했으나 이때부터 독일군은 자유롭게 남쪽으로 선회해 프랑스 정복을 완성하게 되었다. 파리는 6월 14일에 함락되었고 1주일 뒤에 프랑스 정부는 항복하고 휴전조약에 서명했다.

프랑스는 둘로 나뉘었다. 북부는 독일군이 점령했고 남부는 비시Vichy에 수도를 두고 잔류파 정부가 다스리는 '자유지역'으로 간주되었다. 독일 해군에게 갑자기 대서양 연안에 연접한 유수의 프랑스 항구들에 접근할 길이 열렸다는 뜻이었다. 이 항구들 가운데에는 훌륭한 설비를 갖춘 브레스트Brest와 생나제르Saint-Nazaire 해군기지가 있었다. 그 결과 두 달 만에 전략적 상황이 완전히 뒤바뀌었다. 이제 독일 해군은 유보트를 새로 획득한 프랑스 항구로 옮길 수 있게 되었다. 여기에서는 영국의 해상 교통로에 쉽게 접근할 수 있었다.[21] 노르웨이가 독일의 수중에 떨어졌으니 수상함대와 유보트들은 이곳의 피오르를 북대서양 출격의 도약대로 삼을 수 있었다. 북대서양에 도달한 독일 함선들은 왔던 길을 돌아가거나 대서양 연안의 프랑스 항구로 돌아가는 방법 중 하나를 선택할 수 있었다. 그 결과 통상파괴전이 재개되었을 때 독일 해군은 이전보다 유리한 입장에 있었다.

1940년 여름 내내 독일 해군은 '바다사자작전Operation Sea Lion/Unternehmen Seelöwe'(영국 본토 상륙작전)을 대비했다. 노르웨이 작전 이후 레더는 영국 침공의 성공을 보장하기에는 해군의 전력이 부족하다고 주장했다. 앞으로 진행될 작전에서는 비행기가 결정적 요소로 작용할 것이라는 뜻이었다. 따라서 독일 공군이 영국 본토 항공전Battle of Britain에서 영국 공군을 굴복시키는 데 실패하자 침공군은 집결지에서 물러났고 독일 해군은 자유로이 해양 거부 전략을 재개할 수 있게 되었다.

그동안 대서양에서 자신들만의 보이지 않는 전쟁을 계속해 왔던 유보트들은 수상 함정들과 합류할 수 있게 되었다. 10월 23일, 장갑함 아드미랄 셰어가 고텐하펜을 떠나 발트해를 가로질러 노르웨이 수역에 도착했다. 그곳에서 아드미랄 셰어는 북쪽으로 항해하여 북극권을 통과해 서쪽으로 방향을 틀었다. 영국군이 탐지하지 못한 동안 셰어는 덴마크 해협을 빠져나갔고 10월 말에는 광대한 대서양에 들어섰다.

그리하여 아드미랄 셰어는 남대서양에서 인도양까지 이르는, 5개월에 걸친 놀랄 만한 통상파괴 항해를 시작했다.[22] 아드미랄 셰어의 항해는 1년 전 자매함인 아드미랄 그라프 슈페의 항해와 많은 면에서 비슷했으나 고국에 돌아왔다는 점이 달랐다. 아드미랄 셰어는 1941년 3월 말에 5개월 전에 지나온 덴마크 해협을 통과해 4월 1일에 킬로 귀항했다. 아드미랄 셰어에게 당한 첫 희생자는 무장 상선 순양함 저비스베이Jervis Bay였다. 저비스베이는 아드미랄 셰어의 함포 사격에 겨우 20분 만에 격침당했다. 그 후 셰어는 중부대서양으로 향했다.

11월 30일, 두 번째 통상파괴전 함선인 중순양함 아드미랄 히퍼가 독일을 떠났다. 히퍼는 셰어가 갔던 항로를 따라 베르겐Bergen 근처의 노르웨이 수역으로 들어간 다음 계속 항해해 북극권을 지나갔다.[23] 12월 7일, 아드미랄 히퍼는 덴마크 해협을 통과해 대서양으로 진출했다. 이번에도 순찰 중이던 영국 순양함들은 몰래 빠져나가는 아드미랄 히퍼를 포착하는 데 실패했다. 아드미랄 히퍼의 사냥터는 뉴펀들랜드Newfoundland와 영국 제도의 서부 접근로Western Approach 사이의 호송선단 항로였다. 악천후 탓에 목표물을 발견하기는 어려웠으나 크리스마스 이브에 아드미랄 히퍼는 영국 중순양함 버윅Berwick이 호위하는 호송선단과 마주쳤다. 전투 끝에 영국 순양함을 쫓아냈으나 그동안 호송선단은 분산할 시간을 벌었다. 다음 날 아드미랄 히퍼는 화물선 한 척을 따라잡아 격침했지만 위안으로 삼기에는 보잘것없었다. 이틀 뒤인 12월 27일, 아드미랄 히퍼는 브레스트에 입항했다.

아드미랄 히퍼는 2월 초에 다시 바다로 나갔다. 함장은 호송선단에 강력한 호위함이 있으면 교전을 피하라는 엄명을 받았다. 하지만 이번에 히퍼는 2주도 채 지나지 않아 아조레스Azores 제도 인근 수역을 항해하다가 호송선단을 덮쳐 상선 일곱 척과 다른 선단의 낙오 선박 한 척을 격침했다. 탄약과 연료를 재보급받으러 브레스트로 돌아간 아드미랄 히퍼는 보급이 끝나자 다시 바다로 나갔다. 독일 해군은 프랑스 항구에 대한 영국 공군의 공격이 잦아짐에 따라 아드미랄 히퍼를 독일로 돌려보내는 데 온 신경을 쏟았다. 이에 따라 3월 15일에 아드미랄 히퍼는 브레스트를 떠나 순찰하는 영국 함선들을 따돌리고 8일 뒤에 무사히 덴마크 해협을 통과했다. 그달 말, 아드미랄 히퍼는 안전하게 킬로 돌아왔다. 2일 뒤인 1941년 4월 1일, 아드미랄 셰어가 아드미랄 히퍼와 합류했다. 4만 2,000해리(77,784km)에 걸친 항해에서 아드미랄 히퍼는 연합국 상선 열일곱 척과 무장상선 한 척을 격침해 통상파괴전에 나선 독일 함선 가운데 가장 큰 전과를 거둔 함선이 되었다.

베를린 작전

1940년이 저물어 갈 무렵, 수리를 마친 샤른호르스트와 그나이제나우가 출격해 다시 제 역할을 할 준비를 마쳤다.[24] 1월 22일 이른 시각, 두 전함은 킬을 떠나 덴마크 수역을 향해 북쪽으로 항해했다. 이 두 척을 지휘한 사람은 이번 작전(작전명 베를린Berlin)을 주도면밀하게 계획한 귄터 뤼첸스Günther Lütjens 중장이었다. 그런데 유빙과 영국 해군의 노르웨이해 급습 작전 때문에 스카게라크Skagerrak 해협을 통과하는 일정이 지연되었다. 어쨌건 샤른호르스트와 그나이제나우는 안전하게 북해에 도착해 북쪽으로 향했다. 1월 27일 이른 아침에 두 전함은 아이슬란드와 같은 위도에 도달했고 뤼첸스는 서쪽으로 항해하며 아이슬란드-페로 제도 사이를 통과하려 했다. 문제는 시야가 너무나 좋았다는 점이었다. 밤에는 오로라가 북쪽 하늘을 환히 밝혔다. 샤른호르스트와 그나이제나우가 장비한 레이더는 영국 함선이 탑재한 레이더만큼 성능이 뛰어나지는 않았다. 그래도 뤼첸스는 레이더로 독일군이 우위를 점하기를 바랐다. 그런데 이때 그나이제나우의 레이더가 그만 고장 나버렸다.

새벽이 다가올 무렵, 레이더에 무엇인가가 잡혔다. 적 순양함이 틀림없었다. 뤼첸스는 배를 북쪽으로 돌리라고 명령했다. 레이더에 포착된 배는 영국 경순양함 나이아드Naiad였는데 레이더가 말썽을 부리는 바람에 한발 늦게 독일군을 포착했다. 08시에 또 다른 함선이 레이더에 포착되자 독일군은 다시 방향을 돌려 아이슬란드-페로 제도 사이를 빠져나와 북극해로 돌

베를린 작전과 라인위붕 작전을 지휘한 권터 뤼첸스 중장

아갔다. 뤼첸스는 돌파 시도를 포기하는 대신 북쪽으로 항해해 얀마웬섬Jan Mayen Island 동쪽에 배치되어 대기 중이던 유조선에서 재급유를 받기로 계획했다. 의도하지 않았지만 뤼첸스는 최상의 행보를 취한 셈이 되었다. 영국 함대는 뤼첸스를 기다리고 있었고 본국 함대 대부분이 바다로 나와 있었다. 이 가운데에는 전함 넬슨Nelson과 로드니Rodney, 순양전함 리펄스가 있었다. 모두 합치면 뤼첸스의 함대를 격파하기에 충분한 화력을 보유했다.

돌파 대신 뤼첸스는 며칠간 유조선 아드리아Adria와 접촉해 해상급유를 마쳤다. 몹시 추운 날씨와 거친 바다 때문에 작업은 까다로웠지만 샤른호르스트와 그나이제나우는 2월 1일 23시 00분에 급유 작업을 완료하고 다시 남쪽으로 뱃머리를 돌렸다. 그런데 뤼첸스는 전에 시도한 항로 대신 이번에는 아이슬란드와 그린란드 사이의 덴마크 해협을 통과해 보기로 했다. 이번에도 뤼첸스의 타이밍은 완벽했다. 그때쯤 본국 함대 대부분은 연료가 떨어져 스캐파플로로 돌아간 상황이었다.[25] 뤼첸스는 2월 3일 늦은 저녁에 덴마크 해협 접근을 시도했다. 이렇게 하면 함대는 북극해의 어둠에 감싸인 채 해협을 통과할 수 있었다. 이론상 해협의 너비는 150해리(278km)였으나 이 시기에는 그린란드 연안에 생긴 유빙 때문에 원래 너비의 절반으로 줄어들었다. 샤른호르스트와 그나이제나우 모두 총원 전투배치 상태였고 견시원들은 어둠 속을 뚫어지게 응시했다. 이들은 적함뿐 아니라 항로 앞에 놓인 부빙을 찾고 있었다. 적함이 언제라도 나타날 수 있다는 예측에 모두 긴장한 상황이었다.

03시 00분, 레이더에 뭔가가 잡혔다. 뤼첸스는 샤른호르스트와 그나이제나우에 레이더 접촉 위치에서 멀어지라고 명령했다. 접촉한 무장상선은 항로를 유지했다. 독일 함선들이 포착되지 않았다는 암시였다. 동틀 무렵, 샤른호르스트와 그나이제나우는 덴마크 해협을 통과했고 발각될 위험은 사라졌나. 앞에는 광대한 북대시양이 펼쳐져 있었다. 뤼첸스는 지금이 얼마나 중요한 순간인지 이해했다. 기함의 함내 스피커와 샤른호르스트에 보낸 발광신호를 통해 뤼첸스는 이렇게 밝혔다. "역사상 처음으로 독일 전함이 대서양에 도달했음."26 사실이었다. 이날 1월 4일은 독일 해군에게 아주 중요한 의미를 지닌 순간이었다. 주력함 두 척이 대서양으로 돌파해 들어갔을 뿐 아니라 적군에 탐지되지도 않은 채 이를 달성했다. 양 떼 속으로 늑대 두 마리가 풀려난 것이다.

대서양에서는 아주 먼 거리를 항해해야 했다. 따라서 뤼첸스의 제1순위는 가능한 한 가장 먼 거리까지 작전할 수 있도록 재급유를 받는 것이었다. 다행히 유조선 슐레트슈타트Schlettstadt가 그린란드 최남단의 페어웰곶Cape Farewell 남쪽 100해리(185km) 해상에서 대기하고 있었다. 샤른호르스트와 그나이제나우는 흑점Point Black이라는 암호가 붙은 합류점에 도착했다. 유조선이 기다리고 있었다. 재급유는 2월 6일 아침쯤 끝났고 전함들은 유조선과 헤어졌다. 급유가 끝나자 뤼첸스는 여러 대안을 검토했다. 호송선단이 대서양을 횡단할 때 주로 이용하는 항로는 남쪽으로 수백 해리 떨어져 있었다. 이 항로는 뉴펀들랜드 핼리팩스Halifax에서 시작해 영국 제도의 서부 접근로로 이어졌다. 해군 정보부는 구식 영국 전함 라밀리스Ramillies와 리벤지Revenge가 이 항로 일부에서 호송선단을 호위하는 데 이용되다가 재급유를 받으러 핼리팩스로 돌아간다는 사실을 파악했다. 따라서 뤼첸스는 불필요한 전투를 피하기 위해 전함이 호위하는 한계점의 한참 동쪽으로 가서 호송선단을 요격하기로 했다.

뤼첸스는 2월 7일에 선택한 해역에 도착했다. 베를린에서 온 정보 보고에 따르면 호송선단 하나가 동쪽으로 항해 중이었다.[27] 이에 대응하여 뤼첸스는 더 넓은 해역을 감시하기 위해 함대를 둘로 나눠 적이 나타나기를 기다렸다. 아니나 다를까, 다음 날 아침 적 호송선단이 샤른호르스트와 그나이제나우 사이에 나타났다. 뤼첸스는 거리를 좁히라고 명령했다. 두 척 모두 모두 호송선단이 보이는 거리의 한계인 20해리(37km) 위치에 떨어져 있었다. 샤른호르스트의 견시원들이 잡다한 상선 마흔한 척과 구축함 네 척으로 구성된 HX106 호송선단 사이로 훨씬 더 위협적인 물체를 발견했다. 핼리팩스가 모항인 로열 소버린Royal Sovereign급 전함 두 척 중 한 척이었다. 사실 이 전함은 라밀리스였다. 유물이나 마찬가지인 제1차 세계대전기의 굼뜬 전함이었지만 라밀리스가 탑재한 15인치(38.1cm) 포 8문은 독일 함선이 장비한 11인치(28cm) 포보다 훨씬 위력적이었다. 보고를 접한 뤼첸스는 샤른호르스트와 그나이제나우에 공격 중단 명령을 내렸다.

독일 함대의 전력이 우월한 상황이었기 때문에 이 사건은 간혹 독일군이 놓쳐 버린 기회로 묘사되곤 한다.[28] 하지만 함대 사령관의 명령은 분명했다. 동등한 전력의 적과는 절대 교전하지 않는다. 따라서 뤼첸스에게는 선택의 여지가 없었다. 다행히 샤른호르스트만 포착된 데다 영국군은 이를 아드미랄 히퍼로 잘못 식별해 샤른호르스트와 그나이제나우가 대서양에서 활보하고 있다는 사실을 전혀 몰랐다.

두 척이 다시 합류한 지 이틀 뒤 뤼첸스는 다른 호송선단을 수색하기 시작했으나 그나이제나우에서 연료 오염 문제가 발생했고 날씨가 점점 나빠졌다. 적과 접촉할 가능성이 앞으로 계속 줄어들 것이라는 뜻이었다. 이에 대응하여 뤼첸스는 '청점Point Blue'이라는 코드명이 붙은 유조선 합류점을 향해 북쪽으로 뱃머리를 돌렸다. 이곳에서 2월 14일에 유조선 슐레트슈타트와 에소 함부르크Esso Hamburg가 샤른호르스트와 그나이제나우에 급유했다. 뤼첸스는 다시 남쪽으로 뱃머리를 돌렸다.

다음 며칠은 좌절에 휩싸인 시간이었다. 단독 항해하는 선박들을 포착했으나 뤼첸스는 전체 호송선단을 습격하기를 기대하며 거리를 유지했다. 나중에 알고 보니 서쪽으로 가는 호송선단은 캐나다 해안의 한 지점에 도착한 다음 분산해 목적지 항구로 속행했다. 다시 말해 독일군은 그보다 더 서쪽에 있었다.

하지만 2월 20일, 이들은 뉴펀들랜드 서쪽에서 호위 없이 항해하는 일군의 선박과 마주쳐 다섯 척을 격침했다.[29] 그중 한 척인 칸타라Kantara호가 간신히 목격 보고를 발신했다. 이제 영국 해군이 독일 함대의 위치를 알게 되었다. 독일 해군 정보부로부터 영국 전함들이 자신을 찾아 나섰다는 보고를 들은 뤼첸스는 이곳을 벗어나기로 했다. 독일 함대는 남쪽으로 그리고 서쪽으로 항해하며 아프리카 해안을 향해 대서양을 가로질렀다. 3월 27과 28일에 걸쳐 샤른호르스트와 그나이제나우는 사전에 준비된 합류점에서 재급유를 마치고 남동쪽으로 계속 항해했다. 이번 목표는 서아프리카와 서부 접근로를 잇는 시에라리온Sierra-Leone 항로였다. 3월 8일, 뤼첸스는 케이프베르데 제도Cape Verde Islands에서 북쪽으로 350해리(648km) 떨어진 해상에 있었다. 호송선단 항로에서 약간 비켜난 위치였다. 견시원이 홀로 비행하는 왈러스Walrus 수상기를 포착했다. 이런 비행기는 상당한 크기의 영국 함선에서만 발진할 수 있었다. 호송선단이 근처에 있으며 호위 전력이 충실하다는 뜻이었다.

이 왈러스는 전함 말라야Malaya 소속이었다. 말라야는 프리타운Freetown에서 출발한 SL67 호송선단을 호위하고 있었다. 이날 늦게 영국 전함의 견시원들도 북동쪽으로 거의 20해리(37km) 위치에 있는 독일군 순양전함 두 척을 보았다.[30] 뤼첸스도 이 호송선단을 보았다. 그리고 강력한 호위함도.

뤼첸스는 명령 때문에 또다시 뱃머리를 돌릴 수밖에 없었다. 접촉은 30분도 안 되어 소실되었다. 위안이 될 만한 보상은 다음 날인 3월 9일에 단

킹 조지 5세 갑판에 선 영국 본국 함대 사령관 존 토비 제독

독 항해하던 영국 상선 한 척을 지나가는 길에 격침한 것이 고작이었다. 이틀 뒤 샤른호르스트와 그나이제나우는 다른 합류점에서 기다리던 유조선 두 척과 만나 재급유를 받았다. 이번에 뤼첸스는 수색 범위를 넓히는 데 도움을 받고자 유조선을 데리고 갔다. 그때쯤에는 영국 전함들이 다른 곳으로 이동했기를 기대하며 뉴펀들랜드 근해의 항로에서 다시 공격을 시도해 보자는 것이 그의 계획이었다.

뤼첸스는 절반만 맞았다. 전함 라밀리스와 리벤지는 핼리팩스를 기지로 두고 동쪽을 향해 가는 호송선단을 대서양 중부까지 호위하고 있었다. 대서양 중부에서부터는 육상 발진 항공기와 본국 함대 나머지가 호위할 수 있었다.[31] 전함 로드니와 킹 조지 5세도 이 수역으로 파견되어 뉴펀들랜드 대륙붕 일대를 순찰하고 있었다. 로드니의 자매함 넬슨에 탑승한 본국 함대 사령관 토비 제독은 뤼첸스가 덴마크 해협을 통과해 본국으로 도주를 시도할 경우에 대비해 아이슬란드 근해에서 대기하고 있었다. 다시 말해 뤼첸스가 한 발짝만 잘못 움직인다면 함대 전체가 손쉽게 함정에 빠질 수 있었다. 처음에는 모든 게 살 풀리는 듯했다. 3월 15일에 독일 함대는 서쪽으로 가다가 분산된 호송선단과 마주쳐 여섯 척을 격침했다. 다음 날에는 더 많은 적 선박과 마주쳐 그중 화물선 열 척을 격침했다.

이 전투가 전함 로드니의 주의를 끌었다. 로드니는 황혼이 질 무렵 현장에 나타났다. 뤼첸스는 즉시 샤른호르스트와 그나이제나우의 뱃머리를 돌렸다. 16인치(40.6cm) 포 9문을 탑재한 로드니는 독일 함대에 큰 피해를 줄 만한 화력을 보유했다. 다시 뤼첸스는 방향을 돌리라고 명령했고 어둠이 떨어지자 접촉은 소실되었다. 5주 만에 세 번째로 샤른호르스트와 그나이제나우는 전투를 회피했다. 지금 영국군이 호송선단의 항로를 보호하기 위해 많은 자원을 투입하고 있다는 것이 분명해졌다. 이에 따라 뤼첸스는 중부 대서양에서는 운이 더 좋기를 기대하며 동쪽으로 향했다. 그러자 3월 17일, SKL은 현 작전행동을 중단하고 브레스트로 귀항하라는 명령을 내렸다.[32] 레더 원수가 새 계획에 뤼첸스와 샤른호르스트, 그나이제나우를 사용할 생각임에 틀림없었다. 3월 18~19일, 샤른호르스트와 그나이제나우는 마지막으로 해상급유 작업을 한 다음, 기회가 생기면 자력으로 본국으로 돌아가도록 유조선을 풀어 주고 브레스트로 침로를 잡았다.

처음에는 모든 것이 순조롭게 진행되었다. 3월 20일, 영국 항공모함 아크로열Ark Royal에서 정찰 임무차 발진한 소드피시Swordfish 복엽기가 샤른호르스트와 그나이제나우를 포착했다. 아크로열은 원래 지브롤터에 기지를 둔 서머빌James Somerville 중장의 H부대Force H 소속이었다. 서머빌은 뤼첸스의 함대 수색에 합류하기 위해 북쪽으로 가라는 명령을 받아 아크로열과 순양함 두 척을 동반한 순양전함 리펄스에 탑승해 출격했다. 영국군은 브레스트 서남서 750해리(1,389km), 스페인 북서단의 피니스테레곶Cape Finisterre에서 600해리(1,111km) 지점에 있던 뤼첸스 부대를 목격했다. 다시 말해 독일군은 모항까지 가는 데 하루 정도 걸릴 거리에 있다는 뜻이었다. 서머빌의 H부대는 남동쪽으로 160해리(296km) 떨어져 있었다. 항공모함에서 공격대를 발진시키기에는 너무 먼 거리였다. 속력을 높여야만 어두워지기 전에 비행기를 발진시킬 수 있는 위치에 도달할 수 있었다.

문제는 샤른호르스트와 그나이제나우를 발견한 소드피시의 무전기가 고장 났다는 것이었다.33 소드피시는 아크로열로 돌아가 직접 보고해야 했다. 그동안 약삭빠른 뤼첸스는 북쪽으로 뱃머리를 돌려 덴마크 해협으로 향하는 척하며 조종사를 속이려 했다. 그러고 나서 독일 함대는 야음을 틈타 브레스트를 향해 다시 동쪽으로 변침했다. 하지만 영국군은 추격을 포기할 생각이 없었다. H부대는 최고속력으로 북쪽을 향해 돌진했으며 아이슬란드 근해에서는 넬슨에 있는 토비 제독이 전함 퀸엘리자베스Queen Elizabeth와 순양전함 후드로 전력을 증원하고 아일랜드 서쪽 어딘가에서 뤼첸스와 마주치기를 희망하며 남쪽으로 출발했다.

하지만 너무 늦었다. 독일 함대는 이미 따라잡을 수 없는 곳에 가 있었다. 3월 21일, 영국 공군 연안방어사령부RAF Coastal Command 제220비행대 소속 록히드 허드슨Lockheed Hudson 기가 최악의 사태가 벌어졌음을 확인했다. 브레스트에서 서쪽으로 겨우 170해리(315km) 떨어진 곳에서 프랑스 해안으로 향해 가는 샤른호르스트와 그나이제나우를 포착한 것이다. 이미 독일군 육상 발진 항공기의 호위 범위 안에 들어간 지 꽤 되었기 때문에 이들을 요격할 기회는 눈녹듯 사라져버렸다. 다음 날인 3월 22일, 두 함선은 상공을 선회하는 전투기의 엄호를 받으며 브레스트에 도착했다. 이렇게 베를린 작전이 종결되었다. 제2차 세계대전에서 독일 해군이 수행한 가장 성공적인 통상파괴 작전이었다. 2개월간의 순항에서 샤른호르스트와 그나이제나우가 격침하거나 나포한 연합군 선박은 스물두 척, 총 11만 5,622톤이었다.[34] 놀라운 위업을 세운 뤼첸스는 독일의 새로운 해군 영웅으로 떠올랐다.

미래를 내다보다

만족할 만한 전과를 거두지 못했을지라도 베를린 작전은 전략적 주목적을 달성했다. 작전이 진행된 두 달 동안 영국 해군은 호송선단을 다른 항로로 돌리거나 독일군의 위협을 처리하거나 없앨 때까지 수백 척의 상선을 우호국 항구에 대기시키는 수밖에 없었다. 대서양 횡단 호송선단은 전쟁에 필수적인 보급품, 식료품과 병력을 항로를 따라 나르는 거대한 컨베이어 벨트 같은 존재였다. 모든 게 빡빡한 일정에 맞춰 움직였으므로 현대의 항공운수 분야에서처럼 어딘가가 지연되면 다른 항로에 연쇄반응을 일으켰다. 호송선단을 다른 곳으로 돌리거나 출항이 보류되면 거대한 시스템이 휘청거렸다. 그 결과 수십만 톤의 보급품이 대서양을 건너오지 못했고, 캐나다에서 영국으로 오는 병력이나 영국에서 중동으로 가는 병력은 수송선에 갇힌 신세가 되었다. '해양 거부'가 실전에 적용된 결과였다. 베를린 작전은 레더 원수가 원하는 바를 정확히 이루었다. 이런 작전을 되풀이할 수 있다면, 이번에 신예 전함 비스마르크를 대서양으로 출격하는 기동부대에 합류시킬 수 있다면, 이 해양 컨베이어 벨트에 복구 불가능한 타격을 입힐 수 있을지도 몰랐다.

그러려면 여러 가지 요소가 맞아떨어져야 했다. 우선 비스마르크가 성공적으로 봉쇄를 뚫고 북대서양에 진입해야 했다. 최소한 동반 함선 한 척과 더불어 출격한다면 이상적이었다. 여기에는 중순양함 프린츠 오이겐이 당연한 선택이었다.[35] 아드미랄 히퍼의 자매함인 프린츠 오이겐은 작전 준비를 완료했으며 항속거리는 전함에 못 미쳤으나 유용한 추가 전력이 될 수 있었다. 다음 요소는 프랑스의 항구에 있는 독일 함선, 특히 샤른호르스트와 그나이제나우가 작전 준비를 완료했다는 점이었다. 아드미랄 히퍼도 이 부대에 추가될 가능성이 있었다. 그렇게 비스마르크와 동반 함선이 성공적으로 북대서양에 도달하면 샤른호르스트와 그나이제나우도 브레스트를 박차고 나와 사전에 준비된 대서양의 한 지점에서 합류할 것이다. 이미 결정된 또 다른 요소는 지휘관이 누구냐였다. 귄터 뤼첸스가 이 임무의 적임자라는 데는 의문의 여지가 없었다.

운명의 여신이 독일 함대 지휘관에게 미소를 지었다. 나이아드가 독일 함대를 제때 포착했다면 뤼첸스가 작전을 제대로 시작하기도 전에 영국 해군 본국 함대 주력이 손쉽게 독일 함대를 잡을 수도 있었다. 그런데 갈림길마다 뤼첸스는 영국군의 행보를 한 수 앞서 내다보기라도 하듯 위험을 회피했다. 뤼첸스는 자신의 전함 한 척 또는 두 척 모두에 피해를 줄 수 있는 전함의 호위를 받는 호송선단과 세 번이나 마주쳤음에도 매번 신속히 대응해 뱃머리를 돌림으로써 무사히 회피했다. 아크로열에서 발진한 소드피시 뇌격기가 독일 함대를 포착한 상황은 다른 환경이었다면 공격대 발진으로 이어졌겠지만 고장 난 무전기 탓에 무산되었다. 마지막으로 북대서양 곳곳의 핵심 위치에 유조선을 배치한 시스템은 뤼첸스의 뛰어난 계획에 힘입어 거의 완벽하게 작동했다. 이제 이 작전을 더 큰 규모로 재현할 때가 왔다.

이 장대한 계획은 곧 삐걱거리기 시작했다. 영국 해군성은 위험을 미연에 방지하도록 독일 함선의 집결을 막는 데 협조해 달라고 공군에 요청했다. 발트해에 있는 비스마르크와 프린츠 오이겐에는 영국 공군의 손이 닿을 수 없었던 반면, 브레스트는 영국 남서부의 비행장에서 겨우 160해리(296km) 떨어져 있었다. 이런 상황을 잘 아는 독일 해군 수뇌부는 다시 바다로 나가기 전에 광범위한 수리를 받아야 했던 샤른호르스트와 그나이제나우를 덴마크 해협을 거쳐서라도 가급적 빨리 독일로 돌려보내고 싶어 했다. 그런데 하필 샤른호르스트의 수리 규모가 예상보다 더 컸기 때문에 6

월에야 브레스트를 떠날 수 있었다. 이와 대조적으로 5월 초에 수리를 끝낸 그나이제나우는 다음번 대규모 출격에 투입될 수 있었다.

영국 공군 연안방어사령부는 샤른호르스트와 그나이제나우가 처음 브레스트에 도착했을 때 폭격을 시도했으나 실패했다. 그 후 프랑스 레지스탕스 조직이 두 척 모두 수리 중이어서 몇 주 더 브레스트에 있을 것이라고 알렸다.36 그 덕에 영국 공군은 제대로 된 작전을 세울 시간을 벌었다. 브레스트 방어를 위해 독일 해군이 방공장비 추가 배치와 전투기 엄호를 해달라고 독일 공군에 요청했으나 아무런 조치를 하지 않았다는 소식을 영국군이 알았더라면 위안을 얻었을 것이다. 따라서 브레스트 지역의 기존 대공포 전력이 상당했고 근처에 전투 비행대가 있어서 폭격 임무가 위험하긴 했으나 자살 행위는 아니었다. 이에 따라 영국 공군은 3월 말부터 브레스트항을 '융단폭격'하기로 작심한 듯 격심한 야간습격을 감행했지만 두 척 어느 쪽에도 직격탄을 맞히지 못했다. 샤른호르스트와 그나이제나우는 건선거에 입거되어 더욱 엄중히 보호받았다. 그럼에도 불구하고 이 폭격이 일으킨 연쇄반응으로 인해 독일 해군의 계획이 틀어졌다.

이 공격에서 건선거의 그나이제나우 옆에 폭탄 한 발이 떨어졌지만 폭발하지 않았다. 다음 날 아침, 독일군은 건선거에 물을 채워 그나이제나우를 건선거 밖의 항구 쪽으로 1,300피트(396m) 정도 내보냈다. 그나이제나우는 이제 뇌격기 공격에 취약한 상황에 놓였다. 4월 6일 저녁, 연안방어사령부 제22비행대 소속 브리스틀 보퍼트Bristol Beaufort 쌍발전투기 4기가 그나이제나우를 공격했다.37 4기 중 1기만 어뢰 투하에 성공했고, 우현에 어뢰를 맞은 그나이제나우는 심하게 침수되었다. 어뢰를 투하한 보퍼트 전투기는 격추되었지만 돌이킬 수 없는 피해를 입은 그나이제나우는 긴급수리를 받으러 건선거로 비틀거리며 돌아갔다. 그나이제나우에 어뢰를 명중시킨 조종사 켄 캠벨Ken Campbell 중위에게는 사후에 빅토리아 훈장Victoria Cross이 추서되었다.

이 공격으로 그나이제나우가 비스마르크와 합동작전에 때맞춰 참가할 가능성이 상당히 낮아졌다. 나흘 뒤 일어난 공습에서 그나이제나우는 또다시 폭탄을 맞아 심각한 피해를 입어 몇 달간 전열에서 이탈하게 되었다. 상식적으로는 수리를 완료한 후 새로운 합동작전을 시작하는 것이 최상이었겠으나 이것은 브레스트가 공습에 취약하다는 점을 고려하지 않은 생각이었다. 독일 국방군 최고사령부Oberkommando der Wehrmacht, OKW는 브레스트에서 수리가 끝나는 대로 샤른호르스트와 그나이제나우를 아드미랄 히퍼와 더불어 영국군 봉쇄망을 돌파해 독일 본토로 회항시키기로 결정했다.

한편 레더에게는 비스마르크와 프린츠 오이겐만 남았다. 자매함 티르피츠가 합류할 준비를 마칠 때까지, 샤른호르스트와 그나이제나우와 두 번째 중순양함이 작전에 투입될 때까지 신규 작전을 모두 보류할 것인가? 아니면 영국의 해상 항로를 계속 압박하기 위해 적극적으로 당장 대서양으로 출격할 것인가? 캠벨 중위의 희생 덕에 레더의 선택지는 크게 줄어들었다.

제3장

본국 함대

스캐파플로

영국 본토 북쪽에 있는 오크니 제도는 위험한 역조가 흐르는 펜틀랜드 해협Pentland Firth으로 스코틀랜드와 분리되어 있다. 이 군도에서 가장 큰 섬은 간단히 '메인랜드Mainland'라고 불리며 지역 중심지인 커크월Kirkwall이 이곳에 있다. 커크월은 곳곳에 매력적인 거리가 있는 마을로 바이킹 시대에 세운 아름다운 성당이 위용을 과시하며 우뚝 서 있다. 오크니 제도의 가운데에 있는 메인랜드를 중심으로 북방 군도North Isles와 남방 군도South Isles로 나뉜다. 남방 군도는 자연적으로 형성된 일종의 원호 형태로, 육지로 에워싸인 가로 10해리(19km), 세로 8해리(15km) 크기의 천연 정박지가 있다. 사실상 육지로 가로막히다시피 한 이 수역은 스캐파플로Scapa Flow라고 불린다. 여기로 통항 가능한 출입구는 서쪽과 남쪽, 두 개뿐이기 때문에 스캐파플로는 방어하기 쉬운 거대한 정박지가 되었다. 주변의 갈색과 녹색의 낮은 섬들이 마치 방어용 망토처럼 정박지를 둘러쌌다.

제1차 세계대전이 일어나기 얼마 전, '재키' 피셔 제독〔John Arbuthnot 'Jackie' Fisher, 1841~1920. 영국 해군 원수. 다른 나라의 해군참모총장 격인 제1해군경First Sea Lord을 두 번 역임(1904~1910, 1914~1915)했다.—옮긴이〕이 스캐파플로를 영국 해군 대함대Grand Fleet의 전시 기지로 선택했다.[1] 스캐파플로는 독일 해안의 원거리 봉쇄를 조율하기에 이상적인 위치에 있었으며, 외양으로 진출하려는 독일 함대를 저지하기 위해 출격할 수 있는 기지였다. 젤리코〔John Rushworth Jellicoe, 1859~1935, 영국 해군 대함대 총사령관(1914~1916), 제1해군경(1916~1918)을 역임했다.—옮긴이〕 제독의 전함부대가 유틀란트 해전에서 싸우기 위해 출항한 곳도 스캐파플로였고 1919년에 패배한 독일 원양함대가 끌려와 억류된 곳도 여기였다. 평화가 찾아오자 대형 함선들은 사라졌으나 이곳에는 전간기에도 소규모 해군기지가 유지되었다. 1939년에 전쟁의 먹구름이 밀려오자 지난번 전쟁 때 적용한 해군 전략이 새 전쟁에도 유효할 것으로 본 영국 해군성은 본국 함대의 스캐파플로 배치를 명령했다. 그리하여 스캐파플로는 또다시 수백 척의 함선과 장병 수천수만 명의 보금자리가 되었다.

어떤 이들은 이곳을 사랑했다. 고요함, 아름다운 자연, 부드러운 풍광은 사람을 쉽사리 사랑에 빠지게 할 법했다.[2] 하지만 또 다른 이들에게 스캐파플로는 현세에 나타난 지옥이었다. 바람 그칠 날이 없고 겨울에 춥고 습할 뿐 아니라 폭풍이 자주 불어닥치는 암울하고 추운 땅끝이었다. 큰 도시의 즐거움과 활기찬 사회 풍경을 선호한 젤리코의 후임자 비티 제독(David Richard Beatty, 1871~1936. 유틀란트 해전에서 순양전함 부대를 이끌어 유명해진 영국 제독. 대함대 총사령관(1916~1918), 제1해군경(1919~1927)을 역임했다.—옮긴이)은 스캐파플로를 "세상에서 가장 지긋지긋한 곳"이라고 불렀다. 양차 세계대전 중에 스캐파플로에 배치된 함선에 복무했던 수병들은 비티 제독의 의견에 동의할 것이다. 육상시설은 한정적이었다. 해군은 연극용 극장, 영화 상영관, 술집과 매점 몇 곳, 운동장을 지어 놓았으나 본토의 포츠머스Portsmouth나 플리머스Plymouth 또는 채텀Chatham과 비견할 만한 시설은 아무것도 없었다. 몇 안 되는 여성은 대부분 여군이었다. 수병들은 배에 갇혀 지내며 뭔가 일어나기를 기다리는 것 말고는 할 일이 없었다. 1941년 5월, 이 기대는 현실이 되었다.

전쟁이 시작되었을 때 스캐파플로에 닻을 내린 함대는 제1차 세계대전 때 대함대의 직계 후예로서 1932년에 본국 함대가 되었다. 당시 스캐파플로의 방어는 한심할 정도였다. 1939년 10월 14일에 독일군 잠수함 U-47이 임시 방어시설을 뚫고 들어와 구형 전함 로열 오크Royal Oak를 격침한 사건으로 그 사실이 명명백백히 드러났다. 이 공격으로 인해 834명이 목숨을 잃었는데 대부분이 어린 수병이었다.[3] 함대는 정박지를 스코틀랜드 서해안으로 옮겨 스캐파플로의 방어시설 정비가 완료된 1940년 3월까지 머물렀다. 시설 정비는 우선 통항 가능한 수도를 방뢰망torpedo net과 수중청음기로, 작은 수로는 새로 선박을 침몰시켜 방어하는 방식으로 수행되었다. 그 다음에 해안 포대, 레이더 기지, 대공포, 비행장과 전투기가 장비되었다. 3월 초가 되자 윈스턴 처칠Winston Churchill 총리는 전시 내각에 스캐파플로가 "80퍼센트 안전"하다고 말할 수 있었다.

스캐파플로가 어느 정도 안전해지자 본국 함대는 독일 함대가 북해를 벗어나지 못하게 막아 자유롭게 독일을 원거리에서 계속 봉쇄하게 되었다. 1940년 4월, 상황이 뒤바뀌었다. 독일이 노르웨이를 정복하자 셰틀랜드와 노르웨이 사이의 봉쇄선 유지가 불가능해졌다. 본국 함대는 그린란드, 아이슬란드, 페로 제도와 셰틀랜드를 잇는 선을 계속 초계해야 했다. 냉전기에 이 선은 GIUK 갭Greenland-Iceland-United Kingdom gap—소련 잠수함이 대서양에 도달하는 데 사용한 통로—이라고 알려졌지만, 1940년에는 단순히 재배열된 원격 봉쇄선일 뿐이었다. 하지만 이번에는 거친 바다와 가혹한 기상 조건 때문에 소형 함선을 대신해 순양함이 초계선 순찰의 주축을 맡아야 했다.

독일이 노르웨이를 점령하자 스캐파플로는 독일군 폭격기가 도달하기 쉬운 거리에 놓이게 되었다.[4] 독일군은 1939년 10월부터 단속적으로 스캐파플로를 폭격했으나 영국군은 1940년 4월에 '오크니 대공 방어선Orkney Barrage'을 완성했다. 오크니 대공 방어선은 육상 배치 대공포와 본국 함대의 방공 화력을 이용해 스캐파플로를 보호할 목적으로 만들어진 대공포 방어벽이었다. 오크니 대공 방어선은 4월 2일에 치른 첫 실전에서 큰 성공을 거두었다.[5] 6월에 들어 스캐파플로의 방어는 완벽해졌고, 전쟁이 끝날 때까지 정박지는 독일군의 공격으로부터 안전했다. 그 덕에 노르웨이 정복으로 독일이 얻은 이점이 어느 정도 상쇄되었다. 그해 여름부터 종전 때까지 영국군 정찰기와 잠수함은 정기적으로 독일 함선을 찾기 위해 노르웨이 해안을 순찰했다.

이론적으로 독일이 점령한 노르웨이와 스캐파플로가 가깝다는 점이 문제가 될 수 있었지만, 1940년 여름 무렵에 '오크니 댐'은 이미 시험과 실전을 거쳤다. 독일 비행기는 탄막 사격으로 쏘아 올린 포탄의 벽을 뚫고 들어오지 못했다. 동쪽으로 육지가 없었으므로 영국군 레이더는 북해를 건너 접근하는 독일군 폭격기를 포착할 수 있었고, 함대와 해안 포대가 이들을 맞이할 준비를 했다. 여기에 더해 오크니 제도에는 비행장 네 개가 있었는데 두 개는 함대항공대Fleet Air Arm가, 두 개는 공군이 운용했다. 전투기 전력을 충실히 갖춘 이 비행장들은 독일 공군의 어떤 공격에도 인근 케이스네스Caithness(스코틀랜드 북부에 있는 주—옮긴이) 소재 비행장들과 협동해 큰 손실을 안기고 격퇴할 수 있었다. 이렇게 구축한 시스템의 효율성이 입증되자 독일군은 공습을 전면 중단했고, 오크니와 케이스네스에 주둔한 영국군 전투폭격기들은 노르웨이 수역에서 운행되는 독일 연안 운송망을 공격하기 위해 정기적으로 출격했다.

안전한 정박지가 가져다준 또 다른 이점은 위치다. 향수에 시달린 선원들이 런던 또는 심지어 포츠머스나 플리머스의 환락가에서 먼 곳에 배치되었다고 불평했을지도 모르지만, 전략적 관점에서 스캐파플로는 본국 함대가 있기에 완벽한 장소였다. 오크니 제도는 프랑스와 저지대 국가들에 있는 독일 공군기지에서 먼 반면, 영국 남부의 해군기지까지 비행기로 몇 분이면 도달할 거리에 있었다. 스카게라크에서 출격한 독일 함선이 스캐파플로에 도달하려면 북해를 가로질러야 했고, 대서양까지 가려면 노르웨이해를 거쳐 그린란드-아이슬란드-페로 제도-셰틀랜드 갭을 통과해야 했다. 스캐파플로는 영국 남부의 어떤 기지보다 스카게라크와 가까웠고 북해에서 대서양으로 들어가는 입구의 거의 문간에 있었다. '해양 통제'의 관점에서 스캐파플로는 완벽했다. 그곳에 있는 함대는 병마개나 마찬가지였다. 출격한 독일 함선은 영국 함대와 일전을 치른 후에야 대서양으로 진출해 연합군 호송 항로를 위협할 수 있었다. 따라서 수병들의 불평과 상관없이 스캐파플로는 영국 함대의 전시 근거지로 계속 사용되었다.

원격 봉쇄

함대가 스캐파플로에 정박했을 때 함대의 기함은 플로타섬Island of Flotta 옆 정박지에 머물렀다. 이 섬에서 뻗어 나온 해저 케이블이 정박 부표와 연결되어 있었다.[6] 케이블에 든 보안 전화선은 총사령관 책상의 녹색 전화기로 이어졌다. 이 선은 화이트홀Whitehall(영국 정부의 주요 조직이 모여 있는 런던의 한 구역 또는 영국 정부의 별칭—옮긴이)의 해군성과 연결된 직통 전화선으로서 사령관은 전시 내각 각료들이나 처칠 총리와 직접 통화할 수 있었다. 다시 말해 해군성에 도착한 정보 보고가 몇 분 내에 본국 함대로 전달될 수 있다는 뜻이었다. 기함이 바다에 있을 때는 제독과 총사령관이 암호화된 무선통신이라는 보안성이 떨어지는 수단을 써야 했다. 물론 무선통신은 적의 방수에도 취약했다. 1941년 5월에 펼쳐진 드라마에서 이러한 통신 수단들이 핵심 역할을 했다.

본국 함대의 명시적 목표는 영국 본토 수역의 보호와 영국의 항구로 이어지는 핵심 해상 교통로의 보호였다. 그런데 전쟁이 진행되면서 여러 지역에 별도의 지휘부가 생겨 책임을 분담하게 되었다. 영국 해협과 동해안 연안 수역은 별도로 관리되었고 이곳에 기지를 둔 소형 함정으로 구성된 함대는 본국 함대와 상관없이 독자적으로 전쟁을 치르며 아군의 연안 운송을 보호하고 적의 연안 운송을 방해했다. 영국 제도의 서부 접근로western approaches(영국 항구로 이어지는 항로) 방어는 처음에는 플리머스, 나중에는 리버풀Liverpool에서 지휘했다. 따라서 본국 함대는 독일 해군을 북해에 가두고 대서양 돌파를 시도하는 적함을 격파하는 주 임무에만 집중할 수 있게 되었다.

나폴레옹 전쟁 중에 영국은 프랑스가 장악한 유럽 대륙의 주요 항구를 근접 봉쇄했다. 따라서 브레스트, 툴롱Toulon, 발트해에서 출격하는 프랑스 함대는 영국 함대와 마주칠 수밖에 없었다. 잠수함, 무선통신과 장거리 함포의 시대가 도래하자 이 전략은 효율성이 떨어지게 되었다. 이에 따라 적이 장악한 항구에서 더 멀고 우군 기지에서는 쉽게 닿을 수 있는 거리 안에 봉쇄선을 설정하는 '원거리 봉쇄distant blockade' 개념이 창안되었다. 결과는 똑같았다. 제1차 세계대전에서 독일에 대한 해상봉쇄는 연합군의 가장 효과적인 도구였다. 독일 제국은 원자재와 식료품 수급의 상당 부분을 해상 수입에 의존했다. 1914년 11월, 영국은 북해를 '전쟁구역War Zone'으로 선포하고 적대국 항구로 향하거나 심지어 독일이 목적지인 화물을 실은 배까지 모두 나포했다.[7] 빗발치는 항의에도 불구하고 영국 해군은 중립국 선박까지 멈춰 세워 수색했다.

영국 해협 봉쇄는 아주 쉬웠다. 도버 순찰함대Dover Patrol가 이 임무를 맡았다. 북해의 입구를 막는 것은 이보다 조금 더 어려웠다. 노르웨이 해안과 오크니 제도 사이에서 작전하는 북방수역 순찰함대Northern Patrol는 뛰어난 효율을 증명하며, 독일로 가는 식품과 전쟁에 필요한 원자재 운송을 사실상 중단시켰다. 1916년에 이르자 해상봉쇄로 인해 독일에서 식량 부족 사태가 점점 더 심각해졌고 종전 무렵에 독일 국민은 기아에 직면했다. 이것이 전쟁을 끝낸 주요 원인 중 하나다. 1939년의 상황도 그때와 아주 비슷했고 똑같은 봉쇄 전술이 적용되었다. 징발된 트롤 어선 같은 수백 척의 순찰정이 봉쇄 임무에 투입되었다. 그러나 이번 봉쇄는 해군력에 의한 완전한 봉쇄 대신 '영국 정부 전시금수품 통제British Contraband Control'라고 불렸다. 제1차 세계대전 때처럼 오크니 제도는 또다시 봉쇄 작전의 북방기지가 되었고 몇 주 동안 수백 톤의 전쟁 물자를 독일 선적 또는 중립국 선박으로부터 압류했다.

나치 독일은 자체적인 경제 봉쇄 조치로 영국에 대응했는데, 독일 해군은 기뢰로 영국의 연안 운송을 방해하고 유보트로 서부 접근로의 호송선단을 괴롭혔다.[8] 오래지 않아 양측 모두 물자 부족을 피부로 느끼게 되었다. 1940년 봄에 일어난 노르웨이 점령과 프랑스 함락은 모든 것을 바꿔 놓았다. 영국군 북방수역 순찰함대는 노르웨이 해안의 정규 정박지를 잃었다. 이제 독일군 유보트는 프랑스의 대서양 연안 항구를 이용할 수 있었으며 초계 구역에 도착하는 시간이 절반으로 줄었다. 이에 따라 새로운 전략이 필요해졌다. 점점 늘어나는 미국의 비공식적 지원에 힘입어 영국이 호송선단의 안전한 항해에 한 단계 더 높은 노력을 투입하는 것이 새로운 전략의 골자였다. 또한 새 전략은 현행 순찰선을 포기하고 노르웨이의 비행장에서 쉽게 도달할 수 없는 곳으로 물러나야 한다는 뜻이기도 했다.

덴마크령 그린란드와 아이슬란드, 아이슬란드와 페로 제도, 페로 제도와 셰틀랜드, 오크니 제도와 스코틀랜드 본토를 잇는 순찰선도 재수립해야 했다.[9] 이 가운데 오크니 제도 남쪽의 펜틀랜드 해협과 오크니 제도와 셰틀랜드 제도 사이의 틈은 소형 순찰정, 구축함과 항공 순찰로 쉽게 막을 수 있었다. 더 먼 곳에 있는 세 곳의 틈이 문제였다. 이곳에서는 경순양함과 중순양함의 지원을 받는 원양 트롤 어선, 코르벳함corvette(고속정보다 크고 구축함보다 작은 함선. 초계함이라고도 불린다.—옮긴이), 구축함처럼 날씨에 상관없이 항해할 수 있는 소형함이 순찰을 맡았다. 초계 거리가 더 멀고 배가 더 많이 필요했지만 원거리 봉쇄는 여전히 효과를 발휘했다.

1940년 4월에 독일이 덴마크를 침공하자 원거리 봉쇄가 조금 더 수월해졌다. 당시 아이슬란드는 독립국이지만 덴마크 왕의 통치를 받는 이중연합국이었다. 따라서 덴마크 점령 이전의 아이슬란드는 중립국으로 간주되었다. 그런데 독일이 덴마크를 침공하고 아이슬란드가 서방 연합군에 가담하기를 거부하자 영국은 군대를 파견해 아이슬란드를 점령했다. 1940년 5월부터 아이슬란드는 영국 통제하에 놓였고 영국은 1941년 7월에 이 권한을 미국에 이양했다.[10] 공식적으로 아이슬란드는 전쟁 내내 중립국이었으나 아이슬란드 정부는 연합군에 적극적으로 협조했고 1944년에는 덴마크로부터 독립을 선언했다. 그 결과 연합군은 아이슬란드에서 작전 수행에 필수적인 항공, 해상 기지를 획득했으며 이로써 독일을 훨씬 더 효과적으로 원거리에서 봉쇄할 수 있게 되었다. 이제 영국 함선들은 급유나 피항을 위해 아이슬란드 항구에 정박하고, 정찰기들은 북극해로 더 멀리 진출하게 되었다.

그린란드에서 오크니까지는 소형 함선들이 계속 원격 봉쇄를 유지했으나 대형 함선(대개 순양함)도 같은 수역을 초계하며 북대서양으로 돌파를 시도할지도 모르는 독일 함선을 요격할 준비를 했다. 6인치(15.2cm)나 8인치(20.3cm) 포를 장비한 순양함은 샤른호르스트, 그나이제나우나 비스마르크를 상대할 화력은 부족했으나 레이더를 이용해 독일 함선을 미행할 수 있었고 더 큰 함선들이 이들을 요격하는 데 일조할 수 있었다. 여기에 해군정보국이 큰 역할을 했다. 해군성은 독일군의 돌파가 임박한 시기를 알기 위해 무선방수, 에니그마Enigma(독일군 암호기—옮긴이) 해독, 스파이, 레지스탕스 세포조직, 잠수함과 비행기 순찰 등 모든 종류의 정보원을 동원했다. 확실한 정보를 입수하면 본국 함대 사령관은 강력한 부대를 파견해 적을 요격할 계획이었다.

그러자면 시의적절한 정보 획득과 상당한 시간 여유를 두고 발령한 사전 경고가 필요했다. 전함이 스캐파플로에서 그린란드와 아이슬란드 사이에 있는 덴마크 해협까지 800해리(1,482km)를 주파하는 데 대략 30시간이 걸렸다. 아이슬란드-페로 제도 갭에 도착하는 데는 그 절반이 걸렸다. 따라서 함대는 사전경고가 필요했을 뿐 아니라 지휘관은 독일 함선이 취할 경로를 예측할 수 있어야 했다. 다시 말해 사령관 책상에 놓인 녹색 전화기의 역할이 아주 중요하다는 뜻이었다. 대서양으로 향하는 적을 포착할 수 있는 초계기와 사진정찰기도 마찬가지였다. 한편 본국 함대의 주력함들(전함, 순양전함과 항공모함)은 스캐파플로의 물결에 흔들거리며 정박해 있거나 훈련을 실시했고, 승조원들은 자신들을 행동에 나서게 할 결정적 신호를 기다리고 있었다.

토비 제독의 함대

로사이스Rosyth의 1940년 12월 2일은 춥고 바람이 심한 날이었다. 찰스 포브스 경Sir Charles Forbes은 본국 함대 사령관으로서 사령관기를 내린 후 기함 넬슨과 사령관기를 존 토비 제독에게 인계했다.[11] 커닝엄Cunningham 제독 밑에서 지중해 함대 부사령관으로 있던 토비는 얼마 전 지중해에서 돌아온 참이었다. 넬슨은 다음 날 스캐파플로로 떠났다. 스캐파플로는 토비가 함대를 지휘하고 돌파를 시도하는 독일 함정을 상대하는 데 로사이스보다 더 적합한 장소였다. 새해가 밝은 지 얼마 안 되어 샤른호르스트와 그나이제나우의 첫 돌파 시도가 있었고, 토비는 뤼첸스에게 완전히 농락당했다. 앞서 보았듯 샤른호르스트와 그나이제나우는 영국 해군의 요격 시도를 모두 회피하고 대서양에서 성공적으로 작전을 완수한 뒤 브레스트로 안전히 귀항했다. 의심할 여지 없이 토비에게 쓰라린 경험이었다. 그는 한 번 더 기회가 온다면 반드시 적을 전투에 끌어들이고야 말겠다고 결심했다.

토비는 수중에 강력한 함대가 있었고 서류상으로 필요한 모든 것이 갖춰진 듯 보였다. 문제는 함선 상당수가 함령이 오래되었고 일부는 제1차 세계대전기의 함선이었다는 점이다. 그가 지휘권을 인수할 당시 영국 해군의 최신예 전함인 넬슨과 로드니도 건조된 지 13년이 지났다.[12] 최고속력이 23노트에 불과한 두 전함은 샤른호르스트나 비스마르크 같은 신세대 독일 주력함을 따라잡기에는 너무 느렸다. 하지만 넬슨과 로드니는 3연장 함포 3기에 16인치(40.6cm) 포 9문을 탑재했고 선체의 장갑 방어가 좋았다. 따라서 어떻게든 독일 함선을 따라잡아 전투할 수만 있다면 상대를 격파할 가능성이 충분했다. 다른 전함 아홉 척은 모두 제1차 세계대전기의 전함이었다.[13] 그중 다섯 척이 1916년 유틀란트 해전에서 싸웠다. 이때 참전했던 로열 오크는 1939년 10월에 격침당했다.

함에 탑재한 15인치(38.1cm) 포 8문만이 이들의 유용성을 보여 주었다. 그래도 구식 전함 중 퀸엘리자베스급 전함 일부는 근대화 개장을 통해 뛰어난 성능의 사격 통제장치와 현대적 레이더를 탑재해 아직 성능이 쓸 만했다. 1940년에 퀸엘리자베스급 일부는 지중해에서 이탈리아 해군과 전투를 벌였다(사실 이들 대부분은 전쟁 초기에는 본국 함대 소속이었다). 1941년 봄에는 다섯 척 모두 지중해 함대에 있거나 수리 중이었다.

1941년경, 남아 있는 로열 소버린급 전함 네 척이 호송선단 호위나 해안 포격 같은 2선급 임무를 맡는 단계로 내려왔다. 최고속력이 23노트에 불과했고 지금은 그보다 더 느려서 일선급 전함으로 거의 쓸모가 없었다. 다시 말해 독일 함대에서 가장 강력한 전함을 상대해야 할 토비가 보유한 전함은 강력한 무장을 갖춘 노후화된 전함 두 척뿐이었다.

전함보다 장갑 방어가 약한 주력함으로 순양전함이 있었다. 제1차 세계대전 이전에는 노급 전함과 같은 화력을 갖추고 순양함만큼 빠른 배라는 순양전함이라는 아이디어가 상당히 그럴듯해 보였다. 사실 순양전함은 적 순양함 사냥을 위해 설계된 슈퍼 순양함super cruiser이었다. 이는 체급에 어울리는 장갑을 탑재하지 않음으로써 달성되었는데, 이 희생은 유틀란트에서 영국 순양전함 세 척의 손실(퀸메리Queen Mary, 인디페티거블Indefatigable, 인빈서블Invincible—옮긴이)이라는 결과를 불러왔다. 문제는 이렇게 강력한 무장을 갖춘 순양전함을 다른 나라의 주력함들과 싸우게 하자는 유혹이 너무나 강했다는 것이었다. 영국보다 균형 잡힌 순양전함을 설계했던 독일은 유틀란트 해전에서 순양전함을 한 척만 잃었다(탄약고 유폭으로 일격에 격침된 영국 순양전함과 달리 독일 순양전함 뤼초Lützow는 손상 누적으로 침몰했다. 또 다른 순양전함 자이들리츠Seydlitz도 거의 침몰할 뻔했으나 운 좋게 살아 돌아왔다.—옮긴이). 유틀란트 해전을 계기로 순양전함이라는 실험에 종지부가 찍혔어야 했지만 이미 건조 중인 새 순양전함들이 있었다. 그 결과 구형 순양전함은 제1차 세계대전 종전 후 해체되었지만 새 순양전함은 1941년에도 현역이었다.

순양전함 리나운과 리펄스는 유틀란트 해전이 끝난 직후 취역했다.[14] 두 함선 모두 15인치(38.1cm) 포 6문을 2연장 포탑 3기에 나눠 탑재했으나 장갑 벨트의 두께는 고작 6인치(15.2cm)였고 이것은 함대의 신예 드레드노트형 전함의 절반에 불과했다. 하지만 영국 해군은 15인치 포를 탑재한 두 함선이 유용하다고 여겼고, 전간기에는 함의 가장 취약한 부분인 탄약고와 기관실을 보호하기 위해 2~3인치(5.1~7.6cm) 두께의 장갑을 추가했다. 다른 부분도 개장된 리펄스와 리나운은 최고속력이 30노트에 달했기 때문에 아직 제 구실을 하는 함선으로 여겨졌다. 1941년 봄에 리나운은 지브롤터에 기지를 둔 H부대의 기함이었고 리펄스는 본국 함대 소속이었다.

그리고 후드가 있었다.[15] 유틀란트 해전이 일어난 지 4개월 뒤에 용골이 놓인 후드는 네 척으로 구성된 강력한 순양전함 함급(어드미럴급Admiral class이다. 자매함은 앤슨Anson, 하우Howe, 로드니Rodney가 될 예정이었다.—옮긴이)의 1번 함이었으나 나머지 세 척은 건조 중에 취소되었다. 후드는 제1차 세계대전이 끝나기 3개월 전인 1918년 8월에 진수되었고 최종적으로 1920년에 취역했다. 거대하고 아름다운 함선인 후드는 길이 860피트(262m)에 15인치

(38.1cm) 포 8문을 2연장 포탑 4기에 탑재했다. 아름다운 외형과 인상적인 크기로 인해 후드는 '현시용showing the flag'으로 완벽한 함선이 되었다. 거의 20년 동안 후드는 정확히 이 역할을 수행했다. 떠다니는 영국 해군의 상징, 대영제국의 힘의 상징인 함선이 있다면 바로 후드였다. 전함으로서 생애를 다하는 동안 수백만 명의 사람들이 후드를 보았으며, 후드는 당시 세계에서 가장 잘 알려진 함선이었을 것이다.

제2차 세계대전이 개시되자 후드는 본국 함대에 배속되었고 비록 잠시였으나 다음 해 여름에는 북아프리카 오랑Oran에 기지를 둔 프랑스 함대를 포격하기 위해 H부대에 잠시 배속되었다.[16] 1941년 초, 후드는 샤른호르스트와 그나이제나우 추격전에 합류했다. 그때쯤 후드는 건조된 지 20년이 넘었고 노후화 조짐을 보이고 있었다. 영국 해군의 떠다니는 광고판으로서의 가치 때문에 후드는 다른 두 순양전함처럼 개장 공사를 받지 못했다. 비록 현대적 부무장과 대공포, 사격통제용 레이더를 탑재했지만 후드의 주 무장은 20년 전에 취역했을 때 그대로였다. 무엇보다 중요했던 점은 후드의 장갑이 20년 전과 똑같았다는 것이다. 후드는 12인치(30.5cm) 두께의 장갑 벨트를 갖췄으나 주갑판을 보호하는 장갑의 두께는 고작 1~3인치(2.5~7.6cm)에 불과했으며 탄약고 위에는 겨우 2인치(5.08cm)의 강철판만 있었다. 하지만 최고속력 32노트인 후드는 샤른호르스트나 비스마르크를 따라잡을 수 있는 몇 안 되는 영국 주력함이었다.

1941년 1월, 토비가 지휘권을 인수하기 겨우 몇 주 전 전함 킹 조지 5세가 본국 함대에 합류했다. 15년 만에 처음으로 취역한 영국 전함이었고, 총 다섯 척의 킹 조지 5세급 전함을 대표하는 킹 조지 5세의 합류는 토비의 전함부대에 전환점이 되는 사건이었다.[17] 이제 본국 함대에도 진짜 이빨이 생겼다. 킹 조지 5세급의 2번 함 프린스 오브 웨일스는 5월에 합류할 예정이었다. 두 척 모두 14인치(35.6cm) 포 10문을 함 전후방의 4연장 포탑 2기와 그보다 더 큰 전방 포탑 위로 겹쳐 배치한 2연장 포탑 1기에 나눠 탑재

영국 순양전함 후드. 수상기 발진용 캐터펄트를 장착한 후인 1931~1932년경의 모습. 노후했음에도 대규모 개장을 받지 못한 채 전쟁에 투입되었다.

했다. 이 이상한 무장 구성은 전간기 여러 해군조약의 제약 때문이었다. 이는 영국이 로드니 취역 이후 10년 동안 전함을 건조하지 않다가 이 신예 주력함을 주문했던 이유이기도 하다. 어쨌거나 킹 조지 5세급 전함은 주 장갑 벨트의 두께가 14~16인치(35.6~40.6cm), 갑판 장갑의 두께가 5~6인치(12.7~15.2cm)로 방어력이 훌륭했다. 최고속력도 28.5노트(53km)인 킹 조지 5세와 프린스 오브 웨일스는 샤른호르스트와 비스마르크를 요격해 싸울 기회가 있었다.

하지만 이 신예 전함에도 문제가 있었다. 독일 해군의 주력함은 엄격한 시험 항해를 여러 번 거치고, 그에 못지 않게 긴 기간 동안 승조원을 훈련했다. 하지만 영국 해군은 이런 사치를 누릴 여유가 없었다. 비스마르크와 티르피츠가 준공을 눈앞에 둔 상황에서 영국 해군은 당장 신예 전함이 필요했다. 킹 조지 5세와 프린스 오브 웨일스는 피상적인 시험 항해만 마친 채 함대에 합류했고, 승조원들은 실전을 통해 훈련해야 했다. 비스마르크가 출격했을 때 킹 조지 5세는 언제든 작전 투입이 가능한 상태였다. 1941년 4월에 토비는 기함을 킹 조지 5세로 옮기기까지 했다.

프린스 오브 웨일스. 신예 전함이었으나 비스마르크 추격전 내내 발생한 기계적 문제와 미숙한 승조원이라는 두 가지 문제에 시달렸다.

프린스 오브 웨일스는 문제가 더 많았다. 1940년 8월, 버큰헤드Birkenhead 조선소에서 준공을 앞둔 프린스 오브 웨일스는 머지사이드주Merseyside가 폭격당했을 때 큰 피해를 보았다.[18] 이로 인해 준공이 지연되었음에도 프린스 오브 웨일스는 1941년 1월에 일정에 맞춰 시험 항해에 나섰다. 주포탑 3기 중 2기가 제대로 기능하지 않았고, 승조원은 절반만 탑승한 상태였다.

가장 큰 문제는 새롭게 설계된 4연장 포탑이 작동하지 않았다는 것이다.[19] 준공 후에도 포탑에서 심각한 문제가 연이어 발생했으며 시험 항해 내내 민간 조선소 직공들이 수리하느라 진땀을 흘렸다. 이런 문제가 있었음에도 1941년 3월 31일, 프린스 오브 웨일스는 공식적으로 '준공'이 선언되어 영국 해군에 인도되었다. 몇몇 핵심적 시험은 시행되지도 않았으나 프린스 오브 웨일스의 작전 투입을 간절히 원했던 해군성은 이를 포기해 버렸다. 출격할 즈음 프린스 오브 웨일스는 스캐파플로에서 4월과 5월 내내 전력화 훈련을 했다. 결함 있는 포탑도 계속 수리했다. 4월 26일에야 포탑 제조사인 비커스-암스트롱Vickers-Armstrong사가 마침내 작업 완료를 승인해 포격 시험을 할 수 있게 되었다. 그때조차 비커스-암스트롱사 기술진이 마지막 순간에 끝없이 발생하는 자잘한 문제들을 해결하기 위해 함에 머물렀다. 이들은 프린스 오브 웨일스가 비스마르크와 전투하기 위해 출격했을 때도 승선해 있었다.

이렇듯 문제가 많았지만 프린스 오브 웨일스 같은 영국 함선은 우리가 레이더라고 부르는 장비 면에서 독일 함선보다 우월했다. 1941년에 영국군은 레이더를 무선방향탐지기Radio Direction Finding, RDF라고 불렀다.[20] 독일군도 자국에서 개발한 제탁트Seetakt 레이더를 보유했으나 영국군 시스템만큼 효과적이지도 효율적이지도 못했다. 1941년경 영국은 다양한 종류의 레이더를 항공기와 선박 탐지, 사격 통제에 사용하고 있었다. 예를 들어 1941년 5월 프린스 오브 웨일스는 100해리(185km) 거리에서 접근하는 적기를 탐지할 수 있는 281형 조기 경보 레이더를 탑재했다. 다른 종류의 레이더들은 주포와 대공포 사격 통제에 사용했다. 킹 조지 5세도 비슷한 전자 장비를 갖췄다. 심지어 로드니와 후드처럼 더 오래된 함정도 레이더를 탑재했다. 로드니에는 279형 공중 경보 레이더가, 후드에는 284형 사격 통제 레이더가 있었다. 모두 영국군이 적을 탐지하고 사정권에 들어온 적을 타격하는 데 도움이 되었다.

그 외에도 토비는 항공모함 분야에서 독일보다 훨씬 더 우위에 있었다. 제1차 세계대전 동안 처음으로 이런 종류의 함선을 완성한 쪽은 영국이었다. 1917년에 스캐파플로에서 세계 최초로 비행기가 항공모함에 착함했다. 1939~1940년의 대형 정규 항공모함은 가공할 위력을 가진 무기였으며 전투기, 다목적 폭격기와 뇌격기를 탑재할 수 있었다. 영국 항공모함 대부분은 구식 복엽기지만 여전히 유효한 전력인 페어리Fairey 소드피시Swordfish를 주력 공격기로 탑재했다.[21] '스트링백stringbag'이라는 애칭으로 불린 소드피시는 속력이 느리고 공격 범위가 제한적이었지만 어뢰 한 발이나 여러 개의 폭탄을 운반하거나 정찰기로 활동하는 등 매우 다양한 용도로 운용될 수 있는 비행기였다. 1940년 12월, 영국 해군 정규 항공모함과 소드피시는

어뢰를 투하하는 소드피시 뇌격기. 구식이었지만 소드피시는 이탈리아 타란토 군항 공습과 비스마르크 추격전에서 맹활약했다.

남이탈리아의 타란토Taranto항을 공습해 이탈리아 해군 전함부대 대부분을 전열에서 이탈시킴으로써 자신의 효율성을 과시했다.

따라서 모든 점을 고려해 볼 때 정규 항공모함은 영국 해군의 강력한 자산이었다. 문제는 항공모함의 수가 충분치 않았다는 것이다. 영국 해군은 1939년과 1940년에 항공모함 두 척을 잃었으며(항공모함 커레이저스Courageous는 1939년 9월 17일에 독일 잠수함 U-29에 격침당했다. 항공모함 글로리어스Glorious는 1940년 6월 8일에 노르웨이 작전 중 샤른호르스트와 그나이제나우의 포격을 받아 격침되었다. —옮긴이) 본국 해역 밖에서 활동하는 경항공모함 두 척(허미스Hermes와 이글Eagle—옮긴이)을 제외하면 아크로열과 퓨리어스Furious

만 남았다. 그리고 일러스트리어스급 항공모함의 첫 두 척이 취역했다. 세 번째인 빅토리어스Victorious는 1941년 늦봄에 함대에 합류했다. 1941년 5월에 항공모함 아크로열은 H부대와 지브롤터에 있었고 퓨리어스, 일러스트리어스Illustrious, 포미더블Formidable은 지중해에 있었다.[22] 따라서 본국 함대에는 빅토리어스만 남았다. 빅토리어스는 1941년 4월에 타인사이드Tyneside의 비커스-암스트롱 조선소를 떠나 5월 중순에 시험 항해를 마치고 본국 함대에 합류했다. 탑승한 승조원과 비행사들은 경험이 없는 데다가 훈련 수준도 불완전한 상태였다. 하지만 사용할 수 있는 항공모함이 빅토리어스뿐이었고 토비는 준비 상태에 상관없이 빅토리어스를 실전에 투입할 수밖에 없었다.

토비는 주력함과 더불어 강력한 순양함과 구축함 전력을 휘하에 거느렸다. 순양함은 토비의 '눈과 귀'였으며 주 임무는 그린란드와 셰틀랜드 사이의 초계선 유지였다.[23] 토비의 순양함 부대는 8인치(20.3cm) 포를 장비한 중순양함과 6인치(15.2cm) 포를 장비한 경순양함으로 구성되었으나 독일 함선이 돌파를 시도할 경우에 두 순양함이 수행할 임무는 같았다. 이들은 독일 주력함을 상대할 화력은 부족했으나 레이더와 무전기를 갖추었다. 따라서 적함을 포착하면 이들은 적을 미행하며 보고를 계속함으로써 토비가 주력함을 파견해 적을 요격할 수 있도록 도울 수 있었다. 물론 위험한 게임이었다. 한 걸음이라도 잘못 움직이면 독일군의 대구경 함포가 이들을 날려 버릴 수 있었다.

구축함으로서 이들의 주 임무는 적 유보트로부터 대형 함선을 보호하는 것이었다. 하지만 초계선 순찰에도 참여할 수 있었고 1941년 5월경에는 함대부분에 수색 레이더가 장착되었다. 다시 말해 이들은 적이 절대 감시망을 빠져나갈 수 없도록 순양함의 순찰을 보조했다. 또한 필요성이 생기고 적절한 상황에서라면 구축함은 고속 어뢰 공격을 수행할 수도 있었다. 다만 구축함은 항속거리가 짧은 데다 극단적으로 거친 바다에서는 작전을 효과적으로 수행하기가 불가능해서 효율성이 떨어진다는 단점이 있었다. 전자는 가까운 아이슬란드에 있는 급유기지 덕에 해결되었지만 후자는 전적으로 날씨에 달려 있었다.

요약하자면, 토비 제독의 본국 함대는 각양각색의 함선으로 구성되었다. 본국 함대가 보유한 구형 전함과 순양전함에는 구형 함과 신조함이 섞여 있었으며 함령이든 속도든 승조원 숙련도든 기계적 문제든 대부분 어떤 형태로든 한계점이 있었다. 하나밖에 없는 항공모함은 귀중한 자산이었다. 하지만 풋내기 항공기 탑승원들은 임무에 숙달할 때까지 시간이 필요했다. 이 함선들이 비스마르크가 출격한다면 추격전에 나서야 할 영국 함선이었다. 이들을 지원할 순양함과 구축함 역시 주력함만큼 함령과 숙련도 면에서 천차만별이었고 주된 임무는 적의 위치 파악과 미행이지 전투가 아니었다. 전투는 주력함의 임무였다. 무엇보다 정보 보고에 모든 게 달려 있었다. 독일군이 행동에 나섰음을 확인해야만 토비 제독이 뭔가를 할 수 있었다. 그때까지는 스캐파플로에 머무르며 녹색 전화기가 울릴 때까지 기다리는 수밖에 없었다.

제4장

준비

함부르크에 발이 묶이다

크리스마스 휴가를 보낸 비스마르크 승조원 대부분은 함부르크에서 다시 함에 탑승했다. 돌아온 승조원들의 눈에 들어온 비스마르크는 벌집처럼 분주했다. 15인치(38cm) 포탄과 장약부터 감자, 면도날과 화장지까지 보급품이 가득 적재되고 있었다. 마침내 1941년 1월 24일, 린데만 함장은 베를린에 비스마르크가 실전 투입 가능한 상태라고 보고했다.[1] 비스마르크는 카이저 빌헬름 운하를 통과해 킬로 항해할 계획이었다. 하지만 이 좁은 수로(현재 노르트오스트제 운하Nord-Ostsee Kanal)는 연합군 공습으로 격침된 광석 운반선으로 막힌 상태였다. 비스마르크는 선거에 남았고, 승조원들은 통항 재개를 위해 인양 잠수사들이 일하는 몇 주 동안 함부르크에 머물며 전시의 불안한 유흥을 즐겼다.

그동안 근처 블롬운트포스사 부두에서는 새로 건조된 유보트의 의장 작업이 진행 중이었다.[2] 2월 초에 취역할 VIIC형 유보트 U-556이었다. 함장 헤르베르트 볼파르트Herbert Wohlfarth 대위는 일곱 번의 전투 순찰에서 스물한 척을 격침한 경험 많은 유보트 지휘관이었다. 유보트에서 근무하는 동안 볼파르트는 아서왕 전설, 중세 시가에 나오는 영웅이자 바그너 오페라에서 성배 찾기를 결코 멈추지 않았던 등장인물의 이름에서 따온 '파르시팔Parsifal'이라는 별명을 얻었다. U-556이 취역을 준비하는 동안 볼파르트와 부하들은 2월 초로 예정된 취역식 행사를 준비하느라 바빴다. 매일 이들은 옆 부두에 정박한 비스마르크의 갑판에서 군악대가 연습하는 소리를 들었다. 취역 행사일이 다가오는 상황에서 비스마르크의 출항이 연기되었다는 소식을 접한 볼파르트 함장에게 계획 하나가 떠올랐다.

독일군에는 파텐샤프트Patenschaft라고 불리는 오랜 전통이 있었다. 마을이나 도시가 함선이나 연대를 '입양'하거나 '후견인'이 되는 것이다. 볼파르트와 부하 장교들은 이 전통을 이용해 보기로 했다. 이들은 비스마르크와 U-556 사이의 후원증서를 만든 후 가장자리를 찢고 불에 그슬려 오래된 문서처럼 보이게 만들었다. 증서에는 이런 선서문을 적었다. "우리 U-556(500톤)은 맏형 전함 비스마르크(4만 2,000톤)를 수상이든 수중이든 지상이든 하늘이든 어떤 상황에서도 도울 것임을 해양과 바다, 호수, 강, 개울, 연못과 시내의 지배자 넵튠 앞에서 선서합니다."[3]

증서에 적힌 날짜는 1월 28일이었다. 볼파르트 함장은 증서에 삽화 두 개도 첨부했다. 하나는 비스마르크에 서서 검과 방패로 적기와 어뢰를 쳐내는 파르시팔의 모습이고 다른 하나는 작은 유보트가 비스마르크를 예인하는 모습이다. 볼파르트는 린데만 함장을 방문해 '결연 증서'를 증정했다. 린데만은 무척 기뻐하며 증서를 액자에 넣어 사관실 벽에 걸어 놓으라고 지시했다. 그 보답으로 볼파르트는 목적을 달성했다. 비스마르크의 군악대가 겨우 1주일 뒤인 2월 6일에 U-556의 취역 행사에서 연주하기로 한 것이다.

원래 계획대로라면 비스마르크는 2월 5일에 출항해야 했으나 이틀 전에 출항이 취소되었다. 운하에 얼음이 두껍게 얼어붙어 통항 재개 작업이 지연되었기 때문이다. 통항 재개 작업은 2월을 지나 3월까지 계속되었다. 해군최고사령부가 덴마크의 유틀란트반도를 빙 돌아 발트해로 가는 대안이 너무 위험하다고 보았기 때문에 대기 상황이 계속되었다.

다른 문제도 있었다. 시험 항해 뒤 생긴 작은 문제를 고치러 함부르크에 돌아오는 비스마르크의 기관실에 그해 겨울의 혹독한 추위 때문에 문제가 생겼다. 압력계 일부, 보일러실 환풍기로 연결된 전선 일부가 파손되어 수리를 마칠 때까지 출항이 연기된 것이다. 결국 2월 중순에야 수리가 끝났으나 운하는 여전히 막힌 상태였다. 린데만 함장은 머리끝까지 화가 났다. 2월 말에 함장은 비스마르크의 일지에 이렇게 적었다. "함은 1월 24일부터 함부르크에 발이 묶였다. 5주간의 해상훈련 결과를 날려 버렸다!"[4] 린데만 함장은 상황이 이렇다고 빈둥거릴 사람은 아니어서 함부르크에 있는 동안에도 훈련과 전투 연습을 꼬박꼬박 시행했다.

마침내 3월 5일, 운하 통항이 가능하다는 소식이 전해졌다. 린데만은 즉각 출항 준비를 명령했다. 뮐렌하임-레흐베르크는 당시 상황을 이렇게 묘사했다. "3월 6일, 우리는 블롬운트포스 조선소 부두를 떠나 엘베강으로 들어갔다. 그리고 다시 하류로 향했다. 익숙한 함부르크의 모습이 서서히 함미 아래로 사라지는 동안 나는 이 아름다운 한자동맹 도시에 꽤 오래 돌아오지 못하리라는 예감이 들었다."[5] 결국 비스마르크는 고향으로 돌아오지 못했다.

하류로 40해리(74km) 더 내려가면 브룬스뷔텔과 카이저 빌헬름 운하의 서쪽 출구가 나왔다. 강둑에 모인 구경꾼들이 느리게 흐르는 넓은 강을 항해하는 비스마르크를 지켜보았다. 아름답고 강력한 전함이 장중하게 지나가는 모습을 본 사람이라면 누구나 자부심으로 가슴이 벅차올랐을 것이다.

비스마르크는 정오경 브룬스뷔텔에 도착해 12시 24분에 운하 서쪽 입구에 닻을 내렸다. 린데만 함장은 안전을 고려해 다음 날 오전에 운하를 통과할 계획이었다. 따라서 그날 오후 내내 그리고 다음 날까지 공군의 Bf 109 전투기들이 비스마르크 상공을 비행했고 쇄빙선 한 척과 봉쇄돌파선 Sperrbrecher 두 척이 영국군의 뇌격기에 대비한 방어책으로 근처에 정박했다.

다음 날 아침 08시 22분, 닻을 올린 비스마르크를 예인선 두 척이 천천히 밀며 조심조심 운하로 들어섰다. 비록 확장 공사를 거쳤으나, 운하는 제1차 세계대전 당시에 운용된 전함에 맞춰 설계되었으므로 세계 최대 전함이 지나가기에는 무리였다. 그 결과 통항하는 데 오래 걸린 나머지 황혼이 드리웠음에도 비스마르크는 아직도 운하 동쪽 끝에 있었다. 린데만은 밤에는 움직이지 말라고 명령했다. 현명한 행동이었다. 왜냐면 통항 과정의 마지막이자 가장 어려운 부분인 킬-홀테나우Kiel-Holtenau 갑문 시스템이 바로 앞에 있었기 때문이다. 당연히 조심해야 했다. 다음 날 08시 45분, 갑문에 접근하던 비스마르크가 운하 남쪽 제방에서 좌초했다.[6] 운하가 충분히 깊게 준설되지 않았던 탓이었다. 비스마르크가 자체 동력뿐 아니라 예인선의 도움까지 받아 여기에서 빠져나오는 데 몇 시간이 걸렸다. 나머지 갑문들을 무사히 통과한 비스마르크는 그날 오후 킬피오르Kiel fjord에 닻을 내렸다.

전력화 훈련

3월 9일 아침, 전날 좌초 사고로 함저가 손상되었는지 검사할 수 있도록 많은 예인선들이 비스마르크의 도이체 베르케Deutsche Werke 조선소 건선거 입거를 도왔다. 그 덕에 린데만은 함체를 새로 도색할 수 있었다. 3월 14일, 건선거에 다시 물이 채워지고 예인선이 비스마르크를 운하 동쪽 입구 근처의 주 해군 부두인 셰어하펜Scheerhaven으로 예인했다. 비스마르크는 널찍한 노르트 몰레North Mole에 정박했다. 산더미를 이룬 보급품이 비스마르크를 기다리고 있었다. 이틀 동안 탄약, 연료, 맑은 물과 기타 필수품 등을 적재했다. 탄착관측용 비행기 2기도 분해되어 상자에 실린 채 탑재되었다. 그동안 비스마르크의 포술과는 다음 주에 시작할 실전 훈련에 대비해 각종 화포 보정과 조준선 정렬 작업으로 바빴다. 나머지 승조원들은 계속 함을 재도색하라는 명령을 받았다. 전력화 훈련을 시작할 때쯤이면 비스마르크는 최고로 말쑥한 모습을 갖추게 될 것이다.

3월 17일, 비스마르크는 킬피오르에서 출발해 발트해로 가기 위해 닻을 올렸다.[7] 봉쇄돌파선 36호와 구식 전 드레드노트형 전함 슐레지엔Schlesien이 앞장섰다. 유틀란트에서 싸운 독일 제국 해군 전함인 슐레지엔은 전간기에는 훈련함으로, 지금은 쇄빙선으로 사용되고 있었다. 그해 3월 서부 발트해에는 아직 얼음이 있었기 때문에 슐레지엔이 대열 선두에 섰다. 지나간 시대의 전함을 현존하는 최신예 전함이 뒤따랐다.

목적지는 동쪽으로 340해리(630km) 떨어진 단치히Danzig(현재 폴란드 그단스크Gdansk)의 교외 도시 고텐하펜Gotenhafen(현재 폴란드 그디니아Gdynia)이었다. 비스마르크는 3월 17일 오후에 고텐하펜에 닻을 내렸다.[8] 앞으로 두 달 동안 비스마르크가 고텐하펜을 기지로 삼아 첫 출격을 준비하는 동안 승조원들은 전투 기량을 연마할 예정이었다. 이렇게 승조원 훈련, 병기 훈련과 손상통제 훈련을 철저히 실시하는 기간을 해군 용어로 '전력화 훈련working up'이라고 부른다. 이 훈련을 통해 함과 승조원의 효율성은 최고조에 달하게 된다. 고텐하펜은 영국 폭격기의 항속거리 밖에 있었다. 게다가 발트해로 들어오는 입구가 기뢰, 해상과 항공초계로 사실상 봉쇄되어 있었으므로 발트해는 사실상 내해가 되어 포식자로부터 안전했다. 다시 말해 비스마르크 승조원은 기량을 완성하는 데만 전념하면 되었다.

다음 날 비스마르크의 자매함 티르피츠도 고텐하펜에 도착했다. 티르피츠는 시험 항해 중이었다. 3월 19일에 티르피츠 함장 토프Karl Topp 대령이 린데만을 저녁식사에 초대했다. 식사 도중 토프는 린데만 함장에게 중요한 정보를 전달했다.[9] 자신은 비스마르크와 나란히 출격하기를 희망했으나 해군최고사령부에서 들은 바에 따르면 그럴 것 같지 않다는 것이었다. 대신 티르피츠는 시험 항해를 마치고 발트해에서 독자적으로 전력화 훈련을 할 예정이었다. 이것은 린데만도 예상한 바였다. 그런데 다음 말은 더 충격적이었다. 비스마르크가 계획보다 더 일찍 작전 항해에 나설 것이기 때문에 티르피츠와의 동반 출격은 완전히 논외라는 말을 들었다는 것이다. 린데만은 5월 말까지 비스마르크를 실전에 투입 가능한 상태로 만들라는 지시를 받았다. 토프의 말이 사실이라면 비스마르크는 이보다 서너 주 더 일찍, 4월 말까지 준비를 마쳐야 했다.

이 말을 들은 린데만은 부하 장교들을 소집해 전력화 훈련을 서둘러 마치라고 지시했다. 거의 쉴 새 없이 훈련과 연습이 이어졌고, 비스마르크가 효과적으로 임무를 수행하려면 훈련이 매우 중요하다는 것을 아는 장교들은 린데만의 지시를 필수 불가결한 조치로 받아들였다. 전력화 훈련 과정은 비스마르크가 단독 또는 다른 함선과 같이 발트해로 나갈 수 있도록 대함, 대공 병장 훈련을 중심으로 이루어졌다. 전함의 주포를 발사하고 —발사 후폭풍은 경험이 없는 신병에게는 일종의 충격이었다.— 부포 발사 시험도 이루어졌다. 근처 비행장에서 날아온 비행기들이 표적을 예인하며 함 옆을 다양한 고도로 비행하면 비스마르크의 대공포가 표적에 불을 뿜었다.

더불어 아라도Arado 수상기의 발진과 회수 훈련이 시행되었다. 훈련은 비행기 담당 승조원들이 완벽하게 작업할 때까지 계속되었다. 발진한 아라도 수상기는 비스마르크의 주포탄 탄착을 관측하며 무전으로 탄착 결과를 포반에 알려 주는 데 사용되었다. 결과를 들은 포반은 포탄이 목표물 근처에 떨어질 때까지 조준을 수정했다. 정찰기 탑승원들은 일정한 수색 패턴을 따라 비행하다가 원양에서 적 호송선단을 발견했다고 확신하면 비스마르크가 속력을 내서 수평선 너머로 달려와 적을 요격할 때까지 이들을 미행했다.

4월 17일, 브린크만Helmuth Brinkmann 대령(원서에서는 브린크만의 계급을

V.Adm(Vice admiral/Vizeadmiral 소장)으로 표기했으나 이는 브린크만의 최종 계급이다. 당시 브린크만은 대령이었으며 소장으로 승진한 시기는 1944년 2월 1일이다. 이하 브린크만의 계급은 모두 대령으로 표기한다.—옮긴이〕의 중순양함 프린츠 오이겐이 비스마르크와 합류했다.[10] 브린크만 함장은 린데만 함장의 해군사관학교 동기생이었다. 배수량 1만 7,000톤인 프린츠 오이겐은 8인치(20.3cm) 포 8문으로 무장했다. 해군최고사령부는 비스마르크와 프린츠 오이겐을 함께 출격시킬 계획이었다. 프린츠 오이겐은 비스마르크와 아주 많이 닮아서 비스마르크의 축소판으로 보일 정도였다. 이 점은 두 전함이 나중에 동반 출격했을 때 독일 측에 유리하게 작용했다.

뮐렌하임-레흐베르크 소령은 이 전력화 훈련 기간에 대해 유용한 이야기를 전한다.

> 우리는 여러 차례에 걸쳐 고속항해 시험과 내구성 시험을 했다. 수중청음기도 시험했다. …… 이제 주포 사격 시험을 밀도 있게 하는 게 제일 중요했다. 사격통제관과 포반원 교육을 위한 시험 사격은 함정포술연구사령부〔독일 해군의 연구기관 중 하나〕의 프로젝트 수행과 번갈아 시행했다. 이 연구기관은 여러 종류의 함선에서 사용되는 탄약의 성능 개선을 목표로 신조함에서 시험을 했다. 포술장교인 내게는 이런 시험이 짜릿했지만 승조원에게는 훈련에 훈련을 거듭한다는 것을 뜻했다. 주간 전투훈련! 야간 전투훈련! 그래도 부하들은 불평하지 않았다. 그들에게 훈련은 곧 일상이었고, 우리는 첫 작전이 개시될 날을 점점 더 고대하게 되었다.[11]

사실 린데만 함장은 의도적으로 함정포술연구사령부의 평가 프로그램을 예정보다 앞선 4월 2일에 종료해 함과 승조원들이 실전 준비 태세를 갖추는 데 집중할 시간을 벌었다. 하루는 포술 훈련〔4.1인치(10.4cm) 중고사포의 구경감소탄口徑減少彈 사격〕 중에 U-556이 근처에서 부상했다. 볼파르트는 자함의 3.46인치(8.8cm) 함포deck gun를 몇 발 먼저 발사하게 해달라고 비스마르크의 함교에 발광신호를 보냈다.[12] 승인이 떨어져 유보트의 포반원들이 두 번째로 발사한 포탄이 부유 표적에 명중했고 계속 명중탄이 이어졌다. 구경하던 사람들은 크게 기뻐했다. 린데만은 정중하게 다음 신호를 보냈다. "대서양에서 귀함이 성공적 전과를 거둬 기사십자 철십자장Knight's Cross/Ritterkreuz des Eisernen Kreuzes(당시 독일의 최고 무공훈장 중 하나. 실제로 볼파르트는 1941년 5월 15일자로 이 훈장을 받았다.—옮긴이)을 받기를 희망함." 볼파르트도 발광신호로 답했다. "귀함과 우리가 합동 전투에서 기사십자 철십자장을 받기를 희망함." 유보트는 비스마르크의 포반원들이 나머지 표적을 분쇄할 수 있도록 느릿느릿 나아가며 자리를 피했다.

비스마르크는 여러 번 합동 포술 훈련을 한 프린츠 오이겐뿐 아니라 제25 유보트 전단과도 합동으로 훈련했다. 이 전단은 단치히에 기지를 둔 훈련부대로, 새로 취역한 유보트의 어뢰발사 훈련을 감독했다. 같은 이유로 U-556도 이곳에 있었다. 이곳에 유보트 전단이 있었던 덕분에 린데만은 비스마르크의 청음사들이 접근하는 잠수함과 어뢰 항주음을 탐지하는 훈련을 할 수 있었다. 통신반도 비스마르크를 영국 호송선단으로 인도할 수 있는 유보트와 합동 훈련을 할 수 있어서 다행이었다. 또 다른 중요한 기술은 해상 재급유였다. 독일은 북대서양에 우군 기지가 없었으므로 비스마르크와 프린츠 오이겐은 연료 보급을 유조선에 의지해야 했다. 이에 따라 유조선 브롬베르크Bromberg가 배정되어 비스마르크와 프린츠 오이겐은 바다에서 재급유 훈련을 할 수 있었다.

전력화 훈련의 가장 중요한 부분 중 하나가 승조원의 손상통제 훈련이다. 손상통제란 함체나 병기, 추진기관이 입은 손실을 고쳐 함이 전투를 계속할 수 있게 하는 작업을 뜻한다. 화재 진압과 침수flooding 역시 손상통제 작업에 속한다. 후부 조타구획에서 훈련하던 헤르베르트 블룸Herbert Blum 수병은 자신이 있던 구역이 완파되었으니 동료들과 함께 죽은 척해도 되냐고 담당 장교에게 물었다.[13] 그가 허락하자 이들은 모자를 얼굴에 덮

급유와 예인 훈련 중인 비스마르크. 프린츠 오이겐에서 촬영한 사진. 1941년 4~5월경.

어 쓰고 바닥에 누웠다. 대위는 "그 구역에 적탄이 명중할 가능성은 수십만 분의 일이야"라고 말했다. 약 한 달 뒤, 거의 발생할 가능성이 없다던 일이 실제로 일어났다.

어쨌건 모두 다 훈련이었다. 장교나 고참 부사관이 전사할 경우에 나머지 승조원이 해야 할 일을 알아 두는 것도 중요했다. 훈련 중에 고급 간부가 갑자기 나타나 승조원에게 포탑이나 근무 구획이 사용 불능 상태가 되었고 장교가 전사했다고 통지해도 생존자들은 전투를 계속했다. 뮐렌하임-레흐베르크는 이렇게 전한다. "퓨즈를 제거해 전기가 나가게 하고, 모의 폭탄을 사용해 화재를 가장하며, 최루탄으로 화재의 유독가스를 재현하는 등, 비스마르크가 입은 손상을 최대한 실제와 같이 구현한다. 훈련에서 구현할 수 없는 손상에 대해서는 '파손 공지'를 배의 해당 부분에 부착한다."14 주전력통제실에서 근무하던 오스카르 바로Oskar Bahro 중사Stabsoberfeldwebel는 자신이 지휘하는 전기팀반에 계속 이렇게 말했다. "내가 죽거나 다쳐도 계급에 상관없이 하던 일을 정확히 그대로 하도록."

훈련이나 모의 전투가 끝나면 승조원들을 후갑판에 집합시킨 린데만과 고급 간부들은 이날 무슨 일이 일어났는지, 무엇이 잘못되었는지, 승조원들이 다음에 더 잘하려면 무엇이 필요한지를 놓고 토론했다. 토론의 목적은 실수를 지적하되 철저히 객관적이고, 이런 일이 반복되지 않게 단속하는 것이었다. 토의 내내 린데만 함장은 침착했고 칭찬받을 사람을 그 자리에서 치하했다. 훈련을 통해 비스마르크 승조원들의 숙련도는 빠르게 최고조에 이르렀다. 린데만은 함의 일지에 이렇게 적었다. "승조원들이 처음으로 우리 임무의 중대성을 인지하게 된 것 같다. 아직 정확한 임무를 몰랐지만 짐작하기 어렵지 않았을 것이다."[15]

훈련기간 내내 비스마르크함의 긴장감이 점점 높아져 갔다. 승조원들은 훈련을 마친 후 첫 실전 출격에 나설 것임을 너무나 잘 알았다. 소문이 무성했고, 하나가 낭설로 밝혀지면 또 다른 소문이 돌았다. 언제 출격할지, 어디로 갈지 모르지만 얼마 지나지 않아 북대서양으로 출격하리라는 것은 어렵잖게 짐작할 수 있었다. 하지만 승조원들은 매일 연습과 훈련을 반복할수록 독일 해군 또는 영국 해군이 던질 도전 과제에 더 잘 대비할 수 있다는 사실을 알았다. 티르피츠의 토프 함장이 전한 정보를 듣고, 앞선 지시보다 훈련을 더 일찍 끝내라는 사령부의 요청을 받은 린데만 함장조차도 앞으로 진행될 구체적인 상황에 대해서는 잘 몰랐다. 언제 배를 이끌고 적대 수역으로 가라는 명령을 받을지, 확고부동하게 확인된 바는 아무것도 없었다.

린데만에게는 다른 문제도 있었다. 훈련 도중 함의 기관에 몇몇 사소한 결함이 있음이 밝혀졌다.[16] 가운데 스크루 샤프트 커플링이 부서졌고 증기관 케이싱에 문제가 있었으며 바닷물이 터빈 하나에 유입되었다. 모두 상대적으로 중요하지 않은 문제였고 함이 건조된 지 얼마 되지 않았음을 고려하면 예상할 만한 문제였다. 그렇지만 린데만은 훈련이 끝나기 전에 모든 문제를 완전히 확실하게 해결했는지 확인하고 또 확인했다. 훈련은 4월 13

일에 끝났다. 이날 비스마르크는 고텐하펜 부두에 나흘간 정박하면서 보급품과 탄약을 더 실었다. 그동안 기술자들이 기관을 수리했다. 이리하여 계획보다 한 달 앞선 4월 말에 린데만은 해군최고사령부에 출격 준비 완료를 보고했다. 준비 태세는 곧 실전에서 시험 받게 될 것이다.

라인위붕 작전

4월 2일, 비스마르크가 전력화 훈련을 하고 있을 때 SKL은 비스마르크를 특별히 언급해 앞으로 있을 출격에서 수행할 역할에 대한 특정 예비명령을 내렸다.[17] 작전지침에 해당하는 이 문건에는 해군최고사령부가 비스마르크에 기대하는 바가 적시되었다. 명령서는 앞머리에서 종전의 대서양 출격을 언급하고 이 출격이 "중대한 전술적 결과"를 달성했으며 "비슷한 출격이 어떤 전략적 효과를 가져올지 보여 주었다"라고 주장했다. 각론으로 넘어가기 전에 비스마르크 출격의 전략적 목표가 언명되었다. "영국과의 투쟁에서 우리 해군의 결정적 목표는 교역 파괴라는 점을 절대 잊어서는 안 된다. 이 목표를 달성할 장소는 모든 항로가 한데 모이는 북대서양이다." 이 목표는 다음과 같이 한 번 더 반복되었다. "북대서양의 제해권 획득은 최상의 문제 해결 방책이다." 그러나 독일 해군은 이를 달성할 수단이 부족하다는 언급을 덧붙였다. 명령서에는 이런 내용도 있다. "우리는 이 해역에서 일시적·국지적 제해권을 획득하기 위해 노력하고 서서히 세심하고 체계적으로 이를 확장해야 한다."

이것이 비스마르크가 수행해야 할 작전계획이었다. 단순한 통상파괴전이 목적인 대서양 출격이 아니라 이 해역의 일시적 제해권 획득이 목표였다. 비스마르크처럼 강력한 전함일지라도 달성하기 어려운 명령이었다. 압도적 전력의 영국 본국 함대는 비스마르크가 북대서양에서 계속 얼쩡거리고 있으면 결국 전투를 벌여 수적 우위로 압도할 것이다. 따라서 SKL의 진짜 의도는 비스마르크가 북대서양에서 활개치고 다니며 호송선단을 공격함으로써 다른 호송선단의 운항을 방해하거나 다른 곳으로 가게 만드는 것이었다. 이는 다른 전역에서 긴요하게 필요한 함선 다수의 발을 묶을 것이다. 모든 것을 종합해 보면, 해역의 일시적 제해권을 획득하는 것과 거의 맞먹는 계획이었으나 여전히 해군최고사령부의 장대한 전략적 목표에는 못 미쳤다.

문건의 다음 부분에서 SKL이 말하려는 핵심 내용이 등장한다. 처음에는 비스마르크가 티르피츠와 함께 항해하는 편을 선호한다고 해놓고 SKL은 이것이 아직 가능하지 않다는 말을 덧붙였다. 따라서 그 '중간 단계'로 비스마르크는 다른 독일 함선들이 선단을 공격할 수 있도록 호송선단에서 호위부대를 유인하는 역할을 할 것이다. 다른 말로 하면 미끼가 된다. 내용은 이렇게 이어진다.

> 최대한 이른 시일 내, 가급적 4월 초승달이 뜨는 기간에 비스마르크함과 프린츠 오이겐함은 함대 사령관의 지휘하에 대서양 통상파괴전에 투입될 예정임. 현재로서는 진행 중인 수리가 끝나는 시기에 달려 있으나 그나이제나우함 역시 대서양으로 투입될 것임.[18]

이미 보았듯 샤른호르스트나 그나이제나우의 투입은 현재 정박해 있는 브레스트에서 일어난 사건 때문에 좌절되었으므로 결국 비스마르크와 프린츠 오이겐만 출격해야 할 상황이 되었다.

이번 작전명령은 베를린 작전과는 달랐다. 베를린 작전에서 샤른호르스트와 그나이제나우는 강력한 호위 전력을 동반한 호송선단과 전투를 금지한다는 명령을 받았다. 그러나 이번에 비스마르크는 전함의 호위를 받고 있더라도 의미 있어 보이는 호송선단은 공격하라는 임무를 부여받았다. SKL은 호송선단을 호위하는 대형함의 주력인 구형 영국 전함을 낮게 평가했지만, 그래도 주의 당부를 잊지 않았다. "하지만 전함 비스마르크의 목적은 총력을 기울여 동등한 전력의 적을 물리치는 것이 아니라 다른 함선들이 호송선단의 상선을 상대할 수 있도록 최대한 전력을 보전하면서 지연 작전을 펼쳐 적의 발을 묶어 두는 것임."

이것은 지휘관 뤼첸스 제독에게는 프린츠 오이겐이 상선을 공격할 수 있도록 비스마르크가 호위부대의 대형함을 호송선단에서 유인해 내면서도 대규모 선투를 벌이지 않아야 한다는, 일종의 줄타기를 해야 한다는 뜻이었다.[19] 성공 여부는 비스마르크의 속력과 장갑 그리고 뤼첸스의 침착함에 달려 있었다. 많은 것이 잘못될 수 있었다. 주의가 필요함을 강조하기라도 하듯 SKL은 다음과 같이 덧붙였다. "이 작전의 주목표는 적 해상운송의 파괴임. 적함과의 교전은 목표 달성에 필요한 경우 그리고 지나친 위험이 수반되지 않을 때만 할 수 있음."[20] 이 문장, 정확히 말하자면 이 문장에 대한 뤼첸스의 해석이 덴마크 해협 해전의 마지막 단계에서 영국 수병 1,500명을 살리게 될 것이다.

SKL에서 하달된 이 작전명령의 기안자는 사령관 오토 슈니빈트 중장이었다. 독일 해군 참모장인 슈니빈트는 레더 해군총사령관의 오른팔이었다. 따라서 이례적인 문안이 사용되었지만, 이 계획은 독일 해군 수뇌부의 희망을 반영한 것이었다. 베를린 작전 전에 발령된 비슷한 문건과 비교하면 베를린 작전에서는 적 주력함과의 교전이 명시적으로 금지된 데 반해 이번에는 지휘관의 재량에 맡기는 부분이 더 많았고 그만큼 위험도 더 커졌다. 여기에서 판단해 보건대 레더와 슈니빈트 둘 다 이번에는 적 상선을 더 많이 격침하기를 희망하며 판돈을 높일 의향이 충분했던 것 같다.

이 작전에도 이름이 붙었다. 라인위붕Rheinübung(라인 연습)이었다. 전에 출격한 아드미랄 셰어(1940년 10월~1941년 4월)와 샤른호르스트, 그나이제나우(1941년 1~3월)는 화력과 장갑이 상대적으로 부족했는데도 상당한 성과를 거두었다. 그렇다면 전투 상황에서 비스마르크는 분명히 이들보다 자신을 더 잘 지킬 수 있을 테고, 무엇보다 비스마르크의 출격은 독일 함선이 곧 나타나리라 판단하면 전함을 동원해 호송선단을 호위하는 영국 해군의 새로운 전술에 대해 독일 해군이 내놓을 수 있는 최고의 수였다. 따라서 라인위붕 작전 명령 자체는 문제가 될 상황을 회피하라고 강조하며 발각되지 않고 대서양에 도달하는 방법을 선호했으나 작전을 수행하는 데 있어서는 이전 작전보다 더욱 치밀해져야 했다. 또한 이번 작전은 지휘관의 판단과 직감에도 많은 것을 의존했다.

해군최고사령부가 이 핵심 보직에 인선할 수 있는 사람은 단 한 명뿐이었다. 베를린 작전의 지휘관 뤼첸스 제독이었다. 대서양 출격을 성공적으로 지휘한 경험이 있으며 판단력이 냉철하고 분석력이 뛰어난 뤼첸스는 라인위붕 작전에서 예상되는 도전에 완벽하게 적합한 인물이었다. 베를린 작전 이후 내린 명령으로 보아 뤼첸스는 비슷한 출격 임무를 지휘할 준비를 마쳤던 것으로 보인다. 뤼첸스는 바라던 대로 명령을 받았고 린데만과 브린크만 함장은 4월 26일까지 준비를 끝내라는 지시를 받았다.

라인위붕 작전에 임하는 뤼첸스에게는 몇 가지 걱정거리가 있었다. 비스마르크와 프린츠 오이겐은 역할과 요구되는 바가 서로 달랐으므로 자매함 관계인 샤른호르스트와 그나이제나우처럼 어울리는 한 쌍이 아니었다.[21] 작은 연료 탱크 탓에 프린츠 오이겐의 항속거리는 비스마르크보다 훨씬 짧아서 바다에 오래 머물 수 없었다. 따라서 두 척이 협동하여 호송선단 공격에 나서기가 쉽지 않았다. 더구나 곧 백야가 있는 여름철이 다가왔다. 백야가 찾아오면 발각되지 않고 영국군 봉쇄선을 빠져나가기가 더욱 어려워질 것이다. 뤼첸스는 이 문제를 레더와 상의하기로 계획했다. 하지만 그전에 막판에 생긴 차질부터 해결해야 했다. 4월 23일 03시, 중순양함 프린츠 오이겐이 킬에서 50해리(93km) 떨어진 페마른벨트Fehmarn Belt 해협을 통과하다가 자기기뢰가 폭발하면서 우현이 손상되었다.[22] 선체가 입은 피해는 미미했으나 킬로 돌아가 수리를 받는 데 최소한 12일이 걸릴 터였다. 따라서 라인위붕 작전도 연기되었다.

3일 뒤인 4월 26일, 뤼첸스 제독은 작전에 대해 논의하고자 베를린으로 가서 레더 원수, 오토 슈니빈트 중장을 만났다. 작전에 대한 우려를 알리기에 더없이 완벽한 기회였지만 뤼첸스가 그렇게 했다는 증거는 없다. 그러는 대신 뤼첸스는 티르피츠의 동반 출격 준비가 완료되거나 브레스트에 있는 샤른호르스트와 그나이제나우의 수리가 끝날 때까지 기다리자고 제안하는 데 그쳤다. 레더는 이 제안을 거부했다. 하루가 다르게 길어지는 낮 시간을 생각해 보면 속도가 이 작전의 핵심이라고 주장했다. 다른 이유도 있었다. 히틀러의 최측근 고문 중 한 명인 레더는 바르바로사 작전Operation Barbarossa(독일의 소련 침공)이 6월 중순에서 하순 사이에 시작될 거라는 사실을 알고 있었다. 그는 라인위붕 작전이 연기되면 히틀러가 작전 자체를 취소하고 비스마르크를 발트해에서 사용할까 봐 걱정했다.

새 출격 일자는 5월 16일로 정해졌다.[23] 뤼첸스는 대서양 돌파 계획, 유조선의 연료 보급과 기상관측선, 기뢰부설함, 정찰함, 공군과 유보트의 지원을 받을 준비 등 작전의 세부 계획을 정리하라는 지시를 받았다. 킬로 돌아온 뤼첸스와 참모진은 복잡한 작전을 수행하기 위한 작업에 들어갔다. 그동안 근처의 도이체 베르케 조선소에서는 프린츠 오이겐의 수리 작업이 순조롭게 마무리되고 있었다. 5월 6일, 프린츠 오이겐은 건선거를 떠나 고텐하펜으로 뱃머리를 돌려 다음 날 오후에 도착했다. 비록 전날 고텐하펜 항구를 점령한 흥분된 광경을 놓쳤지만, 프린츠 오이겐은 다시 한번 실전에 투입될 준비를 마쳤다.

4월의 마지막 며칠 동안 린데만 함장은 비스마르크의 실전 투입 준비를 마무리하는 데 집중했다. 5월 1일, 린데만은 뤼첸스로부터 아돌프 히틀러가 나흘 후 비스마르크와 티르피츠를 시찰하러 고텐하펜을 방문할 예정이라는 내용의 전화를 받았다. 마지막 훈련 일정은 취소되었고 린데만과 토프 함장은 승조원들에게 배를 새로 도색하고, 목욕하고, 가장 깔끔한 군복을 준비하라고 지시했다. 5월 5일, 뤼첸스 제독이 고텐하펜에 도착한 히틀러를 맞았다.[24] 히틀러는 군수지원함 헬라Hela에 탑승하는 것으로 시찰 일정을 시작했다. 헬라함은 손님들을 태우고 정박지에 닻을 내린 비스마르크로 향했다. 승조원들이 상갑판에 도열한 가운데, 배에 올라온 히틀러를 린데만과 간부들이 환영했다. 군악대가 독일 국가를 연주하자 히틀러가 시찰을 시작했다.

카이텔Wilhelm Keitel 육군원수Generalfeldmarschall와 해군, 공군 보좌진이 히틀러를 수행했다. 히틀러는 스스로 인정했듯 해군 전문가는 아니었으나 군사 기술에 매우 관심이 많았다. 후부 사격통제실에서 히틀러는 카르디날Cardinal 대위가 설명하는 함의 사격통제 시스템에 완전히 매혹되었다. 함에 탑재된 아날로그식 컴퓨터는 전속력으로 항해하는 배에서 18.5해리(34km) 떨어진 목표물을 타격할 수 있는 거대한 15인치(38cm) 함포의 사격 제원을 산출했다. 히틀러는 깊은 인상을 받았다. 다음으로 뤼첸스 제독이 베를린 작전의 성공 그리고 북대서양 출격이 거둘 잠재적 성과를 낙관적으로 전망하는 발표를 했다. 히틀러가 영국 해군의 수적 우세가 가할 위험에 대해 질문하자 뤼첸스는 이렇게 답했다. "비스마르크함의 성능은 어떤 영국 전함보다 우월합니다. 비스마르크함의 화력과 방어력은 대단히 뛰어나니 전혀 걱정하실 필요가 없습니다."[25] 히틀러는 만족한 것 같았다.

다음으로 사관실에서 오찬을 열었다. 히틀러의 요구 때문에 단일 코스로 채식 요리만 나왔다. 간단한 채소 스튜였다. 히틀러는 비스마르크의 장교들에게 연설했다. 주제는 루마니아에 있는 독일인에 대한 박해와 미국이 참전하지 않으리라는 자신의 믿음이었다. 뤼첸스는 총통의 견해에 동의하지 않는다는 견해를 피력했다. 다소 용기가 필요한 그의 행동은 그곳에 모인 장교 다수의 속내에 있는 우려를 대변해 주었다. 하지만 이 사건은 그다지 주목을 끌지 못했고, 얼마 후 히틀러는 티르피츠가 계류된 부두로 돌아가기 위해 다시 헬라함에 탑승했다. 티르피츠는 짧게 시찰할 예정이었다. 뤼첸스는 히틀러를 계속 수행하고 배웅한 다음 작전계획을 세우던 킬의 사무실로 돌아갔다.

일주일 뒤인 5월 12일, 뤼첸스는 고텐하펜으로 돌아가 새 기함에 탑승했다.[26] 이번에도 린데만 함장과 장교 일동, 군악대가 뤼첸스를 영접했다. 하지만 이번에 뤼첸스는 사령관실로 안내되었고 65명이라는 큰 규모의 참모진 소속 장교와 병, 부사관도 각자의 선실로 안내되었다. 함대 작전장교들은 뒤쪽 상부 구조물에 자리를 잡았다. 이때쯤 티르피츠는 시험 항해를 계속하러 바다로 나갔고 프린츠 오이겐이 도착했다. 임무부대 구성이 완성되었다.

5월 14일, 비스마르크 갑판 크레인 두 개가 오작동해 작업이 약간 지연되었다. 함은 수리를 받으러 돌아왔고, 완료되는 데 이틀이 걸렸다. 마침내 5월 16일, 뤼첸스는 부대가 이틀 안에 출격 준비를 완료할 것이라고 보고했다.[27] 레더는 작전 수행을 허가한다고 회신했다. 모든 것이 다 끝났다. 이제 지연은 없다. 라인위붕 작전은 5월 18일에 개시될 것이다.

제5장

발트해 통과

〈가야만 하네〉

시간이 되었다. 나흘 뒤, 뤼첸스와 린데만은 암호화된 단문 전신을 받았다. "마르부르크Marburg 5724."[1] SKL은 비스마르크가 5월 18일~19일 밤에 덴마크령 핀Fyn섬과 셸란Sjælland섬 사이의 스토레벨트Store Bælt 해협(그레이트벨트Great Belt 해협이라고도 불린다.—옮긴이)을 통과하기를 원한다는 뜻이었다. 뤼첸스 제독은 동승한 참모진과 명령을 꼼꼼하게 읽고 또 읽은 다음 해도를 살폈다. 임무를 완전히 이해한 뤼첸스는 여러 가늠하기 힘든 요소를 고려했다. 그중 가장 중요한 것은 영국 본국 함대의 반응이었다. 주도권을 완전히 장악하고 행동이 자유로운 지역에서 취할 최상의 행보는 이미 구상해 놓았다. 중요한 작전 전야를 맞은 함대 지휘관이라면 누구나 그렇겠지만 뤼첸스도 준비가 되어 있었다.

출격 전날, 두 함선 승조원의 상륙 휴가가 취소되고 마지막 준비 작업이 수행되었다. 급유 작업도 여기에 해당했다. 그러자면 먼저 연료 탱크를 청소해야 했다.[2] 뮐렌하임-레흐베르크는 그 과정을 이렇게 설명했다.

숨을 쉬는 데 필요한 공기 파이프와 안전 램프로 무장한 부사관 한 명과 수병 한 명이 각 탱크로 내려가 찌꺼기를 청소했다. 이들은 덩어리진 찌꺼기를 모아 양동이에 담은 후 상갑판을 지나 바로 옆에 접현한 바지선까지 양동이를 손에서 손으로 전달하며 옮겼다. …… 가장 더러운 작업은 강제 징용된 폴란드 노동자들이 했다. 언어가 달라 의사소통이 힘들었으나 어쨌든 24시간 만에 작업이 끝났다. 반짝반짝 빛날 정도로 깨끗해진 탱크가 새 연료를 받을 준비를 마쳤다. 폴란드 노동자들은 담배와 슈냅스로 노고를 보상받았다.

다음으로 비스마르크와 프린츠 오이겐은 물, 보급품, 탄약과 연료를 적재하며 모든 준비를 끝마쳤다.

마침내 1941년 5월 18일, 출격 시간이 되었다. 이날 아침에 사명감을 느끼며 기상한 독일 해군 장교가 뤼첸스뿐만은 아닐 것이다. 이 모험의 작전 지휘권은 뤼첸스에게 있었으나 전반적 통제권은 베를린에 있는 레더 원수가 쥐고 있었고, 전략적 지침을 내릴 책임은 역시 베를린에 있는 SKL의 오토 슈니빈트 중장에게 있었다.[3] 북방 수역에 있는 동안 뤼첸스와 그가 지휘할 두 척의 함선은 빌헬름스하펜에 사령부를 둔 대장Generaladmiral 롤프 카를스Rolf Carls 제독이 지휘하는 북부해군집단사령부Marinegruppenkommando Nord; MGK Nord(이하 '북부집단사령부'로 기재함—옮긴이) 소속이 되었다. 비스마르크와 프린츠 오이겐이 북대서양으로 돌진해 스코틀랜드 북단에서 서쪽으로 그어진 보이지 않는 선을 넘어가면 뤼첸스와 그의 배들은 파리에 사령부를 둔 알프레트 잘배흐터Alfred Saalwächter 대장이 지휘하는 서부해군집단사령부Marinegruppenkommando West; MGK West(이하 '서부집단사령부'로 기재함—옮긴이) 소속이 된다. 이런 지휘체계는 행정적 측면이 컸고, 일단 바다에 나가면 모든 작전지휘권은 뤼첸스에게 있었다.

출격 당일 아침, 비스마르크와 프린츠 오이겐은 고텐하펜의 부두에 나란히 정박해 있었다.[4] 아침 식사를 마친 후 뤼첸스는 참모진, 린데만 함장과 간단한 회의를 열었다. 10시경 뤼첸스는 선임 참모들과 함께 프린츠 오이겐을 방문했다. 브린크만 함장은 이들을 현문에서 영접하고 함을 간단히 시찰하는 뤼첸스를 수행했다. 뤼첸스는 프린츠 오이겐의 장교들과 짧은 대화를 나눈 후 브린크만 함장과 함께 하선해 비스마르크로 이동했다. 10시 45분에 비스마르크에서 회의가 열렸다. 전날 저녁에 고텐하펜으로 날아온 잘배흐터 제독이 회의에 참석했다. 뤼첸스의 참모장 네츠반트Harald Netzbandt 대령도 있었다. 네츠반트는 라인위붕 작전의 세부계획 작성을 감독했다. 당연히 뤼첸스와 린데만도 회의장에서 앞으로 며칠간 진행될 작전의 개요를 설명하는 네츠반트의 발언을 들었다. 네츠반트가 발표하는 동안 함내 스피커가 비스마르크가 출항 준비를 하고 있음을 알리자 회의가 단축되었다.

린데만과 브린크만 함장은 출격 명령을 이미 받았지만 네츠반트는 이를 한 번 더 상세히 설명했다. 비스마르크와 프린츠 오이겐은 스토레벨트 해협을 통과한 다음 카테가트Kattegart와 스카게라크 해협을 지나 북해로 진출한다. 그다음 함대는 북쪽으로 뱃머리를 돌려 노르웨이 해안을 따라 베르겐Bergen 근처의 코르스피오르Korsfjord(크로스피오르Krossfjord)로 향한다. 여기서 함대는 대기하던 유조선으로부터 연료를 보급받는다. 어둠을 틈타 두 척은 계속 노르웨이 해안을 따라 북상해 나아가 북극권을 통과한다. 네츠반트는 항해 중에 함대를 호위할 구축함, 소해함, 공군의 상공엄호 등의 요소를 간략히 설명하고, 바다로 나가면 모든 함선이 무선침묵을 유지해야 한다는 점을 강조하며 발언을 끝냈다. 다시 말해 모든 함선은 발광신호나 기류신호로 교신해야 한다는 뜻이었다. 네츠반트는 발언권을 뤼첸스에게 넘겼다.

이 단계에서 함대 사령관이 추가할 것은 별로 없었다. 다만 기상 조건이

허락한다면 북극권 북쪽 해상에서 대기 중인 유조선으로부터 해상 재급유를 받을 가능성을 언급했을 뿐이다.[5] 이것은 노르웨이 수역에 도착한 후 결정할 문제였다. 또한 뤼첸스는 영국의 봉쇄선을 돌파할 경로로 덴마크 해협을 선호한다는 의견을 밝혔다. 이것 역시 상황에 따라 바뀔 수 있는 문제였다. 비행기 사용을 비롯한 여러 논점이 제기되었으나 실질적으로 이번 회의의 목적은 각 함장이 자신의 임무를 정확히 알고 있는지 확인하는 것이었다. 마지막으로 뤼첸스는 무사히 외해로 나갈 때까지 임무의 성질을 승조원들이 알지 못하도록 절대 비밀에 부치라고 강조했다. 결론이 내려지자 회의가 종료되었다.

잘배흐터와 참모진은 뭍에 내렸고 브린크만은 작업으로 분주한 프린츠 오이겐으로 돌아갔다. 뤼첸스와 린데만은 비스마르크의 함교를 향했다. 이날 아침 하늘은 몹시 흐렸다. 은밀성과 탐지 회피가 강조된 항해에는 어쨌건 좋은 징조였다. 11시 30분, 린데만은 홋줄을 풀라고 명령했고 비스마르크는 부두에서 점점 멀어져 갔다. 잘배흐터 대장과 참모진이 그 광경을 지켜보았다.[6] 이들 앞에서 비스마르크의 군악대가 연주를 시작했다. 군악대장이 고른 〈가야만 하네MUSS I DENN〉(생계를 위해 떠나야 하는 남자가 연인에게 돌아오겠다고 맹세하는 내용의 노래로, 애국적 감성이 있어 독일 군대에서 많이 쓰였다. 한국에서는 〈노래는 즐겁다〉라는 곡으로 번안되었다.—옮긴이)라는 곡은 1827년에 프리드리히 실처Friedrich Silcher가 가사를 쓴 독일 민요로, 나중에 마를레네 디트리히와 엘비스 프레슬리가 각각 불러 유명해졌다. 독일 제국 해군은 제1차 세계대전 때 길고 힘든 항해에 나서는 함선에서 연주할 곡으로 이 곡을 채택했다. 나치 독일 해군도 이 곡을 사용했으나 이렇게 은밀한 임무를 띠고 출격하는 배에서 이런 곡을 연주한다는 것은 일종의 보안 사고였다(현대의 독일 연방해군Bundesmarine도 작전 임무를 띤 함선이 출항할 때 이 곡을 연주한다.—옮긴이). 뮐렌하임-레흐베르크는 이 일에 대해 이렇게 말했다.

"라인위붕 작전이 개시되었다고 이렇게 음악으로 광고하다니, 놀라지 않을 수 없었다. 우리 함대 사령관이나 함장은 이런 음악 프로그램이 있는 줄도 몰랐을 것이다. 담당 장교 중 그 누구도 이런 일이 일어나리라고 생각한 사람이 없었기 때문에 제지할 새도 없었다. 우리 출격이 임박했음을 안 군악대장이 깊이 생각해 보지 않고 늘 하던 대로 선곡했음이 틀림없다."[7]

어쨌건 이 곡을 들은 스파이가 있었다면 비스마르크와 프린츠 오이겐이 단지 훈련 항해를 하러 출항하는 게 아님을 확신했을 것이다. 이번은 실전 출격이었다.

라인위붕 작전이 공식적으로 개시되었으나 독일 함대는 처음부터 긴 항해에 나서지 않았다. 비스마르크와 프린츠 오이겐은 발트해로 나가 몇 시간 동안 통상적 훈련을 수행했다. 평범한 하루처럼 보이려는 의도였다. 이들은 이른 오후에 정박지로 돌아와 닻을 내린 다음 연료를 채우고 보급품을 받은 뒤 마지막 추가 인원을 태웠다. 비스마르크에는 뤼첸스가 데려온 참모진의 장교, 병, 부사관 65명과 대서양에서 온전한 상태로 나포한 적 상선에 승선하고 포로를 감시할 임무를 받은 나포선 회항원 80명이 탑승했다.[8] 최종적으로 고텐하펜에서 출항했을 때 비스마르크에 탑승한 총원은 사관과 수병 모두 합쳐 2,221명이었다.

이 과정에서 특기할 만한 사건이 벌어졌다. 재급유 중에 유조선에서 비스마르크로 연결된 호스 밸브가 파열하는 바람에 갑판 위로 연료가 더 흘러넘치지 않도록 펌프 작동을 단축했다. 이로 인해 비스마르크는 최대 연료 탑재량보다 200톤 적게 연료를 채울 수밖에 없었다. 하지만 뤼첸스와 린데만은 이것을 중요한 문제로 여기지 않았는데, 어차피 노르웨이나 북극권 북쪽에서 급유할 계획이었기 때문이다. 그날 저녁 늦게 야음을 틈타 출항 준비를 하던 프린츠 오이겐도 21시 18분에 닻을 올렸다. 브린크만 함장은 북동쪽으로 뱃머리를 돌려 모래투성이인 헬Hel반도(현재 미에르제야 헬스카Mierzeja Helska)를 지나가기로 계획했다. 헬반도는 거대한 16인치(40.6cm) 해안포 3문으로 구성된 포대가 지키고 있었다. 브린크만은 배를 서쪽으로 돌려 육지가 보이는 거리에서 포메른Pommern 해안을 따라 서서히 나아갔다. 이번에도 비스마르크와 프린츠 오이겐은 항구에 있을지도 모르는 스파이를 혼란시킬 의도로 따로 출항했다. 비스마르크는 5월 19일 02시가 되어서야 마침내 닻을 올리고 덴마크 수역을 향해 프린츠 오이겐이 지나간 항로를 따라갔다.[9]

순양함 고틀란드

포메른 해안을 따라 내려가는 동안 별다른 일은 없었다. 구름 낀 하늘과 불안정한 날씨가 발각될 위험을 줄이는 데 도움이 되었다. 그날 아침, 승조원들이 아침 식사를 한 다음 린데만 함장은 함의 라우드스피커로 전 승조원에게 훈시했다. 몇 주간 소문만 무성했으나 승조원들은 비스마르크가 첫 작전 출격에 나선다는 것을 알고 있었다. 이제 함장이 확인해 주었다. 함장은 비스마르크가 영국 봉쇄망을 돌파하고 북대서양에 진출해 몇 달간 영국의 해상 교역로를 공격하며 적 상선을 격침하거나 나포할 계획이라고 알렸다. 함장의 훈시는 비스마르크함과 승조원이 맡을 임무를 둘러싼 불확실함을 걷어 버렸다. 뮐렌하임-레흐베르크도 이렇게 적었다. "미지에 대한 불안은 확신으로 대체되었다. 아래에서 전해지는 기관의 부드러운 진동을 느낀 승조원들은 자신들이 탑승한 배가 엄청난 힘을 가진 위협적인 무기라는 사실을 상기했다."[10]

11시 30분, 비스마르크와 프린츠 오이겐은 아르코나곶Kap Arkona의 흰 절벽 아래에서 만났다.[11] 아르코나곶은 뤼겐섬Insel Rügen 북단, 헬반도 서남쪽 190해리(352km) 거리에 있었다. 비스마르크에는 프리드리히 뵈메Friedrich Böhme 소령이 지휘하는 구축함 Z-16 프리드리히 에콜트Friedrich Eckoldt와

Z-23이 합류했다. 뵈메 중령은 지난해 노르웨이 나르비크Narvik 근해에서 영국 구축함대와 싸운 경험이 있는 베테랑이었다. 구축함 두 척이 비스마르크의 양현에 자리 잡는 동안 소형함 두 척, 봉쇄돌파선 SP-13과 SP-31이 이들 앞에 자리를 잡았다. 이 강력한 부대는 뤼첸스의 지휘를 받으며 다시 항해에 나섰고 정오 직후에는 독일 공군 전투기 3기가 상공에 나타났다. 이들과 다른 전투기들은 그날 내내 뤼첸스 부대 상공을 엄호 비행할 예정이었다. 아르코나곶에서 페마른벨트 해협 입구까지의 거리는 75해리(139km)였다. 거의 3주일 전에 그곳에서 프린츠 오이겐이 기뢰와 접촉해 손상을 입었다.

페마른벨트 해협은 랑엘란스벨트Langelandsbælt 해협으로 이어졌다. 해협 입구에서는 구축함 Z-10 한스 로디Hans Lody가 대기하고 있었다. 제6구축함전단의 기함 한스 로디는 방금 킬에서 출항했다. 탑승한 전대장 슐체-힌리흐스Alfred Schulze-Hinrichs 대령은 발트해를 통과하는 이 중요한 구간에서 구축함들의 지휘를 맡았다. Z-10 한스 로디는 함선들이 좁은 해협에 막 들어섰을 때인 22시 30분에 대형 끝에 자리를 잡았다.

스토레벨트 해협의 길이는 32해리(60km)였고 통과 항행은 새벽까지 계속될 것으로 예측되었다. 비스마르크와 프린츠 오이겐은 '마르부르크 5724' 전문의 요구보다 정확히 24시간 뒤처졌다. 비스마르크의 크레인 문제 탓이었다. 하지만 적어도 이들은 항해 중이었다. 보안 대책으로 독일 해군이 덴마크의 세 벨트 해협의 야간 통항 금지를 명령하여 뤼첸스 부대의 항행은 발각되지 않았다.

5월 20일이 밝아 왔다. 독일 함선들은 좁은 스토레벨트 해협에서 나와 더 넓은 카테가트 수역으로 진입했다.[12] 함대를 인도해 해협을 무사히 빠져나오는 임무를 완수한 봉쇄돌파선 두 척이 먼저 함대와 떨어져 나갔다. 04시 50분, 이들은 뢰스네스Røsnæs를 통과했다. 여기에서 수로가 50해리(93km)로 넓어지며 카테가트 해협이 시작된다. 진입한 지 얼마 지나지 않아

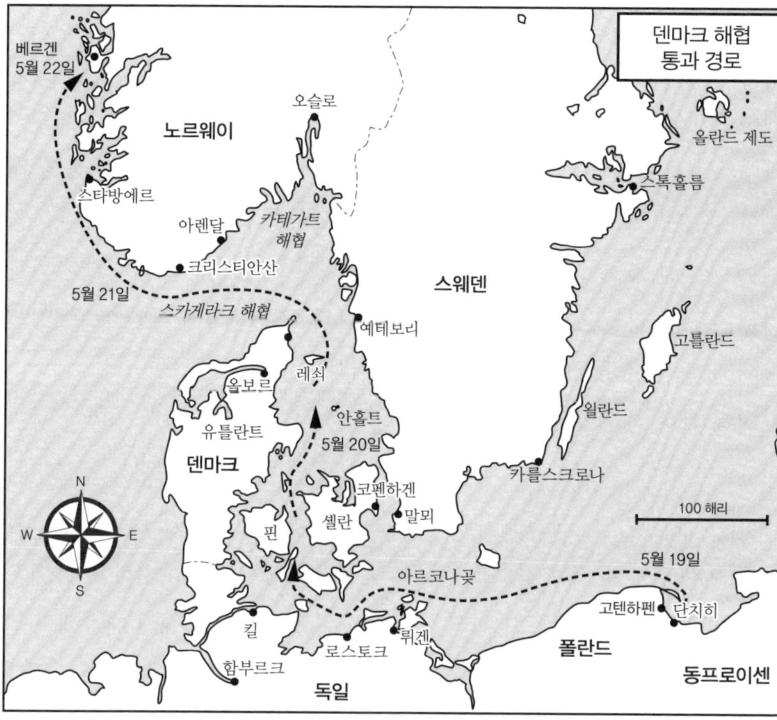

구축함 Z-10 한스 로디가 공습경보를 울렸다. 유틀란트반도 상공을 지나 서쪽에서 접근 중인 비행기가 포착되었다. 영국 정찰기이거나 운이 나쁘면 폭격기일지도 모른다고 우려하는 사람도 있었다. 결국 이 경보는 함대의 주간 상공엄호 호위를 위해 다가오던 독일 전투기를 오인한 오경보로 밝혀졌다. 공군이 비행기가 나타날 시각과 위치를 해군에 통지하는 것을 누락했던 것이다. 카테가트 해협 통항은 계속되었다.

전날과 달리 맑고 화창한 아침이었다. 태양이 떠올랐다. 중립국 스웨덴 해안이나 발트해의 작은 섬인 안홀트Anholt섬 북쪽으로 가는 동안 함대를 지나치는 덴마크나 스웨덴 어선에 독일 함대를 포착하고 정체를 알아낼 관찰자가 있을 위험이 점점 커진다는 점만 아니라면 즐거운 순항이었을 것이다. 어선의 수는 점점 늘어나고 있었다. 뮐렌하임-레흐베르크는 이렇게 기억했다. "어선이 사방에 있었다. 통통거리는 작고 흰 어선 일군이 우리 옆에서 파도를 따라 오르락내리락했다. 어선뿐 아니라 각국에서 온 기선들이 카테가트 해협을 통과하고 있었다."[13] 독일은 덴마크 수역의 해상교통을 제한할 수 있었으나 중립국 스웨덴 연안의 선박 통항이나 현지 어선들의 조업에는 아무런 조치도 취할 수 없었다. 그중 어떤 선박이 독일 함대가 지나간다는 소식을 다른 사람들에게 무전으로 알릴 가능성이 충분했고, 독일 해군에 대한 소식이라면 무엇이든 결국 런던까지 도달할 상황이었다.

좌현 쪽에는 독일이 점령한 덴마크에 속한 유틀란트반도의 평탄한 해안이, 우현 쪽에는 중립국 스웨덴이 있었다. 독일 해군최고사령부 정보부는 1940년 봄 덴마크, 노르웨이 침공으로 중립성을 침해당했다고 여긴 스웨덴 정부가 입수한 모든 정보를 영국에 넘길지도 모른다고 우려하고 있었다. 이런 이유로 뤼첸스는 포착 위험을 줄이기 위해 최대한 스웨덴 해안에서 멀찌감치 떨어져 항해하기로 했다. 하지만 이는 다른 중립국 선박이나 스웨덴 군함과 마주칠 상황을 염두에 두지 않은 행보였다.

정오경, 독일 함대는 레쇠섬Læsø Island 우측으로 지나갔다. 여기를 지나면 카테가트 해협은 좁아지다가 유틀란트반도 북단인 스카겐Skagen에서 끝난다. 40해리(74km) 건너편에는 해협의 스웨덴 쪽 도시인 예테보리Göteborg가 있었다. 스카겐과 예테보리의 가운데에 있는 선을 지나면 스카게라크 해협으로 접어든다. 덴마크와 노르웨이 사이에 있는 발트해의 입구다. 지금까지 뤼첸스 부대는 별일 없이 통항했지만 곧 상황이 바뀌었다.

13시 직전, 독일군 전방 우현에서 함선 한 척이 포착되었다. 스웨덴 해군 경순양함 고틀란드Gotland였다. 고틀란드함은 1930년대 초에 건조된 다소 독특한 함선으로 경순양함과 수상기모함의 역할을 통합한 배였다.[14] 2연장 6인치(15.2cm) 포탑 2기를 탑재했으나 후부 포탑 뒤에는 캐터펄트를 갖춘 작은 비행갑판이 있었고 영국제 수상기 여섯 대를 탑재했다. 독일의 뤼

비스마르크를 처음 발견해 보고한 스웨덴 순양함 고틀란드

첸스 부대가 나타났을 때, 이 이상한 하이브리드 함선은 예테보리 연안을 순찰하고 있었다.

고틀란드의 안그렌Angren 함장은 절차에 따라 독일 함선 목격 사실을 예테보리의 스웨덴 해군사령부에 보고하라고 명령했다. 그런 다음 뱃머리를 돌려 스카게라크 해협을 향해 북쪽으로 가는 독일 함대를 미행했다. 비스마르크에서는 뤼첸스가 빌헬름스하펜의 북부집단사령부에 발견 보고 전문을 보내며 비스마르크에 탑승한 B-디엔스트B-Dienst(해군무선정보부) 부원이 스웨덴 함선이 발신하는 전파 신호를 포착했다고 덧붙였다.[15] 뤼첸스는 이제 스웨덴 해군이 비스마르크가 바다에 있음을 알게 되었으니 영국도 이 소식을 전달받게 될 것이라고 보았다. 그동안 고틀란드는 독일 함대와 나란히 북서 침로를 유지하며 한 시간 동안 이들을 미행하다가 스카게라크 해협 입구에서 돌아갔다.

독일 측의 보안에 또 다른 문제가 생겼다. 정오에 스웨덴 쪽 카테가트 해협을 초계하던 스웨덴 공군기 편대가 함대 상공을 지나갔다. 편대 지휘관은 북쪽을 향해 가는 매우 큰 함선과 순양함, 구축함 세 척을 발견했다는 보고를 타전했다. 이 편대의 열두 대 중 열 대가 독일 함대 상공을 통과했다. 스웨덴군에 두 차례 목격된 것은 독일 함대 지휘관에게 우려할 만한 사건이었다. 15시 45분, 고틀란드함이 독일 함대가 시야에서 사라질 때까지 스카게라크에서 북서 항로를 유지했다는 보고를 타전했다.

예테보리에서는 안그렌 함장의 보고 두 건이 복호화되어 지휘명령 체계를 거쳐 스톡홀름Stockholm에 있는 스웨덴 해군성까지 보고되었다. 절차에 따라 스웨덴 정보부로도 사본이 전달되었다. 스웨덴 정부 고위 관계자들에게는 공식적으로 아주 중요한 정보는 아니었지만, 나치 독일을 혐오하는 일부 고위 인사들이 있었다. 그중 한 명이 스웨덴 비밀정보국장 페테르센Petersén 중령Överstelöjtnant이었다. 그는 고틀란드가 보낸 전문 사본을 읽고 그 내용을 일지에 기록해 두었다.

그런 다음 페테르센은 고의로 이 정보를 참모장인 에곤 퇴른베리Egon Törnberg 소령Örlogskapten에게 흘렸다. 퇴른베리는 노르웨이계 스웨덴인으로 작년 봄에 있었던 독일의 노르웨이 침공 이후 영국을 돕는 일이라면 무엇이든지 발 벗고 나섰다. 페테르센은 퇴른베리의 성향뿐만 아니라 그가 런던에 있는 노르웨이 망명정부의 스웨덴 주재 국방무관인 로셔 룬Roscher Lund 중령Kommandør과 연계되어 있다는 사실도 알았다. 아니나 다를까, 퇴른베리는 룬과 급히 약속을 잡고 만나 전문 사본을 전달했다. 이 정보가 전달될 다음 고리는 스톡홀름 주재 영국대사관 해군 무관인 헨리 데넘Henry Denham 대령이었다.[16] 1940년 4월에 독일이 덴마크를 침공했을 때 데넘은 코펜하겐 주재 영국대사관 해군 무관이었다. 노르웨이와 핀란드를 경유해 탈출한 데넘은 스웨덴의 수도에서 지금까지 계속해 온 일을 하고 있었다. 1941년 5월 20일, 데넘은 갑자기 스파이 드라마의 한복판에 서게 되었다.

룬 중령이 나타나 대화를 요청했을 때 데넘은 근처 리다르가탄 거리의 식당에서 식사하고 있었다. 두 사람은 일주일에 두 번 정기적으로 만나는 사이였지만 룬이 프로토콜을 깨고 예정에 없던 긴급 회동을 요청한 경우는 이번이 처음이었다. 전화를 도청당하고 아파트를 감시당하고 있다고 확신한 데님은 아파트나 공중장소인 식당에서 대화하지 않고 룬과 자전거로 반 마일 떨어진 영국대사관으로 갔다. 데님이 룬을 자신의 사무실로 안내하고 문을 닫자 룬 중령은 고틀란드가 보낸 전문 사본을 건넸다. 전문 발신자가 스웨덴 해군 순양함이라는 점은 언급되지 않았으나, 북서쪽으로 가는 독일 '전함' 두 척과 구축함 세 척이 마르스트란드섬Marstrand Island 근처에서 목격되었다는 진술이 있었다.

룬이 사무실을 떠나자 데님은 런던 해군성에 보낼 전문을 기안했다. 데님은 룬에게 받은 전문 내용을 반복하며 이를 '대지급'으로 분류했다. 발신 시간은 21시 직전이었다. 이로써 영국은 비스마르크가 고텐하펜에서 출항했다는 것을 처음으로 알게 되었다.[17] 이 정보와 그 뒤에 보고된 남부 노르웨이에서의 목격 정보를 받아 본 제1해군경First Sea Lord 해군원수 더들리 파운드 경Sir Dudley Pound은 이것이 실제 작전 출격이며 비스마르크가 발트해를 떠났다고 확신했다. 이 증거에 기반해 파운드는 스캐파플로의 본국 함대에 출격 준비 명령을 내렸다. 덴마크 해협 해전 그리고 북대서양을 가로질러 펼쳐질 비스마르크 추격전까지 연쇄적으로 이어질 일련의 사건은 이렇게 시작되었다.

스카게라크 해협을 통과하다

영국이 출항을 알게 된다 해도 여전히 자신에게 주도권이 있음을 깨달은 뤼첸스 제독은 작전을 계속했다. 뤼첸스는 스웨덴이 비스마르크의 존재를 적에게 보고했을 가능성보다 더 중요한 걱정거리를 안고 있었다. 그 날 오후 뤼첸스가 북부집단사령부에 보낸 전문에 대해 카를스 대장은 이렇게 회신했다. "스웨덴 함선 때문에 작전의 은밀성이 훼손될 위험이 현재 적이 발트해 입구에서 행하는 체계적 감시로 인해 발생하는 위험보다 더 크다고 생각하지 않음."[18] 타당한 지적이었다. 스카게라크 해협은 독일이 설치한 기뢰로 봉쇄되어 있어서 선박들은 명확히 규정된 통로로 통과할 수밖에 없었다. 독일로서는 발트해로 들어가는 입구를 순찰하기가 쉬워졌지만, 영국 잠수함들도 이곳을 감시하기가 더 쉬워졌다. 이 잠수함들은 가치가 높은 목표물에 어뢰 공격을 가할 수 있었으며, 비스마르크보다 더 값어치 있는 목표물은 없었다.

하지만 독일 함대가 스웨덴 영해를 벗어나지 않은 고틀란드함을 뒤로하고 300도로 변침해 북서쪽으로 항진하자 이제 스카게라크 해협을 순찰 중이라고 알려진 영국 잠수함들이 위협적 존재가 되었다.[19] 이 점을 염두에 둔 독일 함대는 기본적인 주의 조치를 취했다. 우선 호위구축함들이 대형함 주변에 대잠 경계 대형을 형성했다. Z-10 한스 로디가 선도함이 되었고 Z-16 프리드리히 에콜트가 좌현을, Z-23이 우현을 경계했다. 상공에서 메서슈미트 Bf-110 쌍발 전투폭격기가 비행했고 하인켈 He-115 수상기가 전방을 수색하며 숨기려야 숨길 수 없는 잠수함 잠망경이 일으키는 흰 물보라를 찾아다녔다. 이들의 앞에 기뢰 지대의 시작점이 있었다. 사전에 준비한 합류 지점에서 이들을 기다리는 것은 루돌프 렐Rudolf Lell 중령이 지휘하는 제5소해대의 소형 함정들이었다.

지금까지 고틀란드함과 스웨덴 비행기와 조우한 상황을 제외하고는 모든 것이 순조롭게 진행되었다. 그때 Z-10 한스 로디가 경보를 울렸다. 함의 견시원이 전방에서 영국 정찰기로 추정되는 단독 비행 중인 비행기를 발견했다. 뤼첸스 부대의 상공에서 전투기가 엄호하고 있었으므로 비행기가 더 이상 접근하지는 않았지만 부대가 발각됐을 가능성이 상당히 컸다. 영국군은 선박 활동을 감시하기 위해 스카게라크 해협 상공으로 주기적으로 정찰비행을 했는데 하필 독일군이 최악의 타이밍을 맞은 것이다. 어쨌건 비행기는 곧 사라졌고, 상공에는 독일 비행기만 남았다. 하지만 뤼첸스는 개운한 마음이 들지 않았다. 앞에는 기뢰원의 주 통항로가 있었다. 독일 해군 소해대와 상선 여러 척이 통과하기 위해 기다리고 있었다.

뤼첸스 제독은 이 상선들을 보안을 위협하는 요소로 보았다. 그중 일부가 독일 전함의 존재를 무전으로 보고할 때 영국이 방수할 것으로 예상되었다.[20] 뤼첸스는 다른 경로를 택하기로 했다. 렐 중령과 소해정 다섯 척은 뤼첸스 부대 전면에 자리 잡고 주 통항로에서 몇 해리 북쪽으로 떨어진 곳에 새 통항로를 개척하라는 명령을 받았다. 위험하지만 소해대에게는 단순한 임무였다. 이들은 16시경쯤 17노트를 유지하며 기뢰원을 통과하기 시작했다. 모든 게 순조롭게 진행되어 전 함선이 17시 15분경 모두 통과했다. 소해대는 돌아갔고 뤼첸스 부대는 270도 또는 정서쪽으로 새 침로를 잡았다. 아직 영국군 잠수함과 마주칠 위험이 있었으므로 전 승조원, 특히 음탐사들은 경계의 끈을 놓지 않았다.

실제로 이날 저녁 프린츠 오이겐의 음탐사가 좌현에서 접촉으로 생각되는 신호를 탐지했지만 아무 일도 일어나지 않았고 독일 함대는 빠르게 통과했다. 17노트로 항해하는 독일 함선들은 어떤 영국 잠수함보다도 빨랐으므로 이들이 가는 항로상에 있는 잠수함만이 실제적 위협이었다. 따라서 함대는 숨어 있는 적 잠수함이 어뢰 살포 사격을 할 가능성을 줄이기 위해 지그재그 기동을 했다. 남부 노르웨이의 산악지대가 서서히 전면에 모습을 드러냈다.

독일 함대는 21시쯤 크리스티안산Kristiansand 기뢰원 통항로 입구에 도착했다. 대형이 바뀌었다. Z-10 한스 로디를 선두로 프린츠 오이겐, 비스마르크와 Z-16 프리드리히 에콜트 순서로 항해했다.[21] Z-23이 후위를 맡았다. 속력을 17노트로 유지했으나 실수로 기뢰를 건드릴 경우에 대비해 각 함은 손상통제반을 대기시키고 방수 격실문을 모두 닫았다. 기뢰원을 통과하는 데 한 시간이 걸렸다. 비스마르크에 있던 뮐렌하임-레흐베르크 소령은 동료 장교 몇 명과 더불어 사관실에 앉아 〈여름 바람 속의 놀이Spiel im Sommerwind〉라는 영화를 감상했다. 1938년에 개봉한 로맨틱 코미디 영화였다. 기뢰원을 통과하고 어둠이 떨어지자 이들은 갑판으로 올라와 풍경을 감상했다.

이날 저녁에는 22시경 해가 졌다. 크리스티안산 근처의 해변에 접근하자 태양이 산 너머로 뉘엿뉘엿 넘어가고 있었다. 뮐렌하임-레흐베르크는 이 장면을 이렇게 묘사했다. "붉게 빛나는 하늘에 드리운 검은 산그림자와 더불어 아름답고 소박한 풍경의 실루엣을 보고 있노라니 잠시나마 전쟁을 완전히 잊어버릴 수 있었다."[22] 해가 진 후 독일 함대는 기뢰원 통로를 빠져나왔다. 구축함들은 대형함 앞쪽과 양현의 원래 위치로 되돌아갔다. 이제 외양이었다. 속력을 27노트로 높이라는 지시를 받은 독일 함대는 노르웨이 남단 주변 수역을 향해 고속으로 질주했다. 어둠이 떨어질 때까지 비스마르크의 대공포 절반에 승조원이 배치되었다. 승조원들은 교대로 대공견시 근무를 했다. 이제 앞으로 6시간 30분 동안 어둠이 이들을 영국 비행기들로부터 지켜 줄 것이다.

해안의 감시인

독일 함대가 크리스티안산 근해의 다음 기뢰원으로 가는 수로에 접근하는 동안 해안에서는 독일 함선들이 똑똑히 보였다. 크리스티안산의 외곽 도시인 베스테르비엔Vestervien에서는 노르웨이 청년들이 삼삼오오 무리를 지어 친구 비고 악셀센Viggo Axelssen의 새 보트 진수를 축하하기 위해 술집 겸 식당으로 가는 길이었다. 악셀센이 전에 소유했던 보트는 독일 관청에 징발당했다.[23] 친구들은 몰랐지만 악셀센은 노르웨이 레지스탕스 조직의 일원이었다. 베스테르비엔의 잡화상에서 일하는 악셀센은 항구와 항만 감독기관에 접근하기가 수월해서 크리스티안산 기뢰원과 통항로의 위치 같은 유용한 단편적 정보를 얻었다. 악셀센은 소해 작업이 완료된 통항로를 통과하는 선박의 움직임을 보고했다. 대개 해안을 따라 움직이는 호송선단이었다. 악셀센은 자신이 보낸 정보를 바탕으로 영국 잠수함이 매복하기를 바랐다.

대개 악셀센은 동쪽으로 60마일(97km) 떨어진 플레케피오르Flekkefjord 근처에 사는 레지스탕스 조직원을 통해 일주일에 한 번 보고를 보냈다.[24] 악셀센은 무전 담당요원과는 직접 접촉하지 않았다. 대신 암호화된 메시지를 현지 버스 운전사이자 친한 친구인 아르네 모엔Arne Moen에게 전달했고, 모엔은 버스 엔진의 비밀 구역에 숨겨진 메시지를 플레케피오르로 몰래 실어 날랐다. 이 메시지들은 플레케피오르에서 런던으로 발신되었다. 독일군은 이 지역에 레지스탕스 세포조직이 있고 플레케피오르 근처에 무전국이 있다는 것을 알았으나 아직 발견하지는 못한 상태였다. 하지만 한 번 송신할 때마다 큰 위험이 뒤따랐다.

그날 일몰이 다가올 무렵, 악셀센과 친구들은 잠시 걸음을 멈추고 감탄하며 풍경을 바라보았다. 양옆으로 점점이 섬들이 늘어선 수로가 5마일(8km) 떨어진 만 입구의 오스쾨위Oskøy섬에 있는 등대까지 이어졌다. 그 너머는 스카게라크 해협을 이룬 난바다였다. 이들이 지켜보는 동안 일군의 선박이 나타나 기뢰원을 향했다. 악셀센은 그들이 여기에 온 이유를 알아차렸다. 특수임무를 띤 독일 함선들이었다. 악셀센은 친구에게 구식 오페라글라스를 빌려 작은 구축함 두 척을 앞세우고 항진하는 대형 선박 두 척을 관찰했다. 비행기가 선박 상공을 비행하고 있었다. 중요한 일이 벌어지고 있는 게 틀림없었다. 특수임무를 띤 대규모 독일 함대가 발트해를 떠나 서쪽을 향하고 있었다. 악셀센은 즉각 이 소식을 알려야 한다고 생각했다.

친구들이 마을에 도착하자 악셀센은 일터에서 남은 일을 처리하고 곧 합류하겠다고 말한 다음 급히 현장을 떠나 암호로 단신 전문을 작성한 후 버스 운전사 아르네 모엔을 찾아 나섰다. 운이 좋았다. 모엔은 플레케피오르로 저녁 운행을 할 예정이었다. 악셀센은 비밀 전문을 전달한 후 파티로 돌아갔다. 그날 저녁 늦게 군발 톰스타드Gunvald Tomstad가 전문을 받았다. 무전송신기를 가진 조직원이었다. 전문을 발신할 때는 대개 숲 깊숙이 송신기를 가져갔으나 사안이 긴박함을 느낀 톰스타드는 레지스탕스 조직원의 도움을 받아 송신기를 헛간에 세우고 즉시 전문을 발신했다. 다시 말해, 이 전문은 자정이 못 된 시각에 런던의 영국 해군성에 도착한다는 뜻이었다. 톰스타드는 몰랐지만, 거의 같은 내용의 전문이 이미 영국 해군성에 도착해 있었다. 스톡홀름의 데넘 대령이 보낸 전문이었다.

이제 의심의 여지가 없었다. 강력한 독일군 특수임무부대가 노르웨이 수역 내 바다에 있었다.

다시 바다로 돌아가 보자. 크리스티안산에서 8해리(15km) 남쪽 위치에서 독일 구축함 세 척이 기뢰원을 통과한 후 속력을 27노트로 높였다. 22시 15분에는 286도(또는 서북서)로 새 침로를 잡았다.[25] 다시 말해 독일 함대가 린데스네스Lindesnes 근처에서 노르웨이 최남단을 통과해 약간 방향을 틀어 서쪽으로 불쑥 튀어나온 해안선을 피해 가려 한다는 뜻이었다. 이제 독일 함선들은 스카게라크 해협을 빠져나와 북해에 있었다. 자정을 넘겨 5월 21일 02시경 뤼첸스 부대는 북쪽으로 다시 방향을 틀었다. 이제 이들은 327도 또는 북북서 방향으로 항해했다. 얼마 뒤, 뤼첸스의 상시명령에 따라 모든 함선은 전투준비를 갖췄다. 동이 트면 무슨 일이 일어날지 아무도 알 수 없었다.

사실 함대 사령관은 신중해야 할 이유가 충분했다. 밤새 기함에서는 전문 여러 통을 수신했다. 발신자는 빌헬름스하펜의 북부집단사령부거나 베를린의 해군최고사령부였다. 01시경 수신된 첫 전문에 따르면 영국군이 두 척의 대형함과 구축함 세 척을 찾아 나섰다고 한다.[26] 이는 영국 해군성이 이 함선들의 정체나 목적지를 전혀 몰랐다는 뜻이었으므로 안심할 만했다. 02시경 독일 함대가 스타방에르Stavanger와 평행하게 항해하며 접근하고 있을 때 베를린에서 스캐파플로 정찰비행 보고 사본을 보내왔다. 전날 정오 직후까지 항공모함 한 척, 전함 또는 순양전함 세 척과 순양함 여러 척이 정박지에 있었음은 분명했다. 따라서 노르웨이 해안에서 영국 해군과 마주칠 가능성은 낮았고 뤼첸스도 전문을 보고 다소 안심했을지도 모른다.

그래도 04시에 동이 트자 뤼첸스 제독, 린데만 함장과 견시원 수십 명은 적 함선이나 비행기를 찾아 수평선을 샅샅이 훑었다. 바다와 하늘은 텅 비어 있었다. 항해를 계속해 이제 함대는 노르웨이 해안선과 거의 평행을 유지하며 약간 서쪽으로 치우쳐 북쪽으로 항해하고 있었다. 사령관이 결단을 내릴 시간이 다가왔다.[27] 원래 계획에 따르면 함대는 베르겐 근처에 멈춰 재급유를 받아야 했다. 함대는 베르겐으로 빠르게 접근하고 있었다. 북극해까지 항해해 북극권 북쪽에서 기다리는 유조선과 합류하는 대안을 선호한다는 의사를 밝힌 뤼첸스가 원래 계획대로 베르겐 근처의 코르스피오르에서 재급유를 받기로 한 이유는 알 수 없다.

뤼첸스는 다른 전문에 마음이 흔들렸을지도 모른다. 그날 06시 40분에 프린츠 오이겐의 B-디엔스트가 방수 해독한 영국군 전문이었다.[28] 이 전문에서 영국군은 노르웨이 해안을 따라 북상하는 독일 해군 특수임무부대를 수색 중이라고 보고했다. 몇 분 뒤, 비스마르크의 통신실에 베를린에서 보낸 전문이 도착했다. 내용은 비슷했다. 영국군이 북쪽으로 향하는 독일 전함 두 척과 구축함 세 척을 찾고 있다는 내용이었다. 프린츠 오이겐을 전함으로 오인한 점을 제외하면, 뤼첸스는 이제 영국이 자신을 찾고 있으며 대략 어디로 향하는지도 안다는 사실을 파악했다. 이에 따라 뤼첸스는 함대에 노르웨이 해안으로 방향을 돌려 베르겐으로 가는 길목에 있는 피오르로 가라고 명령했다.

제6장

노르웨이에 머물다

코르스피오르

1941년 5월 21일 07시였다. 뤼첸스 제독은 결단을 내렸다. 베르겐 근처의 코르스피오르에 닻을 내린다. 기함에서 내린 명령을 다른 함선에 신호로 전달했을 때 비스마르크의 좌현 상공에 점 몇 개가 나타났다.[1] 비행기였다. 하지만 밝은 햇살 때문에 이들이 아군인지 적군인지 확실히 알 수 없었다. 사실 이들은 노르웨이 해안 정찰에 나선 영국 공군 제254비행대 소속 브리스틀 블레넘Bristol Blenheim 4기였다. 동이 트자마자 독일 공군 Bf 109 2기가 함대 상공을 선회했고 그중 한 대가 처음으로 블레넘을 포착했다. 하지만 영국기들은 사라졌고 이들이 독일 함선을 발견했는지는 아무도 알 수 없었다.

그때쯤 부대는 우현으로 선회해 코르스피오르 입구에 접근하고 있었다. 노르웨이 해안에 있는 이 부분의 한 가지 특별한 이점은 입구가 두 개, 즉 지금 함대가 들어가는 남쪽 입구와 베르겐 위쪽의 입구가 있다는 것이었다. 뤼첸스는 이 지형으로 인해 융통성을 발휘하게 되었다며 흡족해했다. 게다가 부대가 이날 저녁에 북상하면서 해안의 섬들을 가림막으로 쓸 수도 있었다. 뤼첸스의 계획은 낮에는 코르스피오르에 은신해 있으며 연료 탱크를 채우는 것이었는데 고텐하펜에서 출항하고 나서 연료가 떨어져 가던 프린츠 오이겐에게는 특히 중요한 문제였다.

북동 방향으로 뻗어 있는 코르스피오르에서 몇 해리 거슬러 올라가면 북쪽 베르겐으로 가는 더 넓은 수역이 나타난다. 길고 언덕이 많은 피엘섬Fjell Island이 함대의 좌현에 있었고 우현은 노르웨이 본토였다. 피오르 주변에는 작은 섬들이 점점이 흩어져 있었다. 양안에는 작은 만들이 있었고 북동쪽에 있는 가장 큰 만은 노르웨이의 도시 베르겐으로 이어졌다. 뮐렌하임-레흐베르크는 노르웨이 해안의 바위투성이 절벽의 첫인상 그리고 뒤이어 나타난 황량한 산악지대의 풍광을 묘사했다.[2] 함대가 코르스피오르로 진입하자 환한 아침 햇살을 받은, 그림에나 나올 법한 집들이 보였다.

뤼첸스가 원했던 대로 함선들이 흩어져 비스마르크는 베르겐에서 약간 남쪽으로 떨어진, 코르스피오르의 동쪽 측면에 있는 그림스타드피오르Grimstadfjord로 들어갔고, 프린츠 오이겐과 구축함들은 계속 북상하다가 피엘섬 북동쪽 측면에 있는 칼바네스만Kalvanes Bay에 닻을 내렸다. 이곳은 베르겐에서 서쪽으로 몇 해리 떨어져 있었다.

비스마르크는 09시에 투묘했다. 섬과 만으로 둘러싸인 좁은 수역에 안전하게 자리 잡았고, 군수지원함 몇 척이 방어를 보충·강화했다. 이들은 만 입구에 닻을 내려 어뢰 공격에서 비스마르크를 보호하라는 명령을 받았다.[3] 군수지원함들은 종일 참을성 있게 기다렸다가 작업을 시작했다. 프린츠 오이겐과 구축함 세 척이 닻을 내린 칼바네스만에서도 상황은 마찬가지였다. 여기에서도 방뢰망을 설치할 수 없었으므로 구축함들이 프린츠 오이겐 주변에 방어벽을 구축해야 했다. 유조선 볼린Wollin과 봉쇄돌파선 두 척,

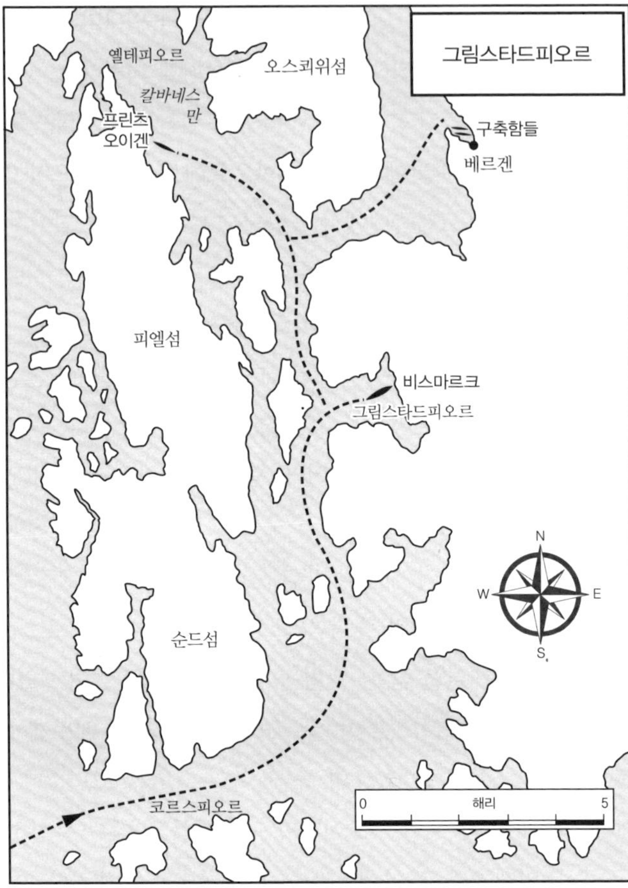

군수지원선 여러 척들도 프린츠 오이겐을 둘러싸 방어했다.

볼린은 프린츠 오이겐에 먼저 급유한 다음 비스마르크에 급유할 계획이었다. 프린츠 오이겐은 항해하면서 연료의 4분의 1을 소비했고 북대서양에서 효율적으로 작전하려면 빈 연료 탱크를 채워야 했다. 구축함들도 연료가 부족했으나 노르웨이 수역을 떠나지 않을 예정이었으므로 수요가 그다지 절박하지 않았다. 이에 따라 오후 12시 전후로 세 시간가량 프린츠 오이겐은 연료 탱크를 완전히 채워 넣었다.

노르웨이 수역으로 항해하는 비스마르크. 1941년 5월 19~20일경. 발트해 위장으로 불리는 흑백 사선 띠가 보인다.

그다음 볼린은 그림스타드피오르에 닻을 내리고 비스마르크에 연료를 보급해야 했지만, 비스마르크의 연료 탱크가 90퍼센트 정도 차 있었기 때문에 뤼첸스와 린데만은 급유가 시급하다고 여기지 않았다.[4] 진짜 이유는 끝내 밝혀지지 않을지도 모르지만, 뤼첸스는 북대서양 북서쪽 가장자리에 배치된 유조선 중 한 척에서 급유할 계획이었던 것 같다. 코르스피오르에서 급유할 시간이 있었던 것은 확실하다. 뤼첸스는 여기에 종일 머물다가 야음을 틈타 떠날 계획이었다. 대신 볼린은 칼바네스만에 닻을 내린 채 머물렀다. 아마 영국군이 아군의 위치를 안다는 것을 뤼첸스가 알았기 때문일 것이다.

그날 아침, 뤼첸스는 비스마르크와 프린츠 오이겐에 위장 도색을 바꾸라고 명령했다.[5] 두 함선 모두 옅은 회색으로 칠한 선체 여러 곳에 검은색과 흰색의 V형 띠를 그린 '발트해 위장' 도색을 했고 함수부와 함미부를 짙은 회색으로 칠해 함이 실제 길이보다 짧아 보이는 착시효과를 일으켜 적 측거수를 혼란하게 만들었다. 함수와 함미 아래쪽으로는 흰색을 칠해 파형처럼 보이게 함으로써 착시효과를 강화했다. 선수루와 선미갑판 끝에는 흰 원안에 검은색 하켄크로이츠를 그려 넣었다. 이것은 항공 식별 표식으로 아군 오폭이라는 불행한 사태를 예방하기 위한 조치였다. 노르웨이에 머무는 동안에는 방수포로 덮어 두었지만 바다로 나오자 모두 회색으로 덧칠했다.

그러고 나서 비스마르크와 프린츠 오이겐에서 작업반이 양현에 검은색과 흰색의 V형 띠에 덧칠했다. 거의 오전 내내 계속된 작업이 마침내 끝났다. 함수와 함미의 진한 회색도 사라졌으나 함수의 가짜 파형은 남았다. 마지막으로 포탑 천개天蓋를 약간 진한 회색으로 도색했다. 도색 작업 결과 두 함선 모두 발트해 수역보다 북대서양의 회색 하늘과 회색 바다에 더 잘 어울리는 모습이 되었다. 비스마르크는 그림스타드피오르에서 나온 후 라인위붕 작전 내내 이 도색을 유지했다. 작업을 끝낸 승조원들은 햇살 좋은 긴 오후를 즐기기 위해 각자 편한 곳에 자리를 잡았다.

푸른색 스핏파이어

그동안 남서쪽으로 320해리(593km) 떨어진 스코틀랜드의 북동쪽 끝에 있는 영국 공군의 윅Wick 기지에서 스핏파이어Spitfire 2기가 날아올랐다.[6] 1년 전에 있었던 영국 전투Battle of Britain에서 슈퍼마린Supermarine 스핏파이어는 영국 방공망의 중추를 맡았다. 그런데 윅에서 출격한 스핏파이어 마크Ⅲ은 달랐다. 기체 전체가 녹색과 회색의 위장 도색 대신 하늘과 섞여 들기 위해 청회색으로 도색되었다. 이들은 사진정찰부대Photo Reconnaissance Unit, PRU 소속으로 기관총 대신 카메라를 실었다. 동체에 설치된 카메라 4기는 지상의 목표물을 겹쳐서 찍을 수 있도록 고안되었다. 크기가 작았지만 항속거리 1,500마일(2,414km), 최고속력 시속 300마일(483km/h) 이상인 정찰기는 달려드는 적 전투기 대부분을 따돌릴 수 있었다.

이들의 임무는 데념과 악셀센이 보고한 독일 특수임무부대의 위치를 파악하는 것이었다. 프랭크 그린힐Frank Greenhill 중위가 조종하는 사진정찰부대 소속 스핏파이어 1기는 스타방에르 근처의 노르웨이 해안까지 가서 그 주변을 돈 다음 오슬로까지 비행할 예정이었다. 마이크 서클링Mike Suckling 중위가 조종하는 스핏파이어는 베르겐을 향해 북쪽으로 비행할 예정이었다. 그린힐은 정찰비행을 하는 동안 소형 순찰정 몇 척과 상선들을 발견했을 뿐 아무것도 얻지 못했다. 서클링도 베르겐에 접근해 코르스피오르 위를 비행하기 전까지 별 소득을 거두지 못했다. 바로 그곳, 2만 7,000피트(8,229m) 아래에 상선 여러 척에 둘러싸인 대형함 한 척이 있었다. 순양함이 틀림없었다.[7] 시간은 13시 15분이었다. 카메라의 셔터를 눌러대던 서클링의 시야에 적 전투기가 들어왔다. 그래도 비행을 계속한 서클링은 근처 칼바네스만에서 드디어 순양함 한 척을 포착했다. 그는 피오르를 탐색한 후 기지로 귀환했다.

황량한 풍경의 윅 비행장 한쪽 구석에는 사진정찰부대 기술부 건물이 있었다. 서클링의 스핏파이어가 착륙하자마자 카메라가 분리되어 건물의 암실로 옮겨졌다. 전쟁 초기에는 사진 분석이 중앙집중식이었던 까닭에 현상과 분석을 하려면 필름을 남쪽으로 보내야 했다. 이제 이 시스템은 2단계 방식으로 대체되어 모든 사진정찰부대 기지가 개별 사진 현상실을 갖추고 정찰기가 착륙한 지 한 시간 내에 사진을 현상했다. 현상한 사진은 1차 분석팀이 가져가 자세히 조사 평가했다. 만약 아주 중요한 사진으로 밝혀지면 더 자세히 조사한 후 원판을 남쪽으로 공수해 추가로 검토했다. 이는 중요하거나 시간이 촉박한 발견, 예를 들어 독일 주력함의 존재에 대하여 불필요하게 지연되는 일 없이 즉시 조치할 수 있음을 뜻했다.

서클링이 15시 조금 전에 착륙한 지 두 시간 만에 그림스타드피오르에 있는 함선은 비스마르크급 전함으로, 칼바네스만에 있는 함선은 아드미랄 히퍼급 중순양함으로 판명되었다.[8] 해군성은 이들이 비스마르크와 프린츠 오이겐이라고 확신했다. 다음 문제는 대처 방법이었다. 가장 먼저 이 정보를 통지받은 사람은 스캐파플로의 토비 제독이었다. 그다음 해군성은 영국

영국 공군의 마이크 서클링 소위가 촬영한 항공 정찰 사진. 맨 왼쪽이 비스마르크다.

공군 연안방어사령부와 접촉해 두 정박지를 공습해 달라는 요청을 전달했다. 그날 밤 500파운드(227kg) 폭탄과 조명탄을 섞어서 탑재한 제222, 제269, 제619 비행대의 허드슨Hudson 쌍발폭격기 12기, 휘틀리Whitley 쌍발폭격기 6기가 윅 기지로 파견되었다.[9] 그런데 두 시간 뒤 이들이 베르겐 지역에 도착했을 때 코르스피오르는 짙은 안개층으로 뒤덮여 있었다.

허드슨 폭격기 중 목표 지역을 식별할 수 있었던 두 대만 칼바네스만 근처의 아무것도 보이지 않는 곳에 마구잡이로 폭탄을 투하했다. 문제는 기상 조건이 변하고 있다는 것이었다. 남서쪽에서 불기 시작한 강풍이 비와 낮게 깔린 구름, 불량한 시계까지 몰고 왔다. 베르겐 지역은 안개로 유명했다. 어쨌건 독일 함대가 숨기에 충분한 날씨였다. 게다가 더 나쁜 일이 일어날 참이었다. 영국에서 더 큰 규모의 이차 공습이 조직되고 있었다.[10] 케이스네스와 오크니의 영국 공군 기지에서 출격한 쌍발 폭격기 30기(폭탄을 실은 허드슨과 어뢰를 탑재한 보퍼트로 구성된 혼성 부대)가 이 공습에 참가할 예정이었다. 함대항공대의 제828비행대 소속 앨버코어Albacore 뇌격기 7기도 공습을 준비하고 있었다.

5월 21일 저녁 무렵, 비와 낮게 깔린 구름이 몰려와 하늘을 완전히 뒤덮었다. 구름 아래쪽 높이는 불과 100피트(30m)였다. 공습은 취소되었다. 다시 말해 다음 날 아침까지 아무것도 할 수 없다는 뜻이었다.[11] 그때조차 기상 전문가들은 베르겐 지역의 악천후가 최대 24시간 지속되리라고 예측했다. 따라서 영국군은 동틀 때까지 기다렸다가 독일 함선들이 아직 베르겐 지역에 정박해 있거나 아니면 노르웨이해 어딘가에서 이들을 찾기를 바라며 사진정찰부대와 연안방어사령부 소속 정찰기를 보내는 것밖에 별도리가 없었다. 영국군에게 초조한 밤이었다. 독일 함정 두 척이 어디 있는지, 어디를 향하는지 제대로 알지 못한 채 병력을 배치해야 했던 토비 제독은 더욱 초조했을 것이다.

한가한 오후

그림스타드피오르의 비스마르크에서는 당직을 선 고사포 포반원 여러 명이 서클링의 비행기가 날아가는 소리를 들었고 대공경계령이 내려졌다.[12] 하지만 비행기를 포착하지 못했다. 함대 상공을 비행하던 Bf 109 2기도 침입자를 인지하지 못했고 함의 대공포도 침묵했다. 나중에 칼바네스만에서 스핏파이어의 엔진 소리가 들리고 나서야 경보가 발령되었다. 영국 정찰기의 상공 비행은 따사로운 햇살이 비치는 한가한 오후를 방해한 유일한 사건이었다. 승조원 다수는 이 기회를 놓치지 않고 상갑판에서 일광욕을 했고 어떤 이들은 낚시를 했다.[13] 전함이 작은 만의 북동 해안 가까이에 정박해 있었으므로 이 작은 만에서 본 적 없는 대형 선박을 구경하는 노르웨이 민간인들이 흐릿하게 보였다.

목가적 풍경을 바라보던 승조원들은 해변에서 어느 육군 병사가 작은 보트 한 척을 물에 띄운 후 노저어 오는 모습을 보고 웃었다. 함에 도착한 병사는 궐련이 떨어졌다며 수병들에게 도움을 요청했다. 몇 분 후 양동이 몇 개가 내려왔다. 양동이에는 그가 1년간 피우고도 남을 양의 궐련과 잎담배가 담겨 있었다. 승조원들은 일광욕을 계속했다. 이런 한가한 상황에서도 불평하는 사람이 있었다. 한 정비 담당 승조원은 기술직 승조원이 무심코 내뱉는 말을 들었다. "끔찍하지 않아? 오늘 여기 있는 사람들이 모두 일주일 안에 죽는다고 생각하면."[14] 다행스럽게도 두 승조원은 살아남았고, 대부분의 동료들은 그러지 못했다.

비스마르크의 도착 소식은 이 지역에 널리 퍼졌다. 정오가 지난 뒤 베르겐에 있던 육군 군의관 오토 슈나이더Otto Schneider 소령이 전화를 받았다. 전화를 건 사람은 소령에게 비스마르크가 4.5마일(7.2km) 떨어진 그림스타드피오르에 닻을 내렸다고 전했다.[15] 소령의 형이 비스마르크에서 근무했으므로 소령과 일행 두 명은 빌린 고속 모터보트를 타고 코르스피오르로 진입해 남쪽에 있는 만으로 들어갔다. 나중에 그는 자신이 본 광경을 이렇게 묘사했다. "짧은 고속항해 끝에 뱃머리를 돌려 만으로 들어간 우리는 입이 딱 벌어지는 광경을 보았다. 눈앞에 마치 『천일야화』에 나온 은회색 꿈처럼 비스마르크함이 있었다. 강력해 보이는 상부 구조물, 포신, 장갑에도 불구하고 함선의 윤곽선은 은세공 작품처럼 아름다웠다."

배를 옆에 댄 슈나이더 소령은 형 아달베르트Adalbert를 만나 함으로 초대받았다. 신이 난 오토가 모터보트의 속력이 최대 32노트라고 말하자 형은 비스마르크도 그 정도 속력을 낼 수 있다고 말했다. 형의 대답을 들은 오토는 몹시 놀랐다. 아달베르트 슈나이더 소령은 비스마르크의 주포를 총지휘하는 포술장이었다. 슈나이더 포술장은 비스마르크를 대단히 자랑스러워했다.[16] 그는 "우리 배는 우리보다 빠른 어떤 배보다 강력하고 우리보다 강력한 어떤 배보다 빠르지"라고 자랑스럽게 말하며 "우리에게는 아무 일도 일어나지 않을 거야"라고 덧붙였다. 점심 식사에 초대받은 사관실에서 오토는 비슷한 낙관적 분위기를 감지했다. 한 장교는 지금까지는 '유람 항해'였다고 주장했다. 하지만 장교들은 비스마르크와 프린츠 오이겐이 대서양 돌파를 시도할 때 일어날 일에 대해 논의할 때에는 약간 불안한 기색을 내비쳤다.

아달베르트는 오토를 자신의 선실로 안내했다. 그는 동생에게 최근에 찍은 세 딸의 사진을 보여 주었고 형제는 공동으로 친구들과 가족에게 엽서를 썼다. 오토는 베르겐에 도착하면 엽서를 고국으로 발송하겠다고 약속했다. 린데만 함장은 너그럽게도 오토가 그날 저녁에 비스마르크가 출항할 때까지 함에 머무르는 것을 허락하고, 비스마르크가 외양에 이르면 도선선導船船으로 오토를 육지에 데려다주는 데 동의했다. 그 덕에 형제는 얼마간 함께 시간을 보낼 수 있었다. 오토는 함의 승조원들이 출항 준비를 하는 모습을 보았다. 포술장인 아달베르트는 처리해야 할 업무가 없어서 동생과 함께 비스마르크의 출항 모습을 지켜보며 가족, 전쟁과 그들의 미래 계획에 관해 이야기를 나누었다.

아달베르트는 비스마르크함은 강력할 뿐 아니라 안전하기까지 하다며 동생을 계속 안심시켰지만 오토는 완전히 납득하지는 못했다. 비스마르크가 코르스피오르의 북쪽 입구에 도달하자 오토는 린데만 함장에게 감사를 표하기 위해 함교로 갔다.[17] 두 사람은 악수했다. 슈나이더 소령은 린데만 함장이 창백해 보인다고 생각했다. 나중에 돌이켜 보니 그때 함장은 수심에 잠겨 있었던 것 같았다. 도선선이 비스마르크 옆으로 다가왔다. 오토는 배에 올라 비스마르크가 어둠 속으로 사라질 때까지 손을 흔들었다. 그가 살아 있는 형을 본 것은 그때가 마지막이었다.

빠져나가다

정체불명의 비행기에 대해 들은 뤼첸스 제독은 자신의 부대가 발각되었음을 깨달았음이 틀림없다. 정찰기라면 기지로 돌아갈 테니 이 비행기가 찍은 사진 때문에 함대의 위치가 탄로나리라고 계산했을 것이다. 이것은 저녁 무렵에 영국 공군이 비스마르크와 프린츠 오이겐의 정박지를 공습할 것이라는 뜻이었다. 볼린으로부터 재급유를 받는 프린츠 오이겐이 작업을 끝내는 데 세 시간이 걸렸다. 그때쯤 뤼첸스는 현재의 정박지에서 꾸물거릴 여유가 없다고 결정했기 때문에 비스마르크의 재급유는 취소되었고 볼린은 칼바네스만에 남았다. 뤼첸스에게는 대안이 있었다. 유조선 바이센부르크가 북극권 북쪽의 얀마웬섬 근처를 돌아다니고 있었고, 다른 유조선들도 그린란드 남단이나 더 남쪽인 북대서양 어딘가에 전개해 있었다.[18] 따라서 뤼첸스는 지금 비스마르크의 연료 탱크를 채우지 않는 위험을 감수할 수 있다고 느꼈다.

결단을 내린 뤼첸스는 해도를 자세히 살피거나 정보참모진과 상의하면서 오후를 보냈다. 북부집단사령부에서 영국 본국 함대가 아직 스캐파플로에 있는 것 같다는 전갈이 왔다. 최근에 스캐파플로를 찍은 정찰 사진이 베르겐으로 공수되어 전달되었다. 자신과 마찬가지로 연료 제약이 있는 라이벌 토비 제독은 비스마르크의 소재에 대한 확실한 정보가 있을 때만 움직일 터였다. 따라서 노르웨이 수역에 있는 동안에는 영국 공군의 공습이나 해안을 순찰하는 영국군 잠수함이 뤼첸스가 당면한 가장 큰 위협이었다. 그런데 영국 정찰기가 발견 보고를 하면 이 모든 것이 바뀔 수 있었다. 따라서 일찍 바다로 나가는 쪽이 더 나았다.

그날 저녁 19시, 뤼첸스는 함선들에 출항 준비를 명령했다.[19] 30분 뒤인 19시 30분, 비스마르크는 닻을 올리고 그림스타드피오르를 빠져나가 서쪽으로 가는 주 수로로 들어섰다. 함은 북쪽으로 항해해 베르겐으로 가는 수로 근처에서 대기하던 구축함 세 척과 합류했다. 비스마르크가 칼바네스만을 통과했을 때 프린츠 오이겐도 정박지에서 나와 비스마르크와 합류했다. 뤼첸스 부대는 일렬종대 대형으로 외양으로 나가는 수로를 빠져나왔다. 봉쇄돌파선 13호가 맨 앞에서 인도했고 그 뒤를 비스마르크, 프린츠 오이겐, 봉쇄돌파선 31호가 따랐다. 이들 뒤쪽에는 구축함 세 척이 있었다. 영국군의 공습 위협이 있음을 감안해 승조원 전원은 대공전투 위치에 있었고 견시원들은 전방에서 적 폭격기의 징후를 찾아 하늘을 샅샅이 살펴보았다.

칼바네스만을 빠져나가 일렬종대로 늘어선 함선들은 북북서로 이어지는 30해리(56km) 길이의 수로인 옐테피오르덴Hjeltefjorden에 들어섰다.[20] 독일 함대는 17노트의 속력으로 피오르를 지나갔다. 좌현으로 길게 줄지어 늘어선 좁은 섬들이 독일 함선 대열을 가려 주어 원양 쪽에서는 이들이 보이지 않았다. 영국 비행기가 온다면 이 섬들 너머에서 나타날 것이다. 어쨌건 피오르 통항은 별 사고 없이 끝났다. 20시, 공군의 엄호 전투기들이 떠나야 했지만 이제 원래 정박지에서 먼 곳까지 나왔으므로 공습의 위험이 많이 줄어들었다. 베르겐 항구의 도선선이 독일 함선들을 헤르들라Herdla를 지나 수로를 통과하도록 안내했다. 헤르들라에는 독일군이 배치된 해안 포대가 함대의 우현에서 베르겐으로 가는 접근로를 방어하고 있었다. 이곳에서 옐테피오르덴은 페디에오센Fedjeosen으로 접어들면서 조금 넓어졌다. 날씨가 나빠지고 있었지만 평화로운 저녁이었다. 안개도 충분히 걷혀 후갑판에 모인 장교들이 빠져나가는 함선 옆쪽으로 숲이 울창한 섬을 볼 수 있을 정도였다.

통항 중에 기함의 B-디엔스트 책임자 레흐베르크 소령이 함교로 방수한 전문 한 통을 가져왔다. 이 전문에 따르면 영국 연안방어사령부가 적극적으로 뤼첸스 부대를 수색하고 있었다.[21] 그 자체로는 걱정스러운 소식이었으나 한편으로는 정박지를 떠나기로 한 결정이 옳았음을 보여 주는 사건이었다. 아직 뤼첸스는 영국군보다 한발 앞서 있었다. 일렬종대로 항해하는 함선들이 페디에섬Fedje Island 주변에 줄지어 있는 바위들을 통과했을 때 비스마르크는 군의관 오토 슈나이더 소령을 도선선에 내려 주기 위해 잠시 히브-투heave-to(배를 바람 불어오는 쪽으로 향하게 해서 조타 가능한 최저속력으로 항해하는 방법—옮긴이) 했다. 도선선은 비스마르크에서 멀어져 갔고 독일 함선들은 노르웨이해로 나아갔다.

날이 어두워졌다. 구축함들이 대형함 앞쪽과 옆쪽에 자리를 잡는 동안 함대는 20노트 속력으로 북서쪽을 향해 지그재그를 그리며 항해했다.[22] 육지가 멀어지자 승조원들은 풍속 4로 바람이 강해졌음을 알아차렸다. 하늘에는 구름이 잔뜩 끼었다. 이런 날씨에 적 비행기가 독일군을 탐지해 내기는 거의 불가능했으므로 아주 이상적인 상황이었다. 뤼첸스가 북부집단사령부에 북대서양으로 가는 경로를 정하는 데 도움이 되도록 스캐파플로의 영국 함대에 대한 최신 정보를 요청한 때가 이 시점이었다. 자정쯤 항해참모가 북쪽 해안에 있는 돌출부를 지났다고 알리자 함대는 북쪽으로 뱃머리를 돌렸다. 함대는 이제 노르웨이해의 깊숙한 곳, 북극권으로 향했다.

견시원들이 어둠 속에서 밝게 빛나는 무언가를 뒤쪽에서 보았다.[23] 노르웨이 해안, 베르겐 근처가 진원지인 듯했다. 얼마 뒤 북부집단사령부에서 전문이 도착했다. 베르겐 북쪽 6.2마일(10km) 지점에서 남쪽으로 비행하는 영국 비행기 다섯 대가 목격되었다고 했다. 이들은 프린츠 오이겐이 몇 시간 전까지 머물렀던 칼바네스만에 조명탄과 폭탄을 투하했다. 뤼첸스가 예상했던 대로 본격적인 폭격은 아니었으나 분명 더 큰 것이 온다는 전주곡이었다. 영국군은 그날 저녁에 할 수 있는 모든 것을 다 해보고 있었다. 코르스피오르에 그대로 있었더라면 뤼첸스 부대는 다음 날 아침에 대규모 폭격을 맞았을 것이다. 뤼첸스 제독은 적절한 타이밍에 행동한 자신의 감각을 마음속으로 칭찬했다.

뤼첸스는 안전하게 바다로 다시 나와 페로 제도와 아이슬란드가 있는 위도를 향해 북쪽으로 항해했다. 이제 북대서양 돌파를 준비할 시간이 왔다. 북부집단사령부가 보낸 마지막 전문에 따르면 이날 오후 현재 영국 본국 함대의 주력 전투함들은 아직 스캐파플로에 있었다. 적 전함과 마주치지 않고 북대서양으로 빠져나갈 가능성이 충분하다는 뜻이었다. 여기에 생각이 미친 뤼첸스는 틀림없이 안심했을 것이다. 하지만 뤼첸스는 노르웨이 해안을 떠난 자신의 함대가 북쪽으로 뱃머리를 돌린 것과 거의 동시에 홀랜드 중장의 기함 후드가 전함 프린스 오브 웨일스와 구축함 여섯 척을 대동하고 스캐파플로에서 출격해 현재 아이슬란드를 향해 속력을 높이며 다가오고 있다는 사실을 몰랐다. 홀랜드 제독이 받은 명령은 비스마르크의 앞길을 가로막고 전투를 벌이라는 것이었다.

제7장

뤼첸스의 한 수, 토비의 맞대응

녹색 전화기

1941년 5월 21일 이른 아침, 뤼첸스 제독이 베르겐에 접근하는 동안 토비 제독은 스캐파플로에 있는 플로타섬 옆의 정박지에서 출렁거리는 전함 킹 조지 5세의 널찍한 사령관실에 있었다. 08시, 부관실의 녹색 전화기가 울렸다.[1] 전화를 받은 사람은 보급장교이자 토비의 비서관인 로널드 패퍼드Ronald Paffard 중령이었다. 패퍼드는 즉시 참모장 패트릭 브린드Patrick Brind 준장에게 전화를 걸었다. 유틀란트 해전에도 참전한 경험 많은 장교인 브린드 준장은 아버지 같은 성품 때문에 '아빠Daddy'라고 불렸다. 패퍼드는 해군성 정보부가 전날 스톡홀름에서 데님 대령이 보낸 전문을 토비에게 전해 왔다고 말했다. 독일 대형 함선 두 척이 카테가트 해협을 통과해 북서쪽을 향하고 있다는 내용이었다. 브린드는 해도를 쳐다볼 필요도 없이 이 소식이 얼마나 중요한지 바로 파악했다. 사령관실의 문을 두들겼을 때 브린드는 두 함선의 정체와 목적지를 날카로운 통찰력으로 이미 생각해 둔 상태였다.

브린드의 보고를 들은 토비는 두 함선이 비스마르크와 프린츠 오이겐이라고 확신했다. 최신 정보에 따르면 두 척 모두 발트해에 면한 고텐하펜에서 훈련을 마쳤으며 그곳을 떠날 준비를 하고 있었다. 그 전조로 독일군의 항공 활동(북해와 노르웨이해의 항공정찰과 오크니 제도의 고고도 정찰)이 증가하고 있었고, 프랑스 레지스탕스 조직으로부터 브레스트에 새로 전함용 계류장이 준비되고 있다는 소식이 들어왔다. 모든 증거로 미루어 보아 결론은 분명했다. 비스마르크가 대서양으로 출격한다. 브린드 준장도 동의했다. 데님 대령의 보고가 틀렸거나 독일 함선들이 훈련 항해 중일 수도 있었다. 하지만 토비 제독은 그렇게 생각하지 않았다. 그가 기다려 온 상황이 일어난 것이다.

하지만 우선 상황을 정확히 알아야 했다. 해군성은 공군에 노르웨이 피오르에서 정찰비행을 해달라고 요청했다. 정찰비행 임무는 윅 기지의 사진정찰부대가 맡았다. 여러 안을 검토하기 전, 토비는 브린드에게 당장 수행할 명령을 연이어 내렸다. 우선 명령이 떨어지면 함대가 바로 출격할 수 있도록 준비시켰다.[2] 신호기가 기함의 마스트에서 펄럭였고, 정박지에 있던 모든 함선의 함장들은 기관과에 보일러 점화를 명령하고 휴가를 취소했다. 다음으로 토비는 기함 함장 윌프레드 패터슨Wilfred Patterson 대령을 호출하라고 브린드에게 지시했다. 함장은 기함이 무장과 보급품을 완재하고 즉각 출격할 준비를 마쳤다고 보고했다. 다른 주력함들, 함대의 차석 지휘관 랜슬럿 홀랜드Lancelot Holland 중장이 탑승한 순양전함 후드, 신예 전함 프린스 오브 웨일스와 전함 못지않게 중요한 항공모함 빅토리어스도 준비를 마쳐야 했다. 토비는 후드를 그다지 걱정하지 않았다. 후드의 커Ralph Kerr 함장이 배를 철저히 관리했기 때문이다. 걱정스러운 것은 신예함 두 척이었다.

토비 제독은 참모 두 명을 사령관실로 불렀다. 후드의 홀랜드 중장과 커 함장, 프린스 오브 웨일스의 리치John Leach 함장도 호출했다. 빅토리어스는 오크니 제도 서쪽에서 훈련하러 그날 아침에 스캐파플로를 떠났기 때문에 보벨Henry Bovell 함장이 돌아올 때까지 기다려야 했다. 조용하고 햇살 좋은 날, 정박지의 일상은 계속되었다. 토비는 주간용 사령관실에 머물며 홀랜드 중장과 계획을 짰다. 그동안 사진정찰부대의 스핏파이어가 노르웨이를 향해 날아갔고 그중 1기가 곧 코르스피오르 상공을 비행할 예정이었다. 그동안 정박한 함대의 일상은 평상시와 마찬가지로 흘러갔다. 면회객들이 다른 함선이나 리니스Lyness, 플로타의 시설을 계속 찾아왔다. 함의 보트나 발동선들은 정박지 이곳저곳을 돌아다니며 우편물을 실어 날랐고 환자를 뭍의 병원이나 치과병원으로 이송했으며 스포츠팀을 축구나 럭비 경기장으로, 낚싯대나 골프채를 든 장교들을 목적지로 데려다주었다. 두 제독과 참모진만 이날 종일 대기하며 계획하고 준비하면서 하루를 보냈다.

오후 나절이 되자 남쪽으로 26마일(42km) 떨어진 스코틀랜드 본토의 윅 공군기지에서 전화가 왔다. 베르겐 근처에서 독일 함선 두 척, 비스마르크급 전함과 아드미랄 히퍼급 중순양함이 발견되었다고 했다. 기다리던 소식이었다. 연안방어사령부가 정찰기를 보낸 후, 행방이 묘연했던 독일 함선들의 첫 발견 보고였다. 이제 일거리가 생겼다. 사진정찰부대의 보고에서 밝혀졌듯 의심할 나위 없이 이들은 전날 카테가트 해협에서 포착된 바로 그 대형함 두 척이었다. 이제 적의 위치를 알게 된 토비가 궁리해야 할 것은 적의 의도를 파악하고 이들을 저지하는 방안을 짜는 것이었다.

독일 함선들을 공격하기 위해 폭격기 소부대가 집결했으나 토비는 이들이 대성공을 거두리라고 믿지 않았다. 하늘에 구름이 잔뜩 끼고 악천후가 남서쪽에서 밀려드는 변덕스러운 날씨였다. 이는 더 큰 부대가 모일 때쯤에는 낮게 깔린 구름 때문에 비행이 불가능해질 것이라는 뜻이었다. 날씨 탓에 사진정찰부대도 추가 정찰비행을 할 수 없었고, 오후 늦은 시간에는 오크니 제도의 날씨도 나빠졌다. 하지만 프린스 오브 웨일스의 리치 함장은 날씨에 굴하지 않고 반당직 시간이 시작되자마자(16시) 두 동생과 함께 해안의 낚시터로 향했다. 함장의 동생들도 프린스 오브 웨일스에서 복무하는 장교였다. 함의 보트가 일행을 스캐파 부두에 내려 주자 이들은 근처의 커비스터 호수Loch of Kirbister로 데려다줄 택시를 기다렸다. 물고기에게는 다행스럽게도, 이들이 호수에 거의 도착했을 때 허겁지겁 이들을 쫓아온 소위가 함이 방금 '즉시 보일러 증기압을 올릴 것'이라는 명령을 받았다고 숨넘어가는 소리로 보고했다. 함장 일행은 부두로 서둘러 돌아가 론치에 탑승해 함으로 돌아갔다.

랜슬럿 홀랜드 중장. 후드에 탑승해 프린스 오브 웨일스를 이끌고 비스마르크, 프린츠 오이겐과 교전하던 중 전사했다.

기관장이 필요한 조치를 모두 취해 놓았기 때문에 리치 함장은 군복으로 갈아입고 피할 수 없는 기함의 호출을 기다렸다. 아니나 다를까, 19시 40분에 기함 마스트에 신호기가 올라갔고 함장의 보트는 킹 조지 5세를 향했다. 홀랜드 중장을 태우고 후드에서 출발한 제독용 바지선도 기함으로 왔다. 관례에 따라 홀랜드 제독이 먼저 승함했고 리치와 부하 장교들은 자매함의 선체가 바람을 막아 주는 곳에서 기다리다가 현문 사다리를 올랐다. 20시 00분, 패터슨 함장의 환영을 받은 두 함장은 함미의 사령관 선실로 갔다. 토비, 홀랜드, 커, 브린드가 기다리고 있었다. 모두발언 없이 토비는 받은 소식을 알리고 자신의 결정을 밝혔다. 홀랜드 중장이 구축함 여

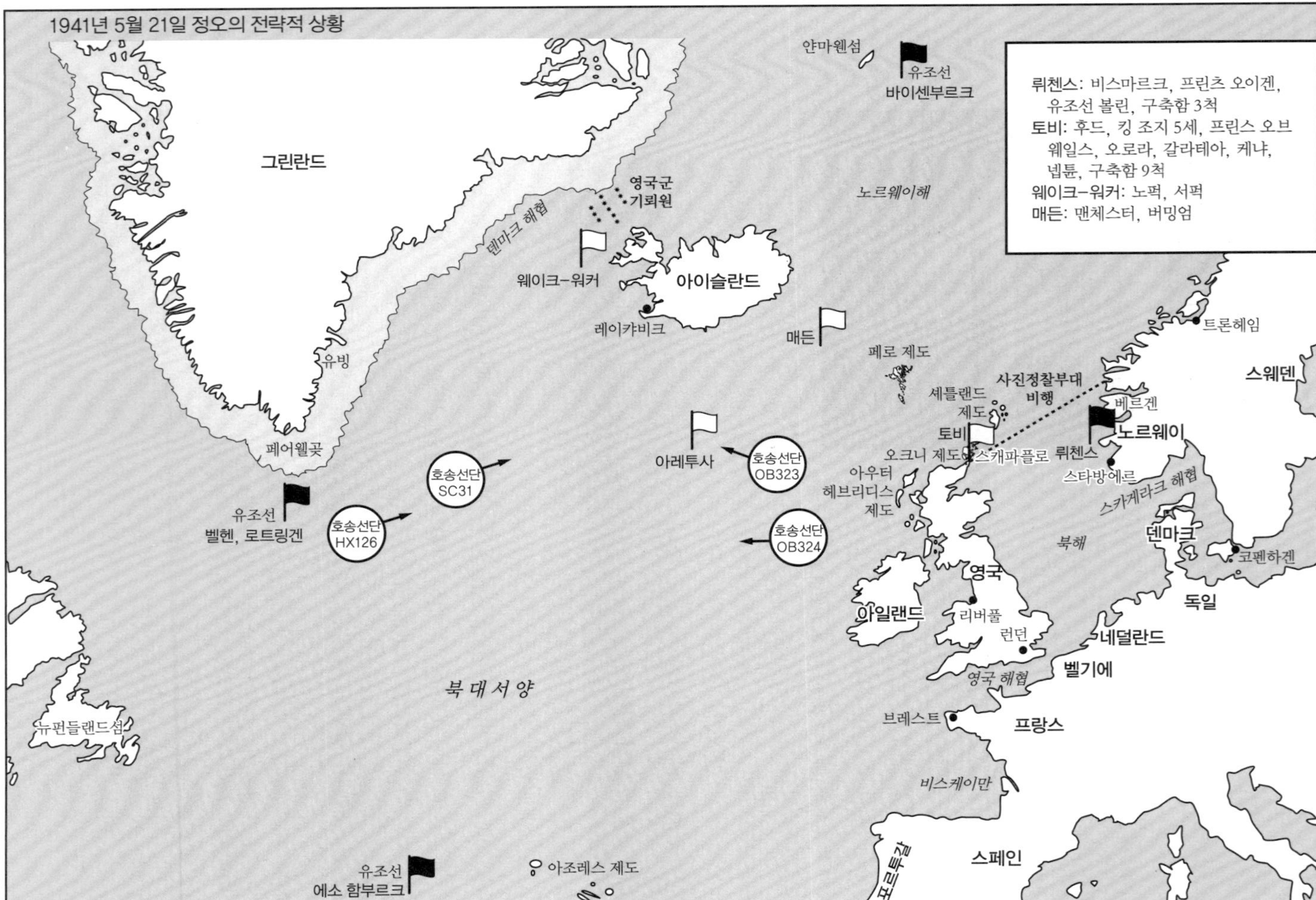
1941년 5월 21일 정오의 전략적 상황
뤼첸스: 비스마르크, 프린츠 오이겐, 유조선 볼린, 구축함 3척
토비: 후드, 킹 조지 5세, 프린스 오브 웨일스, 오로라, 갈라테아, 케냐, 넵튠, 구축함 9척
웨이크-워커: 노퍽, 서퍽
매든: 맨체스터, 버밍엄
그린란드
얀마웬섬
유조선
바이센부르크
노르웨이해
영국군
기뢰원
덴마크 해협
웨이크-워커
아이슬란드
레이캬비크
매든
페로 제도
유빙
페어웰곶
트론헤임
스웨덴
사진정찰부대
비행
셰틀랜드
제도
베르겐
토비
노르웨이
오크니 제도
스캐파플로
뤼첸스
스타방에르
아레투사
호송선단
OB323
호송선단
SC31
유조선
벨헨, 로트링겐
호송선단
HX126
아우터
헤브리디스
제도
호송선단
OB324
스카게라크 해협
북해
덴마크
코펜하겐
영국
아일랜드
리버풀
런던
독일
네덜란드
벨기에
영국 해협
북 대 서 양
뉴펀들랜드섬
브레스트
프랑스
비스케이만
포르투갈
스페인
유조선
에소 함부르크
아조레스 제도

섯 척을 동반한 후드와 프린스 오브 웨일스를 이끌고 오늘 저녁 출항한다.[3] 임무는 비스마르크의 진로를 차단하고 전투를 벌이는 것이었다.

오후 내내 토비 제독은 직면한 과제에 대해 고민하다가 결정을 내렸다. 첫 번째 문제는 독일 함선들이 노르웨이에서 무엇을 하고 있는지 알아내는 것이었다. 어쩌면 베르겐으로 가는 선단을 엄호하는 중일지도 모른다. 이 가정은 이 지역에 있는 상선들의 존재를 설명해 준다. 또는 더 북쪽으로 가서 영국군 폭격기의 항속거리 밖인 트론헤임, 심지어 나르빅에 기지를 설치하러 가는 것일 수도 있었다. 아니면 아이슬란드 침공작전을 개시하기 위해 집결 중인 독일군 부대의 일부일 수도 있었다. 모두가 본국 함대에 큰 영향을 끼칠 행보였다. 가장 위험한 가능성은 두 척이 북대서양 돌파를 계획하고 있을지도 모른다는 것이었다. 이것은 토비가 대응 계획을 만들어야 할 긴급상황이었다. 어떤 대가를 치르더라도 독일 함선들이 광대한 북대서양에 들어서는 사태를 막아야 한다. 일단 북대서양에 진입하면 이들을 찾아내기 훨씬 어려워지고, 이곳을 지나가는 모든 연합군 호송선단이 잠재적 목표물이 될 위험이 있었다.

그렇다면 질문은 하나였다. 독일군은 북대서양에 도달하기 위해 어떤 경로를 택할까?[4] 셰틀랜드 제도, 오크니 제도와 북부 스코틀랜드에는 영국 비행장이 있으므로 남쪽의 두 경로, 오크니와 셰틀랜드 사이 또는 셰틀랜드와 페로 제도 사이의 경로를 택할 것 같지는 않았다. 이런 사태에 대비해 그곳에서 초계비행이 이루어지고 있었다. 이 경로는 스캐파플로와 너무 가까웠고 본국 함대가 그 사이를 통과하는 적을 요격하기가 상대적으로 쉬웠다. 그렇다면 더 북쪽에 있는 두 경로만 남았다. 하나는 그린란드와 아이슬란드 사이의 덴마크 해협이고 다른 하나는 아이슬란드와 페로 제도 사이를 통과하는 경로였다. 전자는 폭 175해리(324km)였지만 이 시기는 그린란드 해안이 아직 부빙에 둘러싸여 있을 때여서, 얼음 방벽이 떠다니는 범위가 해안에서 약 80~90해리(148~167km)까지 확장되었다. 이로 인해 덴마크 해협의 통항 가능한 수역은 절반으로 줄었다.

1941년 4월에 영국 해군 제1기뢰부설전대가 아이슬란드의 북서단 앞바다에 기뢰원을 부설한 다음 이를 덴마크 해협까지 확장했다. 따라서 항행 가능한 수로의 폭은 사실상 50해리(93km)까지 줄어들었다. 순양함 두 척으로 순찰이 가능한 너비였다. 1월과 3월 사이에 아이슬란드와 페로 제도 연안부터 시작해 두 섬 사이에 이중으로 기뢰원이 부설되었다. 이로 인해 폭 240해리(444km)의 틈새가 140해리(259km)로 줄어들어 감시하기가 더 쉬워졌다. 다만 기뢰가 때 이르게 폭발하는 경우가 있어 기뢰원이 해군성의 희망만큼 효율적이지 않을 수도 있었다.[5] 하지만 이 틈새에 1개 순양함선대만 배치해도 초계선 돌파를 시도하는 그 어떤 독일 함선도 충분히 포착할 수 있었다. 토비는 순양함들에 이 틈새를 감시하라고 명령했다. 그는 순양함들이 독일 함선과 마주쳤을 때 적에게 제대로 대응하기를 바랐다.

이틀 전 토비는 프레더릭 웨이크-워커Frederic Wake-Walker 소장의 사령관기를 건 중순양함 노퍽Norfolk을 증원하기 위해 중순양함 서퍽Suffolk을 스캐파플로에서 덴마크 해협으로 파견했다.[6] 하루 전에는 경순양함 아레투사Arethusa가 아이슬란드-페로 제도 틈새를 순찰 중이던 경순양함 맨체스터Manchester, 버밍엄Birmingham과 합류하기 위해 북쪽으로 파견되었다. 토비는 아레투사와 서퍽에 레이캬비크Reykjavik 근처의 영국 기지인 크발피외르뒤르Hvalfjörður에서 재급유를 받아 연료 탱크를 '꼭대기까지 채운' 상태로 초계선에 도달하라고 지시했다. 아이슬란드, 페로 제도와 셰틀랜드에서 발진하는 초계비행 횟수를 늘려 달라고도 요청했다. 이 세 섬을 잇는 선은 토비의 1차 방어선인 조기 경보용 인계철선이었다. 이제 비스마르크와 실제 싸울 수 있는 전함으로 이 방어선을 확실히 지원해 두어야 했다.

그날 오후 늦게 토비는 후드에 탑승한 홀랜드를 아이슬란드 근해로 보내기로 했다. 프린스 오브 웨일스가 후드와 동행하기로 했다.[7] 토비는 이 조치를 내리면서도 기분이 찜찜했다. 신예함 프린스 오브 웨일스가 아직 전투준비를 완전히 끝내지 못했기 때문이었다. 직공들이 주포탑을 수리하는 중이었고 대부분 경험 없는 승조원들은 아직도 임무를 배우는 중이었다. 그래도 리치 함장은 자기 배가 실전을 치를 준비가 되었다는 뜻을 굽히지 않았다. 사실 기함을 투입하지 않는다면 토비는 홀랜드의 부대에 프린스 오브 웨일스를 추가하는 것 외에 별 방도가 없었다. 따라서 후드와 프린스 오브 웨일스 모두 가급적 빨리 출항하라는 명령을 받았다. 브린드 준장은 전함부대 출격에 대비해 구축함 여섯 척에 먼저 출항해 펜틀랜드 해협에서 대기하라고 명령했다.

홀랜드와 함장들이 각자의 배로 돌아간 시간은 21시 30분경이었다.[8] 승조원들은 식사를 마치고 정박지의 조용한 밤을 맞을 준비를 하고 있었다. 프린스 오브 웨일스에서 리치 함장은 고급 간부들을 함장실로 소집해 계획을 알리고 출항 준비를 명령했다. 몇 분 뒤 "특별 해상 근무자, 신속 집결"이라는 함내 방송이 나왔다. 이 말의 뜻은 하나뿐이었다. 오늘 밤도 무사히 지나가리라는 생각은 저 멀리 사라져 버렸고 승조원들은 코트를 입고 상갑판으로 급히 나가 홋줄을 풀 준비를 했다. 반 해리 떨어진 곳에 정박한 후드에서도 똑같은 상황이 벌어지고 있었다. 곧 두 척 모두 플로타섬을 돌아 붐대에 달린 방뢰망으로 방어된 혹사 해협Hoxa Sound을 통과했다. 거대한 전함들이 간신히 보일 정도로 잔뜩 찌푸린 날씨였다. 후드를 선두로 두 함선은 스캐파플로를 빠져나갔다. 문제가 발생할 때를 대비해 두 배의 승조원 모두 전투배치 상태였다.

구축함들이 후드와 프린스 오브 웨일스를 둘러싸고 대잠 호위 대형을 형성하자 홀랜드는 침로를 대서양 방향인 서쪽으로 잡으라고 명령했다. 자정쯤 펜틀랜드 해협을 빠져나간 함대는 속력을 점점 높이며 아이슬란드 방향으로 침로를 잡았다. 홀랜드의 지시는 명확했다. 함대는 크발피외르뒤르를 향하며 가능하면 그곳에서 재급유를 받는다. 그다음 주력함들은 비스마르크가 덴마크 해협에 들어서면 요격할 수 있도록 아이슬란드 남서쪽에 포진한다. 이 위치에서는 비스마르크가 아이슬란드-페로 제도 사이의 틈새를 선택하더라도 막을 수 있었다. 다시 말해 두 초계선 중 한 곳에서 적이 목격될 때까지 홀랜드 부대는 아이슬란드 남서쪽에서 대기한다는 뜻이었다. 이에 따라 후드와 프린스 오브 웨일스는 밤새 전속 항진했다. 같은 시각, 북동쪽 260해리(482km) 해상에서 비스마르크와 프린츠 오이겐도 호위구축함 세 척을 대동하고 바다로 나와 베르겐에서 북쪽으로 항해하고 있었다. 곧 두 함대는 서로를 마주보는 충돌 경로로 들어설 것이다.

야바위

그날 밤, 비스마르크 함교의 뤼첸스 제독은 딜레마에 직면했다. 함대는 봉쇄를 뚫고 북대서양으로 나가야 했다. 탐지되지 않는다면 그보다 더 좋을 수 없었다. 스캐파플로의 최신 항공정찰 보고에 따르면 영국 본국 함대의 주력함들은 아직 정박지에 있었다. 물론 이 정찰기는 후드와 프린스 오브 웨일스가 아이슬란드를 향해 출항하기 전에 사진을 촬영했다. 이제 뤼첸스는 북대서양에 도달하기 위해 세 가지 주 경로 중 하나를 선택해야 했다. 발각되지 않고 빠져나가야 한다.

뤼첸스의 딜레마는 옛날부터 마술사와 사기꾼들이 컵과 공으로 해온 '야바위'와 유사했다. 사기를 치려는 야바위꾼은 뒤집어 놓은 컵 세 개 중 하나 속에 공을 숨겨 놓고 구경하는 사람들 앞에서 이리저리 위치를 바꾸다가 어느 컵 밑에 공이 있느냐고 묻는다. 관객이 공이 있는 컵을 고르면 야바위꾼은 컵 속의 공을 슬쩍 다른 컵으로 옮겨 놓는다.

이제 뤼첸스는 야바위꾼처럼 손을 놀려 영국군이 엉뚱한 컵을 고르기를 바라야 했다. 그는 전에도 영국군을 상대로 속임수를 쓴 적이 있었다. 베를린 작전에서 뤼첸스는 아이슬란드-페로 제도 사이의 틈새를 집적이면서 영국군을 유인했다가 아이슬란드를 돌아 덴마크 해협에 나타나는 완벽한 야바위판을 벌였다. 이번에 뤼첸스는 오른쪽 컵에 공을 숨겨 놓기로 했다. 해군최고사령부는 아이슬란드-페로 제도 사이의 틈새를 선호했지만 이미 베를린 작전에서 그린란드-아이슬란드 사이의 틈새를 성공적으로 이용한 뤼첸스는 이 경로를 선호했다.9 덴마크 해협은 스캐파플로에서 더 멀었고 영국 본국 함대가 아직 스캐파플로에 있다면 요격하기도 전에 통과할 수 있을지도 몰랐다. 적 순양함은 두 틈새를 다 초계하고 있겠지만 비스마르크에 실질적 위협은 아니었다. 세 번째 대안인 페로-셰틀랜드 사이의 틈새는 스캐파플로에 가깝고 영국군 정찰기가 정기적으로 초계비행을 한다는 이유로 포기했다.

악천후도 은신에 도움이 되겠지만 어쨌건 큰 위험이 따르는 일이었으므로 뤼첸스는 컵 세 개를 두 개로 줄였다. 베를린에서 레더 원수는 히틀러에게 라인위붕 작전에 대해 브리핑했다. 총통은 미국의 중립 유지에 관해 잔소리를 많이 했지만 작전에 반대하지는 않았다. 하지만 레더는 자신이 실제 이 작전을 통제할 수 없다는 사실을 고백해야 했다. 현장지휘관 뤼첸스가 앞으로 일어날 상황을 총지휘하게 될 것이다. 따라서 레더가 특정 경로를 다른 경로보다 선호할 수는 있었으나 최종 결정권은 함대 사령관에게 있었다. 5월 22일 이른 시각, 독일 함대는 북쪽을 향했다. 노르웨이의 해안이 점점 동쪽으로 멀어지고 있었다.

이제 더 남쪽에 있는 경로는 선택 자체가 불가능해졌음이 분명해졌다. 함대는 북쪽으로 더욱더 멀리 나아갔다. 하지만 뤼첸스 제독은 린데만 함장 외에 아무에게도 계획을 말하지 않았다. 물론 비스마르크와 프린츠 오이겐의 승조원들이 자신들의 목적지를 추측하는 것까지 막지는 못했다. 04시경, 호위구축함 세 척이 본대에서 떨어져 트론헤임으로 가라는 명령을 받았다.10 비스마르크와 프린츠 오이겐이 가는 곳은 구축함에 적당한 곳이 절대 아니었다. 이들은 모항에서 멀리 떨어진 곳에서 작전할 항속력이 부족했으므로 비스마르크와 프린츠 오이겐은 작전 대부분을 구축함 없이 수행해야 했다. 5월 22일, 날이 밝자 날씨가 더 나빠졌다. 탐지하기가 더 어려워졌으므로 뤼첸스에게는 안성맞춤인 날씨였다. 이것은 분명 중요한 고려사항이었다. 11시에 도착한 빌헬름스하펜의 북부집단사령부가 보낸 전문에 따르면 영국 공군이 코르스피오르를 폭격했다. 영국군이 뤼첸스가 노르웨이 수역에 있다는 것을 안다는 확실한 증거였다.[11]

이 폭격으로 인해 상황이 조금 변했다. 영국 본국 함대는 뤼첸스가 북대서양으로 돌파를 시도하고 있다고 추정할 테고 이 상황에 맞춰 토비 제독이 함대를 전개할 것이다. 후드와 프린스 오브 웨일스가 이미 출격했다는 사실을 까맣게 몰랐던 뤼첸스는 자신이 한발 앞섰다고 생각했다. 이것이 그의 결정에 영향을 미쳤는지도 모른다. 만약 아이슬란드-페로 제도 사이의 틈새를 향한다면 뤼첸스는 5월 22~23일 저녁과 밤 사이에 돌파를 시도할 것이다. 만약 덴마크 해협이라면 다음 날인 23~24일 밤에 시도할 것이다. 만약 토비가 그날 아침에 본국 함대를 바다로 보냈더라면 두 경로 중 하나를 봉쇄해 시간에 맞춰 뤼첸스를 막을 수도 있었다. 그런데 덴마크 해협은 영국군이 제시간에 도착하지 못할 정도로 멀기 때문에 독일군이 경주에서 이길 가능성이 컸다.

시간이 흐를수록 비스마르크와 프린츠 오이겐은 노르웨이 해안에서 점점 멀어져 갔다. 오후 나절에 이들은 아군의 상공엄호가 가능한 거리 밖까지 진출했다. 장거리 정찰기만이 북극해라 불리는 바다 멀리까지 초계비행을 할 수 있었다. 또한 이들은 영국군의 항공 초계권역 밖에 놓이게 되었다. 두 함선이 영국군 초계권역 안에 있다가 발견되었다면 24노트로 북서쪽으로 향하고 있다고 보고되었을 것이다. 그대로 가면 아이슬란드 북해안 주변에 도달하는 항로였다. 12시 37분, 조용하던 일상이 깨졌다. 잠망경이 발견된 것이다.[12] 두 함은 총원 전투배치를 발령하고 속력을 높인 다음 지그재그 기동을 시작했다. 사실 이 수역에 연합군 잠수함은 없었으므로 오경보였다. 게다가 16시에 독일 함대는 옅은 안개층으로 들어섰는데, 해가

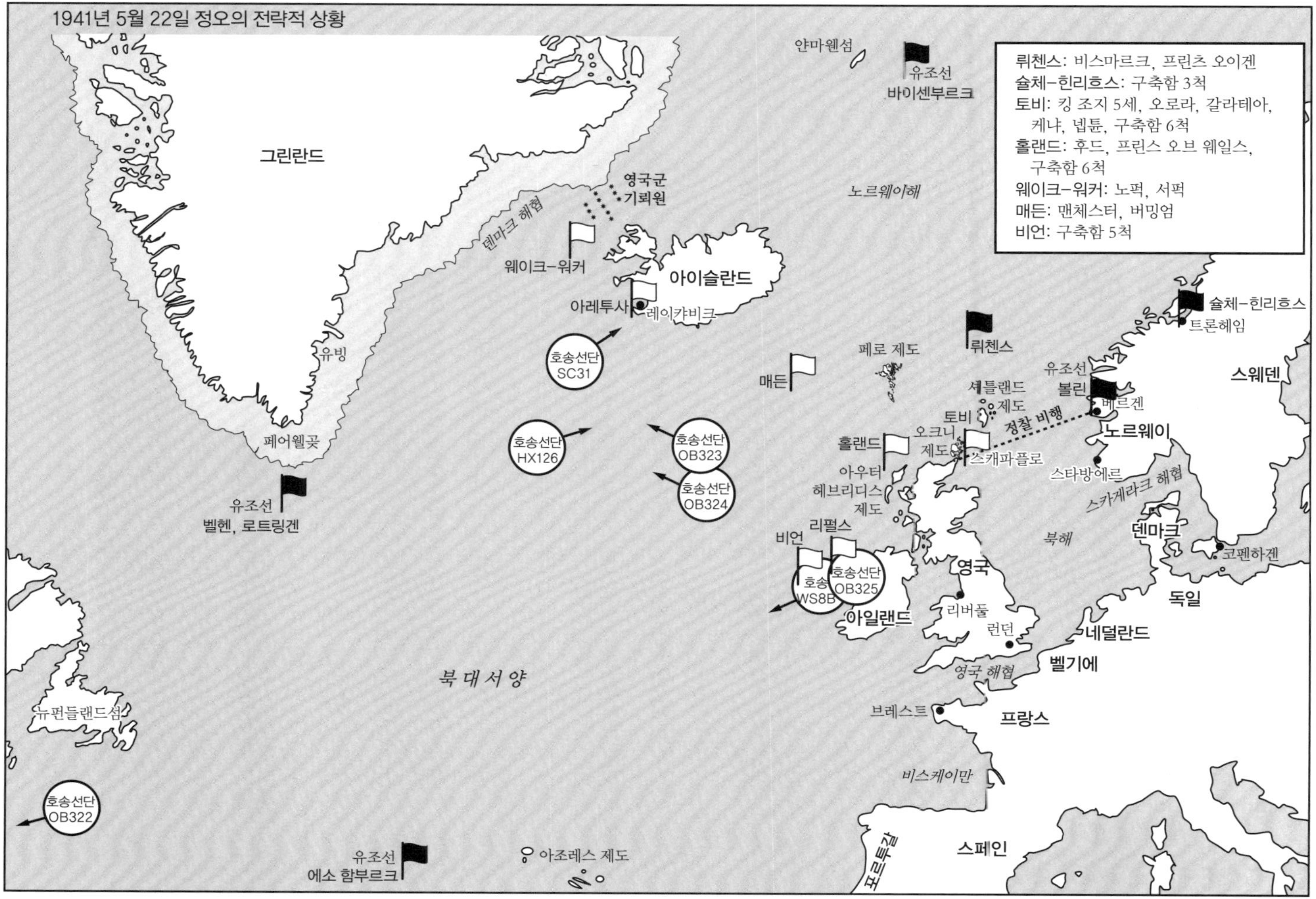
1941년 5월 22일 정오의 전략적 상황
뤼첸스: 비스마르크, 프린츠 오이겐
슐체-힌리흐스: 구축함 3척
토비: 킹 조지 5세, 오로라, 갈라테아, 케냐, 넵튠, 구축함 6척
홀랜드: 후드, 프린스 오브 웨일스, 구축함 6척
웨이크-워커: 노퍽, 서퍽
매든: 맨체스터, 버밍엄
비언: 구축함 5척
얀마웬섬
유조선 바이센부르크
그린란드
영국군 기뢰원
노르웨이해
덴마크 해협
웨이크-워커
아이슬란드
아레투사
레이캬비크
슐체-힌리흐스
트론헤임
뤼첸스
유빙
호송선단 SC31
페로 제도
매든
유조선 볼린
스웨덴
셰틀랜드 제도
베르겐
토비
정찰 비행
노르웨이
페어웰곶
호송선단 HX126
호송선단 OB323
홀랜드
오크니 제도
스캐파플로
아우터 헤브리디스 제도
호송선단 OB324
스타방에르
스카게라크 해협
유조선 벨헨, 로트링겐
리펄스
비언
북해
덴마크
코펜하겐
호송선단 OB325
호송 WS8B
영국
리버풀
독일
아일랜드
런던
네덜란드
벨기에
영국 해협
북 대 서 양
뉴펀들랜드섬
브레스트
프랑스
비스케이만
호송선단 OB322
포르투갈
스페인
유조선 에소 함부르크
아조레스 제도

떠 있는 내내 이 안개가 함대를 감싸 주었다. 비스마르크에 있던 함대 기상 전문가 하인츠 엑스테른브린크Heinz Externbrink 박사는 함대가 아이슬란드 해안을 돌아갈 때까지 유리한 날씨가 계속될 거라고 예측했다.[13]

박사가 옳았다. 18시가 조금 지난 후 안개가 더 진해졌고 시정거리가 1,300피트(396m) 이하로 떨어졌다. 뤼첸스에게 완벽한 날씨였다. 다음 날 함대는 아이슬란드 기지에서 작전하는 영국 비행기의 초계권 안으로 들어갈 것이다. 안개는 속력을 내며 덴마크 해협으로 전진하는 비스마르크와 프린츠 오이겐의 모습을 가려 주는 이상적인 가림막이 될 것이다. 오히려 안개가 너무나 짙게 끼는 바람에 어둠이 떨어지자 비스마르크와 프린츠 오이겐이 안개 낀 밤바다에서 서로를 놓치지 않도록 탐조등과 항해등을 모두 켜야 할 정도였다. 무엇보다 좋았던 것은 23시 직후에 비스마르크의 통신실에 도착한 북부집단사령부가 발신한 전문 한 통이었다.[14] 전문에는 두 가지 핵심 정보가 담겼다. 첫 번째는 무전방수에 따르면 독일 함대는 아직 발견되지 않았다는 것이었다. 다시 말해 뤼첸스의 라이벌 토비는 어느 컵을 뒤집어야 할지 전혀 모른다는 뜻이었다. 여기에 더해 영국군이 요격을 시도한다는 징후조차 아직 없었다.

빌헬름스하펜에서 온 가장 좋은 소식은 스캐파플로 상공 정찰비행에서 촬영한 사진이었다. 이날 일찍 수행한 고공비행에서 다수의 소형함과 더불어 아직 정박지에 있는 전함 네 척과 항공모함 한 척이 촬영되었다. 뤼첸스는 토비의 전력을 잘 알았다. 다시 말하면 프린스 오브 웨일스, 킹 조지 5세와 순양전함 또는 다른 전함 한 척이 아직 항구에 있다는 뜻이었다. 신예 항공모함 빅토리어스도 마찬가지였다. 뤼첸스는 경주에서 이겼다. 덴마크 해협에서는 쉽게 물리칠 수 있는 순양함이 초계하는 단 하나의 초계선만 있는 상황에서 뤼첸스 부대의 대서양 돌파를 막을 것은 아무것도 없었다. 하지만 뤼첸스는 이 보고가 상당히 부정확했다는 점을 몰랐다. 후드와 프린스 오브 웨일스는 아이슬란드로 한참 가는 길이었고, 사실 이들은 뤼첸스와 남서쪽으로 고작 450해리(833km) 떨어져 있었다. 독일 공군 정찰기 탑승원들은 이날 오크니 제도 상공에 낮게 깔린 구름, 합판과 캔버스로 만든 가짜 전함 두 척의 존재에 보기좋게 속아 넘어갔다. 하지만 그날 저녁 뤼첸스는 몹시 흡족했을 것이다.

5월 23일이 밝아오자 엑스테른브린크 박사의 예보가 정확했음이 밝혀졌다. 안개와 악천후가 이어졌다. 바람은 남동쪽에서 불어왔으나 동쪽으로 순전順轉하고 있었다. 돌파하기에 이상적인 날씨였다. 이 시점에 뤼첸스는 또 다른 결정을 내려야 했다. 함대는 항로를 바꾸어 북쪽으로 260해리(482km) 떨어진 얀마웬섬 연안에서 대기 중이던 유조선 바이센부르크로부터 급유를 받을 수 있었다. 이렇게 한다면 덴마크 해협 통과는 하루 늦어질 것이다. 아니면 토비의 주력함들이 도착해 진로를 봉쇄하기 전에 좁은 해협을 통과하기를 희망하며 급유 없이 항해를 계속할 수도 있었다.

전후의 책상물림 역사가들은 뤼첸스가 코르스피오르에서 유조선 볼린이나 북극해에 있던 유조선 바이센부르크로부터 '탱크 가득' 연료를 채우지 않았다고 비판한다. 그런데 독일 함대 앞에는 유조선이 두 척 더 있었다. 벨헨Belchen과 로트링겐Lothringen이 그린란드 남단 연안에 배치되어 있었다. 따라서 작전의 이 단계에서 반드시 급유할 필요는 없었다.[15] 뤼첸스는 자신이 받은 정보에 기반해 쉬지 않고 계속 항해하여 적보다 덴마크 해협을 먼저 통과하는 것이 더 중요하다고 생각했다.

따라서 독일 함선들은 침로와 속력을 유지했다. 정오경, 비스마르크의 항해장 볼프 노이엔도르프Wolf Neuendorf 소령은 함이 아이슬란드 정북쪽에 위치했다고 알렸다. 다시 말해 얼음으로 뒤덮인 거대한 그린란드의 육괴가 함수 우현에 있다는 뜻이었다. 그린란드 연안은 구명대 같은 형태의 두꺼운 유빙에 둘러싸여 있었다. 노이엔도르프 소령은 비스마르크가 그날 17시경에 덴마크 해협 북쪽 입구에 들어설 것 같다고 계산했다.[16] 영국이 부설한 기뢰원이 시작되는 곳이자 대기하던 영국군 순양함의 추격이 개시될 것이라는 예고였다. 승조원들은 몹시 힘든 밤이 되리라 생각했지만 밤이 오기까지 6시간을 기다리는 것 외에는 할 일이 없었다. 하지만 뮐렌하임-레흐베르크가 적었듯 "오후에는 시정거리가 50킬로미터까지 늘어났다. 그러나 오래지 않아 단속적으로 내린 큰 눈 때문에 수평선 위의 한 점에서 다른 점 사이의 거리가 상당히 자주 변했다." 그래도 결의에 찬 뤼첸스는 비스마르크와 프린츠 오이겐을 이끌고 덴마크 해협을 향해 계속 나아갔다.

토비의 반응

스캐파플로의 토비 제독은 아직도 정확한 상황을 알지 못했다. 서클링 중위가 5월 22일 이른 오후에 사진을 찍어 온 이래 독일 함정들에 대해 새로 들어온 소식은 없었다. 이들이 아직 베르겐 근처에 정박해 있을 것 같지는 않았으나 마지막 남은 예비전력인 전함 킹 조지 5세와 항공모함 빅토리어스를 투입하려면 확실한 정보가 필요했다. 빅토리어스가 일련의 훈련을 마치고 스캐파플로로 귀항하자 토비는 신호를 보내 함장 헨리 보벨 대령에게 준비 완료 여부를 물었다. 어쨌거나 빅토리어스의 항공기 탑승원들은 대부분 경험이 없었고, 항공모함은 신조함이었으며, 항공기는 고작 며칠 전에 탑재된 데다 지중해 전선으로 수송될 상자에 담긴 미조립 비행기들이 가득 실려 있었다.

보벨 함장은 작전에 참여하기를 간절히 바랐으나, 프로답게 비행 작전장교 허버트 러널드Herbert Ranald 중령과 선임 비행대장이자 함대항공대 최고의 순간인 타란토 공습의 베테랑 유진 에스먼드Eugene Esmonde 소령에게 결정을 맡겼다.[17] 보벨과 두 부하 장교는 항공기 탑승원들의 경험이 부족하지만 빅토리어스가 지금 스캐파플로에 있는 유일한 항공모함이므로 탑승원들이 적어도 자신이 맡은 역할을 간절히 수행하고 싶어 한다는 데 의견이 일치했다. 따라서 토비는 빅토리어스를 요격부대에 추가하는 데 동의했으나, 적의 동정을 알고 싶었기 때문에 항공모함은 기함 킹 조지 5세와 더불어 23일 내내 정박지에 머물렀다. 그리고 여기에 진짜 문제가 있었다. 노르웨이 전역이 진한 구름에 덮여 있었기 때문에 날이 맑아질 때까지 무언가를 발견할 기회가 거의 없었다.

아침이 되자 토비에게 나쁜 소식이 들어오기 시작했다. 전날 윅 기지에서 출격한 폭격기 18기 중 단 2기만 목표 지역에서 폭탄 투하에 간신히 성공했으며 그나마 이 지역이 어둠에 묻혀 있던 탓에 전과가 불확실하다는 전화가 왔다. 이날 아침에는 낮게 깔린 구름 때문에 모든 정찰비행이 어쩔 수 없이 취소되었다. 토비에게는 몹시 절망스러운 하루였다. 비스마르크와 프린츠 오이겐은 출격했을까? 토비는 이들의 정체에 거의 의문의 여지가 없다고 생각했다. 정보 보고에 따르면 비스마르크와 프린츠 오이겐이 닷새 전에 고텐하펜을 떠난 것은 확실했다. 이들이 아직 코르스피오르에 있을까? 프랭키 로이드Frankie Lloyd 중령은 하루 전 피오르에서 발견한 이래 비스마르크의 '최원거리 위치furthest on position'를 몇 시간 간격으로 토비 제독 전용 해도에 표시했다. 비스마르크의 예상 항해 거리를 바탕으로 한 기록이었다. 네 시간이 지날 때마다 원호가 100해리(185km)씩 커졌다. 총체적으로 심각하게 우려스러운 상황이었다.

헨리 세인트 존 팬코트Henry St. John Fancourt 대령의 전화를 받은 토비는 안도의 한숨을 쉬었다. 대령은 커크월 근교의 햇스턴Hatston에 있는 스패로호크Sparrowhawk 기지의 지휘관이었다.[18] 주로 훈련용으로 사용된 이 기지는 스캐파플로에 정박한 항공모함 비행대의 모기지였다. 앨버코어 뇌격기 1개 비행대도 이 기지를 모기지로 사용하고 있었다. 그날 아침, 팬코트 대령은 날씨가 개면 공격을 개시할 기회를 잡을 수 있도록 베르겐에서 100해리(185km) 더 가까운 셰틀랜드의 섬버그Sumburgh로 뇌격비행대를 보냈다. 노르웨이 해안이 여전히 안개에 가려져 있어 연안방어사령부는 정찰기 발진을 연기했지만, 날씨가 제프리 '행크' 로더럼Geoffrey 'Hank' Rotherham 중령을 막지는 못했다. 팬코트 대령의 차석 지휘관인 로더럼 중령은 경험이 풍부한 관측수로서 뛰어난 실력과 대담함으로 유명했다. '행크'는 비스마르크를 찾아 나서자고 팬코트 대령을 설득했다. 이런 날씨에 뭔가를 볼 수 있는 사람이 있다면 그가 바로 로더럼 중령이었다.

팬코트는 몇 가지 조건을 걸었다. 어쨌거나 비행기와 탑승원을 위험에 빠뜨리는 일이었다. 우선 토비 제독과 연안방어사령부 사령관 프레더릭 보힐Frederick Bowhill 중장에게 비행 허가를 받아야 했다. 로더럼 중령은 미국제 마틴 매릴랜드Martin Maryland 쌍발폭격기를 사용할 계획이었다. 제771비행대에서 표적 예인기로 사용되던 이 메릴린드 폭격기는 연안방어사령부 소속이었다. 토비와 보힐의 승인을 얻자 팬코트는 탑승원 전원이 자원자여야 한다는 마지막 조건을 걸었다. 로더럼은 3인승인 메릴랜드 폭격기에 탑승할 자원자 세 명을 모았다. 제771비행대의 임시 비행대장 해군 자원예비역Royal Navy Volunteer Reserve, RNVR 노엘 고다드Noel Goddard 대위와 암스트롱Armstrong, 밀른Milne 일병이었다. 16시 30분, 네 명을 태운 비행기가 날아올랐다. 조종은 고다드가 맡았다.[19] 순항 속도가 시속 248마일(399km/h)인 메릴랜드 폭격기가 바다 건너 노르웨이까지 가는 데 한 시간 넘게 걸렸다. 까다로운 비행이었다. 80피트(24m) 고도에서도 바다가 보이지 않았고 적 전투기와 해안 레이더에 포착되지 않도록 200피트(61m) 이하로 비행하라는 연안방어사령부의 권고에도 고다드는 하강했다 다시 구름 속으로 들어가기를 세 번 반복했다.

다시 해면 높이로 하강할 때 경험 많은 로더럼 중령이 바뀐 풍향을 감지하고 보정하기 위해 항로를 약간 바꿨다. 70분 후 이들은 육지로 추정되는 곳 상공에 도착했고 로더럼은 다시 살펴보기 위해 고다드에게 해면으로 기수를 낮추라고 지시했다. 계획에 따르면 비행기는 코르스피오르의 입구를 표시하는 바위섬 마르스테인Marstein섬 근처의 노르웨이 해안에 도착해야 했다. 100피트(30m) 이하로 하강하자 잠시 구름이 갈라졌고 바로 정면에

1941년 5월 23일 정오의 전략적 상황

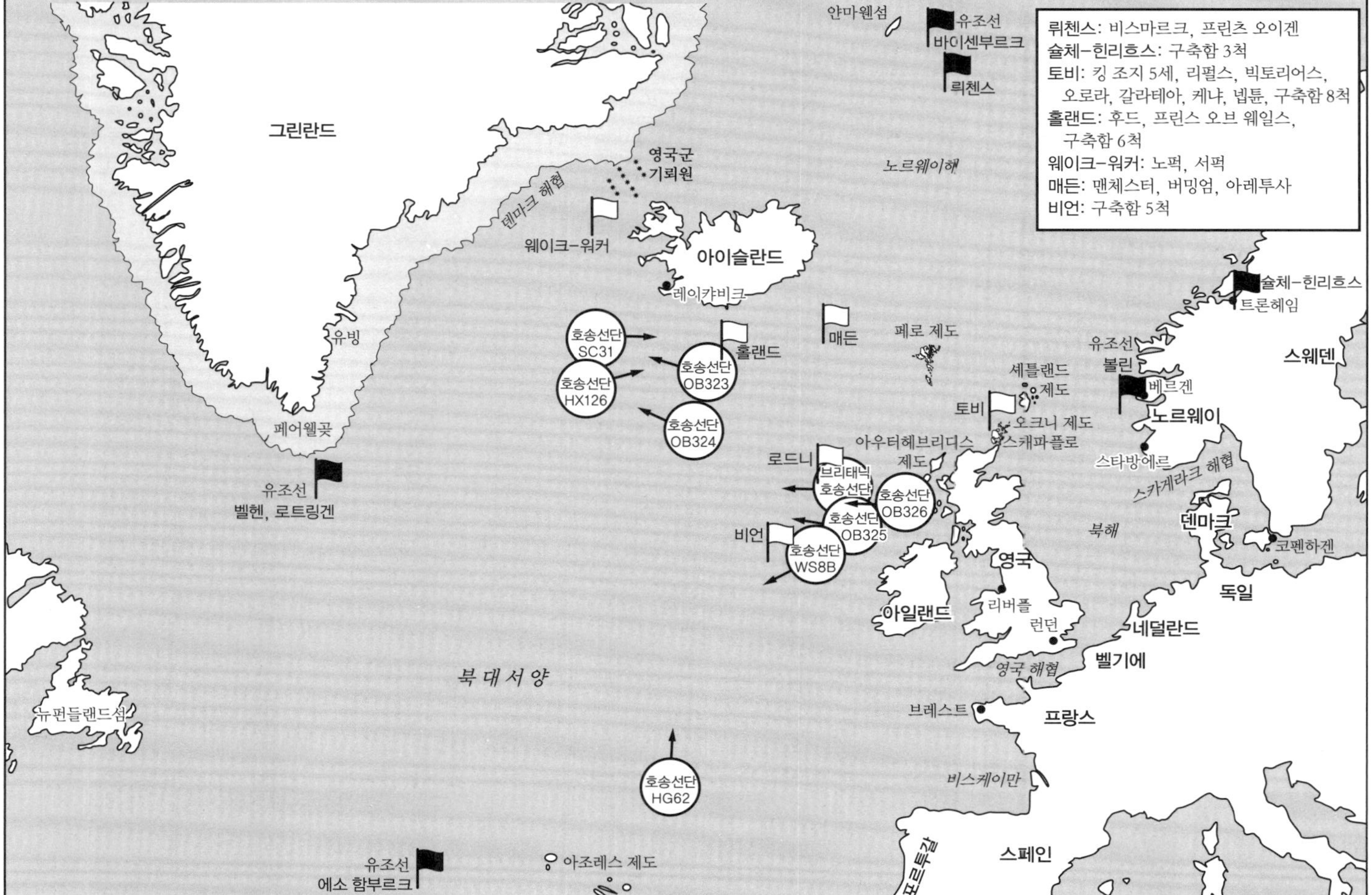

등대가 서 있는 바위가 보였다.

기적과도 같이 그곳의 구름 높이는 150피트(46m)였고, 고다드는 바로 그 아래에서 비행했다. 탑승원들이 코르스피오르를 샅샅이 훑었다. 그림스타드피오르와 칼바네스만을 아무리 살펴보아도 상선 몇 척 외에는 보이는 게 없었다. 폭격기는 베르겐으로 계속 날아가 도시의 건물 지붕 위를 날아다니다 독일군의 대공사격을 받았다. 포탄에 맞았으나 큰 피해를 입지는 않았다. 빠져나오는 길에 고다드는 독일 함선들이 출구로 택했을 것으로 예상되는 옐테피오르덴까지 날아갔다. 아무것도 없었다. 새들이 날아가 버렸음이 분명했다.

노르웨이 해안을 떠난 뒤 정서쪽을 향하며 로더럼과 암스트롱은 연안방어사령부 무선망에 발견 보고를 전하려 애썼지만 반응이 없었다. 이들은 표적예인 훈련용 주파수를 사용해 스패로호크 기지의 관제탑 호출을 시도했다. 관제탑과 통신이 연결되었고, 고다드는 가장 가까운 우군 비행장인 셰틀랜드의 섬버그까지 일직선으로 날아가야 했다. 19시 45분에 착륙하자마자 관제탑으로 달려가 보고를 송신하려 했던 로더럼은 킹 조지 5세의 브린드 중령이 보낸 전문을 발견했다. 비행 중 발신한 전문이 기함에 도달한 것이다. 그러나 브린드는 토비 제독에게 전할 완전한 보고를 원했다. 보고가 전달되자 로더럼은 연료를 보급받고 오크니 제도로 돌아갔다. 그때쯤 토비는 원하던 정보를 얻었다. 보고 자체는 독일 함선들이 사라졌다는 부정적 보고였으나, 그는 최소한 앞으로 세울 계획의 근거를 얻었다. 이제 토비가 한 수를 둘 때가 되었다.

그날 오후 일찍 토비는 흩어진 본국 함대 각 부대의 배치 문제를 처리하고 있었다.[20] 노퍽은 덴마크 해협에 있었고 서퍽은 아이슬란드의 크발피외르뒤르에서 연료를 보급받고 있었다. 따라서 토비는 서퍽에 노퍽과 합류하라고 지시했고 이로써 덴마크 해협 입구를 지키던 웨이크-워커 소장은 순양함 두 척을 보유하게 되었다. 마찬가지로 토비는 아이슬란드에서 급유

중이던 경순양함 아레투사에 전속력으로 동쪽으로 가서 아이슬란드-페로 제도 사이의 틈을 지키는 순양함들로 구성된 초계선에 합류하라고 지시했다. 마지막으로, 호송선단이 꾸려지고 있던 클라이드Clyde에 있는 순양전함 리펄스도 토비의 전문을 받았다. 재급유를 받고 전속력으로 북쪽으로 항해해 스캐파플로나 오크니섬 서쪽 어딘가의 해상에서 본국 함대와 합류할 준비를 하라는 명령이었다. 마침 리펄스의 윌리엄 테넌트William Tennant 함장이 그날 22시에 명령을 받았을 때 리펄스는 아일러섬Islay Island을 지나가고 있었다. 테넌트는 토비와 다음 날(5월 24일) 07시에 아우터헤브리디스 제도Outer Hebrides 북서쪽에서 합류할 것이다.

함대 배치가 제 궤도에 들어서자 토비는 자유롭게 자신의 주력부대를 배치할 수 있게 되었다. 그날 저녁, 명령이 떨어지면 바로 출항하라는 명령을 받은 킹 조지 5세와 빅토리어스는 21시경 발광신호로 오래 기다려온 명령을 받았다.[21]

22시 15분, 킹 조지 5세와 빅토리어스는 경순양함 오로라Aurora, 갈라테아Galatea, 허마이어니Hermione, 케냐Kenya와 여기에 더해 구축함 여섯 척(액티브Active, 잉글필드Inglefield, 인트레피드Intrepid, 랜스Lance, 펀자비Punjabi, 윈저Windsor)을 대동하고 바다로 떠났다. 토비는 여전히 독일 함선들의 위치를 몰랐으나, 이들이 곧 북대서양 돌파를 시도할 것이라는 최악의 상황을 상정해야만 했다. 따라서 토비의 계획은 본국 함대의 대부분인 자신의 강력한 부대를 아이슬란드 남쪽에 배치하는 것이었다. 이렇게 하면 독일군이 덴마크 해협을 통과하든, 아이슬란드-페로 제도 사이의 틈을 이용하든 그 어떤 돌파 시도도 차단할 수 있었다.

그날 밤 토비의 부대는 열린 방뢰망을 통과해 펜틀랜드 해협으로 향했다. 다음 날 07시에 리펄스와 합류해 동북동쪽으로 약간 침로를 바꿔 광대한 대서양으로 나아갈 것이다. 그런데 그때쯤, 본국 함대가 스캐파플로를 떠나기도 전에 선견부대가 적과 접촉했다. 토비 제독은 이제 적의 위치를 알게 되었다. 그리고 웨이크-워커 소장의 순양함 두 척은 독일 전함과 그 강력한 동반자를 상대로 정신없이 숨바꼭질을 하고 있었다.

제8장

덴마크 해협

첫 접촉

사방이 트인 함교에서 견시를 서는 것은 대개 썩 유쾌하지 않은 임무였다. 아이슬란드 북서쪽 모퉁이에서 어슬렁대던 중순양함 노퍽에서 맞은 저녁에는 특히 더 그랬다. 살을 에는 추운 날씨에 가끔 뿌려대는 얼음처럼 차가운 소나기가 함교의 승조원들을 흠뻑 적셨고, 견시원들은 독일 함선만큼이나 부빙을 찾기 위해 눈을 번득여야 했다.[1] 노퍽에는 더플코트에 몸을 감싼 채 제독 계급을 나타내는 자수가 장식된 모자를 단단히 눌러쓴 프레더릭 웨이크-워커 소장이 있었다. 엄한 성품의 소유자인 58세의 제1순양함전대 사령관 웨이크-워커 제독은 코코아를 홀짝이며 아이슬란드 해안을 휘몰아치는 안개 속을 뚫어져라 바라보고 있었다. 15세에 해군에 입대해 제1차 세계대전에도 참전한 제독은 수뢰전 전문가였다.

1940년 4월, 소장 계급으로 도버 해협 함대 사령관이던 웨이크-워커 제

비스마르크를 끈질기게 미행·추적한
영국 해군 제1순양함전대의 프레더릭 웨이크-워커 소장

독은 됭케르크 철수작전을 조정했다. 기함으로 탑승했던 구축함 키스Keith가 격침되자 그는 어뢰정에서 철수를 감독했다. 비스마르크를 찾아내고야 말겠다고 단단히 결심한 웨이크-워커는 자신이 해야 할 일을 명확히 알았다. 1941년 5월 23일에 그가 맡은 임무는 단순명료했다. 덴마크 해협을 몰래 빠져나가려는 모든 독일 함선을 포착한 다음, 이들을 미행해 토비 제독에게 보고하는 것이다. 웨이크-워커의 임무는 덴마크 해협에서 비스마르크와 싸우는 것이 아니라 더 강력한 다른 함선들이 비스마르크를 전투에 끌어들일 수 있도록 돕는 것이었다.

비스마르크가 처음으로 출격했을 때 웨이크-워커의 기함 노퍽은 로버트 엘리스Robert Ellis 함장이 지휘하는 중순양함 서퍽과 교대하기 위해 덴마크 해협을 향해 북쪽으로 항해하고 있었다.[2] 기함이 도착했을 때 엘리스 함장과 부하들은 춥고 지독한 날씨 속에 11일 동안이나 초계활동을 하고 있었다. 서퍽은 연료가 부족했다. 따라서 5월 18일, 비스마르크가 고텐하펜을 떠난 날 서퍽은 현장에서 이탈해 아이슬란드의 크발피외르뒤르로 가서 연료 탱크를 채우라는 명령을 받았다. 서퍽은 밤에 아이슬란드로 떠났고 다음 날 저녁에 원래 위치로 돌아왔다. 그때쯤 노퍽이 같이 초계 임무를 수행하기 위해 도착해 있었다. 웨이크-워커의 기함은 교대 위치로 가기 전에 크발피외르뒤르에서 연료를 보급받았기 때문에 두 순양함은 연료를 '탱크 가득 채우고' 임무를 수행할 준비를 마쳤다.

5월 22일, 비스마르크와 프린츠 오이겐이 아직 베르겐에 있을 때 웨이크-워커가 탑승한 노퍽은 이사피외르뒤르Ísafjörður로 향했다. 거기에서는 영국군이 북쪽으로 튀어나온 곳의 황량한 바위 위에 레이더 기지를 건설하고 있었다. 이 기지에 설치된 레이더로 덴마크 해협 접근로 전체를 탐색할 수 있었다. 건설 작업이 막 시작되어 아직 가동 상태는 아니었으나, 열정적인 아마추어 식물학자였던 웨이크-워커는 기지 건설 현장을 둘러본 다음 이 기회를 이용해 현지 야생화를 찾아다니기도 했다. 다음 날 아침, 서퍽이 이사피외르뒤르로 천천히 들어왔고, 웨이크-워커는 엘리스 함장에게 노퍽의 앨프리드 필립스Alfred Phillips 함장과 셋이서 초계 계획을 논의하자고 말했다.[3] 그는 비스마르크가 코르스피오르를 떠났다는 최신 정보를 공유하고 비스마르크, 그리고 동반한 중순양함이 덴마크 해협으로 향할 것으로 예상한다고 덧붙였다. 엘리스 함장은 서퍽으로 돌아갔고 몇 분 뒤에 기함은 서퍽에게 바다로 나가라고 명령했다.

서퍽은 북동 항로로 순항한 다음 세 시간마다 반전해 그린란드의 부빙대 15해리(28km) 안에서 이동하며 덴마크 해협 입구를 감시할 계획이었다. 다시 말해 낮에는 서퍽 견시원들이 해협 서쪽으로 들어오는 모든 적함을

영국 중순양함 노퍽. 독일 함대를 미행한 웨이크-워커 소장의 기함이다.

포착할 수 있다는 뜻이었다. 견시원들의 역할은 매우 중요했다. 포착이 지연된다면 전함의 주포에 갈가리 찢기는 참사가 발생할 것이다. 서퍽이 탑재한 273형 수색 레이더가 견시원들을 도왔다. 이론상 이 레이더는 18해리(33km) 이내의 대형 수상함을 탐지할 수 있었으나[4] 실전에서는 13해리(24km)가 현실적인 탐지거리였다. 노퍽에도 비슷한 장비가 실려 있었다. 하지만 서퍽은 더 효과적으로 탐지할 수 있는 선회식 레이더를 탑재해 후미 부분을 제외한 전방위 탐지가 가능했던 반면, 노퍽의 레이더는 고정식이었고 함의 진행 방향 기준으로 150도 범위만 탐지할 수 있었다.

따라서 서퍽이 유빙 사이를 순항하는 동안 노퍽은 해협 더 안쪽인 서퍽 남쪽 15해리(28km)에 위치를 잡았다. 그날 오후, 노퍽과 서퍽이 순항을 시작하자 얼음처럼 차가운 두꺼운 안개가 아이슬란드 해안을 온통 뒤덮으며 해협 안 30해리(56km)까지 확장되었다. 그렇지만 해협의 동쪽은 기뢰원에 막혔고 다른 모든 곳에서 시정거리가 20해리(37km)에 달할 정도로 시계

노퍽과 함께 독일 함대를 미행한 영국 중순양함 서퍽

가 좋았다. 엘리스와 부하들은 멀리 그린란드의 빙하까지 볼 수 있었다. 바다는 상대적으로 잠잠했다. 다만 기상 보고에 따르면 아이슬란드의 안개는 저녁 동안 더 넓게 퍼지고 약간 더 짙어질 것으로 예상되었다. 따라서 웨이크-워커는 비스마르크와 동반함이 그날 저녁에 덴마크 해협을 돌파한다 해도 부하들이 이들을 포착할 것이라고 확신했다.

두 순양함의 견시원과 레이더병들만 독일군을 찾고 있지는 않았다. 남동쪽으로 500해리(926km) 떨어진 곳에서 경순양함 아레투사와 버밍엄, 맨체스터가 최고 경계태세를 유지하고 있었다.[5] 북방수역 순찰함대의 소형 함정에 탑승해 같은 수역 또는 페로 제도와 오크니 제도 사이를 순항하던 승조원들도 마찬가지였다. 연안방어사령부의 항공기 탑승원들도 같은 임무를 수행하고 있었다. 이제 낮게 깔린 구름이 조금 걷혔다. 스캐파플로 서쪽에서는 외양으로 나온 토비와 본국 함대가 첫 발견 보고를 간절히 기다리고 있었다. 비슷하게 덴마크 해협으로 한참 가고 있던 홀랜드 중장의 부대도 해협을 봉쇄할 준비를 했다. 어쨌건 지금까지 적이 있다는 징후는 없었다.

오후가 흘러갔다. 서퍽 함상에서 엘리스 함장은 지난해 그리녹Greenock에서 받은 개장 작업에서 함교가 '극지형極地形', 다시 말해 함교가 폐쇄식으로 바뀌고 난방시설이 추가된 데 감사했다. 함교의 견시원들은 쌍안경으로 창문을 통해 밖을 바라보았으나 다른 곳의 견시원들은 더플코트로 몸을 감싸고 체온을 유지하기 위해 발을 구르며 먼 곳을 내다보았다. 엘리스 함장은 새 레이더 장비에 흡족했으나 이 장비는 함미 쪽을 탐색하지 못했다. 연돌에서 나오는 연기도 함교 뒤쪽의 시야를 방해하는 데 한몫했다. 따라서 엘리스는 초계 중 남서쪽으로 항해하는 구간에서 서퍽이 거의 아무것도 볼 수 없다는 사실을 인지했다. 함미 쪽 상부 구조물에 추가로 견시원을 더 배치할 필요가 있었다. 이 구간에서 서퍽은 방향을 해협 가운데로 홱 틀어 안개가 낀 구역 가장자리를 향했다. 이렇게 하면 불시에 기습을 당했을 때 안개 속으로 몸을 숨길 수 있었다. 엘리스 함장의 임무는 적을 포착하는 것이지 전투를 벌이는 것이 아니었다.

18시, 교대 시간이 왔다. 첫 반당직이 끝나고 (두 번째이자) 마지막 반당직의 시작이었다. 네 시간씩 서는 다른 다섯 당직 직수와 달리 반당직은 두 시간만 섰다. 이는 총 당직 직수를 홀수로 해서 승조원의 당직 일과에 변화를 주자는 의도로 이루어진 조치였다. 그날 오후에 엘리스 함장은 견시원을 매시간 교체했고, 그 결과 견시원들이 긴장해 집중도가 더욱 높아졌다. 그날의 마지막 반당직 시간에 함장의 책략이 빛을 발했다. 당직을 시작한 지 한 시간 뒤인 19시, 앨프 '진저' 뉴얼Alf 'Ginger' Newall 일등수병이 우현 후미 담당 견시원으로 함교 바로 바깥쪽에 자리를 잡았다. 19시 20분경, 안개가 조각조각 흩어지며 점점 함 쪽으로 가까이 퍼지는 것처럼 보였다.[6] 그린란드 방향에서 멀리 보이는 수평선도 흐려졌다. 어둠이 다가와 시야가 점점 나빠지고 있을 때, 긴장한 뉴얼 일병은 쌍안경을 다시 들여다보았다.

뉴얼의 임무는 서퍽의 현에서 함미까지 우현 주변을 샅샅이 감시하는 것

비스마르크를 처음으로 발견한 영국 중순양함 서퍽의 앨프 '진저' 뉴얼 일등수병

이었다. 그날 저녁 뉴얼은 열두 번도 넘게 우현을 샅샅이 훑었으나 아무것도 발견하지 못했다. 서퍽은 복귀 구간에 들어서기 위해 남서쪽으로 향했다. 다시 말해 레이더가 뒤쪽에서는 아무것도 발견하지 못할 것이라는 뜻이었다. 따라서 함미에 있는 무언가를 탐지할 수 있는 존재는 진저 뉴얼과 그의 동료들뿐이었다. 아무것도 없는 바다와 하늘을 보느라 지루해지던 뉴얼은 빈 수평선을 한 번 더 훑은 다음 19시 22분에 쌍안경을 무릎에 내려놓고 눈을 비볐다. 눈을 다시 뜨자 무엇인가가 보였다. 안개로 가득한 수평선에서 배 한 척이 서서히 모습을 드러냈다. 그 뒤로 또 한 척이 보였다. 뉴얼은 즉시 당직장교를 불렀다. "방위, 녹색 하나 넷 공, 두 척입니다!" 함교의 승조원들은 뉴얼이 말한 물체를 보기 위해 서퍽의 우현 함미 쪽으로 고개를 돌렸다. 의심의 여지가 없었다. 진저 뉴얼이 비스마르크를 포착한 것이다.

술래잡기

그날 저녁 비스마르크 함상에서는 독일 함대가 덴마크 해협 북쪽 끝에 들어서자 긴장감이 더욱 높아졌다. 공식적으로 이 해협은 아이슬란드의 베스트피르디르Vestfirðir 반도 북서단인 스트라움네스Straumnes와 북서쪽으로 약 200해리(370km) 떨어진 그린란드의 난센곶Cape Nansen 사이를 잇는 선에서 시작된다. 그날 저녁 18시까지 비스마르크는 뒤따르는 프린츠 오이겐과 함께 그린란드 해안과 해안을 따라 형성된 유빙군을 향해 정서쪽으로 달려갔다. 그전에 북부집단사령부가 알린 최신 기상정보에 따르면 비, 낮게 깔린 구름과 곳곳에 낀 안개 때문에 시계는 계속 좋지 않을 것으로 보였다. 그러나 가끔 내리는 눈에 견시원들이 애를 먹기는 했어도 낮 동안 시계가 개선되었다.[7] 날씨는 얼어붙는 듯 추웠고 함선들은 바다의 보이지 않는 선을 향해 계속 항해했다. 바닷물 속의 얼음조각이 금속 선체에 부딪히며 소리를 냈다.

독일 함대는 25노트로 항해했고, 배 정면으로 그린란드 해안 주변에 낀 청백색 유빙이 보였다. 그 너머, 정서쪽으로는 흰 얼음으로 덮인 그린란드 본토의 빙하가 늦은 오후 하늘을 배경으로 모습을 선명하게 드러냈다. 뮐렌하임-레흐베르크는 당시 상황을 이렇게 묘사했다. "전 승조원이 주의 태세를 갖추어야 하는 상황임에도 불구하고, 나는 덴마크 해협의 가장 좁은 부분을 고속으로 통과하는 동안 얼음으로 뒤덮인 황홀한 풍경에 유혹당하지 않도록 정신을 바짝 차려야 했다."[8] 비스마르크 전부와 후부 상부 구조물 꼭대기에 있는 FuMO23 레이더가 지나가는 수역 주변을 샅샅이 탐색했다. 이론상 이 레이더는 13.5해리(25km) 떨어진 적 선박을 탐지할 수 있었지만 실제로 전함보다 작은 함선일 때는 6해리(11km)가 현실적인 탐지거리였다. 음탐사들이 적 함선의 프로펠러 소리를 듣는 데 사용한 함의 SB 수중청음기는 또 다른 경고 수단이었다.

18시 11분, 경보가 울렸다. 우현에서 적함이 포착되었다.[9] 하지만 잠시 후 모두 한시름 놓았다. 차가운 공기와 긴장된 분위기에 얼어붙은 견시원이 유빙 사이로 솟아오른 빙산을 적함으로 착각한 것이다. 어쨌든 유빙대의 가장자리에 접어들고 있다는 것은 분명했다. 18시 21분, 뤼첸스는 모든 함

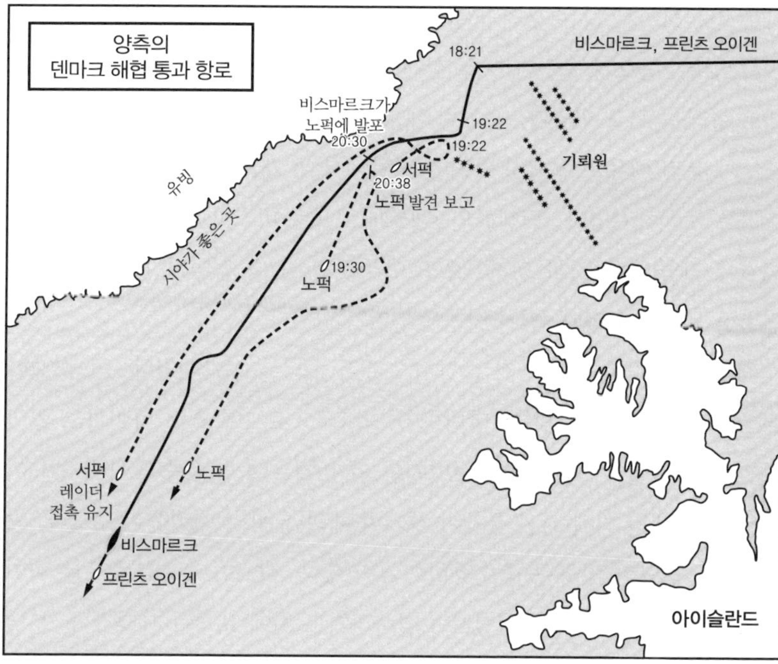

선에 좌선회하고 남남서쪽 항로로 가라고 명령했다. 그때쯤 뤼첸스는 자신의 함대가 영국군 기뢰원을 안전하게 지나갔으며, 분별 있게 안전히 갈 수 있는 수로 서쪽으로 최대한 나아갔다고 생각했다. 반 해리(925m) 뒤에서 프린츠 오이겐이 기함을 따라왔고 이들은 함께 덴마크 해협에 들어섰다. 19시가 되기 직전, 유빙에서 떨어져 나온 부빙이 관측되어 독일 함선들은 부빙을 피하기 위해 지그재그로 항행했다. 승조원들의 긴장을 유지하는 데는 도움이 되었을 것이다.

뮐렌하임-레흐베르크는 좌현에서 얼마 떨어진 곳에 진한 안개 벽이 있었다고 기록했다. 반면 우현 바로 가까이에는 부서진 유빙 조각들이 있었다. 몹시 추웠고 정면의 시야는 아주 깨끗했다. 그러나 남쪽 수평선에서 보이는 실안개 탓에 견시들은 전방 몇 해리까지만 볼 수 있었다. 안개 때문에 아무것도 보이지 않는 구역과 유빙 사이로 군데군데 안개가 끼어 있었다. 19시 22분, 경보가 울렸다.[10] 두 함선의 승조원은 이미 전투배치 상태로 교대로 당직을 서고 있었다. 승조원 대부분이 자기 위치에 있다는 뜻이었다. 경보가 울린 이유는 음탐사가 좌현 전방에서 두 개의 프로펠러가 돌아가는 소리를 포착해서였다. 뮐렌하임-레흐베르크는 비스마르크의 후부사격지휘소에 있었다. 강력한 측거의로도 아무것도 볼 수 없었지만, 레이더에도 접촉한 물체가 있었다. 저기 멀리에 뭔가가 있었다.

레이더에 접촉한 것은 적 순양함으로 추측되는 선박이었다. 이 순양함은 독일 함대에서 멀어지는 방향인 남남서쪽으로 고속으로 나아가고 있었다. 견시원들은 이 배를 얼핏 보았지만 안개 때문에 함종을 알아내기가 어려웠다. 안개의 벽에 잠깐 틈새가 생기며 배의 윤곽이 어렴풋이 보였다. 연돌이 세 개 달린 영국군 중순양함이 분명했다. 비스마르크의 주포는 이미 그쪽으로 방향이 맞춰져 있었지만 발사하기도 전에 표적이 사라졌다. 분별 있게 행동하며 표적이 되기를 원치 않았던 영국군 순양함은 안개 속으로 사라졌다.

연돌이 세 개 달린 서퍽 함상에서는 잠시 시간이 멈춘 것 같았다. 모두가 경악한 채 독일 함선을 바라보았다. 하얀 바다, 안개, 얼음을 배경으로 검은 윤곽선이 모습을 드러냈다. 엘리스 함장은 함교의 우현 돌출부로 황급히 뛰어와 쌍안경으로 함미 쪽을 보던 '진저' 뉴얼 수병 옆에 섰다. 두 함선의 거리는 7해리(13km)였다. 선도함이 일으키는 V 모양의 선수파船首波가 똑똑히 보였다.[11] 엘리스는 고개를 돌려 앞쪽을 보았다. 서퍽은 남서쪽을 향해 안개로 뒤덮인 해역 바로 가장자리에 있었다. 함장은 함교에 '즉시 좌현전타'라고 고함쳤다. 서퍽이 서서히 선회하는 동안 그는 독일 함선 두 척을 계속 감시하며 대구경 함포가 불을 뿜기를 기다렸다. 일제사격은 없었고 곧 안개가 독일 함대를 감싸는 바람에 서퍽은 시야에서 적을 놓쳤다. 엘리스 함장은 방금 본 함선들의 정체를 추호도 의심하지 않았다. 36시간 전

사진정찰부대 정찰기가 코르스피오르 상공을 정찰한 이후 처음으로 비스마르크와 프린츠 오이겐이 포착된 것이다.

일단 발등에 떨어진 불은 꺼졌다. 엘리스는 함교로 걸어 들어가 안개 낀 해역에 몸을 숨긴 채 독일 함대와 평행한 경로를 취하라고 명령했다. 서퍽은 속력을 약간 줄였다. 엘리스 함장은 독일 함선들을 뒤따르며 레이더를 이용해 미행하기로 계획했다.[12] 그동안 최우선 과제는 발견 보고였다.

함 곳곳에서 전투 배치된 승조원들이 분주히 활동했다. 승조원 절반은 이미 자기 위치에 있었고, 나머지는 하갑판이나 침상에서 급히 뛰쳐나왔다. 저녁 식사를 포기한 운 나쁜 이들도 있었다. 사관실에서는 막 식탁에 놓인 식전주를 뒤로하고 장교들이 문간으로 일제히 뛰어나갔다. 안개 속에서 모습을 드러낸 검은 함선 두 척이 후갑판으로 달려나가던 한 소위 후보생의 눈에 띄었다. 처음에 그는 후드와 프린스 오브 웨일스라고 생각했다. 그러자 동료들이 독일 함선이라는 나쁜 소식을 전했다. 서퍽은 이제 흉포한 고양이 두 마리에게 쫓기는 쥐 신세가 되었다.

서퍽은 첫 전문을 발신했다. 하지만 안개 때문에 생긴 습기와 공전空電, atmospheric(공중 전기의 방전 때문에 생기는 전파장애 현상—옮긴이) 문제 때문에 남쪽으로 15해리(28km) 떨어진 노퍽만 전문을 수신했다.[13] 하지만 이것만으로도 충분했다. 웨이크-워커 소장은 무엇이 다가오는지 알게 되었을 뿐 아니라 이 소식을 홀랜드와 토비에게도 전달할 수 있었다. 비스마르크에서는 B-디엔스트가 적의 전문 발신을 보고했다. 내용을 추측하기는 매우 쉬웠다. 아니나 다를까, 평문으로 발신된 전문 내용은 다음과 같았다. "전함 1, 순양함 1 포착. 방위 20도, 거리 7해리(13km), 침로 240도." 뮐렌하임-레흐베르크에 따르면 서퍽은 뒤로 처지면서 레이더를 이용해 독일 함선들을 추적하고 있었다. 서퍽은 밤새 상세 목격 보고를 보내며 덴마크 해협을 질풍처럼 통과하는 독일 함선들의 모든 행보를 세세히 알릴 터였다.

중순양함 노퍽에서는 행정원사가 함장실 문을 노크하고 들어와 "서퍽함이 독일군을 포착했습니다"라고 보고했다.[14] 필립스 함장은 코트를 입고 노천 함교로 서둘러 나갔다. 얼마 후 웨이크-워커 소장도 뒤따라 왔다. 함장은 30노트 증속을 명령했으나 배가 안개에 둘러싸여 있어서 아무것도 보지 못했다. 하필 그때 레이더도 고장 나 있었다. 진공관 몇 개만 갈아 끼우는 수리였지만 최소한 30분은 걸릴 터였다. 노퍽은 견시원의 기량과 서퍽이 전하는 보고에 의존할 수밖에 없었다. 그동안 노퍽은 숨은 적을 향해 급행했다. 훨씬 북쪽에 있던 서퍽은 좌현으로 원을 그리며 멀어져 갔다가 적함 두 척의 북동쪽을 향해 나아갔다. 까다로운 기동이었다. 정면에는 아군이 부설한 기뢰원이 있었다. 항해장의 권고를 따라 엘리스 함장은 기뢰가 설치된 두 수역 사이의 좁은 틈 사이를 아슬아슬하게 빠져나갔다. 이들은 밝은 대낮에도 하기 어려운 기동을 일몰 무렵에 진한 안개를 뚫고 고속으로 하고 있었다. 다행히 고위도 해역에서는 아직 빛이 충분했고 서퍽은 간신히 기뢰원을 통과해 외양에 도달했다. 이제 엘리스가 독일군의 후미 쪽으로 처지면서 덴마크 해협을 통과하는 적을 미행하는 게임을 시작할 차례였다.

엘리스 함장은 노퍽에서 가장 숙달된 선임 전탐병 어깨 너머로 배를 지휘하고 있었다. 적함의 속력이나 침로 변동을 탐지하려면 숙달된 눈과 경험이 필요했다. 그때 노퍽에서 사용한 레이더는 지금의 독자들에게 익숙한 위에서 내려다보는 방식의 평면위치표시기Plan Position Indicator, PPI 스크린을 갖춘 레이더가 아니었다. 서퍽에 이런 레이더는 전쟁 후기에나 탑재되었다. 당시 사용하던 레이더는 병원에서 쓰는 심박동 모니터와 비슷했다. 숙련된 눈만이 레이더 화면에 나타난 깜박이는 신호에서 함장이 발견 보고를 보내는 데 필요한 거리, 방위, 속력을 읽어낼 수 있었다. 그때쯤 적은 15해리(28km) 앞서 있었고 서퍽은 안개에서 완전히 벗어나 있었다. 이제 독일 함선들이 유빙대 가장자리를 빙 둘러 25노트 속력으로 남진하고 있다는 것이 명확해졌다. 중요한 접촉 보고가 계속 발신되었고 이제 안개에서 벗어났으니만큼

이 전문들은 다른 수신자들과 아이슬란드에도 도달할 수 있었다. 다만 통신장애 때문에 토비와 홀랜드의 기함은 이 보고를 받지 못했다.

노퍽은 남쪽을 향한 경주를 계속했고 웨이크-워커의 기함은 20시 30분에 안개가 갠 수역으로 진입했다.[15] 갑자기 고작 6해리(11km) 떨어진 좌현 전방에서 적이 보였다. 두 함선은 서로를 향해 거의 분당 1해리(1.85km)의 속력으로 접근하고 있었다. 설상가상으로 노퍽의 노천 함교에 있는 인원들이 지켜보는 앞에서 비스마르크의 전방 주포 발사 장면이 보였다. 포구에서 오렌지색 불꽃이 뿜어져 나왔다. 현 거리에서 포탄이 목표물에 도달하기까지 23초가 걸렸다. 이 중요한 몇 초가 흘러가는 동안 필립스 함장은 우현 전타를 명령했고 함의 키를 막 꺾자마자 포탄이 바다에 떨어졌다. 일제사격으로 발사된 포탄 네 발은 순양함의 좌현 뒤에 낙하했고, 15인치 포탄이 수면과 부딪히며 폭발해 날린 파편이 마치 노퍽 포탑의 1인치(2.54cm) 장갑이 버터라도 되는 양 푹푹 박혔다.

이 광경을 지켜본 웨이크-워커 소장은 훗날 비스마르크가 쏜 포탄이 떨어지며 일으킨 연기와 200피트(61m) 높이의 물보라가 넓은 벽처럼 솟았다고 묘사하면서 일제사격이 이룬 탄착군이 훌륭했다고 전문가적인 견해를 밝혔다. 반질반질한 포탄이 수면을 때린 다음 튀어서 노퍽의 함교 위로 넘어갔다. 웨이크-워커 소장은 깊은 인상을 받았다. 이것이 비스마르크가 노퍽을 격파할 수 있었던 유일한 기회였다. 노퍽이 선회하자 필립스 함장은 적 사수의 조준을 흐트러뜨리기 위해 연막을 전개하라고 명령했다. 고통스러울 정도로 느리게 30초가 지나자 노퍽은 다시 안전한 안개의 벽 뒤로 숨었다. 비스마르크는 세 번 더 일제사격을 했으나 조준할 대상을 찾지 못해 포탄은 넓은 바다 여기저기에 낙하했다. 어쨌건 필립스 함장은 적에게 충동적으로 돌격하는 바람에 큰 대가를 치를 뻔했다.

북쪽 멀리에서 서퍽의 함교에 있던 관찰자들은 연무 사이로 포격이 내는 불꽃을 보았다. 그리고 자신들 근처에 아무것도 떨어지지 않자 노퍽이 곤경에 빠졌음을 깨달았다. 그러나 영국 해군 장병 중 이 첫 일제 포격이 비스마르크의 전투력에 손상을 입혔음을 아는 사람은 거의 없었다. 포격으로 인해 발생한 충격파 때문에 비스마르크의 전방 FuMO23 레이더가 고장 나 버렸다. 레이더를 고칠 때까지 비스마르크는 견시원에 의지해 적을 발견해야 했다. 이것은 다음 날 아침에 극적인 결과를 가져왔다. 이 문제 때문에 뤼첸스 제독이 레이더가 멀쩡한 프린츠 오이겐에 선도함이 되라고 명령했기 때문이다. 프린츠 오이겐이 급히 비스마르크를 지나치면서 잠시 충돌할 뻔한 위기를 겪기도 했다. 중요한 점은, 이 위치 교체를 노퍽과 서퍽이 탐지하지 못했다는 사실이다. 웨이크-워커의 기함은 이제 독일 함대 후미에 위치를 잡았고 두 영국 순양함은 적을 미행하기 시작했다.

밤샘 미행

비스마르크에서 묄렌하임-레흐베르크는 이 상황에 대한 근심을 이렇게 표현했다. "적 순양함과의 갑작스러운 조우는 충격이었다. 특히 이렇게 비교적 좁은 수역에서는 적함이 더 있다고 상정하는 것이 합리적이었기 때문이다."[16] 그는 가장 피하고 싶었던 사태인 영국 함선과의 조우가 돌파 시도 초장에 벌어졌다고 덧붙였다. 분명 좋은 징조는 아니었다. 어쨌건 대위는 이렇게 말을 이었다. "나는 이것이 개막 공연일 뿐이라고 생각했고, 당연히 우리는 이 위협을 물리칠 수 있다고 자신했다. 뤼첸스 제독은 추적자를 떨쳐내거나 격침하는 것을 다음 목표로 잡고 행동했다."

추적자에게 돌아가 보면, 이들은 비스마르크와 프린츠 오이겐을 13해리(24km)라는 꽤 안전한 거리를 두고 추적하고 있었다. 우현에 위치한 서퍽은 유빙대 가장자리에서 제일 가까웠고 노퍽은 서퍽 좌현으로 몇 해리 떨어져 있으면서 안개로 둘러싸인 해역 가장자리를 빙 둘러 항해하고 있었다. 추격하는 동안 이들은 적을 거의 볼 수 없었다. 가끔 연무가 사라질 때면 윤곽이 어렴풋이 보였고 적도 분명 자신들을 볼 수 있을 터였다. 그러나 쫓는 자와 쫓기는 자는 거리를 유지했다. 보이든 보이지 않든 적의 위치를 파악할 수 있는 레이더 덕이었다. 서퍽에 탑재된 우월한 성능의 레이더가 노퍽의 몫까지 해냈다. 노퍽이 운용하는 고정식 안테나 레이더는 흩날리는 눈보라와 밤새 변경된 항로 때문에 서퍽의 레이더에 비해 제 기능을 발휘할 수 없었다. 하지만 한 척에는 더 좋은 레이더가, 다른 한 척에는 더 강력한 송신기가 실린 이 한 쌍은 주어진 임무를 완벽하게 수행했다.

노퍽과 서퍽이 덴마크 해협을 통과하는 두 독일 함선을 추적한 덕에 토비는 전략을 세우고 북대서양에 도달한 적을 저지할 수 있는 곳으로 함선들을 보낼 수 있었다. 후드와 프린스 오브 웨일스가 덴마크 해협 남단에서 새벽녘에 독일군을 기다리도록 홀랜드 중장이 항로를 그릴 수 있게 되었다는 점도 그 못지않게 중요했다. 남동쪽으로 600해리(1,111km) 떨어진 곳에 있던 토비는 운이 좋았다고 생각했다.[17] 토비는 확실한 정보라고는 거의 없이 함대를 배치했으나 이 도박에 성공했다. 홀랜드의 주력함 두 척은 다음 날 아침에 독일군을 요격할 수 있는 위치에 있게 될 것이다. 밤이 되자 홀랜드의 함선들은 적군의 남동쪽 약 300해리(556km) 해상에 있었다. 독일군이 홀랜드와 마주치지 않고 빠져나갈 경우에 대비해 킹 조지 5세, 리펄스와 빅토리어스가 비스마르크를 요격할 수 있는 아이슬란드 남서쪽의 한 위치로 항해하는 중이었다.

하지만 토비는 여기에 만족하지 않았다. 비스마르크는 강력한 전함이었고 킹 조지 5세와 프린스 오브 웨일스의 14인치 포는 실전에서 검증받은 적이 없었으므로 상황이 유리하게 전개될 확률을 높여야 했다. 그날 저녁, 토비는 오래되었지만 여전히 강력한 전함 로드니를 호위 임무에서 해제하라고 명령했다. 로드니는 막 클라이드를 떠나 병력수송선으로 활동 중인 여객선 브리태닉Britannic을 호위하며 미국으로 가고 있었다. 로드니는 미국에 도착하면 보스턴에서 개장될 예정이었다. 토비는 로드니에 북쪽으로 와서 본국 함대를 증강하라고 명령했다. 후드의 홀랜드 제독은 휘하의 배 두 척에 새벽에 적과 조우하리라 예상되는 곳으로 속력을 높여 항해하라고 명령했다. 선도함 후드의 뒤를 프린스 오브 웨일스와 구축함 네 척이 따랐다. 이 외에 두 척이 연료를 보급받기 위해 크발피외르뒤르에 가 있었다. 나중에 한 구축함 승조원은 이 순간을 이렇게 기억했다. "후드의 지원을 받은 우리는 무엇이든 상대할 수 있다고 느꼈다. …… 후드를 물리칠 적수는 없었다." 후드는 긴 함생 중 처음으로 실전 사격을 하게 되었다.

북서쪽 멀리 덴마크 해협에서는 추격전이 계속되고 있었다. 네 척 모두 30노트 전후 속력으로 남쪽으로 질주하고 있었다. 땅거미가 졌지만 아직 밝은 기운이 남아 있었고 영국군과 독일군 견시원들이 적을 뚫어져라 바라보고 있었다. 프린츠 오이겐의 뒤에 선 비스마르크의 뮐렌하임-레흐베르크 소령은 고성능 광학장치를 갖춘 후부측거의로 서퍽의 모습을 얼핏얼핏 잡았다.[18] 휘날리는 눈보라와 안개에 따라 시계는 좋아졌다 나빠지기를 반복했다. 22시, 뤼첸스는 참을 만큼 참았다고 생각했다. 그는 새로 몰려온 스콜이 양측의 시야를 가릴 때까지 기다렸다가 좌현전타를 해서 반전하라고 비스마르크에 명령했다.

비를 뿌리는 스콜 사이로 갑자기 나타나 서퍽을 놀래키는 것이 뤼첸스가 바라는 바였다.[19] 그러나 레이더로 비스마르크의 기동을 포착한 서퍽은 선회하며 연막을 피웠다. 비스마르크가 스콜을 뚫고 나타났을 때 서퍽은 사라지고 없었다. 뤼첸스는 항로를 10분간 유지하면서 적 순양함 중 한 척이라도 포착하기를 바랐지만 아무것도 보이지 않았다. 22시 10분에 뤼첸스는 원래 항로로 돌아가 프린츠 오이겐을 서둘러 쫓아갔다. 30분 만에 서퍽도 자기 위치로 돌아왔고 노퍽도 마찬가지였다. 추격전이 계속되었다.

자정 직전에 또 사건이 일어났다. 독일군 견시원이 안개 위로 자신들의 남동쪽을 순찰하던 카탈리나 비행정 1기를 포착했다. 하지만 이 비행정은 곧 기수를 돌렸다. 아래의 두 적함을 포착하지 못한 것 같았다.

자정이 조금 지난 뒤, 심한 눈보라 때문에 시야가 반 해리(926m) 이하로 떨어졌다. 비스마르크의 B-디엔스트의 무전방수반이 영국군이 접촉 보고 발신을 중단했다고 보고했다.[20] 아마도 독일 함대와의 접촉을 상실한 듯했다. 노퍽과 서퍽은 위치를 지키며 독일 함선들을 따라가고 있었으나 눈보라가 레이더 영상 기능에 지장을 주고 있었다. 따라서 보고할 새 정보가 없었던 웨이크-워커는 눈보라가 지나갈 때까지 기다릴 수밖에 없었다. 하지만 그는 새벽녘에 영국 해군 주력함 두 척이 대서양으로 나가는 비스마르크의 앞길을 막을 것임을 알았다. 순양함들은 자기 임무를 다했다. 후드와 프린스 오브 웨일스를 적 방향으로 인도하는 데 도움이 될 신호를 마지막 순간에 발신했을 뿐만 아니라 웨이크-워커의 순양함들은 맡은 일을 완벽하게 해냈다. 이제 홀랜드가 마무리할 차례였다.

제9장

새벽의 결투

위험한 길

04시 직전, 후드의 신호수 에드워드 '테드' 브릭스Edward 'Ted' Briggs는 함교의 자기 위치로 출근했다.[1] 아침 당직을 시작할 시각이었고 독일군을 향해 밤새 질주한 후드의 승조원들은 흥분감에 들떠 있었다. 홀랜드 제독의 계산이 정확하다면 전투는 이날 새벽 전후에 벌어질 것이다. 전우들에게 시인하지 않겠지만 브릭스는 두려웠다. 겨우 스물일곱 살인 브릭스는 그동안 죽음을 생각해 본 적이 없었다. 하지만 죽는 것보다 알아볼 수 없을 정도로 끔찍하게 다치는 상황이 훨씬 더 공포스러웠다. 그는 전우들이 바로 옆에서 폭발로 산산조각 나는 모습을 보면 자신이 어떻게 반응할지 궁금했다. 공황에 빠져 함교 구석에서 웅크리고 있을까, 아니면 용기를 발휘해 훌륭하게 처신할까. 다른 전우들처럼 브릭스도 이런 생각을 드러내지는 않았다. 하지만 새벽이 오기 전의 긴 시간 동안 후드, 프린스 오브 웨일스, 비스마르크, 프린츠 오이겐에 탑승한 모든 장병은 같은 생각을 하고 있었다. 모두가 조용히, 자신들의 용기가 시험대에 오를 시간이 다가오고 있음을 알았다.

밤새 후드와 프린스 오브 웨일스는 27노트로 북대서양을 가로지르며 항해했다.[2] 바다는 점점 거칠어졌고 구축함 네 척은 대형함들을 따라가느라 애를 먹고 있었다. 이들이 물골을 뚫고 솟아오를 때마다 거센 파도가 부딪히며 산산이 흩어졌다. 영국 해군 용어로 구축함들은 '물을 먹고 있었다 taking the green.' 이와 대조적으로 주력함 두 척은 거친 바다를 잘 느끼지 못할 정도로 컸지만 그래도 함수 위로 파도가 부서지며 물보라가 비산하고 있었다. 구축함 엘렉트라Electra의 함교 인원들은 닻줄 구멍에서 흘러나오는 물줄기 때문에 주력함들이 화가 나서 물을 뿜는 용처럼 보인다고 생각했다. 한번은 홀랜드 제독이 호위함들에게 지금 바다가 항해하기에 거친 상황이냐고 물었다. 모두 아니라고 대답했다. 전투에서 빠지기를 원한 사람은 아무도 없었다. 후드와 프린스 오브 웨일스는 계속 항진했고 구축함 네 척은 보조를 맞추느라 진땀을 흘렸다.

22시, 후드와 프린스 오브 웨일스는 다가오는 전투를 맞을 준비를 시작했다.[3] 승조원들은 편지를 쓰거나 장교들에게 훈시를 들었다. 화상에서 인명을 보호하기 위한 방염 후드와 장갑도 챙겼다. 말할 때에는 교회에서 그러듯이 낮은 목소리로 속삭였다. 무엇보다도 승조원들은 동료들에게 겁먹은 모습을 보여 주지 않음으로써 공포를 억누르려고 애썼다. 그동안 후드의 함교에서 홀랜드 제독과 커 함장은 나지막한 목소리로 전술 상황을 토의하고 있었다. 웨이크-워커의 순양함들이 보낸 보고 덕에 이들은 적의 정확한 위치뿐만 아니라 침로, 속력도 파악했다. 이들의 계산에 따르면 자정에 적은 북쪽으로 100해리(185km) 남짓 떨어진 곳에 있었다. 다시 말해 02시 30분쯤 접촉할 것이라는 뜻이었다. 홀랜드는 이 정도로 만족하지 않았다. 포술 전문가인 제독은 실전 경험이 없는 오래된 순양전함과 신예함이지만 결함 있는 전함에 의지하는 처지였으므로 더 유리한 조건에서 적을 상대하고 싶었다.

현재 위도에서는 02시가 지나야 어두워졌다. 밤은 짧았고 새벽은 5시 30분쯤에 올 것으로 예상되었다. 다시 말해 적과의 거리를 더 빨리 좁혀 해지기 전에 적을 전투에 끌어들인다면 적함은 지는 해에 비치는 반면 자신의 배들은 어둠 속에 있어 적이 보기가 어려울 것이다. 그런 상황을 만들기 위해 홀랜드는 00시 12분에 우선회를 명령했다. 이제 그의 함대는 북북서쪽으로 향했다.[4] 바로 그때 순양함들로부터 최신 접촉 정보가 들어왔다. 비스마르크는 눈보라 속으로 사라졌고 레이더 영상은 눈보라 때문에 흐려졌다. 따라서 홀랜드는 서퍽의 레이더가 독일 함선들의 위치를 다시 파악하기 전에 독일군이 변침하지 않았기만을 바라는 수밖에 없었다. 짧은 북극권의 밤이 지나기 전에 독일 함선들이 몰래 빠져나갈 가능성이 커졌다. 이에 대응하기 위해 5분 뒤인 00시 17분, 홀랜드는 또다시 선회를 명령했다. 이번에는 정북쪽이었다. 이제 양측은 서로를 향해 거의 똑바로 다가가게 되었다. 접근 속력은 43노트에 달했다.

같은 시각, 홀랜드는 프린스 오브 웨일스에 '전투준비' 신호를 보냈다.[5] 불필요한 명령이었다. 두 척 모두 총원 전투배치에 들어간 지 두 시간이 넘었고 주포를 장전해 예상 적 방위에 맞춰서 사격 준비를 완료했다. 하지만 이 신호는 홀랜드 부대의 함선 여섯 척이 전투기旗, 다시 말해 대형 해군기white ensign를 올릴 수 있다는 것을 뜻했다. 홀랜드는 01시 40분 직후 적과 접촉을 기대한다는 후속 신호를 발신했다. 이제 기다리는 것 말고는 할 일이 없었다. 남쪽 300해리(556km) 해상에 있던 토비 제독은 홀랜드가 곧 전투에 돌입할 것임을 알았다. 전날 저녁, 그는 홀랜드에게 후드 대신 방어력이 더 좋은 프린스 오브 웨일스를 대열 선두에 세우라고 권고할까 고민했지만 그러지 않기로 했다. 홀랜드는 스스로 전술 결정을 내릴 수 있는 경험 많은 지휘관이었다. 나중에 토비는 그런 전문을 보내지 않은 것을

후회했다.6

그동안 홀랜드도 해결해야 할 문제가 있었다. 적을 향한 돌격은 순조롭게 진행되었으나 자정부터 노퍽과 서퍽으로부터 접촉 보고가 들어오지 않았다. 시간이 흘러가며 이들이 비스마르크, 프린츠 오이겐과 접촉을 상실했거나 더 나쁘게는 기습 공격을 받아 격침되었을 가능성이 커졌다. 위험한 상황은, 동트기 직전 어둠을 틈타 독일 함선들이 어떻게든 빠져나가는 것이었다. 사실 00시 21분에 자신의 배들이 아직 눈보라 뒤에 숨어 있을 때 뤼첸스 제독은 190도에서 220도, 다시 말해 우현으로 약간 선회하라고 명령했다. 속력도 약간 빨라져 28노트가 되었다. 덴마크 해협 남쪽의 이 위치에서는 그린란드 해안이 서쪽으로 멀어져 갔고 유빙대도 마찬가지였다. 변침을 통해 뤼첸스는 유빙대를 우현에 두면서 해협 서쪽 부분을 계속 타고 내려왔다. 홀랜드 제독은 독일 함선들이 변침했다는 사실을 몰랐으나 그럴 가능성을 늘 염두에 두었다.

심리의 문제였다. 뤼첸스는 자기가 영국군 순양함들에 포착되었으며 이들이 본국 함대 본대에 접촉 보고를 보내고 있음을 알았고, 홀랜드는 이를 인지했다. 독일군 지휘관 입장에서 생각해 보자면, 영국군은 주력함을 보내 독일 함대가 북대서양을 돌파하기 전에 요격할 것이 명백했다. 따라서 최대한 덴마크 해협 서쪽 먼 곳에서 항해해서 결과적으로 영국 함선들이 시간에 맞춰 도착하기 어렵게 만들 것이다. 하지만 독일군이 현재 항로를 유지할 수도 있었는데, 홀랜드는 뤼첸스가 영국 주력함 두 척이 비스마르크를 요격하러 추적 중이라는 사실을 알고 있을지 의심스러웠다. 북쪽으로 가는 지금 침로를 유지한다면 독일군이 예상한 장소에 있어야만 전투가 벌어질 것이다. 따라서 홀랜드는 결단을 내렸다. 02시 30분까지 새 접촉 보고가 들어오지 않으면 뱃머리를 돌려 남서쪽으로 향한다. 이로 인해 자신이 계획했던 전술적 우위는 사라질지도 모르나 적어도 독일군이 어둠을 틈타 몰래 빠져나가는 상황은 확실히 막을 수 있었다.

홀랜드 중장이 자신에게 유리한 입장에서 적을 요격하기를 원한 데에는 또 다른 이유가 있었는데, 바로 접촉 직전에 좌선회해 적의 경로를 가로지르기 위해서였다. 최신 접촉 보고에 따르면 독일 함대는 앞뒤로 줄지어 선 단종진으로 항해하고 있었고 아마도 비스마르크가 선도함일 것이다. 이렇게 하면 비스마르크의 전방 15인치 포 4문만이 영국군을 겨냥할 수 있는 데 반해 후드의 15인치 포 8문 전부와 프린스 오브 웨일스의 14인치 포 10문 전부는 적 전함을 겨냥할 수 있었다. 해군 용어로 '정자전법丁字戰法, Crossing the T' 전술이다. 아군 함선의 모든 포는 적을 겨냥할 수 있지만 적의 함포는 몇 문만 반격할 수 있다. 이것은 오랜 기간을 거쳐 검증된 전술로서 넬슨이 트라팔가르 해전에서 그리고 젤리코가 유틀란트 해전에서 사용했다. 홀랜드는 덴마크 해협에서 적의 앞을 가로지를 계획이었다.

후드 함교의 시계는 계속 째깍거렸지만 웨이크-워커에게서는 아무 소식이 없었다. 02시가 넘었고, 영국 함대 위로 어둠이 내렸지만 영국 견시원들은 적의 징후를 전혀 발견하지 못했다. 홀랜드의 계산에 뭔가 문제가 있는 게 분명했다. 적은 있어야 할 장소에 없었다. 변침했다는 뜻이었다. 좌현으로 변침했다면 본국 함대의 전함들에 더 가까워지므로 그럴 가능성은 적었다. 따라서 적은 우현으로 변침해 아직 유빙대 가장자리를 따라 내려오고 있을 가능성이 가장 컸다. 이것이 실제 상황이라면 그리고 홀랜드가 지금 침로를 유지한다면, 독일군을 모두 놓쳐 버릴 가능성이 농후했다. 02시 03분, 홀랜드는 주력함들에 반전해서 200도로 변침 또는 남남서로 가라고 명령했다.[7] 같은 시각, 구축함 세 척은 북쪽으로 계속 항해하라는 명령을 받았다. 혹시 그 방향에서 올지도 모를 적과 접촉하기 위해서였다.

적함 발견!

이제 영국 함대와 독일 함대 모두 남쪽을 향해 약간 엇갈리는 항로로 나아가고 있었다. 홀랜드와 두 영국 주력함의 승조원 모두에게 긴장되는 시간이었다. 지금까지 전투를 준비한 이들은 전투가 아예 벌어지지 않을 가능성에 직면했다. 02시 46분, 후드의 무전기가 다시 깨어나 지직거렸다. 서퍽에서 새로운 접촉 보고가 왔다.[8] 밤사이 비스마르크와 프린츠 오이겐이 190도에서 220도로 약간 변침했다는 내용이었다. 그린란드의 유빙대에서 서서히 사선으로 멀어질 생각인 듯했다. 이제 적의 위치를 안 홀랜드는 최적의 요격방법을 궁리했다. 포술 전문가인 제독은 북쪽으로 질주함으로써 큰 전술적 이점 하나가 사라졌음을 깨달았다. 이제 정자전법을 사용할 수 없다. 그는 자신의 두 주력함이 정통적인 함대함 포격전에서 비스마르크를 처치하기에 충분한 화력을 보유했다고 여겼다. 그렇지만 현재 항로를 조금 더 유지하며 추가 접촉 정보를 기다렸다.

마침내 03시 21분, 홀랜드는 우현으로 뱃머리를 돌리라고 명령했다. 새 침로는 240도였다.[9] 이 변침으로 인해 독일 함대와 영국 함대는 좀 더 가까워졌다. 몇 분 전만 해도 영국군 장병들은 전투가 전혀 없을지도 모른다고 생각했으나 이제 싸울 때가 왔음을 깨달았다. 그래도 전투가 벌어지기까지 두 시간 정도 남았다. 고작 30분 뒤인 03시 53분, 홀랜드는 28노트 증속을 명령했다. 그는 북쪽 멀리 있는 구축함 네 척을 불러들이며 최대한 속력을 내서 본대를 따라잡으라고 명령했다. 하지만 새벽이나 그 직후에 있을 적과의 접촉 시점까지 구축함들은 도착하지 못할 것으로 보였다. 대충돌이 다가오고 있었다. 그것만큼은 거의 확실했다. 하지만 주력함 네 척의 직접 결투가 될 터였다. 홀랜드의 계산에 따르면 적은 북쪽으로 약 20해리(37km) 남짓한 거리에 있었다.

약 한 시간 뒤인 05시 직후, 동쪽 수평선에서 여명이 보였다. 앞서 홀랜드는 일몰을 이용해 지는 햇살을 받아 독일군의 모습이 드러나고 자신의 배들은 잘 보이지 않게 할 생각이었다. 이제 입장이 뒤바뀌었다. 해가 뜨면 유리한 쪽은 독일군 포수들이었다. 하지만 이런 상황에 개의치 않고 홀랜드는 결의를 다지며 침로와 속력을 유지했다. 노퍽과 서퍽이 새로 연달아 보내는 접촉 보고가 홀랜드의 함대를 인도했다. 분 단위로 긴장감이 높아져 갔다. 05시 10분, 홀랜드는 프린스 오브 웨일스에 신호를 보내 즉각 전투개시 준비를 요구했다. 그 응답으로 리치 함장은 15분 안에 교전이 예상된다는 함내방송을 내보냈다.[10] 함의 군목은 전능한 신에게 호소하며 끝나는 짧은 기도문을 방송했다. "저희가 주님을 잊더라도 주님께서는 저희를 잊지 마소서." 그동안 후드와 프린스 오브 웨일스의 견시원들은 다가오는 적함을 가장 먼저 발견하기 위해 안간힘을 썼다.

05시 23분, 웨이크-워커가 마지막 전문을 보냈다. 독일군이 또 변침했다는 보고였다. 독일 함대는 이제 170도, 정남쪽에서 약간 동쪽으로 치우쳐 항해하고 있었다.[11] 이제 두 함대는 충돌 경로로 항해하고 있었다. 지난 이틀 내내 홀랜드는 적을 전투에 끌어들일 방법을 고민했다. 홀랜드는 비스마르크의 전투력을 구체적으로 파악하지는 못했지만 이 배가 최신 설계로 건조된 전함이라는 사실만은 알았다. 아마도 홀랜드의 두 주력함에 비견할 만한 속력을 갖추었을 테고, 이론상 비스마르크의 주포는 후드의 주포만큼 강력했다. 비스마르크의 승조원들은 오랜 기간 훈련을 받은 데 반해 후드는 힘들었던 북대서양 순찰에서 막 돌아온 참이었다. 홀랜드는 프린스 오브 웨일스의 전투 효율에 깊은 의구심을 가지고 있었다. 경험이 없는 승조원 대부분과 신조 전함의 기술적 신뢰성 모두 의문투성이였다. 무엇보다 민간인 기술자들이 아직도 선상에서 주포를 수리하고 있었다.

그리고 방어력 문제가 있었다. 비록 참고할 정보 보고가 없었으나, 홀랜드는 비스마르크의 방어력이 뛰어날 거라고 예상했다. 대조적으로 프린스 오브 웨일스는 신예 전함이었고 방어력이 상대적으로 좋았던 데 반해 후드는 순양전함에 불과했고 함령도 사반세기를 넘었다. 홀랜드는 후드의 장갑이 전함과 포격전을 할 수준이 아님을 알았다. 특히 갑판 장갑이 그랬다. 포술 전문가인 제독은 장거리에서는 포의 앙각을 높여야 하므로 포탄이 마치 박격포탄처럼 포물선을 그리며 날아와 급격한 각도로 목표물에 낙하한다는 점을 알았다. 즉 초장거리 포격전에서 포탄은 목표의 측면보다 상면을 타격할 가능성이 더 컸다. 단거리에서는 탄도가 더 평평했고 포탄이 목표물의 상부 구조물이나 선체를 타격하기가 훨씬 쉬웠다. 따라서 낙하하는 포탄에 후드를 노출시키는 사태를 피하려면 가급적 빨리 거리를 좁혀야 했다.

그때 홀랜드에게는 한 가지 이점이 있었다. 독일군은 홀랜드의 북쪽에 있으면서 거의 정남쪽을 향하고 있었다. 이와 반대로 영국 함선들은 남서쪽으로 항해하고 있었다. 따라서 독일군이 나타난다면 아마도 후드의 우현 현측일 것이다. 다시 말해 뤼첸스가 밤새 여러 번 변침했음에도 홀랜드는 결국 적의 진로를 가로지를 가능성이 있다는 뜻이다. 영국 함대에 유리한 상황이었다. 하지만 장거리 포격에 대한 후드의 약점은 끝내 해결되지 못했다. 아침 시계가 상당히 좋을 것으로 예상되는 가운데 동이 트고 있었다. 따라서 홀랜드는 적이 20해리(37km)보다 약간 가까운 거리에 있을 때 적을 포착하리라고 기대할 수 있었다. 이론적으로 후드의 15인치 함포는 15해리(28km) 떨어진 목표물을 타격할 수 있었고 최대유효사거리는 2만 5,000야드(12.5 시 마일, 22,860m)였으므로 가까이 다가갈수록 목표물을 맞힐 가능성도 커졌다.

또 다른 요소는 관통력이었다. 목표물이 가까울수록 포탄이 장갑을 관통할 가능성이 높아졌다. 또한 홀랜드가 추정한 비스마르크의 장갑대 두께를 고려했을 때, 후드의 포탄이 효과를 발휘하려면 거리를 약 1만 8,000야드(9 시 마일, 16,469m) 정도로 좁힐 필요가 있었다. 프린스 오브 웨일스에는 새롭게 설계한 14인치 주포가 탑재되었으나 후드에 탑재된 종류의 15인치 주포와 달리 아직 실전에서 유효성을 검증받지 못했다. 하지만 홀랜드는 프린스 오브 웨일스의 주포가 관통력이 조금 떨어지겠지만 후드의 주포와 유효성이 비슷하리라고 예상했다. 다시 말해 1만 6,000야드(8 시 마일,

14,630m)까지 접근해야 프린스 오브 웨일스의 포탄이 비스마르크의 장갑대를 뚫고 들어갈 수 있었다. 또한 큰 각도로 낙하하는 포탄으로부터 전적으로 안전하려면 후드는 적으로부터 1만 2,000야드(6 시 마일, 10,973m) 이내에 있어야 했다.

불행히도 이 모든 것은 홀랜드가 당분간 유리한 위치의 이점을 누릴지라도 적이 마침내 모습을 드러내면 최대한 빨리 적과의 거리를 줄여서 이 얼마 안 되는 전술적 이점을 한꺼번에 발휘해야 한다는 것을 뜻했다. 영국 함대의 주력함 두 척은 각기 조금씩 유리한 점과 불리한 점이 있었고 영국 해군성은 실전에 들어가기 전에 이를 고려했어야 했다. 그리고 홀랜드에게는 구경이 다른 주포를 보유한 두 주력함의 사격을 조율하는 문제가 있었다. 두 주력함이 같은 목표물에 사격하면, 탄착관측반이 착탄하는 모습을 보고 목표물에 명중할 때까지 조준을 수정하는 탄착 관측에 문제가 발생할 것이다. 두 함선이 같은 적함에 사격하는 상황이라면 탄착 관측은 더 어려워질 것이다. 하지만 탄도학 전문가로서 제독은 적과의 거리를 반드시 좁혀야 한다고 확신했다. 동이 트자 견시원과 레이더가 북쪽 수평선을 훑었다. 홀랜드는 생각할 거리가 많았다.

북쪽으로 24해리(44km) 떨어진 곳, 05시 25분이 막 지났을 무렵 프린츠 오이겐의 음탐사가 좌현 함수 앞쪽에서 프로펠러 소리를 들었다.[12] 함교에 있던 브린크만 함장이 보고를 받을 때쯤에는 한 척이 아닌 두 척의 선박이 내는 소리로 판명되었다. 동트기 전 어두운 밤하늘, 저 어딘가에 뭔가가 있었다. 방위는 동남동이었다. 사리에 맞는 상황이었다. 만약 적이 새벽녘에 나타난다면 남동 사분면에서 나타날 것이 분명했다. 프린츠 오이겐을 선두로 남서쪽으로 질주하는 독일 함선 두 척의 견시원들은 바로 이 방위에 시선을 집중했다. 브린크만은 비스마르크에 신호로 보고했고, 두 척은 가던 길을 계속 갔다. 이때쯤 양측은 전투가 임박했음을 인지했다.

2분 뒤인 05시 27분, 프린츠 오이겐의 견시원이 남쪽 수평선에서 나타난 흐릿한 함영 두 개를 포착했다.[13] 아침 당직장교는 부포술장 파울 슈말렌바흐Paul Schmalenbach 대위였다. 쌍안경을 든 승조원들은 모두 떠오르는 해가 밝게 물들이는 남쪽 수평선을 주의 깊게 살펴보았다. 2분 뒤, 브린크만 함장이 함교에 막 올라왔을 때 슈말렌바흐 대위는 뚜렷이 구별되는 두 개의 연기 기둥을 똑똑히 보았다. 함장은 즉각 총원 전투배치를 발령하고 발견 소식을 반 해리(926m) 뒤에 있던 비스마르크에 신호로 알렸다. 2분 뒤 15해리(28km) 남쪽, 프린스 오브 웨일스의 마스트에 있던 10대 영국 수병 '노커' 화이트'Knocker' White는 우현 현측에서 무언가를 포착했다. 마찬가지로 연기 기둥이었다. 화이트 수병은 고함을 질러 아래쪽에 소식을 알렸다. 전함 함교의 모든 눈이 젊은 수병의 팔이 가리키는 방향을 살폈다. 처음에는 아무것도 보이지 않았다. 서서히 함교 견시원들에게도 연기가 보였다. 그때쯤 화이트는 배의 마스트를 똑똑히 볼 수 있었다. 그 뒤를 따라오는 배도 보였다. 05시 35분, 그는 또다시 고함을 질렀다. "적함 발견!"[14]

첫 일제사격

이제 양측 모두 서로를 포착했다. 아직 15해리(28km) 정도 떨어져 있었으므로 어느 쪽도 적함의 정체를 구체적으로 알 수 없었지만 최소한 영국 측은 자신들이 비스마르크와 프린츠 오이겐을 상대하고 있음을 알았다. 이와 대조적으로 적함 두 척의 등장은 독일군에게는 완전히 뜻밖의 상황이었다. 비스마르크보다 1.4해리(2.6km) 앞선 프린츠 오이겐에서는 영국 함선이 더 잘 보였는데, 처음에 브린크만 함장은 이들이 적 경순양함이라고 생각했다. 실제로 05시 32분에 뤼첸스 제독에게 신호했을 때 함장은 적함이 경순양함으로 추정된다고 보고했다. 프린츠 오이겐의 포술장 야스퍼Paulus Jasper 소령은 함장만큼 확신하지 못했다. 대위는 다가오는 적함 중 최소한 한 척은 전함일지 모른다고 생각했다. 영국과 독일 함선 네 척 모두 총원 전투배치 상태였고 긴장한 승조원들은 경계 상태로 명령을 기다리고 있었다. 비스마르크의 후방 15해리(28km)에 있던 웨이크-워커의 중순양함 두 척은 안전한 거리에서 비스마르크를 뒤따르고 있었다. 이들은 전투에 참가하지 않겠지만 요구를 받으면 최소한 프린츠 오이겐은 상대할 수 있었다. 프린츠 오이겐이 더 현대적일지도 모르나 영국군 중순양함은 프린츠 오이겐을 상대할 만한 화력을 갖추었고 수적으로 2 대 1로 프린츠 오이겐을 압도했다.

05시 32분, 뤼첸스 제독은 부대에 뱃머리를 우현으로 50도 돌려 220도라는 새 침로로 항해하라는 명령을 내렸다.[15] 뤼첸스는 유빙대 가장자리와 자신의 배들 사이에 이미 충분한 공간을 확보했다. 따라서 우현으로 뱃머리를 돌리면 비스마르크의 가장 뒤쪽에 있는 함포가 적을 겨냥하게 될 뿐만 아니라 양측 함대의 거리가 줄어드는 속도를 늦출 수 있었다. 남쪽으로 보이는 적함이 무엇이든 간에, 독일군에 도달하려면 시간이 더 걸릴 것이다. 얼마 지나지 않아 독일군의 변침을 레이더로 포착한 서퍽이 후드의 홀랜드에게 소식을 전했다. 이때쯤 후드의 견시원들도 적을 알아볼 수 있었다. 독일 함선들의 마스트가 수평선 위로 올라오고 있었다. 뤼첸스의 변침은 홀랜드가 공들여 짜놓은 계획을 망쳐 버렸다. 이런 각도에서 두 함대의 접근 속도는 영국군으로서는 지나치게 느려질 것이고 후드는 원했던 것보다 고각으로 낙하하는 포탄에 더 오래 취약한 상태에 놓이게 될 것이다. 또한 정자전법을 쓸 기회도 사라졌다. 따라서 더 신속하게 거리를 좁히기 위해 변침하기로 한 홀랜드는 05시 37분에 우현으로 뱃머리를 40도 돌려 280도로 항해하라고 명령했다. 정서쪽에서 약간 북쪽이었다. 후드 뒤 800야드(0.4 시 마일, 732m) 거리를 유지하던 프린스 오브 웨일스도 당연히 기함을 따랐다.

이번 선회까지 뤼첸스는 다가오는 적함들이 자신의 함대와 거의 평행한 경로로 항해한다고 보았다. 영국군의 침로는 240도였던 반면 독일군은

220도였다. 이것은 영국 함대가 즉각적인 큰 위협이 아님을 뜻했다. 이들이 순양함이라는 생각을 뒷받침하는 증거였다. 어쩌면 덴마크 해협을 초계 중인 두 척을 증원하기 위해 파견된 배들일지도 몰랐다. 그때 홀랜드의 280도 변침으로 인해 경보가 울렸다.[16] 적함 두 척이 독일 함대에 거의 정면으로 다가오고 있었다. 훨씬 더 도전적인 태도였고 실제로 적이 교전을 원한다는 증거였다. 경순양함 두 척이 할 법한 행동은 아니었다. 2분 뒤인 05시 39분, 뤼첸스는 우현으로 배를 돌려 새 침로인 265도로 항해하라고 명령했다. 그러면 적이 자신과의 거리를 빠르게 좁히지 못할 것이므로 적의 위협을 평가할 시간을 벌 수 있었다. 무엇보다 뤼첸스는 적함의 함종을 몰랐다.

명령이 떨어진 지 1분 뒤 영국 주력함 두 척은 새 침로에 들어섰다. 이 각도에서 영국 함선들의 후방 포탑은 아직 적의 앞쪽을 겨냥할 수는 있었다. 홀랜드는 거리를 좁혀 나가고 있었다. 기함에 닥칠 위험을 피하려면 반드시 필요한 조치였다. 몇 분 정도 상황을 심사숙고한 홀랜드는 거리가 충분히 빨리 좁혀지지 않는다고 생각했다. 05시 49분, 홀랜드는 후드와 프린스 오브 웨일스에 우현으로 20도 더 선회하라고 명령했다. 새 침로는 이제 300도였다. 같은 시각, 프린스 오브 웨일스의 리치 함장에게 신호를 보내 후드에 가까이 머무르며 기함의 인도를 따르라고 지시했다.

홀랜드는 화력을 비스마르크에 집중하기로 했다. 이때 홀랜드와 후드 함교의 참모들은 독일 함대의 선도함이 비스마르크라고 생각했다. 하지만 더 나은 광학장치가 내장된 측거의를 갖춘 프린스 오브 웨일스의 승조원들은 선도함이 순양함이고 비스마르크가 뒤따르고 있음을 판별해 냈다. 프린스 오브 웨일스가 있는 곳에서 비스마르크는 오른쪽에 있었으므로 리치 함장은 홀랜드의 명령을 무시하고 오른쪽에 있는 함선을 목표로 사격 준비를 하라고 지시했다.

문제는, 이런 원거리에서 그리고 이 각도에서 독일 함선 두 척의 실루엣이 너무나 비슷하다는 것이었다. 홀랜드는 어두운 하늘을 배경으로 독일 함대를 보고 있었던 반면, 독일군은 여명에 비친 영국 배들을 똑똑히 볼 수 있었다. 후드가 첫 일제사격을 몇 번 하고 나서야 홀랜드 제독과 커 함장은 실수했음을 깨달았다. 순양함은 진짜 위협이 아니었다. 진짜 목표는 독일 전함이었다. 결국 홀랜드는 오른쪽에 있는 배(비스마르크)로 목표물을 변경하라고 명령했다. 그런데 무슨 이유에서인지 이 중요한 명령이 포반에 전달되는 데 몇 분이나 걸렸다. 새 목표물에 대한 사격제원을 산출했을 때는 이미 너무 늦었다.

영국 함선들이 선회하는 동안 영국과 독일 함선 네 척의 사격통제반은 중요한 정보인 목표물과 자함의 침로, 속력, 방위를 기계식 아날로그 컴퓨터에 입력해 올바른 사격제원을 산출하며 사격 준비를 했다. 이 정보를 전송받은 포탑이 그에 맞춰 선회하고 부앙각을 조절해야 각 함의 함장들이 발포 명령을 내릴 수 있었다. 후드의 커가 네 명의 함장 중 가장 먼저 명령을 내렸다. 그는 제독의 승인을 얻어 포술장에게 지시를 하고 '발포' 명령을 내렸다. 05시 52분, 후드의 전방 포탑 2기가 동시에 오렌지색 불꽃을 뿜었다. 15인치(38.1cm) 포탄이 굉음을 내며 목표물을 향해 날아갔다.[17] 이제 거리는 2만 5,000야드(12.5 시 마일, 22.860m)였고 포탄이 목표물에 도달하기까지 대략 44초가 걸렸다. 마침내 목표물 앞쪽에서 큰 물기둥 네 개가 치솟는 모습이 보였다. 1,000야드(0.5 시 마일, 914m)가 모자랐다.

독일 함선들에서도 발사 불꽃이 보였다. 적함은 거의 선수 쪽에 있었기 때문에 식별하기가 어려웠다. 그런데도 이들이 사격했다는 것은 이들이 순양함이 아닐지도 모른다는 증거였다. 순양함의 함포는 그 정도의 사거리가 나오지 않기 때문이다. 적의 정체에 대해 독일군이 품어 온 의문은 프린츠 오이겐 앞쪽 수면에 후드의 일제사격에서 날아온 포탄이 낙하하자 일거에 사라졌다. 후드의 포탄이 낙하하기 전인 05시 53분에 프린스 오브 웨일스도 사격을 시작했다. 프린스 오브 웨일스는 후드보다 약간 뒤쪽에 있었으므로 전방 포탑의 14인치 포 6문에 통지된 사거리는 2만 6,500야드(13 시마일, 24,232m)였다. 49초 뒤, 프린스 오브 웨일스가 발사한 포탄이 낙하했다. 탄착군은 훌륭했으나 비스마르크의 오른쪽으로 거의 2,000야드(1 시마일, 1,829m)나 빗나갔다. 형편없는 사격 실력이었다. 아마도 경험이 부족한 거리측정반 때문에 생긴 결과일 것이다.

설상가상으로 'A' 포탑의 왼쪽에 있는 포가 사격 후 오작동을 일으켰다. 다시 말해 첫 일제사격을 하고 30초 뒤 두 번째 일제사격을 할 때 프린스 오브 웨일스는 5문만 발사할 수 있게 되었다는 뜻이다. 첫 일제사격에서 발사한 포탄들이 날아가는 중이었으므로 사격통제반은 탄착에 따라 조준을 수정하지 못했고 두 번째 일제사격에서 발사한 포탄도 목표물에서 먼 곳에 떨어졌다. 그동안 후드의 2차 일제사격에서 발사한 포탄도 적함에 못 미쳐 낙하했다. 두 척 모두에서 포수들은 처음 낙하한 포탄에 맞춰 조준을 수정했으므로 이론적으로는 정확도가 향상되어야 했다. 그런데 무슨 이유에서인지 후드의 사격통제반은 대재앙에 휩쓸려 나가기 전까지도 목표물과의 거리를 제대로 파악하지 못했다. 후드는 프린츠 오이겐에 일제사격을 열 번이나 실시했지만 모두 빗나갔다. 이와 대조적으로 프린스 오브 웨일스의 포반은 경험이 부족했는데도 후드보다 훨씬 효율적으로 거리를 측정했다.

비스마르크의 뤼첸스 제독은 아직도 발포 명령 하달을 거부했다.[18] 그는 비스마르크와 프린츠 오이겐의 포반이 계산을 마칠 때까지 시간을 벌었다. 적의 정체를 정확히 판별하는 것도 뤼첸스가 원하는 바였다. 후드가 발사한 포탄이 낙하하자마자 그는 두 가지를 깨달았다. 첫째, 적함은 순양함이 아니라 주력함이고, 프린츠 오이겐 앞에서 솟아오른 물기둥은 대구경 함포탄이 일으킨 것이 분명하다. 비스마르크에서 1해리(1.9km) 뒤에 떨어진 포탄도 마찬가지다. 둘째, 오른쪽의 영국 함선(후드)은 비스마르크가 아닌 프린츠 오이겐에 사격하고 있다. 말이 되지 않았다. 순양함은 전함에 전혀 위협적이지 않다. 따라서 최소한 영국군 함장 한 명은 목표물을 식별하지 못

후드에서 발사한 포탄이 프린츠 오이겐 근처에 낙하하고 있다.

한 것으로 보였다. 장갑이 상대적으로 약한 순양함으로서는 불편한 상황이었겠지만 비스마르크는 숨돌릴 틈을 얻었다.

05시 54분이 되었다. 후드는 프린츠 오이겐에 세 번째 일제사격을 했다. 포탄은 적 순양함에 점점 더 가까이 낙하했으나 후드의 전방 주포탑은 아직도 명중탄을 내지 못했다. 장전 속도가 더 빠른 프린스 오브 웨일스의 포탑은 같은 시간에 일제사격을 세 번 더 했다. 마찬가지로 조준은 향상되었으나 발사한 포탄들은 비스마르크 근처에도 못 갔다. 프린스 오브 웨일스는 여전히 포 5문으로만 일제사격을 했고, 'A' 포탑의 고장 난 왼쪽 포의 포반원들은 포를 다시 발사 가능한 상태로 돌리기 위해 애쓰고 있었다. 그 시점에 양측 지휘관들은 침로를 바꾸기로 결정했다. 먼저 행동에 나선 뤼첸스가 함대를 좌현으로 45도 돌려 200도로 변침했다. 다시 말해 영국 함선들이 지금 침로를 유지한다면 독일군이 영국군의 진로를 가로질러 갈 판이었다. 그러나 이런 상황이 일어나도록 놔두기에 홀랜드는 매우 약삭빠른 사람이었다.

1분 뒤인 05시 55분, 홀랜드는 함선들에 좌현으로 20도 뱃머리를 돌려

280도로 나아가라고 명령했다.[19] 적의 움직임에 대한 대응이었겠지만 다른 이유도 있었다. 영국 함선들은 상부 구조물에 가려 후방 포탑을 사용할 수 없었다. 따라서 후방 포탑의 '사격 반경에서 장애물을 치우려면' 우현으로 선회해야 했다. 양측 모두 서로를 향해 거리를 좁혀 가는 상황이었고 모두 28노트로 항해했다. 그 순간, 독일 함선들은 영국 함대 기함의 우현 선수에서 약 50도 방위에 있었다. 후드와 프린츠 오이겐의 거리는 겨우 11해리(20km) 정도로 줄었다. 이보다 1해리(1.9km) 뒤에 있던 비스마르크까지의 거리는 12해리(22km)에 조금 못 미쳤다. 포탄이 비스마르크에 명중한다 해도 관통을 보장하기에는 너무 먼 거리였다. 하지만 11해리(20km) 거리에서라면 후드의 15인치 포탄이 프린츠 오이겐을 완전히 박살낼 수 있었다.

이 시점에 뤼첸스 제독이 발포명령을 내렸다. 비스마르크의 전방 마스트에 신호기가 올랐다. 프린츠 오이겐의 함교에 있던 신호 담당 부사관이 기다리던 신호였다. 몇 초 뒤 브린크만 함장도 명령을 내렸다. 프린츠 오이겐이 먼저 후드를 겨냥해 8인치 포로 일제사격을 했다. 프린츠 오이겐의 8인치 포탄은 후드의 장갑대를 관통할 수 없지만 브린크만은 낙하탄이 얼마간 효과를 발휘하기를 기대했다. 프린츠 오이겐의 첫 일제사격은 빗나갔지만 30초 뒤인 05시 56분에 발사한 두 번째 일제사격은 조준이 완벽했고 포탄은 45초를 체공한 끝에 후드를 협차夾叉straddle(일제사격으로 발사한 포탄을 표적의 전후좌우에 걸쳐 낙하시켜 탄착군 안에 표적이 들어가도록 하는 과정—옮긴이)했다.[20] 한 발은 후부 연돌과 주마스트 사이에 명중했고 4인치 대공포에 탄약을 공급하는 탄약 임시보관소 옆에서 폭발해 화재를 일으켰다. 작은 화재였고 심각한 명중탄 피해는 아니었다.

프린츠 오이겐이 발포한 지 몇 분 뒤인 05시 55분 30초, 비스마르크가 처음으로 일제사격을 했다.[21] 처음 발사한 여덟 발이 목표물에 도달하기까지 32초가 걸렸으나 포탄은 후드에서 400야드(0.2 시 마일, 366m) 앞쪽에 떨어졌다. 프린스 오브 웨일스의 리치 함장은 비스마르크가 발사한 포탄의 탄착군이 아주 잘 형성된 데 주목했다. 비스마르크의 포수들은 충분한 시간을 들여 조준을 수정한 다음 90초 뒤인 05시 57분에 두 번째 일제사격을 했다. 이때 둘 사이의 거리는 1,000야드(0.5 시 마일, 914m)가 줄어든 상태였다. 포탄은 넓게 낙하하며 후드의 함수 500야드(0.25 시 마일, 457m) 앞에 떨어졌다. 이번에도 살짝 모자랐다. 영·독 양측 네 척의 사격통제반은 완벽한 협차사격을 달성하기 위해 계속 조준을 수정했다. 전투가 개시된 지 고작 4분이 지났고 프린츠 오이겐이 후드에 맞힌 포탄이 유일한 명중탄이었다. 이제 사태가 극적으로 뒤바뀔 차례였다.

제10장

후드 폭침

치명타

05시 57분, 비스마르크의 린데만 함장은 좌현으로 5도 변침하고 30노트로 속력을 높이면서[1] 프린츠 오이겐의 브린크만 함장에게 약간 감속하라고 명령했다. 전함을 순양함 앞에 세워서 프린츠 오이겐을 후드의 포화에서 보호할 생각이었다. 후드가 좌현으로 뱃머리를 돌리자 프린츠 오이겐은 눈에 더 잘 띄는 목표가 되었다. 독일 지휘관들은 이번 전투에서 처음으로 적의 정체를 식별할 수 있었다. 후드와 킹 조지 5세급 전함이었다. 뤼첸스는 프린스 오브 웨일스가 아직도 시험 항해 중이라고 생각했으므로 전투 내내 그와 참모들은 두 번째 전함의 정체를 킹 조지 5세로 오인했다. 그래도 노련한 승조원이 더 많다고 생각한 후드가 더 위험한 적으로 보였다.

하지만 실제로 처음 포문을 연 함선은 프린스 오브 웨일스였다. 첫 일제사격으로 발사한 포탄은 1,000야드(0.5 시 마일, 914m) 이상 빗나갔고 'A' 포

탑의 1번 주포는 오작동했다.[2] 다음 세 번의 일제사격 시에는 좀 더 가까운 곳에 포탄을 떨어뜨렸으나 모두 목표에서 빗나갔다. 하지만 사격 통제관들은 표적을 눈여겨보고 있었다. 그때쯤 1번 주포의 수리가 끝났고 05시 55분 직후, 프린스 오브 웨일스는 전방 주포 6문을 모두 사용해 다섯 번째 일제사격을 했다. 포탄은 40초 뒤에 수면에 떨어졌으나 여전히 목표에서 빗나갔다. 설상가상으로 1번 주포가 또 말썽을 일으켜 전투 내내 사용할 수 없게 되었다. 그동안 후드는 프린츠 오이겐에 다시 네 발 일제사격을 했으나 빗나갔고 그 뒤로 80초간 발사한 5차, 6차 일제사격도 마찬가지였다. 포술에 관한 한 후드와 포수들에게 특별히 좋은 아침은 아니었다.

프린스 오브 웨일스의 포수들은 그보다 운이 좋았다.[3] 05시 56분에 프린스 오브 웨일스는 35초 간격으로 두 번 더 일제사격을 했다. 첫 일제사격으로 발사한 포탄들이 표적 뒤에 떨어진 반면, 6차 일제사격은 비스마르크를 사이에 두고 떨어져 함수 근처, 함체 좌현에 명중했다. 이 포탄은 폭발하지 않은 채 비스마르크의 가벼운 함수부 장갑을 관통해 우현으로 빠져나갔지만 폭발로 인해 기름이 유출되고 소규모 침수가 발생했다. 프린스 오브 웨일스의 다음번(일곱 번째) 일제사격은 또 빗나갔고 여덟 번째 일제사격도 마찬가지였다. 이때쯤 양측의 거리는 2만 야드(10 시 마일, 18.288m)까지 좁혀졌다.[4] 영국과 독일 함선 네 척 모두 꾸준히 사격하고 있었다. 두 척은 후드를 겨냥했고 한 척은 프린츠 오이겐을, 그리고 다른 한 척은 비스마르크를 조준했다. 05시 57분, 프린츠 오이겐이 후드에 약 30초 간격으로 2회 일제사격을 했다. 둘 다 빗나갔는데 아마 후드가 약간 좌현으로 선회했기 때문일 것이다.

비스마르크도 동시에 사격했다. 이것은 세 번째 일제사격으로 2만 야드(10 시 마일, 18.288m) 약간 넘는 거리에서 발사되었다. 이번에는 후드를 완벽하게 협차했다.[5] 한 발만 뺀 나머지가 후드 근처에 낙하했다. 그러나 비스마르크의 포수들은 15인치 주포 사격관제탑과 후드 함교 위, 전방 마스트 꼭대기에 있는 사격지휘소에 한 발이 명중했다고 주장했다. 영국군 생존자들은 이를 부인했는데, 아마 파편으로 파손됐을 수도 있다. 어쨌든 사격관제탑은 기능을 멈췄고 반원들은 죽거나 다쳤다. 그 결과 하필 전투 중 가장 중요한 때에 후드는 가장 중요한 사격 지휘 기능을 상실했다. 이제 후드의 포수들은 밖에 있는 고성능 측거의의 도움을 받지 못한 채 사격해야 했다. 후드의 사령실과 함교 꼭대기에 있는 사격통제장치가 아직 작동했으나 타격에서 회복하려면 시간이 걸릴 터였다. 후드 승조원에게는 한시가 급했다.

비스마르크가 발사한 포탄이 비행하는 동안 후드는 프린츠 오이겐에 일곱 번째 일제사격을 했다. 이 단계에서 표적을 전환하라는 어떤 명령도 없었고, 얼마 후 상실할 사격관제탑은 문제를 해결하는 데 도움이 되지 않을 터였다. 사격은 또 빗나갔으나 이번에는 목표물에 가깝게 떨어졌다. 교전 전반에 걸쳐 이번이 명중탄에 근접한 가장 좋은 사격이었다. 같은 시간에 프린스 오브 웨일스가 일제사격으로 발사한 다섯 발 중 한 발이 비스마르크에 명중했다.[6] 프린스 오브 웨일스의 14인치 포탄은 수선 근처 좌현 함체, 좌현 6인치 전방 부포탑 아래에 명중했다. 비록 두께 12.6인치(32cm)의 주 장갑대를 타격하지는 않았으나 그 바로 아래, 장갑대의 두께가 겨우 6.7인치(17cm)인 곳에 명중했다. 장갑이 약한 부분을 관통한 포탄의 폭발은 그 뒤의 빈 공간에서 소멸했으나 그로 인해 연료 탱크에 구멍이 났고 발전실이 약간 침수되었다. 이렇게 프린스 오브 웨일스는 비스마르크에 두 번째 명중탄을 기록했다.

이때 아이슬란드에서 발진한 쇼트 선덜랜드Short Sunderland 비행정 한 대가 마침 덴마크 해협 상공을 지나치고 있었다.[7] 연안방어사령부의 본R. J. Vaughn 소위는 이 전투를 무대 맨 앞열에서 관람하게 되었다. 독일 함선들이 비행정에 대공포로 사격을 개시하자 둔중한 수색용 비행정은 반전해 구름 속으로 숨어야 했다. 회피기동을 하기 전에 본 소위는 후드를 내려다보았다. 주 마스트와 함교 구조물 하부가 불타고 있었다. 주 마스트의 화재는 05시 56분에 프린츠 오이겐의 포탄이 명중해 4인치 부포탄에 불이 옮겨 붙으면서 발생했다. 함교 구조물 하부의 화재는 전방 마스트 꼭대기에 있는 사격관제탑이 피탄되었을 때 불타는 파편이 튀면서 일어났을 것이다. 주변에서 대공포탄이 폭발하는 와중에 비행정은 기수를 돌렸고, 몇 분 뒤 아래의 파노라마는 구름에 가려 보이지 않았다. 05시 58분, 전투가 시작된 지 6분이 지났다. 후드와 비스마르크는 적탄에 맞았고 후드를 제외한 양측의 모든 함선이 제 역할을 수행하고 있었다.

다음 몇 분 동안 후드는 여덟 번째, 아홉 번째 일제사격을 했다. 둘 다 프린츠 오이겐을 겨냥한 사격이었다.[8] 사격관제탑이 제 기능을 하지 못했으므로 명중탄을 기록할 가능성은 희박했다. 아니나 다를까, 모두 목표물에 못 미쳐 떨어졌다. 프린츠 오이겐은 주포 8문으로 일제사격을 했다. 후드에 대한 여섯 번째이자 마지막 일제사격이었다. 양측 사이의 거리는 이제 1만 7,500야드(8.25 시 마일, 16,002m)에 못 미쳤으므로 포탄의 비행시간은 24초였다. 프린츠 오이겐의 포탄은 협차에 성공해 모두 후드의 중앙부 약간 앞쪽에 떨어졌고 한 발이 전방 연돌 바로 앞, 전방 마스트 밑동에 명중했다. 이 구역에는 사격 관제탑과 전방 마스트에서 떨어진 파편이 어지럽게 널려 있었고 일부는 불타고 있었다.

새로 명중한 프린츠 오이겐의 8인치 포탄으로 인해 화재가 더욱 심해졌고 불길이 4인치 포 포좌 주변을 집어삼켰다. 브린크만 함장은 뤼첸스 제독으로부터 목표를 후드에서 '킹 조지 5세'로 전환하라는 신호를 받았다. 뤼첸스는 전투 내내 프린스 오브 웨일스를 킹 조지 5세라고 불렀다.[9] 이제 비스마르크가 후드와 교전할 수 있는 거리에 다다랐으므로 뤼첸스는 브린크만의 8인치 포가 프린스 오브 웨일스의 포수들의 주의를 분산해 주기를 바랐다.

그동안 비스마르크는 후드에 네 번째 일제사격을 했다. 거리는 1만 8,600야드(9.2 시 마일, 17,008m)였으나 이번에 독일군의 포탄 여덟 발은 목표물에 못 미쳐 낙하했고 후드의 우현 선수에 거대한 물기둥이 솟구쳤다. 후드가 얼마 전에 좌선회를 한 덕분이었다. 독일군 사격통제반원들은 조준을 보정하고 다음 일제사격을 준비했다. 그동안 프린스 오브 웨일스는 빠르게 사격하며 05시 58분에 열 번째 일제사격을, 30초 뒤에 열한 번째 일제사격을 했다.[10] 두 번의 일제사격 모두 포 5문으로 했다. 'A' 포탑의 고장 난 포 1문을 제외한 전방 주포 전체였다. 포탄은 모두 목표물에 못 미쳐 떨어지며 빗나갔다. 이제 거리는 1만 7,100야드(8.4 시 마일, 15,636m)였고 포탄이 목표물에 도달하기까지 26초가 걸렸다. 이로 인해 일제사격 사이에 조준을 수정할 시간이 없었다. 사격통제반은 일제사격 2회마다 한 번씩 조준을 수정했다.

후드에 있는 홀랜드 중장과 커 함장은 자신들 뒤에서 타오르는 불길이 안중에 없었다. 커 함장은 나침함교와 그 주변을 둘러싼 티크제 갑판 위로 고철 파편과 신체 조각들이 비오듯 떨어지기 시작한 후에야 마스트의 사격 관제탑을 상실했음을 인식했다. 함장은 나침함교 문 밖에 떨어진 시체가 누구인지 알아보라고 소위후보생을 보냈다. 얼굴이 창백해진 어린 소위후보생이 돌아와 대위라는 점 외에는 누구인지 알아볼 만큼 신체 부분이 많이 남아 있지 않다고 보고했다. 홀랜드 제독은 전투에만 집중하고 있었다. 몇 분 안에 후드는 '취약 구역zone of vulnerability'(큰 각도로 낙하하는 포탄에 맞을 위험이 있는 외곽 범위대)에서 벗어날 것이다. 따라서 급속하게 줄어드는 거리를 평가한 다음 결단을 내려야 했다.

5시 59분, 홀랜드는 좌 20도로 소규모 변침을 명령했다.[11] 후드는 침로 260도로 항해하고 후방포탑 2기도 사격할 수 있는 위치에 있게 되었다. 다시 말해 후드는 목표를 향해 여덟 발을 일제사격할 수 있게 되었다. 목표는 비스마르크여야 했다. 그런데 설명할 수 없는 이유로 후드의 전방 15인치 포 4문이 1만 7,000야드(8.4 시 마일, 15,545m) 떨어진 프린츠 오이겐을 겨냥하고 있었다. 홀랜드의 명령이 조타수에게 전해졌고 후드는 서서히 선회했다. 후드의 뒤에 있던 프린스 오브 웨일스는 후드가 먼저 선회하자 기함의 약간 우현 쪽으로 떠밀렸고 이제 후드의 우현 뒤 750야드(0.3 시 마일, 686m)에 위치하게 되었다. 그동안 양측은 서로에게 계속 사격했다. 이제 프린츠 오이겐은 프린스 오브 웨일스로 목표를 바꾸었고 2분에 세 번 일제사격을 했다. 일곱 번째, 여덟 번째, 아홉 번째 사격은 모두 빗나갔다. 프린츠 오이겐의 사격통제반은 표적을 획득하기 위해 애쓰고 있었다.

05시 59분, 후드는 프린츠 오이겐에 열 번째로 일제사격을 실시했으나 또다시 포탄 네 발이 모두 빗나갔다.[12] 배가 선회하자 후드의 'X' 포탑과 'Y' 포탑이 적을 겨냥할 수 있게 되었고 포반원들은 장전을 끝내고 사격을 준비했다. 따라서 후드의 열한 번째 일제사격은 이번 전투에서 처음으로 주포 모두를 쓰는 일제사격이 될 터였다. 후드 뒤를 따라오던 프린스 오브 웨일스는 후드가 좌현으로 선회한 덕을 보았다. 'Y' 포탑의 포 4문이 막힘 없이 자유롭게 사격할 수 있게 된 프린스 오브 웨일스는 비스마르크에 두 번 일제사격을 했다. 포탑 3기 전체를 쓴 첫 일제사격이었다. 그런데 14인치 포탄 열 발 대신 비스마르크를 향해 발사된 것은 여덟 발에 불과했다. 'Y' 포탑의 포 4문 가운데 1문이 불을 뿜어 보기도 전에 고장 나버린 것이다. 이미 'A' 포탑의 포 1문이 영구적으로 작동 불능이 되었으므로 전 주포로 사격하더라도 발사할 수 있는 포탄은 여덟 발뿐이었다. 프린스 오브 웨일스는 05시 59분에 열두 번째 일제사격을 했고 거리는 고작 1만 6,200야드(8 시 마일, 14,813m) 정도였다. 30초 뒤 열세 번째 일제사격이 이어졌다.

두 번의 일제사격으로 발사한 포탄 중 첫 번째는 비스마르크에 도달하지 못했으나 두 번째는 비스마르크를 협차해 후부 상부 구조물에 한 발이 명중했다. 주 마스트 밑의 후부 보트 갑판이었다. 포탄이 폭발했으나 탑재된 37.8피트(11.5m)짜리 목제 피킷 보트picket boat 한 척을 파괴하고 다른 여러 척을 파손했을 뿐 별다른 피해를 입히지 못했다. 비스마르크에는 이런 보트 네 척이 탑재되어 있었는데, 포탄이 좁고 어수선한 좌현 갑판에 탑재된 두 척에 명중했다. 작은 화재가 발생했으나 뮐렌하임-레흐베르크가 배치된 후부 사격통제지휘소 뒤쪽 아래에 대기하던 손상통제반이 곧 진압했다. 뮐렌하임-레흐베르크는 북쪽으로 12해리(22km) 떨어진 곳에서 비스마르크를 추적 중인 노퍽과 서퍽을 감시하라는 명령을 받았다. 그는 이렇게 말했다. "그날 아침에 사건이 일어나는 광경을 쳐다보지 않고 넘어가기는 매우 어려웠다."[13] 서퍽이 간혹 일제사격을 했으나 포탄은 비스마르크에 한참 못 미쳐 떨어졌다. 비스마르크는 대응하지 않았다. 포수들이 후드를 상대하기에도 너무나 바빴기 때문이다.

앞쪽을 가끔 힐끗힐끗 훔쳐보는 뮐렌하임-레흐베르크의 귀에 포술장 슈나이더 중령이 포반에 내리는 지적만이 들렸다. 시간이 째깍째깍 흐르고 결투가 계속되는 동안 뮐렌하임-레흐베르크는 이전 일제사격이 목표물에 못 미쳐 떨어진 모습을 관측한 슈나이더 중령의 사격제원 정정 명령과 간단한 평가를 들었다. 06시, 비스마르크는 후드에 다섯 번째로 일제사격을 했다. 거리는 1만 7,200야드(8.5 시 마일, 15,728m)였고 포탄의 비행시간은 약 23초였다. 이번 일제사격은 완벽한 협차를 달성했다. 뮐렌하임-레흐베르크는 슈나이더 포술장의 감탄을 들었다. "와, 저거 불발이었나? 제대로 맞았는데 말이지!" 그는 서펵이 아닌 후드에 조준을 맞춘 좌현 사격통제장치 쪽으로 넘어갔다. 그리고 평생 잊을 수 없는 광경을 보게 되었다.

포탄이 낙하할 즈음, 후드는 아직도 좌현으로 선회하는 중이었다. 후드의 길이는 860피트 7인치(262m)였고 수압이 키에 작용해 길고 날씬한 함체가 새 항로에 들어서기까지 시간이 걸렸다.[14] 프린스 오브 웨일스의 길이는 745피트 1인치(227m)였고, 만약 후드의 길이가 115.5피트(35m) 더 짧았더라면 상황은 완전히 다르게 전개되었을 것이다. 비스마르크가 일제사격한 포탄은 후드가 원래 있어야 할 위치에 약간 못 미쳐 떨어졌는데, 후드가 변침하지 않았더라면 우현 바로 뒤에 떨어졌을 것이다. 그러나 변침과 후드의 함체 길이 때문에 이번 일제사격에서 발사된 포탄은 후드를 협차했다. 여덟 발 중 한 발이 후드의 주 마스트 뒤, 탐조등 제어반이 꼭대기에 자리한 땅딸막한 후부함교탑 바로 앞에 명중했다. 그 다음 일어난 일은 부분적으로는 추정에 의존한다. 하지만 기본 사실은 단순하다. 비스마르크의 15인치 포탄이 2인치(5cm) 두께의 갑판장갑을 뚫고 들어와 갑판 아래에 있는 구획에서 폭발했다.

주갑판의 이 구역은 4인치 부포탄 작업공간이었음이 거의 확실하다.[15] 포탄이 폭발하면서 이곳에 적재된 장약이 점화되어 터졌고, 그 아래 소화기 탄약고에 있는 더 많은 탄약을 파괴하면서 연쇄폭발의 방아쇠를 당겼다. 불덩이는 바로 그 아래의 4인치 포탄 주 탄약고로 계속해서 뚫고 내려갔다. 주 탄약고 바로 뒤, 탄약고 후방 격벽을 지나면 'X' 포탑의 추진장약이 있는 보관소가 있었다. 정확히 어떤 순서로 사건이 전개되었는지는 알 수 없지만 가장 설득력 있는 추론은 4인치 포 탄약고의 폭발이 추진장약 폭발로 이어졌고, 뒤이어 'X' 포탑의 주 탄약고에 있는 전체 탄약의 폭발로 연결되었다는 것이다. 몇 초 만에 일어난 유폭이 엄청난 오렌지색 불기둥을 일으키며 거대한 주포탑을 하늘로 날려보냈다. 이 폭발로 인해 함미가 함체에서 싹둑 잘려 나갔다.

나침함교에 있던 프린스 오브 웨일스의 리치 함장은 비스마르크와의 격투에 집중하면서 힘수 좌현 750야드(0.3 시 마일, 686m) 앞에 있던 후드를 계속 힐끔힐끔 보고 있었다.[16] 후드 정중앙부에서 솟아오르는 불길이 보였다. 리치 함장은 화재가 진압되기를 바랐다. 그가 본 것은 비스마르크의 다섯 번째 일제사격으로 발사된 포탄이 낙하하는 순간이었다. 나중에 함장은 그 순간을 이렇게 회상했다.

> 나는 두 발은 후드에 못 미쳐 떨어지고 한 발은 후드를 넘어갔다고 생각했다. 어쩌면 그 반대였을지도 모르겠다. 후드의 주 마스트 바로 앞, 약간 우현으로 치우친 곳에 무언가가 떨어져서 그렇게 생각한 것 같다. 확실하진 않았지만 무슨 일이 일어난 건 틀림없었다. 나는 궁금해서 후드를 계속 살펴보았다. 그렇게 느낀 지 1, 2초 뒤 후드에서 폭발이 일어났다. 뭔가가 떨어졌다고 생각한 바로 그 장소인 것 같았다. 가늘지만 연돌 형상의 불꽃이 갑자기 맹렬하게 위로 솟구쳤다. 그와 동시에 후드는 머리부터 꼬리까지 연기에 휩싸였다.

후드에서는 재앙의 전모가 바로 분명하게 드러나지 않았다. 당시 후드 승조원 윌리엄 던다스William Dundas 소위후보생은 이렇게 회상했다. "우리를 끝장낸 건 비스마르크의 다섯 번째 일제사격이었습니다. 파편이 비처럼 쏟아졌고 좌현에서 대량의 갈색 연기가 바람이 부는 쪽으로 흘러가는 모습도 보였습니다."[17] 배 전체가 흔들리는 듯하더니 우현으로 기울기 시작했

프린스 오브 웨일스에서 목격한 후드 폭발 장면을 묘사한 그림. 프린스 오브 웨일스의 리치 함장이 제2차 사문위원회 제출용으로 그렸다.

다. 함교에서 느끼기에 뭔가가 단단히 잘못되었다는 첫 징후는 큰 흔들림과 함께 찾아왔다. 조타수가 조타 불능을 보고하자 커 함장은 비상조타로 전환하라고 명령했다. 함교에 있던 그 누구도 함미가 날아가 버렸다는 사실을 몰랐다. 후드는 몇 초 정도 균형을 회복했다가 급격히 좌현으로 기울었다. 함이 치명적 피해를 입었음이 명백했다. 퇴함 명령 없이 함교 인원들은 우현 문으로 몰려들어 주변의 플랫폼으로 나갔다. 테드 브릭스는 퇴거가 매우 질서 정연하게 이루어졌다고 회상했다. 그는 한 장교가 브릭스를 먼저 보내기 위해 멈춰 섰던 것도 기억했다.

브릭스가 뒤를 흘깃 돌아보니 홀랜드 중장은 함교 한가운데에 있는 의자에 침착하게 앉아 있었다. 그의 옆에는 커 함장이 기울어지는 배에서 똑바로 중심을 잡으려 애쓰며 서 있었다.[18] 해군의 오랜 전통에 따라 두 사람은 가라앉는 배와 운명을 같이할 터였다. 던다스 소위후보생은 급격하게 기울어진 갑판 때문에 문까지 갈 수 없어서 겨우 빠져나갈 구멍이 생길 때까지 함교 우현의 창문 하나를 계속 발로 걷어찼다. 배가 너무 많이 기운 나머지 함교 벽을 따라 수면으로 걸어갈 수 있을 정도였다. 그동안 던다스는 방해가 될 만한 것을 다 벗어 던졌다. 그보다 뒤쪽에 있던 로버트 틸번Robert Tilburn 일등수병은 보트 갑판에서 몸을 피하고 있었다. 갑자기 엄청난 진동을 느꼈고, 파편과 신체 조각들이 주변에 마구 떨어졌다. 눈앞에서 전우 두 사람이 파편에 갈기갈기 찢겨 나갔다. 구역질이 난 틸번은 우현 난간으로 옮겨 갔다가 하마터면 떨어지는 파편에 맞을 뻔했고 결국 선수 선실 쪽으로 미끄러져 내려가 바다에 입수했다.

비스마르크의 뮐렌하임-레흐베르크는 누군가가 "후드가 폭발한다!"라고 외치는 소리를 들었다.[19] 그는 좌현 사격통제장치를 통해 밖을 내다보았다. 고배율 광학장비로 확대해 보니 눈앞에 펼쳐진 장관이 완벽히 보였다.

> 처음에는 어디에서도 후드가 보이지 않았다. 후드가 있던 곳에는 하늘에 닿을 정도로 엄청난 규모의 검은 연기 기둥이 피어오르고 있었다. 찬찬히 살펴보니 연기 기둥 밑에 수면 밖으로 삐죽하게 솟은 순양전함의 함수를 알아볼 수 있었다. 함이 두 동강 났다는 확실한 증거였다. 그리고 믿을 수 없는 장면을 보았다. 전방 주포에서 오렌지색 불꽃이 번쩍했다. 전투가 이미 끝났는데도 후드는 마지막 일제사격을 하고 있었다. 나는 저쪽에 있는 영국 장병들에게 깊은 존경심을 느꼈다.

비스마르크의 함교에 있던 항해장 노이엔도르프 중령도 이 장면을 보았다. "갑자기 후드가 둘로 쪼개졌고 수천 톤의 강철이 하늘 높이 솟구쳤다. 1,000명 이상이 죽었다. 후드가 있는 곳에서 피어오르는 불덩이는 만질 수 있을 듯이 가까워 보였다. … 내 온몸에 폭발의 압력이 전해졌다."[20]

프린스 오브 웨일스의 리치 함장은 망연자실해 있다가 후드의 잔해와 충돌하는 사태를 피하기 위해 즉시 우현으로 선회하라고 명령했다.[21] 그는 몇 초간 물 밖으로 솟아 있던 후드의 절단된 함미를 바라보았다. 그 순간, 비스마르크의 여섯 번째 일제사격으로 발사된 포탄이 후드의 잔해 바로 뒤에 낙하했다. 리치 함장의 눈에 관성 때문에 물을 가르며 움직이는 후드의 앞쪽 선체 3분의 2가 보였다. 부러진 함체로 바닷물이 밀려들어 오자 후드의 함수가 수면 위로 솟아올랐고, 죽어 가는 배의 부러진 양쪽 끝이 수면 위로 올라와 거대한 V 모양을 만들었다. 잠시 후, 후드의 두 동강 난 선체는

후드가 폭침되는 순간. 왼쪽에서 프린스 오브 웨일스의 주포 발사 연기가 희미하게 보인다.

기름으로 뒤덮인 파도 아래로 미끄러져 들어가 사라졌다. 여기저기 흩어진 잔해만이 이곳에 후드가 있었음을 알려 주었다. 일렁이는 파도에 몸을 맡긴 채 바다에 떠 있는 사람은 브릭스, 던다스와 틸번뿐이었다. 세 사람 모두 수면 아래로 빨려 들 뻔했으나 벗어나는 데 성공해 후드의 최후를 전할 수 있었다. 1,415명의 전우들은 이들만큼 운이 좋지 못했다. 모두가 배와 함께 가라앉았다.

틸번은 고개를 돌려 후드의 마지막 모습을 얼핏 보았다. "함수가 물 밖으로 솟아 있었습니다. 거의 수직이었어요. 그리고 아래로 미끄러져 들어갔어요. 에어포켓이 수면 위로 터져나오면서 바다가 부글거리며 쉭쉭 하는 소리가 났고, 군데군데 있던 기름이 불타고 있었습니다."[22] 운 좋은 사람들은 거대한 불덩이가 함을 찢어 놓을 때 즉시 재가 되거나 폭발로 산산조각이 났다. 어떤 이들은 굴러떨어진 기계장치나 포탄에 깔려 죽었다. 배가 심연으로 가라앉는 동안 수백 명이 얼음장 같은 바닷물이 서서히 쏟아지는 깜깜한 방수구획이나 포탑 또는 탄약고에 갇혀 있었다. 프린스 오브 웨일스의 의무병 샘 우즈Sam Woods는 후드가 가라앉는 장면을 지켜보던 동료 수병들의 느낌을 이렇게 요약했다. “남은 것이라고는 거대한 연기 기둥뿐이었습니다. 몇 분 전만 해도 그곳에 우리 해군의 자부심이 있었지요.” 상당수는 방금 목격한 믿을 수 없는 상황에 충격을 받아 넋이 나갔다.

마지막 장

중순양함 노퍽의 웨이크-워커 소장은 이 비극적 소식을 즉시 런던의 해군성과 킹 조지 5세의 토비 제독에게 타전하라고 명령했다.[23] 이날 이른 아침에 적 수색에 나섰다 허탕친 홀랜드의 구축함 네 척에도 소식이 전해졌다. 이들은 세 시간 뒤에 현장에 도착해 생존자를 수색했다. 발견된 생존자는 브릭스, 던다스와 틸번뿐이었다. 그동안 참극의 현장을 뒤로하고 앞으로 나아가던 프린스 오브 웨일스는 비스마르크와 프린츠 오이겐의 협공을 받게 되었다. 전투는 아직 끝나지 않았다. 06시 01분, 프린츠 오이겐이 프린스 오브 웨일스를 향해 열 번째와 열한 번째 일제사격을 했으나 명중탄은 없었다. 비스마르크의 포반도 프린스 오브 웨일스로 목표물을 전환했다. 프린스 오브 웨일스가 후드가 가라앉은 위치를 지나치고 있었으므로 조준하기가 수월했다.[24] 비스마르크는 06시 01분에 거리 1만 6,400야드(8.1 시 마일, 14,996m)에서 일곱 번째로 일제사격을 했다. 그러나 프린스 오브 웨일스에 명중한 포탄은 없었고 프린츠 오이겐이 발사한 다음 두 번의 일제사격도 마찬가지였다. 그동안 프린스 오브 웨일스도 최선을 다해 반격했다.

후드의 잔해를 피하기 위해 우선회하면서 프린스 오브 웨일스의 ‘Y’ 포탑은 더 이상 비스마르크를 향할 수 없게 되었다. 그럼에도 프린스 오브 웨일스는 신속하게 3연속으로 열네 번째, 열다섯 번째, 열여섯 번째 일제사격을 했으나 포탄은 모두 독일 함선에 미치지 못했다. 사격통제반이 방금 목격한 후드 폭침의 충격에서 회복하지 못한 것이 조준에 영향을 준 듯했

덴마크 해협 해전에서 프린스 오브 웨일스에 발포하는 비스마르크

다. 06시 02분, 비스마르크가 여덟 번째로 일제사격을 했다. 이제 거리는 1만 5,300야드(7.5 시 마일, 13.990m)로 줄어들었다. 비스마르크의 포탄은 23초간 체공하다가 프린스 오브 웨일스 주변에 떨어졌다. 완벽한 협차였다. 이 거리에서 포탄은 약 9도 각도로 낙하했는데, 그 한 발이 프린스 오브 웨일스의 나침함교를 관통했다. 포탄은 폭발하지 않고 좌현으로 함을 뚫고 나가 바다로 떨어졌다. 그러나 그 충격 때문에 만원이던 나침함교에 있던 인원 대부분이 죽거나 다쳤다.

의무병 우즈는 포탄이 명중했을 때 나침함교로 가는 사다리를 타고 올라가고 있었다.

갑자기 눈이 멀 것 같은 섬광이 번쩍였다. 곧 타는 듯한 열기에 휩싸인 느낌이 들었다. 내 몸이 사다리에서 빨려 나가 함교 구역을 가로질러 둥둥 떠다니는 것 같았다. 나는 한참을 떠다니다 찢긴 강철제 고정구, 무너진 탐조등과 신체 조각들이 뒤섞인 무더기 한가운데에 떨어졌다. 감각을 되찾으니 살이 타는 냄새와 고폭탄의 매캐한 악취가 뒤섞여 코를 찔렀다.[25]

매캐한 회색 연기가 사라진 나침함교는 시체 안치소나 다름없었다. 리치 함장, 행정원사와 우즈를 제외한 모두가 다치거나 죽었다. 아래에 있는 구획에서 전투 중 함의 변침을 기록하던 한 대위는 함교로 이어진 전성관에서 흘러나온 피가 작도 테이블에 뚝뚝 떨어지는 장면을 목격했다.

우즈는 다친 전우들 틈으로 가 자신의 임무를 수행했다. 어떤 이들은 도움을 줄 단계를 넘어섰지만 우즈의 기술이 필요한 이들도 있었다. 모두 합쳐 장교와 병·부사관 열세 명이 죽고 아홉 명이 다쳤다. 잠시 망연자실했던 리치 함장이 정신을 차리고 피해 상황 파악에 나섰다. 그동안 프린츠 오이겐은 속사를 계속했다. 3분 동안 일제사격 열 번째부터 열다섯 번째, 총 6회를 실시했다. 거리는 1만 5,000~1만 6,000야드였다(7.4~7.9 시 마일, 13,716~14,630m). 명중탄은 없었다. 나침함교 위쪽에 있던 프린스 오브 웨일스의 사격통제장교 콜린 맥멀런Colin McMullen 소령은 아래에서 벌어진 참극을 까맣게 몰랐다. 쌍안경으로 들여다보니 렌즈를 가로질러 피어오르는 흰 연기만 보였다.[26] 맥멀런은 사격 가능한 전방 주포 5문으로 계속 사격했다. 06시 02분, 프린스 오브 웨일스는 열일곱 번째와 열여덟 번째 일제사격을 실시했다. 모두 비스마르크를 겨냥한 사격이었는데 두 번 모두 목표물에 못 미쳤다. 하지만 프린스 오브 웨일스는 여전히 싸우고 있었다.

상황이 바뀌었다. 사신의 낫질에서 가까스로 빠져나와 정신을 차린 리치 함장은 결투를 계속한다면 거리가 1만 4,175야드(7 시 마일, 12,962m)에 불과한 지금, 비스마르크와 프린츠 오이겐이 프린스 오브 웨일스를 사정없이 두들길 수 있고 고장 난 주포와 미숙한 승조원으로는 전투에 이길 가망이 거의 없다는 사실을 깨달았다. 계속 싸운다면 승리는커녕 배와 승조원을 위험에 빠뜨릴 뿐이었다. 그는 독단으로 교전을 중단할 수 있었지만 이는 영국 해군의 정신에 반하는 행위였다. 홀랜드 중장이 전사했으므로 이 해역의 최상급 지휘관은 웨이크-워커 소장이었다. 리치 함장은 노퍽에 긴급 신호를 보내 교전중단 허가를 요청했다. 후드의 폭침 장면을 목격하고 리

프린스 오브 웨일스(왼쪽 연기 기둥)가 독일 함대와의 거리를 벌리기 위해 선회하고 있다. 오른쪽의 연기는 폭침된 후드에서 나온 연기다.

치 함장이 이길 가능성이 급격히 낮아졌음을 깨달은 웨이크-워커 소장은 즉시 허락했다. 리치 함장이 할 수 있는 일은 자신의 배를 전투에서 빼내는 것뿐이었다.

06시 03분, 리치 함장은 프린스 오브 웨일스에 좌현 전타를 명령하고 한 바퀴 돌아 160도로 새 침로를 잡았다.[27] 프린스 오브 웨일스는 적 사수의 시야를 가리기 위해 연막을 피웠다. 프린스 오브 웨일스가 반전하기 전에 비스마르크는 아홉 번째 일제사격을 퍼부었고 이번에도 협차를 달성했다. 15인치 포 한 발이 함 우현 중앙, 흘수선 밑에 명중했다. 포탄은 폭발하지 않고 튕겨 나갔으나 장갑판이 휘는 바람에 약간의 침수가 발생했다. 다른 포탄이 이번에도 우현으로 날아와 전방 구조물 꼭대기에 착탄해 부포 사격 통제장치를 고장 냈다. 그와 동시에 프린츠 오이겐이 연속으로 2회 일제사격을 했다. 열여섯 번째와 열일곱 번째였다. 후자에서 명중탄이 나왔다. 프린츠 오이겐이 프린스 오브 웨일스에 처음으로 올린 명중탄이었다. 포탄은 배의 우현 뒤쪽, 수선 아래 키 바로 위에 명중했다. 그러나 이번에도 이렇다 할 피해는 없었다.

프린스 오브 웨일스가 선회하고 있을 때, 프린츠 오이겐의 견시원이 수면에서 자신들을 향해 다가오는 어뢰가 보인다고 소리쳤다. 브린크만 함장은 비스마르크의 린데만 함장에게 이 소식을 전파하고 우현으로 배를 돌렸다. 몇 초 뒤, 비스마르크도 똑같이 행동했다. 두 배는 270도에 이를 때까지 선회했다. 나중에 이 어뢰는 후드가 폭침 직전에 발사한 것이라는 주장이 제기되었다.[28] 후드는 수선 아래, 앞 상갑판 아래 양현에 21인치 어뢰발사관을 한 쌍씩 탑재했다. 영국 해군의 마크 Ⅳ 어뢰의 최대 사정거리는 1만 3,500야드(6.7 시 마일, 12.344m)였고 속력은 25노트였다. 후드가 격침되었을 때 가장 가까이 있던 적함인 프린츠 오이겐과의 거리가 약 1만 6,000야드(7.9 시 마일, 14.630m)라는 것은 독일 함정들이 후드의 어뢰 사정거리 밖에 있었다는 뜻이다. 만약 어뢰가 발사되었다면 함교에 있는 어뢰통제소가 명령했을 것이다. 과연 명령이 내려졌을지도 의심스럽다. 아마 독일군 견시원이 상상 속의 어뢰를 보았던 것 같다. 이유야 무엇이든 이 선회 덕에 프린스 오브 웨일스가 살아남은 것만은 틀림없다.

이 작은 드라마가 펼쳐지는 동안 두 독일 함선은 다시 사격했다. 침로와 속력이 계속 바뀌었지만 두 척 모두 명중탄을 기록했다. 비스마르크의 열 번째 일제사격은 1만 7,000야드(8.5 시 마일, 15.545m) 약간 못 미친 거리에서 발사되었다. 발사된 포탄들은 또다시 협차되었으나 이번 명중탄은 단 한 발이었다. 이 포탄은 함 가운데, 후부연돌 바로 뒤에 낙하했다.[29] 폭발 자체는 심각하지 않았으나 파편이 연돌과 함교, 연돌 앞의 캐터펄트에 얹힌 슈퍼마린 왈러스 수상기를 벌집으로 만들었다. 주 화재 요인으로 여겨진 수상기는 연료에 불이 붙기 전에 좌현으로 떠밀려 바다로 투기되었다. 폭발로 인해 프린스 오브 웨일스의 보트 갑판에서 운용되던 크레인이 파괴됐다. 이와 같은 시각인 06시 03분, 프린츠 오이겐은 열여덟 번째 일제사격으로 프린스 오브 웨일스를 협차하는 데 성공해 명중탄 두 발을 기록했다.

비스마르크가 프린스 오브 웨일스에 사격하고 있다.

한 발은 'Y' 포탑 아래 좌현에 명중했으나 장갑대를 관통하지 못했다.

두 번째 명중탄은 부포용 즉응탄(즉시 사용할 수 있게 준비된 포탄—옮긴이) 임시보관소에 명중해 하마터면 재액을 불러올 뻔했다. 천만다행으로 포탄은 폭발하지 않았고, 한쪽 현으로 굴러가 바다로 떨어졌다. 그동안 프린스 오브 웨일스도 반격했다. 전방 주포의 사격범위가 전함의 상부 구조물에 제한을 받았으므로 'Y' 포탑만 적을 향할 수 있었다. 이번 일제사격은 비스마르크를 겨냥했으나 포탄이 목표 앞에 떨어졌다. 그때 'Y' 포탑의 주포 4문 중 3문의 탄약 호이스트가 고장 나는 바람에 쓸 수 있는 포는 1문뿐이었다. 따라서 다음 1분간 발사된 스무 번째와 스물한 번째 일제사격은 14인치 포 1문만으로 이루어졌다. 이 포탄들 역시 목표물에 못 미쳐 떨어졌다.

그때 프린스 오브 웨일스가 변침하고, 상상 속의 어뢰 일제사격을 피하기 위해 독일 함선들이 우선회하면서 거리가 증가하고 있었다. 비스마르크가 열한 번째 일제사격을 했을 때인 06시 05분경, 거리는 1만 8,300야드(9시 마일, 16.734m)로 늘어나 있었다. 여덟 발 모두 프린스 오브 웨일스를 비껴갔다. 프린츠 오이겐의 열아홉 번째 일제사격도 마찬가지였다. 전투의 이 단계에 즈음해 프린스 오브 웨일스가 배출한 연막 때문에 조준하기가 어려워지자 뤼첸스는 마지막 일제사격을 한 다음 두 함선에 좌현으로 50도 변침을 명령해 기존의 220도로 돌아오도록 했다. 06시 09분, 프린스 오브 웨일스에 명중탄을 더 낼 기회가 사라져 버리자 뤼첸스는 사격 중지를 명령했다.[30] 첫 사격부터 극적인 해전이 끝나기까지 걸린 시간은 고작 17분이었다. 그 짧은 시간 동안 거의 1,500명의 목숨이 사라졌다. 영국 해군은 가장 유명한 주력함을 잃었으며 최신 전함도 독일군의 상대가 되지 못했다.

뤼첸스 제독은 결과에 기뻐할 이유가 충분했다. 그는 극적인 승리를 거두었다. 무엇보다도 비스마르크와 프린츠 오이겐은 이제 자유롭게 북대서양을 돌아다닐 수 있었다. 하지만 비스마르크도 적탄에 맞았다. 명중한 적 전함의 14인치 포탄 세 발이 입힌 피해는 경미했으나 뤼첸스 제독은 조사가 완전히 끝날 때까지 기다려야 했다. 그동안 비스마르크는 남쪽으로 항진했고 프린츠 오이겐은 1해리(1.8km) 뒤에서 비스마르크를 따랐다. 약 13해리(24km) 떨어진 곳에서 웨이크-워커 소장의 중순양함 두 척이 계속 독일 함선들을 따라오고 있었다. 그러나 06시 02분에 2만 1,800야드(10.8 시마일, 19,934m) 거리에서 비스마르크에 한 번 일제사격을 했을 뿐 노퍽은 해전에서 적극적으로 활약하지 않았다. 이 일제사격조차 프린스 오브 웨일스를 두들기느라 바빴던 독일군 사수들의 주의를 다른 곳으로 끌기 위해 발사한 것이었다. 노퍽이 발사한 네 발은 모두 비스마르크에 미치지 못했고 영국군 중순양함들은 전투에 더 이상 개입하지 않았다.

하지만 시간이 흐름에 따라 이 해역의 최선임 장교인 웨이크-워커 소장이 프린스 오브 웨일스의 리치 함장에게 교전 중단을 허락한 것은 옳은 결정이었음이 분명해졌다. 프린스 오브 웨일스가 비틀거리며 독일군 함포의 사정거리 밖으로 물러나자 리치 함장은 웨이크-워커 소장에게 프린스 오브 웨일스의 장래 전투능력 평가보고를 보냈다. 내용은 암울했다. 주포 10문 가운데 3문만이 사격 가능한 상태였다. 나머지는 제각기 다른 이유로 고장

나 있었다. 'Y' 포탑은 전기 계통의 결함 때문에 선회가 불가능해졌다. 함미 구획에는 바닷물 400톤이 유입되었고 침수는 막았으나 들어온 바닷물을 펌프로 퍼내야 했다. 함교는 엉망진창이었다. 사격통제장치와 수색 레이더는 사용 불능 상태였고, 함재 정찰기를 상실했다. 마지막으로 함의 최고속력은 27노트로 줄어들었다. 웨이크-워커는 보고 요약본을 해군성에 보냈다.[31] 그러나 해군성은 06시 02분에 웨이크-워커가 보낸 짤막한 보고의 충격에서 헤어나오지 못한 상태였다. 보고 자체는 간단했다. "후드 폭침."

제11장

대서양으로

계획 변경

'후드 폭침'이라는 간결한 전문은 영국에 엄청난 타격을 입혔다.[1] 아침에 일어나자마자 소식을 접한 윈스턴 처칠 총리는 그때가 전쟁 중 대단히 충격적인 순간들 중 하나였다고 나중에 언급한 바 있다. 영국 여론도 마찬가지였다. 웨이크-워커 소장은 이 소식을 '기밀'로 분류했지만 숨길 수 없는 사건이었고, 그날 오후 BBC 라디오는 후드의 상실 소식을 보도했다. 5월의 어느 날 오후, 전 국민이 충격에 빠져 하던 일을 멈췄다. 바다에 있던 함선들에서도 마찬가지였다. 승조원 상당수는 '무적 후드'에 복무 중이거나 복무했던 친구나 친척이 있었다. 취역 후 20년 동안 영국 해군의 자존심이었던 후드가 사라졌다. 눈 깜짝할 새에 산산조각이 난 것이다. 곧 통신사들이 이 소식을 전 세계로 전파했으며, 이제 전 세계 사람들이 망연자실하거나 기뻐 날뛸 차례였다.

그동안 웨이크-워커 소장은 프린스 오브 웨일스에 토비의 본국 함대가 있는 남쪽으로 가라고 명령했다.[2] 어쨌건 그가 지휘하는 순양함들은 할 일이 남아 있었다. 토비 제독이 요격할 기회를 잡도록 비스마르크를 계속 추적하는 것이었다. 킹 조지 5세와 리펄스는 후드와 프린스 오브 웨일스보다 운이 좋을지도 몰랐다. 웨이크-워커는 생존자를 수색할 여유가 없었으나 노퍽의 항해장은 후드가 침몰한 곳으로 구축함들을 보냈고, 그동안 중순양함 두 척은 비스마르크와 프린츠 오이겐을 레이더 탐지 거리 안에 두며 후드의 무덤을 지나쳐 질주했다. 또한 앞서 아이슬란드에서 발진한 쇼트 선덜랜드 비행정에 더해 허드슨Hudson 초계기 한 대가 아직 이 해역에 있었고, 두 비행기 모두 구축함들이 정확한 수색 해역에 도착하도록 도왔다.

구축함 엘렉트라가 현장에 가장 먼저 도착해 수면에 군데군데 모인 파편과 유막을 발견했다.[3] 칼리형 구명보트Carley float 몇 척이 떠다녔고 그 가운데 세 척에 생존자가 있었다. 브릭스, 던다스와 틸번이었다. 이들은 구명보트를 한데 모으려다가 추위에 굴복해 포기했다. 세 사람은 엘렉트라의 갑판으로 건져 올려져 담요와 차를 받았다. 그동안 구축함들은 계속 생존자를 수색했으나 소득이 없었다. 브릭스는 왜 자신과 전우 두 사람은 살아남은 데 반해 1,400명이 넘는 승조원들은 그러지 못했는지 설명할 수 없다고 말했다. 09시 직후, 구축함들은 수색을 포기하고 크발피외르뒤르로 뱃머리를 돌렸다. 그동안 남쪽으로 100해리(186km) 떨어진 곳에서 비스마르크와 프린츠 오이겐은 대서양을 향해 남쪽으로 항해하고 있었다.

나중에 뤼첸스 제독은 손상된 프린스 오브 웨일스를 끝장내지 않은 데 대해 비판받았다. 함포에 결함이 있었던 점을 고려하면 프린스 오브 웨일스가 비스마르크에 손상을 더 입히기는 굉장히 힘들었을 것이다. 그러나 이번 작전의 교전규칙을 만든 사람은 뤼첸스였고 우선순위가 명백하게 규정되어 있었다. 불필요한 전투는 피해야 한다. 특히 영국 주력함과의 전투는 더더욱 그랬다. 비스마르크와 프린츠 오이겐은 주력함과의 전투가 아니라 영국의 통상을 방해하기 위해 이곳에 있는 것이다. 그렇다. 뤼첸스는 후드에 더해 영국 해군의 최신 전함을 격침함으로써 두 배의 영광을 누릴 수 있었다. 하지만 그의 함선 두 척도 위험한 상황에 놓였을 것이다. 수평선 너머에는 영국 함선이 더 많이 도사리고 있을지도 몰랐다. 이것은 덴마크 해협에 있어야 할 이유가 아니었다. 따라서 독일 함선들은 가던 길을 재촉했다.

그때쯤 뤼첸스는 함대 전체의 피해 상황을 보고받았다.[4] 프린츠 오이겐은 긁힌 데 하나 없이 무사했다. 그러나 비스마르크는 명중탄 세 발이라는 손해를 입었다. 모두 독일군이 아직도 킹 조지 5세라고 믿은 영국 전함이 발사한 14인치 포탄이었다. 한 발은 보트 갑판에 명중해 피켓 보트 한 척에 손상을 입히고 항공기 캐터펄트를 잠시 작동 불능으로 만들었다. 다른 한 발은 함 가운데, 장갑대 바로 아래 흘수선에 명중했다. 이 포탄은 함체를 관통해 2번 보일러실을 침수시켜 보일러 두 개를 일시적으로 사용 불능 상태로 만들었다. 고압 파이프가 절단되면서 델 정도로 뜨거운 증기가 나와 기관병 다섯 명이 다쳤다. 부상자는 치료받는 중이었고 바닷물은 펌프로 퍼냈으며 기관과원들은 보일러를 고칠 수 있기를 희망했다. 포탄이 명중한 곳 근처에는 포탄의 폭발력 대부분을 흡수하도록 설계된 빈 곳이 있었다. 이 공간이 설계 의도에 충분히 부응해 비스마르크는 더 심한 피해를 모면할 수 있었다.

세 번째 명중탄이 골칫거리였다.[5] 14인치 포탄이 흘수선 근처 함수를 관통했다. 선수루 바로 밑이었다. 포탄은 장갑이 얇은 함의 측면을 뚫고 지나가 함체를 관통해 폭발하지 않고 우현으로 떨어졌다. 함체를 뚫고 지나가면서 연료 탱크 두 개에 구멍을 내고 연료를 탱크에서 기관실로 옮기는 흡입 밸브를 파손했다. 연료가 조금씩 흘러나왔고 남은 연료는 바닷물로 오염되고 있었다. 그 결과 비스마르크는 연료 1,000톤 이상을 잃었다. 라인위붕 작전을 계획할 때 뤼첸스는 그린란드섬 남단에 유조선 두 척을 배치했었다. 그러나 노퍽과 서퍽이 미행하는 이상 유조선들을 위험에 빠뜨리지 않고서는 이들과 만날 수 없었다.

침수 탓에 비스마르크의 함수가 약간 가라앉았고 함체도 좌현으로 살짝 기울었다. 그 결과 우현 프로펠러가 약간 높이 솟아 수면 위에서 물살을 가르게 되었다. 린데만 함장은 함의 균형을 잡기 위해 역침수를 명령했다. 이론상 파공(구멍)을 막고 바닷물을 펌프로 퍼내기만 하면 모든 문제가 해결될 터였다. 한편 보일러 두 대가 고장 났으므로 비스마르크의 최고 속력은 28노트로 제한되었다. 몇 시간 뒤 뤼첸스는 보수반의 보고를 받았다. 보고 내용은 긍정적이지 않았다. 2번 보일러는 완전히 침수되었고 그 옆의 4번 발전기도 손상되었다. 이로 인해서 함 전체의 발전량이 약간 줄었다. 하지만 연료 손실에 비하면 아주 미미한 문제였다.

이제 연료 보유량과 소비에 모든 게 달렸다. 비스마르크가 고텐하펜에서 출격할 때 연료 재고량은 8,100톤이었다. 베르겐까지 가는 동안 1,200톤 조금 넘게 썼고, 기회가 있었는데도 거기서 재급유를 받지 않았다. 노르웨이에서 덴마크 해협까지 가는 데 1,600톤을 태웠고 이날 아침에만 440톤을 소비했다. 07시경 뤼첸스는 연료 상황 보고를 지시했다. 비스마르크는 약 3,240톤을 소모해 연료 탱크에 약 4,860톤이 남았다. 그중 약 1,000톤은 해수로 오염되었거나 함체에 난 파공으로 새어 나갔으므로 사용할 수 있는 연료량은 3,860톤 정도였다. 즉 프린스 오브 웨일스가 운좋게 맞힌 포탄이 비스마르크에 남은 연료 중 20퍼센트를 뺏은 셈이다.

뤼첸스는 비스마르크가 매일 최고 속력에 가깝게 항해한다면 연료를 1,000톤까지 사용한다는 점을 잘 알았다. 따라서 명중탄은 연료를 빼앗아갔을 뿐 아니라 함의 항해 반경을 1,000해리(1,852km) 남짓 줄였다. 다시 말해 유조선 가운데 한 척을 어떻게든 만나지 못한다면 나흘 안에 아군 항구에 입항해야 한다는 뜻이었다. 웨이크-워커가 미행 중이고 아마도 영국 본국 함대가 수평선 바로 너머에 있을 것이므로 해상 재급유는 실행할 수 있는 대안이 아니었다. 따라서 뤼첸스는 위험을 무릅쓰고 유조선과 접촉을 시도하거나 아군 항구로 입항하는 방안 중 하나를 선택해야 했다. 다시 말해 함대가 노르웨이 해안이나 발트해 항구로 돌아가거나, 대서양으로 빠르게 진출해 브레스트나 프랑스의 다른 항구로 가야 한다는 뜻이었다. 영국 본국 함대가 요격 위치에 배치되어 있을 터이므로 첫 번째 대안은 매력적이지 않았다. 따라서 프랑스 해안만이 남았다.

진투가 끝난 직후 빌헬름스하펜의 북부집단사령부로 전문이 발신되었다.[6] 내용은 간단했다. "후드 추정 순양전함 격침. 킹 조지 5세 또는 리나운 추정 전함 한 척은 파손된 채 퇴각. 적 중순양함 두 척과 접촉 유지 중." 뤼첸스가 자신이 상대한 두 번째 전함의 정체를 그때까지도 판명하지 못했다는 점이 흥미롭다. 어쨌건 뤼첸스와 린데만은 두 번째 전함이 킹 조지 5세라고 확신했다. 반복해서 발신했지만 공전 문제 때문에 전문은 발신 후 일곱 시간이 지나서야 수신되거나 또는 인지되었다. 30분 뒤 뤼첸스는 교전 위치를 덧붙인 상세 설명을 보냈다. 다만 이제는 자신이 격침한 배를 '전함'이라고 불렀다.

07시 직후에 뤼첸스는 또 전문을 보냈다. 이번 수신자는 파리에 있는 서부집단사령부였다. 북부집단사령부와 서부집단사령부가 관할하는 해역의 경계선은 아우터헤브리디스 제도 북쪽 선에서 서쪽을 향해 뻗어 있었다. 뤼첸스는 이날 늦게 이 경계선을 통과할 생각이었으므로 파리에 있는 서부집단사령관 알프레트 잘배흐터 대장에게 자신의 의도를 계속 알려야 했다. 전문 내용은 다음과 같다. "금일 06시, 포격전 개시 5분 안에 후드 격침. 킹 조지 5세는 피격 후 퇴각. 본대 속력 감소. 선수부 명중탄 때문에 감속 운항." 리나운에 대한 언급은 없었다. 그런 다음 뤼첸스는 비스마르크의 손상통제반이 전할 소식을 기다리면서 하랄트 네츠반트 참모장, 린데만 함장과 상황을 논의했다. 08시경, 제독은 결론에 도달했다.

08시 01분, 뤼첸스는 다음 내용의 전문을 직접 베를린의 레더 원수에게 보냈다.[7] 전문에서 뤼첸스는 자신의 의사를 밝혔다. "본직의 의도: (비스마르크는) 생나제르로 속행. 프린츠 오이겐은 계속 항해하며 전투." 핵심은, 기회가 생기면 대서양의 영국 상선단을 계속 사냥하도록 프린츠 오이겐을 분리하겠다는 것이었다. 추적자들을 따돌리고 나면 비스마르크는 혼자 생나제르로 향할 수 있을 것이다. 레더는 비스마르크가 약 60시간 내에 프랑스 해안에 도달할 수 있다고 재빨리 계산했을 것이다. 다시 말해 모든 게 다 잘 풀린다면 비스마르크는 5월 26일 저녁에 도착할 수 있었다. 본국 함대를 회피할 필요가 있음을 감안하면 생나제르에는 다음 날 아침에 도착할 가능성이 컸다. 레더로서는 비스마르크가 독일 해역으로 귀환하기를 선호했겠지만 일단 아군 항구로 무사 귀환하는 것이 중요했다.

08시 30분, 비스마르크의 사관실에서 축하 행사가 열렸다. 모두 슈나이더 포술장에게 축하 인사를 건넸다. 린데만 함장도 그 자리에 있었으나 부하 장교들에게 계획이 변경되었다고 알리지 않았다. 뮐렌하임-레흐베르크에 따르면, 동료 장교들은 라인위붕 작전이 계획대로 진행 중이라고 생각했다. 정오가 되어 두 함선이 변침해 정남쪽을 향한 뒤에야 그는 무슨 일이 일어났는지 알게 되었다. 나중에 그는 이렇게 기록했다. "그때 내게 명확했던 단 한 가지는 우리 작전이 모두 희망대로 되지 않았다는 것이다. 돌파가 포착되었음에 틀림없다. 사실 우리는 이미 전투를 치렀다."[8] 또 자신은 작전을 계속하는 편을 선호했지만 함대 사령관만 아는 정보를 자신은 알 수 없었다고 덧붙였다.

뤼첸스는 자신이 미행당하고 있고 토비가 자신을 요격하려 오고 있음을 잘 알았다. 따라서 가장 먼저 할 일은 대서양으로 빠르게 달려 토비로부터 멀어지는 것이었다. 그다음에 미행하는 영국군 순양함들을 떨쳐 버려야 했다. 그래야 비스마르크가 프린츠 오이겐을 안전하게 분리한 후 프랑스 해안으로 향할 수 있었다. 여전히 뤼첸스와 린데만은 밤새 영국 순양함으로부터 도망칠 방법을 찾을 수 있다고 확신했다. 이들은 오후 내내 이 문제를 궁리했다. 그동안 비스마르크의 승조원들은 수리 작업을 계속했다. 프린츠 오이겐의 브린크만 함장도 연달아 전해진 시각 신호로 계획을 통지받았다.

그동안 뤼첸스가 요청한 바에 따라 유보트 함대를 지휘하던 되니츠Karl Dönitz 제독은 근처에 있던 유보트 일곱 척에 그린란드의 페어웰곶 남동쪽으로 초계선을 형성하라고 명령했다.[9] 본국 함대를 기습하기 위해 매복시킬 계획이었다. 그런데 뤼첸스도 되니츠도 토비가 정확히 어디 있는지 모른다는 점이 문제였다. 이와 대조적으로 웨이크-워커가 보낸 전문 덕에 토비는 비스마르크의 정확한 위치뿐 아니라 침로와 속력도 파악한 상태였다.

미행자들

오전 내내 웨이크-워커는 독일군을 미행하면서 주기적으로 토비와 해군성에 접촉 보고를 꾸준히 보냈다. 이제 프린스 오브 웨일스가 두 순양함과 합류했다. 그때까지 프린스 오브 웨일스의 포수들과 민간인 기술자들은 주포와 관련된 많은 문제들을 해결하고자 노력하고 있었다. 이 부대는 15해리(27.8km) 거리를 두고 독일군을 뒤따랐다. 독일 함대는 이제 비스마르크가 앞에, 프린츠 오이겐이 뒤에 선 단종진으로 항해하고 있었다.[10] 비스마르크는 파편 방어용 매트를 현측으로 밀어 내려 흘수선의 파공을 막기 위해 잠시 감속했다. 이 조치로 인해 잠수부들이 펌프로 침수 구획에서 물을 빼낼 수 있게 되어 손상통제반이 응급 수리를 할 수 있었다. 영국군은 적의 속력 변화를 감지하고 계속 거리를 유지했다. 독일군은 남서쪽을 향해 여전히 220도 항로를 유지하며 그린란드 유빙대의 서쪽 가장자리에 바싹 붙어 항해하고 있었다. 그런데 이날 아침, 안개가 다시 찾아왔고 영국군은 레이더로만 독일군을 추적할 수 있었다.

그동안 토비 제독이 탑승한 킹 조지 5세는 비스마르크에서 남동쪽으로 약 330해리(611km) 떨어진 곳에서 순양전함 리펄스, 항공모함 빅토리어스와 순양함 네 척, 구축함 아홉 척을 동반한 채 고속으로 항해하고 있었다. 처음 후드 상실 소식을 접했을 때 받은 충격은 시간이 지나면서 새로운 느낌으로 대체되었다. 이제 본국 함대의 장병들은 복수에 나섰다.

해군성도 마찬가지였다. 제1해군경 더들리 파운드 경의 임무는 함대 작전의 통제였다. 그의 선임자들이 나폴레옹의 제독들에 대항해, 그리고 지난번 전쟁에서 독일 제국의 셰어Reinhard Scheer 제독(1863~1923, 제1차 세계대전 당시 독일 원양함대 총사령관, 해군참모총장—옮긴이)에게 대항해 훌륭하게 완수한 임무였다. 이제 파운드는 영국 해군의 전력을 총동원해 해양 강국 영국이 가진 모든 것을 비스마르크 추격에 쏟아부을 태세였다. 우선 독일군이 왔던 길을 되돌아가 귀항하는 경우에 대비해 아이슬란드 동쪽에 있던 경순양함 세 척이 덴마크 해협으로 이동했다.[11] 다음으로 중부대서양에서 병력수송선 브리태닉을 호위하던 강력한 전함 로드니가 구축함 세 척과 함께 북쪽으로 방향을 틀어 토비와 합류하라는 명령을 받았다. 브리태닉에는 쪼그라든 호위 전력만이 남았다. 비슷하게 구식 전함 리벤지와 라밀리스도 호송선단 호위 임무에서 해제되어 본국 함대에 제한적이나마 전력 지원을 할 목적으로 서쪽으로 향하라는 명령을 받았다. 마치 거대한 체스판에서처럼 말들이 판을 가로질러 움직이고 있었다.

그동안 웨이크-워커의 순양함들은 계속 비스마르크를 미행했다. 해군성이 순양함의 연료가 떨어질 때까지 계속 추적하라는 전문을 보낼 정도로 중요한 임무였다. 웨이크-워커는 그날 내내 접촉 보고를 보냈다. 12시 40분, 웨이크-워커는 독일군이 변침했으며 24노트로 거의 정남쪽을 향해 가고 있다고 보고했다. 그린란드의 페어웰곶 주변의 유빙을 피해 가려면 불가피한 조치였다. 그러나 해군성이 몰랐던 한 가지 사실은, 독일 함선들이 대기하던 유조선에서 더 멀어졌다는 점이었다. 이것은 독일군이 토비가 요격할 수도 있는 항로로 항해 중이라는 뜻이기도 했다. 보고를 받은 토비와 브린드 준장은 제독 전용 작도실로 들어갔다. 작전장교 윌프레드 캐머런

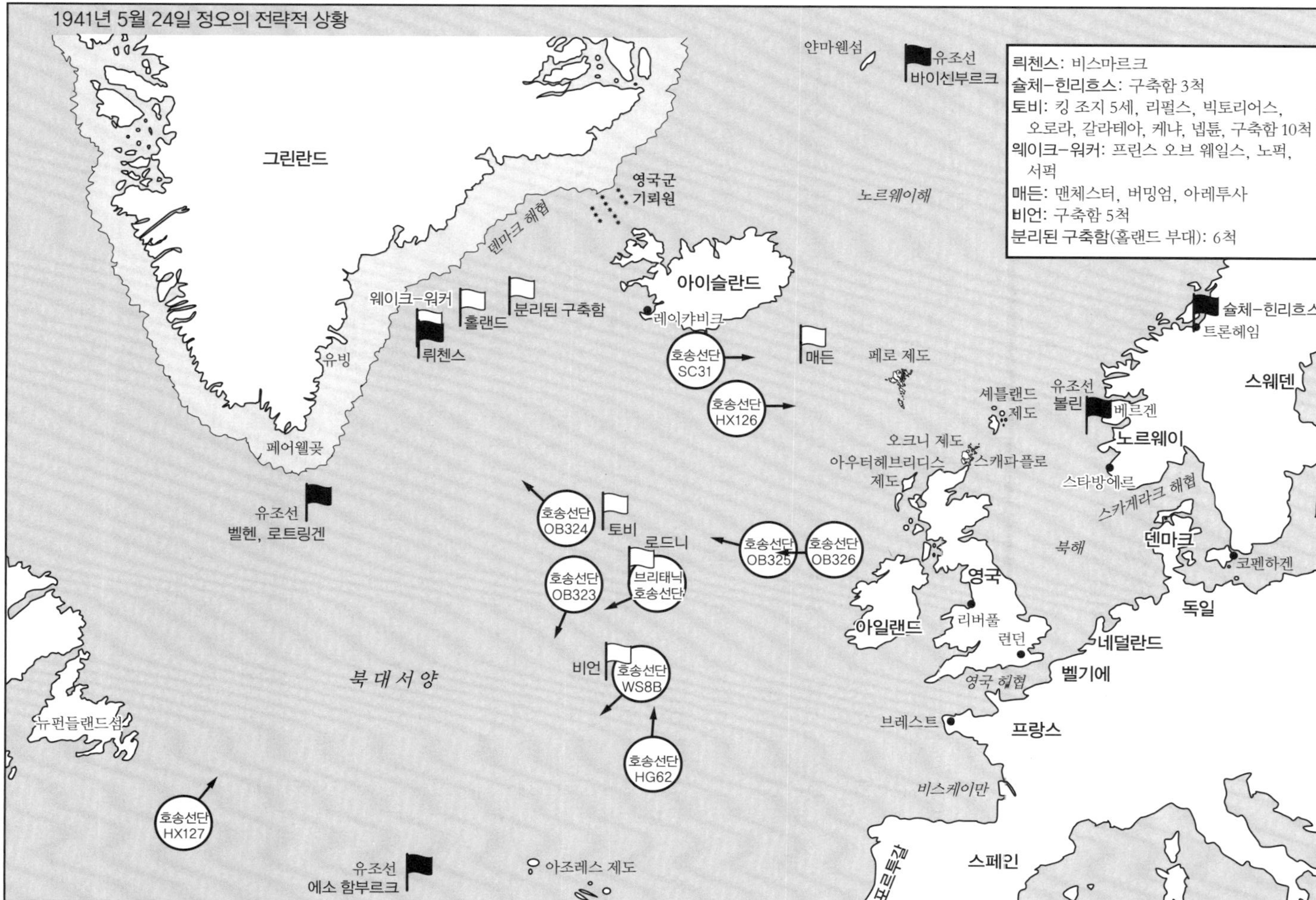
1941년 5월 24일 정오의 전략적 상황
뤼첸스: 비스마르크
슐체-힌리흐스: 구축함 3척
토비: 킹 조지 5세, 리펄스, 빅토리어스, 오로라, 갈라테아, 케냐, 넵튠, 구축함 10척
웨이크-워커: 프린스 오브 웨일스, 노퍽, 서퍽
매든: 맨체스터, 버밍엄, 아레투사
비언: 구축함 5척
분리된 구축함(홀랜드 부대): 6척
그린란드
영국군 기뢰원
덴마크 해협
유빙
페어웰곶
웨이크-워커
홀랜드
분리된 구축함
뤼첸스
아이슬란드
레이캬비크
얀마웬섬
유조선 바이선부르크
노르웨이해
호송선단 SC31
매든
호송선단 HX126
페로 제도
셰틀랜드 제도
유조선 볼린
베르겐
노르웨이
슐체-힌리흐스
트론헤임
스웨덴
오크니 제도
스캐파플로
아우터헤브리디스 제도
스타방에르
스카게라크 해협
북해
덴마크
코펜하겐
독일
유조선 벨헨, 로트링겐
호송선단 OB324
토비
로드니
호송선단 OB325
호송선단 OB326
호송선단 OB323
브리태닉 호송선단
영국
아일랜드
리버풀
런던
네덜란드
벨기에
비언
호송선단 WS8B
북 대 서 양
영국 해협
뉴펀들랜드섬
브레스트
프랑스
호송선단 HG62
비스케이만
호송선단 HX127
유조선 에소 함부르크
아조레스 제도
포르투갈
스페인

Wilfred Cameron 중령이 해도에 방금 새 침로를 표시했다.

08시 00분, 레이캬비크 남쪽 120해리(222km) 해상에 있던 토비는 침로를 서남서로 변경했다. 11시 00분, 비스마르크가 덴마크 해협을 통과해 왔던 길을 되돌아갈 가능성이 낮아지자 토비는 다시 남서로 뱃머리를 돌렸다. 비스마르크는 서쪽 330해리(611km) 떨어진 곳에 있었다. 해도를 훑어본 토비는 지금 항로로 최대속력으로 항해하면 오늘 저녁에 비스마르크와 마주칠 수도 있음을 깨달았다.[12] 토비는 포격전에 휘말리지 않도록 빅토리어스에 적절한 호위를 붙여 본대에서 분리하는 방안을 고려했다. 두 부대가 전투 거리 안에 들어옴에 따라 항공모함에서 비스마르크에 공격대를 발진시킬 가능성도 제기되었다. 행운이 따른다면 공습으로 비스마르크의 속력을 늦춰 킹 조지 5세와 리펄스가 비스마르크를 따라잡을 시간을 벌어 줄지도 몰랐다.

이 타이밍에 런던의 해군성에 있는 파운드 제1해군경이 작전에 개입하기로 결심했다. 그는 프린스 오브 웨일스로 교전을 재개하는 방안에 대한 의향을 타진하는 전문을 웨이크-워커에게 보내라고 지시했다. 비스마르크를 저지하느라 필사적이었던 파운드는 이 해역에서 구식 전함 한 척과 또 다른 한 척, 그것도 결함이 있는 데다 손상되기까지 한 전함 한 척을 잃을 위험도 각오하고 있었다.[13] 웨이크-워커는 다른 전함들로 전력을 보강하기 전에는 프린스 오브 웨일스 단독으로 교전을 재개하면 안 된다고 답했다. 신중한 행보였고 토비도 여기에 전적으로 동의했다. 제1해군경은 개입 시도를 포기하고 웨이크-워커에게 적을 미행한 공로를 치하하는 전문을 보냈지만, 웨이크-워커는 열의가 부족했다는 비난을 피하고자 이날 저녁 일찍 프린스 오브 웨일스를 순양함 두 척 앞에 세웠다. 비스마르크가 밤에 도주할 경우에 대비한 행동이었다.

후드 작전

그동안 비스마르크에 있는 B-디엔스트의 무선 방수반은 미행하는 영국군 함선들이 해군성에 주기적으로 접촉 보고를 하고 있으며 다른 영국 함선들도 이 해역에 있다는 것을 확인했다. 이들이 있는 해역은 파리의 서부 집단사령부가 관할하는 해역 밖이었고, 잘배흐터의 참모들은 유용한 새로운 단편적 정보들을 계속 뤼첸스에게 보내고 있었다. 이날 늦은 오전에 그린란드 동쪽 해역의 날씨가 나빠졌고 간헐적으로 내리는 비와 안개가 섞여 시야가 제한적이었다. 영국군과의 접촉을 끊으려는 독일군에게 전적으로 유리한 기상조건이었다. 이날 오후, 뤼첸스는 후드 작전이라고 명명한 작전을 작성했다.[14] 프린츠 오이겐의 브린크만 함장은 뤼첸스가 연달아 보낸 시각 신호로 작전계획에 대한 설명을 받았다. 적과의 접촉이 소실되면 프린츠 오이겐이 북서쪽에서 대기 중인 유조선에서 재급유를 받고 단독 작전에 나서는 계획이었다. 뤼첸스는 자신이 미행자들을 쫓아내고 프린츠 오이겐을 단독 작전에 나서게 할 생각이라고 브린크만에게 설명했다. 그리고 비스마르크는 다시 프린츠 오이겐의 후미에 위치를 잡았다.

14시 직전, 비스마르크와 프린츠 오이겐은 그린란드 남단, 페어웰곶 동쪽 240해리(444km)에 위치했다. 그때 뤼첸스는 파리와 베를린에 날이 어두워진 다음 추적자들로부터 벗어날 계획이라는 내용의 전문을 새로 보냈다. 기회는 생각보다 빨리 찾아왔다. 15시경, 시계가 더 나빠졌고, 뤼첸스의 배 두 척은 비를 뿌리는 스콜을 뚫고 항해하고 있었다. 15시 40분, 뤼첸스는 당장 후드 작전을 개시하라고 프린츠 오이겐에 명령했다.[15] 기회를 놓치면 안 된다. 비스마르크는 28노트로 증속했고 한 바퀴 선회하며 서쪽으로 뱃머리를 돌렸다. 그러면 영국군이 어쩔 수 없이 뱃머리를 돌려 레이더 접촉을 소실하기를 기대했다. 그러나 비스마르크의 움직임을 본 영국군은 적절하게 대응했다. 뮐렌하임-레흐베르크는 상황을 이렇게 전했다. "스콜에서 벗어나 몇 분 정도 적의 시야에서 벗어나는가 싶더니 다시 추적자들의 시야에 들어가고야 말았다."

영국군에게는 마치 사냥당하는 야수가 등을 돌려 더 약한 추적자를 공격하려는 행동처럼 보였다. 웨이크-워커는 휘하 함선들에 즉시 뒤로 물러섰다가 비스마르크가 방향을 돌리면 따라가라고 명령했다. 스콜이 지나간 후 서펵은 이제 서쪽을 향하며 8해리(15km) 거리를 두고 비스마르크를 미행하고 있었다. 이에 대응하여 뤼첸스는 미행자를 떼어내려는 시도를 포기하고 프린츠 오이겐을 동반한 채 원래 항로로 돌아왔다.

그날 오후부터 카탈리나 비행정 한 대가 단속적으로 독일 함대를 미행했다. 독일군의 좌절감은 커져만 갔다. 그러나 뤼첸스는 주변 상황이 적절하게 돌아간다면 계획대로 일이 풀리리라 확신했다. 그날 오후에는 스콜이 예상치 못하게 빨리 끝나 버린 불운을 겪었지만 다음번에는 행운이 따를 터였다.

18시경, 안개가 다시 찾아왔고 시정거리는 4해리(7km) 이하로 떨어졌다. 이에 따라 뤼첸스는 14분 후 프린츠 오이겐에 앞서 보낸 신호를 반복해서 보냈다. "후드 작전 개시."[16] 비스마르크는 다시 속력을 높이며 우현으로 180도 선회했다. 추격하던 영국군 순양함들은 속수무책으로 당했다. 그동안 프린츠 오이겐도 증속해 안개 속에 숨은 채 남쪽을 향해 서둘러 달렸다. 북쪽을 바라보던 프린츠 오이겐의 승조원들은 비스마르크가 적에게 발포하는 모습을 보았다. 오렌지색 불꽃이 포탑을 밝게 비췄다. 소용돌이치는 안개에 휩싸인 비스마르크는 곧 시야에서 사라졌다. 프린츠 오이겐의 포술장은 이렇게 말했다. "우리 큰형님이 저기 간다. 너무너무 그리울 거다." 그때 프린츠 오이겐에서 비스마르크를 다시는 보지 못할 거라고 생각한 사람은 아무도 없었다. 비스마르크에 있던 뮐렌하임-레흐베르크는 프린츠 오이겐이 떠나는 모습을 지켜보았다. "우리는 프린츠를 떠나보내며 마음이 무거웠다. 마뜩잖았지만 프린츠 오이겐을 운명에 맡기고 떠났다."[17]

1941년 5월 24일, 덴마크 해협 해전 이후 프린츠 오이겐과 분리하기 직전의 비스마르크. 프린스 오브 웨일스의 명중탄으로 입은 손상 때문에 함수가 내려가 있다.

영국군은 비스마르크의 기동에 충격을 받았다. 하필 서퍽이 주기적으로 레이더의 출력을 낮추던 그때 비스마르크가 움직였던 것이다. 영국군 순양함들은 비스마르크 후방 13해리(24km)에 있었다. 둘 사이의 거리가 급격히 벌어졌다. 안개와 스콜이 걷히자 10해리(19km) 떨어져 있던 엘리스 함장의 눈에 비스마르크가 보였다. 찰스 콜릿Charles Collet 소령은 이렇게 말했다. "엷은 안개를 뚫고 갑자기 비스마르크가 나타났다. 거대하고 끔찍한 괴물이 불안할 정도로 너무 가까이 있었다."[18] 서퍽은 돌아서서 연막을 쳤다. 비스마르크가 발사한 포탄은 후미 한참 뒤에 떨어져 빗나갔다. 서퍽도 반격했으나 조준을 너무 넓게 잡았다. 독일군의 일제사격이 몇 번 더 이어졌다. 포탄이 점점 서퍽 가까이에 낙하했으나 곧 안개에 둘러싸여 아무것도 보이지 않게 되었다.

웨이크-워커는 노퍽과 프린스 오브 웨일스에 무슨 짓을 해서라도 독일군 사수의 주의를 끌라고 명령했다. 두 척 모두 그때 비스마르크에서 북쪽으로 15해리(28km) 떨어진 곳에 있었다. 사격통제반이 적을 분명하게 볼 수는 없었지만 프린스 오브 웨일스는 전방 주포로 발포했다. 적 순양함들을 쫓아낸 비스마르크는 남쪽으로 향하는 원래 항로로 돌아가 후방 주포 4문으로 대응 사격했다. 시야가 군데군데 제약받는 데다 초장거리에서 벌어진 이번 포격전은 양측 모두에게 힘을 과시하는 수준밖에 되지 않았다. 비스마르크는 일제사격을 네 번 했고 프린스 오브 웨일스는 열두 번 했다. 비스마르크가 함포 사정거리에서 벗어나자 양측은 18시 56분에 사격을 중단했다.[19]

그때쯤 프린스 오브 웨일스의 'A' 포탑의 함포 4문 가운데 2문이 오작동했고 리치 함장은 비스마르크가 뱃머리를 돌려 다행이라고 생각했다. 이렇게 문제가 끊임없이 발생했음에도 프린스 오브 웨일스는 크게 활약했고 일제사격 중 한 번은 협차에 거의 성공했다. 노퍽도 자신이 보유한 함포 사정거리에 거의 들어올 뻔한 비스마르크에 일제사격을 세 번 시행하며 전투에 합류했다. 나중에 웨이크-워커는 이 짧은 전투가 리치 함장과 승조원들에게 긍정적 영향을 끼쳤을 것이라고 말했다. 그는 제1해군경의 심기를 달래는 데 이 전투가 도움이 되었기를 바랐다.

영국군 순양함 두 척은 원래 위치로 돌아와 안전거리를 두고 뒤에서 비스마르크를 추적했다. 하지만 무언가가 변했다. 비스마르크 혼자였다. 프린츠 오이겐은 어디서도 보이지 않았다.

후드 작전은 성공했다. 브린크만 함장은 속력을 내 남쪽으로 달리다가 서쪽으로, 다시 북쪽으로 방향을 바꾸며 영국군 추적자들의 뒤쪽으로 돌아 갔다. 19시 14분, 뤼첸스는 파리에 다음과 같은 전문을 보냈다. "킹 조지 5세와 단시간 교전, 결과 없음. 프린츠 오이겐을 재급유를 위해 분리함. 적과의 접촉 유지."[20] 그러나 프린츠 오이겐을 성공적으로 분리하는 데 성공했어도 남남서쪽을 향하던 비스마르크는 영국군에게 계속 추적당하고 있었고, 토비 제독의 본국 함대가 다가오고 있었다. 이제 밤에 영국군 추적자들을 떨쳐낼 수 있느냐에 모든 것이 달렸다.

빅토리어스의 개입

이른 오후, 토비 제독은 어두워지기 전에 비스마르크를 요격할 가능성이 적다는 사실을 깨달았다. 16시, 토비 제독은 보벨 함장이 지휘하는 항공모함 빅토리어스를 본대와 분리했다. 갈라테아Galatea(기함), 오로라Aurora, 케냐Kenya, 허마이어니Hermione로 이루어진 올번 커티스Alban Curteis 소장의 제2순양함 전대가 빅토리어스와 동행했다.[21] 신소 성규 항공모함 빅토리어스는 본국 함대의 어떤 주력함보다 속력이 빨랐고, 토비는 빅토리어스를 남서쪽으로 보내 어두워지기 전에 비스마르크를 공습할 위치에 도달하게 할 생각이었다. 사실 보벨은 22시 00분까지 타격 범위 안에 적이 들어오기를 바랐다. 페어리 소드피시 뇌격기의 제한적인 항속거리와 속력을 고려해 보면, 이는 목표물에서 120해리(222km) 떨어진 지점에 도달한다는 것을 뜻했다. 그동안 킹 조지 5세, 리펄스와 구축함으로 이루어진 또 다른 호위대는 약간 좌현으로 틀어 남남서로 향하게 한다. 이렇게 하면 비스마르크를 다음 날인 5월 25일 동틀 무렵에 포착할 위치에 도달할지도 몰랐다.

그동안 원래 침로를 유지하던 비스마르크는 이제 정남쪽을 향하게 되었다. 뤼첸스는 21시 직전에 서부집단사령부에 전문을 보냈다. "레이더로 인해 적을 떨쳐내기 어려움. 연료 때문에 생나제르로 직행." 이 전문은 뤼첸스가 미행자 때문에 점점 더 좌절하고 있었음을 암시한다. 그러나 지금 뤼첸스는 본국 함대를 피할 기회가 생겼다고 느꼈다. 이 전문을 받은 되니츠는 그린란드 남쪽의 유보트 초계선을 포기하고 프랑스 해안으로 향하는 접근로를 보호하기 위해 잠수함들을 재배치했다. 그런데 뤼첸스는 이때쯤 무선 방수를 통해 적 항공모함이 그를 찾아 바다 어디엔가 있다는 사실을 알게 되었다.

독일군은 알지 못했으나 그때 빅토리어스는 서쪽 130해리(241km) 떨어진 곳에서 독일군과 수렴하는 항로로 다가오고 있었다. 다시 말해 빅토리어스는 공격대를 발진시킬 수 있는 거리 안에 있었다. 가장 좋은 상황에서도 해상 공습은 위험하기 짝이 없는 임무다. 적의 위치를 파악하는 데 실패하거나 우연히 아군을 공격하거나 비행기가 모함으로 귀환하는 데 실패하는 등 잘못될 경우가 다양했다. 나쁜 기상 조건에서 공격대 발진 지점을 향하고 있던 그날 저녁의 빅토리어스는 특히 그랬다. 빅토리어스의 함재기와 탑승원들은 고작 나흘 전에 빅토리어스에 승함했고 나무상자로 포장한 몰타행 전투기까지 실었기 때문에 원래 보유해야 하는 비행기 정수를 채우지 못했다. 경험이 부족한 빅토리어스의 조종사들과 몇 안 되는 비행기가 세계 최강의 전함을 공격하기 위해 발진을 준비하고 있었다.

22시 15분, 보벨 함장은 빅토리어스를 바람이 불어오는 방향으로 돌렸고 18인치 마크 12 어뢰 한 발을 각각 탑재한 제825비행대 소속 뇌격기들이 발진했다. 비행 조건은 도저히 이상적이라 할 수 없었다. 고도 1,500피트(457m)에 구름이 낮게 끼었고 비를 동반한 스콜이 있었으며 점점 더 강해지는 북서풍이 조종사들의 얼굴로 불어 왔다.[22] 비행대는 3기로 구성된 3개 편대로 나뉘어 있었다. 대부분의 조종사가 신참이었으나 공격대장인 베테랑 유진 에스먼드 소령이 직접 1개 편대를 지휘했다. 나머지 두 편대는 경험 많은 조종사인 임시 소령 필립 '퍼시' 긱Phillip 'Percy' Gick과 헨리 '스피드' 폴라드Henry 'Speed' Pollard가 지휘했다.

이때 비스마르크는 비행기가 도달할 수 있는 최대 한계인 120해리(222km) 거리에 떨어져 있었다. 다시 말해 빅토리어스에서 발진한 뇌격기들은 어두워진 후 공격할 뿐 아니라 모함으로 돌아올 연료도 빠듯하다는 뜻이었다. 따라서 발진 후 점점 더 거칠어진 바다에도 불구하고 빅토리어스는 계속 항진하며 거리를 줄이기 위해 노력했다. 소드피시 뇌격기가 발진한 지 몇 초 만에 항공모함이 보이지 않을 정도로 비를 동반한 스콜이 쏟아졌다. 그 와중에 이들은 간신히 대형을 짜는 데 성공했고 에스먼드 소령의 지휘를 받으며 남서쪽으로 적을 향해 날아갔다. 그동안 풀머Fulmar 전투기 3기

비스마르크에 첫 항공 공격을 한 소드피시 탑승원들. 왼쪽부터 필립 '퍼시' 긱 대위, 유진 에스먼드 중령, V. K. 노퍽 소위, L. D. 세이어 소위후보생, 발착함 신호수 A. L. 존슨.

로 구성된 편대도 발진했다. 이들의 임무는 공격을 관찰하고, 속도가 느린 복엽기인 소드피시의 귀환을 돕는 것이었다.

전반적으로 공격 성공 확률은 매우 낮았다. 몇몇 조종사들은 뇌격 훈련을 해본 적이 전혀 없었고 일부는 일주일 전에 항공모함 착함을 처음 해보았다. 이들을 보내는 것은 진정한 도박이었다. 그러나 토비는 선택의 여지가 없다고 느꼈다. 그의 계획은 레이더를 이용해 목표물까지 공격대를 인도할 수 있는 웨이크-워커의 순양함들을 향해 날아갔다가 비스마르크를 발견할 때까지 남쪽으로 계속 가는 것이었다. 소드피시는 자체 레이더를 탑재했다. 11시 30분경, 레이더 접촉이 있었다. 노퍽이었다. 노퍽도 남쪽에서 에스먼드 공격대를 탐지했다. 23시 50분, 에스먼드 공격대에 다시 레이더 접촉이 있었다. 알고 보니 중립국 선박인 미국 해안감시정 메독Medoc이었다.[23] 그 몇 해리 너머에 비스마르크가 있었다. 이번에는 메독 승조원들이 다음에 펼쳐질 격투를 앞줄 좌석에서 감상하게 되었다.

에스먼드는 자정에 공격을 개시했다. 그가 거느린 3개 편대는 적 전함을 양현에서 동시에 공격하기 위해 분산했다.[24] 비스마르크의 대공포는 느릿느릿 다가오는 소드피시가 사정권에 들어오자마자 사격을 시작했다. 한 대가 구름 속에서 길을 잃는 바람에 소드피시는 총 여덟 대였다. 뮐렌하임-레흐베르크는 공격하는 적기에 대해 이렇게 말했다. "적기들은 공중에 정지한 듯이 보일 정도로 느릿느릿 움직였다. 아주 오래된 구식기 같았다. 조종사들이 어떻게 이렇게 무모하게 목숨을 내걸고 공격을 속행했는지 믿을 수 없었다. 마치 모함을 다시는 보지 않겠다고 결심한 것 같았다."[25]

깈은 함수 좌현에서 공격했고 에스먼드는 중앙 좌현에서, 나머지는 우현에서 공격했다. 지는 해에 선명하게 드러난 비스마르크의 실루엣이 에스먼드의 눈에 띄었다. 놀랍게도 복엽기인 소드피시 가운데 한 대만 적탄을 맞았고 모두 공격 위치에 도달했다. 에스먼드 편대의 소드피시 세 대는 100피트(30m) 높이에서 어뢰를 투하한 다음, 우박처럼 날아오는 격렬한 대공포화에 쫓기며 기수를 돌렸다.

양현에서 어뢰 공격을 받았음에도 불구하고 린데만 함장은 어뢰 항적을 빗질comb(빗살을 빠져나가는 머리카락처럼 조타로 피해를 입지 않고 어뢰를 내보내는 방법)할 수 있었다. 깈이 이끄는 편대가 공격해 왔을 때 린데만은 같은 방법을 썼다. 그러나 어뢰 여덟 발을 모두 피할 수는 없었다. 우현 중앙에서 공격한 로슨Bobby Lawson 중위가 어뢰를 투하한 다음 선회했다. 그동안 비스마르크의 조타수는 좌현에서 다가오는 어뢰를 회피하느라 정신이 없었다. 상공에 있던 풀머 전투기 중 한 대가 비스마르크의 우현 중앙에서 크게 솟아오르는 물기둥을 목격했다. 비스마르크의 뮐렌하임-레흐베르크는 약간의 진동을 느꼈다고 회상했다. 장갑대가 폭발을 흡수해 피해가 거의 없었지만, 비스마르크에서 처음으로 승조원 한 명이 전사했고 여섯 명이 다쳤다. 인명 피해가 있었지만 비스마르크는 공격에서 살아남았고, 어뢰가 전함의 장갑을 뚫을 수 없음을 알게 된 승조원들도 용기백배했다.

이제 모함에 착함하는 것이 문제였다. 빅토리어스는 북동쪽으로 거의 100해리(185km) 떨어져 있었고 에스먼드는 모함의 예상 위치로 부하들을 인도했다. 불행히 빅토리어스의 유도 비컨이 고장 났기 때문에 추측항법 dead reckoning으로 모함에 도달해야 했다. 어둡고 바람이 불며 비가 오는 상황에서 쉽지 않은 일이었다. 공격대가 01시에 귀환하리라 예상한 보벨 함장은 이들을 인도하기 위해 탐조등을 켰다. 그러나 비 때문에 시계가 거의 0으로 줄어든 상황이었다. 시간은 계속 흘러갔고 이제 비행기들의 연료가 바닥났을까 걱정스러웠다. 에스먼드의 마음에도 같은 생각이 스쳐 지나갔다. 01시 55분, 드디어 아군 순양함 한 척이 켜놓은 적색 신호등을 포착했다. 기수를 낮춘 에스먼드와 부하들은 모함을 찾아 한 대씩 안전하게 착함했다.

이들 중 세 명은 한 번도 야간착함을 해본 적이 없었다. 한 대는 착함하는 도중 연료가 떨어졌으나 안전하게 비행갑판에 내려 모함의 어레스팅 와이어에 무사히 걸렸다.[26] 결과적으로 소드피시 9기와 탑승원 전원이 무사히 귀환했다. 풀머 3기 중 2기는 운이 좋지 못해 불시착했으나 탑승원들은 구조되었다. 이렇게 빅토리어스의 첫 항공 공격이 끝났다. 기상 상황과 탑승원 대부분의 경험 부족을 고려해 보면, 한 발이라도 맞힌 것이 행운이었다. 모두 무사히 귀환하고 살아남은 것은 더 놀라웠다. 하지만 토비 제독에게는 불행하게도 어뢰 한 발은 비스마르크의 속력을 늦추기에 충분하지 않았다. 이제 그는 아침에 주력함들이 비스마르크를 요격할 수 있도록 웨이크-워커가 밤새 접촉을 유지해 주기를 바랐다. 적과의 예상 조우 시간은 09시경이었다.

하지만 그런 일은 일어나지 않았다. 공습이 벌어지는 동안 그리고 메독을 지나치는 동안 웨이크-워커의 부대는 일시적으로 비스마르크와의 접촉을 상실했다. 01시 10분에 서퍽이 레이더로 적과 재접촉했고 20분 뒤에 프린스 오브 웨일스의 견시원들이 남쪽으로 1만 6,400야드(8 시 마일, 14,996m) 떨어진 곳에서 비스마르크를 포착했다. 프린스 오브 웨일스는 작동하는 전방 주포로 비스마르크에 2회 일제사격을 했고 비스마르크는 후부 주포 4문으로 대응사격을 했다. 하지만 양측 누구도 적을 협차하는 데까지는 이르지 못했다. 그러나 이때쯤 어뢰 회피를 위한 고속 기동 때문에 아침 전투의 파공을 막았던 충돌방지용 매트가 제자리에서 빠져 버렸다. 그로 인해 비스마르크는 잠수부들이 매트를 교체할 수 있도록 16노트로 감속해야 했다. 02시쯤 작업이 끝날 무렵 뤼첸스는 '중요하지 않은' 어뢰 명중 피해뿐 아니라 '킹 조지 5세'와의 짧은 교전을 서부집단사령부에 보고했다. 이제 정상 속력을 회복했으니 추적자들을 따돌릴 때가 왔다.

독일군은 지난 몇 시간 동안 영국군 순양함들이 지그재그로 항해했다는 사실을 눈치챘다. 영국군의 앞길을 가로막으려고 유보트들이 집결해 초계선을 형성할 수도 있음을 암시한 독일군의 통신을 해군성이 방수했기 때문이었다. 이에 따라 웨이크-워커는 휘하 함선들에 회피 패턴으로 항해하라고 명령했다. 뤼첸스에게는 하늘이 내린 기회였다. 비스마르크의 수중청음기와 후방 레이더 덕에 뤼첸스는 적의 기동을 추적할 수 있었다. 그리고 지그재그 패턴으로 항해하던 영국군이 비스마르크의 좌현 뒤로만 오고 우현 뒤로는 오지 않는 모습을 보았다. '지그'의 꼭지점에 있을 때 영국 함선 세 척이 비스마르크의 북동쪽에서 좌현 뒤로 약 13해리(20km) 떨어진 곳에 있었다. 뤼첸스는 서퍽이 레이더 탐지 거리의 최대한계에 있을 것으로 판단했다.

이 정보로 무장한 뤼첸스는 03시 06분에 영국 함선들이 동쪽을 향한 '지그'의 끝단에 도달하자 행동에 나섰다. 그는 27노트 증속을 명령하고 배를 오른쪽으로 급격히 돌려 영국 함선들을 뒤로한 채 내달렸다.[27] 아니나 다를까, 영국군은 일시적으로 비스마르크와의 레이더 접촉을 상실했다. 안쪽으로 들어오는 침로 또는 남서쪽을 향한 '재그'로 돌아왔는데도 비스

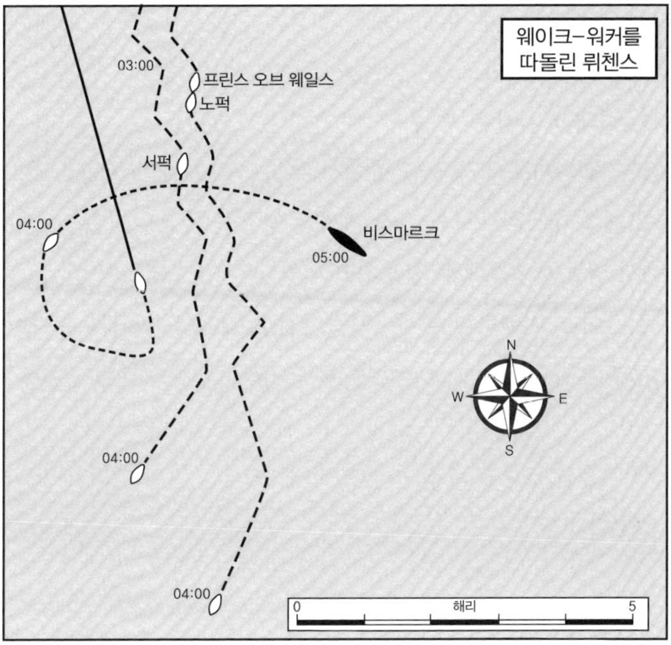

마르크의 징후를 찾을 수 없었다. 그다지 놀라운 상황은 아니었다. 모두 너무나 지쳐 있었고 이런 경우는 전에도 있었다. 단지 레이더 신호만 다시 획득하면 될 일이었다. 하지만 03시 30분쯤 되자 서퍽의 엘리스 함장은 슬슬 걱정되기 시작했다. 웨이크-워커 부대에서 서퍽의 레이더가 가장 성능이 좋았다. 게다가 서퍽은 가장 서쪽에 있는 배였다. 따라서 어떤 배가 다시 비스마르크를 포착한다면 그 배는 당연히 서퍽일 터였다. 04시경, 아직도 레이더 접촉은 없었다. 엘리스 함장은 웨이크-워커 소장에게 나쁜 소식을 전할 수밖에 없었다. 웨이크-워커는 휘하 함선들에 산개를 명령했다. 노퍽은 서쪽으로, 서퍽은 남서쪽으로, 프린스 오브 웨일스는 남쪽을 향했다. 수색은 헛수고로 끝났다.

사실 린데만 함장은 서쪽으로 향하다가 03시 40분에 우현으로 선회해 북쪽으로 항해했다. 원래 항로에서 서쪽으로 8해리(15km) 떨어진 위치였다.[28] 이제 영국 함선들은 비스마르크의 정동쪽에서 남쪽으로 항해하는 모양이 되었다. 즉 비스마르크가 이들의 뒤쪽에서 항해하고 있다는 뜻이었다. 04시, 린데만 함장은 북동쪽으로 선회했고 04시 15분에 원래 항로를 가로질렀다. 회피기동을 시작한 곳에서 북쪽으로 11해리(20km) 떨어진 곳이었다. 그때쯤 비스마르크와 가장 가까운 영국군 함선은 남쪽으로 16해리(30km)에서 엉뚱한 방향으로 항해하고 있었다. 뤼첸스의 도박이 성공했다. 서른세 시간이나 미행당한 끝에 그는 마침내 웨이크-워커와 순양함들을 따돌리는 데 성공했다.

04시 30분경, 비스마르크는 130도로 새 침로를 잡고 프랑스 해안으로 향했다.[29] 그동안 영국군은 잡힐 듯 말 듯한 표적을 찾아 헛되이 바다를 수색하고 있었다.

제12장

비스마르크 사냥

토비의 선택지

킹 조지 5세의 토비 제독은 나쁜 소식에 잠에서 깨어났다. 제독은 옷을 차려 입고 옆에 있는 작도실로 들어갔다. 브린드 준장이 기다리고 있었다. 이들은 함께 문제를 검토했다. 서퍽의 엘리스 함장은 5월 25일 03시 20분을 전후해 비스마르크와의 접촉을 상실했다. 레이더 화면에서 비스마르크를 다시 포착해 보려고 했지만 헛수고였고, 그는 노퍽의 웨이크-워커 소장에게 상황을 보고했다.[1] 노퍽과 서퍽, 프린스 오브 웨일스가 산개해 남쪽과 서쪽 방향을 수색했으나 적함의 자취를 찾지 못했다. 웨이크-워커는 토비에게 05시 30분이 한참 지난 후에도 상황을 보고하지 않았다. 06시쯤 브린드는 비스마르크의 마지막 알려진 위치를 중심으로 해도에 원을 그렸다. 우울하게도 적함의 속력은 28노트였고 원의 지름은 100해리(185km)가 넘었다. 비스마르크는 이 원 어디에나 있을 수 있었고 1분이 지날 때마다 원이 커져 갔다.

이렇게 넓은 범위를 수색할 만한 함선과 항공기를 보유하지 않았으므로 토비는 어려운 선택을 해야 했다. 우선 웨이크-워커는 제3사분면, 즉 마지막으로 확인된 비스마르크의 위치에서 남쪽과 서쪽으로 휘하의 배들을 산개시켰다고 알렸다.[2] 여명이 다가오고 있었고 아직 접촉은 없었으나 시야가 개선되었으므로 웨이크-워커의 순양함들은 최소한 수상기를 띄워 볼 수는 있었다. 프린스 오브 웨일스는 탑재했던 비행기들을 덴마크 해협 해전에서 잃었다. 리펄스와 토비의 기함 킹 조지 5세는 다음 날 아침 09시를 전후해 비스마르크를 요격하기를 희망하며 밤새 남서쪽을 향해 원래 항로를 유지하며 항해했지만, 교전은 일어나지 않을 게 분명했다. 06시에 토비는 비스마르크를 발견했을 때 상대할 화력을 갖추기 위해 웨이크-워커에게 프린스 오브 웨일스를 현 임무에서 해제해 자신에게 보내라고 명령했다. 연료가 떨어져 가던 리펄스가 곧 재급유를 받기 위해 본대에서 이탈해야 했으므로 이는 필요한 조치였다.

웨이크-워커는 남은 순양함 두 척으로 비스마르크가 마지막으로 확인된 위치의 남쪽과 서쪽을 계속 수색했다. 그동안 북쪽에 있던 제2순양함 전대의 지휘관 올번 커티스 소장도 경순양함 오로라, 넵튠과 자신의 기함 갈라테아를 부채꼴 모양으로 산개시켜 웨이크-워커의 북쪽 구역을 수색했다. 경순양함 케냐는 소식이 전해졌을 때 정찰기 발진을 준비하던 항공모함 빅토리어스와 함께 남았다. 보벨 함장은 04시에 발진한 풀머 전투기 세 대가 밤에 적과 접촉하지 못해 실망했다.[3] 하지만 그는 어제 실전을 치른 소드피시 탑승원들이 흐릿한 시야에도 불구하고 적함을 찾아내기를 바랐다. 사실 07시에 에스먼드 소령이 이끄는 소드피시 일곱 대가 항공모함의 동쪽 수역을 탐색하기 위해 발진 준비를 하고 있었다. 보벨 함장은 비스마르크가 프랑스 해안을 향하고 있다면 비행사들이 비스마르크를 발견할 곳은 바로 동쪽 수역이라는 합리적 결론에 도달했다.

비행기들이 발진 준비를 하던 07시 16분, 토비 제독이 보낸 전문이 도착했다.[4] 보벨 함장은 북쪽과 서쪽으로 비행기를 보내 제4사분면을 수색하라는 명령을 받았다. 보벨이 에스먼드에게 내린 명령을 바꾼 다음, 소드피시들이 날아올라 수색을 시작했다. 결국 헛수고로 끝날 수색이었다. 토비가 이렇게 결정한 이유는 단순했다. 전날 저녁 항로로 미루어 보아 비스마르크는 분명 프랑스 해안을 향하고 있었지만 왔던 길을 되돌아가 덴마크 해협을 통과해 귀환할 수도 있었기 때문이다. 영국군에게는 비스마르크의 두 선택지 중 후자가 더 위험했다. 왜냐면 브레스트나 생나제르에 있는 비스마르크는 영국 공군이 쉽게 무력화할 수 있었기 때문이다.

토비를 가장 위태롭게 할 뤼첸스의 선택지는 대서양 한가운데에서 독일 유조선으로부터 재급유를 받고 프린츠 오이겐과 합류하는 것이었다. 비스마르크와의 접촉을 상실한 지점은 대서양을 가로지르는 주 호송선단 항로에 걸터앉은 곳이었고, 마지막으로 알려진 위치의 동쪽과 서쪽에는 영국 호송선단 여러 개가 있었다. 따라서 비스마르크는 공격을 계획할 수 있었으므로 호송선단들은 호위를 받거나 현재 항로에서 벗어나야 했다. 가능한 선택지 셋 가운데 프랑스 항구로 가는 것이 가장 덜 위협적이었다. 만약 비스마르크가 프랑스로 간다는 사실을 알았더라면 토비는 항로를 반대로 바꾸기만 해도 몇 시간 내에 비스마르크를 요격할 수 있었을 것이다. 적은 그때 겨우 100해리(185km) 떨어진 곳에 있었다. 물론 토비 제독에게는 앞일을 내다보는 재주가 없었으므로 그는 직업적 판단에 따른 상황 평가에 기반해 계획을 짰다.

그동안 토비는 수중의 자산을 재배치했다.[5] 이 해역에는 함선 3개 집단이 집중되어 있었다. 우선 킹 조지 5세와 리펄스로 이루어진 토비의 부대가 있었다. 북서쪽에서는 리치 함장의 프린스 오브 웨일스가 토비를 향해 오고 있었다. 프린스 오브 웨일스의 승조원들은 함포의 기술적 문제를 해결하기 위해 사투를 벌이고 있었다. 북서쪽 더 먼 곳에는 서퍽과 노퍽을 거느린 웨이크-워커가 있었다. 두 척 모두 행방이 묘연해진 비스마르크를 찾고 있었다. 북쪽에는 항공모함 빅토리어스와 제2순양함 전대를 지휘하는 커티스가 있었다. 3개 집단의 함선 모두 비스마르크가 마지막으로 포착된 위치의 북쪽과 서쪽에서 소득 없는 수색 작업을 하고 있었다.

토비의 동쪽에는 전함 로드니를 지휘하는 달림플-해밀턴Frederick Dalrymple-Hamilton 함장이 있었다. 로드니는 호송선단 호위 임무에서 해제되어 구축함 소말리Somali, 마쇼나Mashona, 타타르Tartar를 동반하고 토비를 향해 오는 길이었다. 더 멀리 서쪽, 토비와 뉴펀들랜드섬 사이에서는 구식 전함 라밀리스가 위험에 노출된 호송선단을 호위하기 위해 동쪽으로 가고 있었다. 자매함 리벤지는 캐나다 수역에 있었다. 어쨌거나 로드니는 곧 재급유를 받으러 떠날 리펄스의 이탈로 인한 공백을 메꾸는 것 이상의 역할을 할 수 있었다.

무엇보다도 좋았던 점은 남쪽에서 지원 전력이 접근하고 있다는 것이었다. 5월 23일 저녁, 해군성은 호송선단 WS8B을 호위하기 위해 H부대에 출격을 명령했다.[6] 이 부대는 이틀 전에 클라이드만Firth of Clyde을 떠나 지브롤터를 향하고 있었다. H부대는 원래 프랑스의 붕괴 때문에 생긴 서부 지중해의 전력 공백을 메우기 위해 만들어진 부대였다. 제임스 서머빌James Somerville 중장이 이끄는 H부대는 메르스엘케비르Mers-el-Kébir의 프랑스 함대와 이탈리아의 제노아Genoa항을 포격했고 사르디니아Sardinia 연안에서 이탈리아 함대와 싸웠으며 몰타로 가는 호송선단 운용을 도왔다. 하지만 이 부대는 간혹 대서양으로 출격하기도 했는데 이번이 그런 경우였다. 지브롤터의 유흥가에서 놀던 수병들은 갑자기 복귀명령을 받았고 H부대는 비스마르크가 덴마크 해협을 통과해 남쪽을 향하고 있던 02시에 바다로 나갔다.

서머빌은 자신의 깃발을 순양전함 리나운에 게양했다. H부대의 함선 구성은 출항 가능 여부에 따라 그때그때 달랐다. 그날 밤에는 경순양함 셰필드Sheffield와 항공모함 아크로열이 리나운과 동행했다.[7] 빅토리어스와 달리 아크로열은 1938년 이래 계속 현역이었고 소드피시와 풀머로 구성된 비행기를 50대 이상 실었다. 더 좋았던 것은 항공기 탑승원 대부분이 경험이 풍부하고 실전에서 단련되었다는 점이었다. H부대는 기함 리나운이 비스마르크를 상대하기에 매우 취약할 수도 있었지만 아크로열이라는 진짜 이빨을 가지고 있었다. H부대가 지브롤터를 떠날 때 동반한 구축함 여섯 척은 다음 날 본대에서 분리되어 지브롤터로 돌아갔다. 계획에 따르면 H부대 나머지는 아일랜드 남쪽에서 호송선단과 만날 예정이었으므로 서머빌은 함선들을 이끌고 북쪽으로 갔다.

후드 상실 소식이 전해졌을 때 서머빌은 카디스만Gulf of Cadiz 근해에 있었다. 메르스엘케비르 작전에서 후드를 기함으로 삼았던 서머빌에게는 뼈저린 타격이었다. 복수할 기회는 금방 찾아왔다. H부대는 그날 내내 이베리아반도 해안을 따라 북쪽으로 항해하다가 25일 06시경 스페인의 북서쪽 모서리인 오르테갈곶Cape Ortegal의 위도에 도달했다. 부대는 강풍과 싸우며 항해하느라 애를 먹었다. 하지만 두 시간 뒤에 해군성이 비스마르크 추격전에 합류하라는 명령을 내렸을 때 H부대는, 만약 독일군 지휘관이 프랑스 해안으로 가기로 결정한다면, 비스마르크의 경로를 가로지를 항로인 북쪽으로 항해하고 있었다. H부대는 제1해군경의 직접 지휘하에 있었지만 서머빌은 토비의 비스마르크 추격전을 도우라는 지시를 받았다.

서머빌은 비스마르크가 서쪽이나 북쪽으로 간다면 H부대가 추격전에서 아무 역할도 할 수 없다고 생각했다. 하지만 프랑스 해안을 향한다면 H부대만이 비스마르크를 요격할 수 있는 위치에 있게 될 터였다. 게다가 H부대가 생나제르와 브레스트를 향해 북쪽으로 항진한다면 샤른호르스트와 그나이제나우가 출격해 비스마르크와 합류해, 도망치기도 전에 서머빌의 부대를 분쇄할 위험도 있었다. 거친 바다를 헤치고 북쪽으로 가던 H부대원들에게 5월 25일은 긴장이 가득한 날이었다.

로드니와 구축함 세 척도 마찬가지였다. 베르겐 근해에서 처음으로 비스마르크가 포착된 후 달림플-해밀턴 함장은 고급 장교들로 일종의 '위원회'

를 만들어 비스마르크에 관한 최신 정보를 논의했다. 함장과 승조원들이 각자의 역할을 할 준비가 되었다는 뜻이었다. 로드니의 유일한 단점은 속력이 겨우 23노트에 불과해 비스마르크를 따라잡을 기회가 거의 없다는 것이었다.

이날 아침에 토비의 장기판에 배치되지 않은 말은 순양함과 구축함이었다.[8] 남쪽에서는 경순양함 에든버러Edinburgh와 중순양함 도싯셔Dorsetshire가 다가오고 있었다. 이들은 북쪽으로 가는 호송선단 SL74를 호위하고 있었다. 필요하면 두 척 모두 추격전에 동원할 수 있었다. 동쪽으로 한참 떨어진 곳에서 서쪽으로 가던 호송선단 WS8B는 토비와 아일랜드 남서해안 중간쯤에 있었다. 호송선단의 호위 전력 중 구식 경순양함 카이로Cairo는 무용지물이나 다름없었다. 카이로는 구축함 코사크Cossack, 마오리Maori, 피오룬Piorun, 시크Sikh와 줄루Zulu를 동반했다. 이들을 지휘하는 사람은 베테랑 구축함 지휘관 필립 비언Phillip Vian이었다. 비언은 그 전해에 구축함 코사크의 함장으로 독일군 보급선 알트마르크Altmark에 승선해 이 배를 나포하고 잡혀 있던 영국 상선 선원들을 풀어 준 일로 용명을 떨쳤다. 토비는 만약 비스마르크에 뇌격할 상황이 생긴다면 비언이 그때와 같은 용기를 보여주기를 바랐다.

문제는 토비가 비스마르크의 위치를 파악할 때까지는 싸워 볼 방법이 전혀 없음을 너무나 잘 알았다는 것이다. 수색을 계속하는 수밖에 없었다. 그런데 토비의 함선 대부분은 엉뚱한 곳을 수색하고 있었을 뿐 아니라 잘못된 방향으로 가고 있었다. 즉 비스마르크가 실제 발견된다 해도 본국 함대 함선 대부분은 요격하기에 너무 먼 곳에 있게 된다는 뜻이었다. 토비에게는 다른 문제도 있었다.[9] 리나운은 이날 아침에 본대에서 분리해 재급유를 받으러 핼리팩스로 가고 있었다. 재급유를 받으러 크발피외르뒤르로 떠날 프린스 오브 웨일스도 이탈할 예정이었다. 킹 조지 5세가 단독으로 비스마르크를 굴복시킬 화력이 있는지 진정으로 의심스러웠다. 동쪽과 남쪽에 있는 주력함 두 척 중 로드니는 너무 느렸고 리펄스는 뭔가를 해내기에는 장갑이 너무 얇았다. 따라서 아크로열이나 빅토리어스로 비스마르크의 속력을 늦춰 주력함들이 따라잡도록 하는 방안에 희망을 걸 수밖에 없었다. 지난번 항공 공격이 실패했으니만큼 희망사항에 불과해 보였을 것이다.

뤼첸스의 실수

5월 25일 09시경 비스마르크는 토비로부터 한참 동쪽에 있으면서 웨이크-워커와 커티스, 다른 영국 함선들의 레이더 탐지 거리에서 벗어난 지 오래였다. 뮐렌하임-레흐베르크는 이렇게 기록했다. “탐지거리 2만 4,000미터인 서퍽의 레이더가 03시 30분에 비스마르크와 재접촉할 수 없었다면 07시에 재접촉할 수 있을까? 이때쯤 비스마르크는 남동 방향으로 몇 시간 더 항해한 다음인데?”[10] 이상하게도 뤼첸스 중장은 웨이크-워커와 그의 순양함들을 떨쳐 버렸다고 확신하지 못했던 것 같다. 이것은 그가 다음에 취한 이해하기 어려운 행보를 설명해 준다. 이런 상황에서 정상적인 경우라면 전문은 단문으로만 보내는데 이렇게 하면 적이 방위탐지장치를 가지고 있어도 신호가 발신된 방향을 추적하기에 충분한 시간을 허용하지 않는다. 그런데 둘 또는 그 이상의 적이 방향을 판정하는 데 성공한다면 이들은 방위선의 교차점에 기반해 발신원의 위치를 알아낼 수 있다. 뤼첸스도 이 점을 잘 알았다.

그런데 이날 아침 09시, 뤼첸스는 파리의 서부집단사령부에 다음과 같은 내용의 길고 상세한 전문을 발신하라고 명령했다.[11] 전문은 적이 탐지거리가 최소 19해리(35km)인 레이더를 탑재했다는 불평(실제보다 3분의 1 정도 더 길게 보았다)으로 시작했다. 뤼첸스는 이렇게 계획을 설명했다. “고속으로 항해해 적의 추적을 뿌리칠 수 없다면 재급유는 전반적으로 불가함.” 더 나아가 그는 덴마크 해협 해전과 비스마르크가 입은 손해를 자세히 설명했다. 이 전문에서 가장 중요한 부분은, 실제로는 추적을 뿌리치고 더 이상 적과의 접촉이 없었음에도 뤼첸스가 아직도 자신이 미행당한다고 생각했다는 것이다. 탐지거리 한참 밖에 있기는 해도 본국 함대가 발신하는 레이더 전파 펄스를 비스마르크의 수동형 레이더 전파탐지장치가 수신했는지도 모른다. 핵심은, 이 길고도 불필요한 전문 때문에 비스마르크의 위치가 탄로 났다는 것이다.

반면 프린츠 오이겐의 B-디엔스트는 본국 함대의 교신을 감청하고 비스마르크가 추적자들을 따돌리는 데 성공했다는 정확한 결론에 도달했다.[12] 꾸준히 발신되던 접촉 보고가 갑자기 멈췄다. 파리의 서부집단사령부도 뤼첸스가 방금 보낸 전문을 받고 어리둥절했다. 어쩌면 비스마르크의 B-디엔스트가 실수로 뤼첸스에게 잘못된 정보를 전달해 오판을 일으켰을 수 있다. 사실 뤼첸스는 발각되지 않고 도망칠 뻔했다. 영국 내의 두 수신기가 신호를 수신했으나 이들이 서로 가깝게 붙어 있었던 탓에 제시한 방위가 상당히 비슷했다. 정확한 위치를 특정하기에 너무나 비슷했던 것이다. 더 유리한 위치인 아일랜드나 뉴펀들랜드에 배치된 수신기는 거리와 공전 간섭 때문에 이 전문을 수신하지 못했다. 본국 함대도 마찬가지였다. 통신 감청 임무를 맡은 구축함 두 척 가운데 한 척은 크발피외르뒤르에 있었고 다른 한 척의 장비는 고장 났다. 그 결과, 비스마르크가 토비의 서쪽에 있다는 것은 확실해졌으나 정확히 어디에 있는지는 여전히 오리무중이었다. 토비는 비스마르크가 해군성이 파악한 위치보다 남쪽으로 100해리(185km) 더 떨어진 곳에 있다고 보았다.

그러나 이제 비스마르크가 프랑스 해안을 향하고 있다는 것이 명백해졌다. 토비는 해도를 훑어보았다. 킹 조지 5세도, 로드니도 비스마르크를 요격할 수 없는 위치에 있었다. 비스마르크는 이제 서쪽 멀리로 나아가 있었다. 비스마르크를 잡을 유일한 가능성은 H부대에 그리고 아크로열에서 발진한 공격대의 성공에 달려 있었다. 이날 아침, 영국 해군성에 선택의 여지가 없음이 분명해졌다.

뮐렌하임-레흐베르크에 따르면 뤼첸스는 앞의 전문 발신과 마찬가지로 승조원들에게 이해할 수 없는 훈시를 내렸다. 그는 후드를 격침한 승조원들을 치하한 후 암울한 말을 덧붙였다.13

지금부터 적은 전력 집중을 시도하여 우리와 대적하려 할 것이다. 따라서 나는 어제 정오에 독자적으로 통상파괴전을 수행하도록 프린츠 오이겐을 분리했다. 다른 한편으로 우리는 적탄에 입은 손해 때문에 프랑스 항구로 속행하라는 명령을 받았다. 우리가 가는 길에 적이 보여들어 전투가 벌어질 것이다. 독일 국민이 제군과 함께하고 있다. 우리는 포신이 빨갛게 달아오를 때까지, 마지막 한 발을 발사할 때까지 싸울 것이다. 우리 해군이 당면한 문제는 이제 승리냐 죽음이냐다!

뮐렌하임-레흐베르크는 이렇게 회상했다. "사격통제장치 조작을 맡은 고참 부사관이 낙담한 채 라우드스피커에서 돌아와 모든 게 다 끝났다고 말하던 모습을 지금도 기억한다."14 뤼첸스가 훈시하기 전에 대부분의 승조원들이 후드 격침 소식을 들었다. 이 소식은 독일 라디오로 방송되었고 함의 라디오가 수신했다. 승조원들은 자신들이 프랑스를 향하고 있으며 추적자들을 회피했다는 것도 알았다. 거의 모두가 이제 위험에서 벗어나 안전하며, 아군 항구를 향해 가고 있으리라 짐작했다. 하지만 사령관의 훈시 와 임박한 최후의 전투 이야기 때문에 승조원들의 사기는 박살 났다. 함 전체가 낙담에 빠졌다. 뮐렌하임-레흐베르크에 따르면 "전날 함 전체에 스며들었던 높은 사기는 흔적도 없이 사라져 버렸다." 비스마르크의 승조원 대부분은 젊은 수병이었고, 이들을 지휘하는 경험 많은 제독이 죽음이 임박했다고 이야기한다면 매우 절망적인 상황임이 분명했다.

날이 저물자 새 전문들이 들어왔다. 일부는 H부대가 출격했으며 비스마르크가 손해를 입힌 전함은 킹 조지 5세가 아닌 프린스 오브 웨일스라는 것, 토비의 기함에 전함 로드니가 합류했다는 독일 해군의 정보 보고였다. 나머지는 축하 메시지였다. 5월 25일은 뤼첸스 제독의 생일이었다. 히틀러가 직접 그에게 생일 축하 메시지를 보냈다.[15] 레더 해군 총사령관도 메시지를 보냈다. 레더는 생일을 축하하며 최근 거둔 승리를 치하했다. 그동안 비스마르크는 원래 항로를 꾸준히 유지했고 토비의 함선들은 더욱더 뒤처졌다. 전략적 상황을 알았더라면 비스마르크의 승조원들은 훨씬 덜 비관적이었을 것이다. H부대 외에 그들을 따라잡을 영국 함대는 없었다.

그날 오후, 비스마르크의 장교들이 아이디어를 냈다. 나무와 캔버스, 얇은 철판으로 가짜 후방 연돌을 만들자는 것이었다. 만약 비스마르크가 육상 발진 정찰기에 포착되더라도 미국이나 영국 전함으로 속여 넘길 수 있으리라는 이유였다. 그럴듯한 위장은 아니었으나, 승조원들에게 할 일이 생기자 절망적인 분위기는 사라지고 함의 사기가 진작되었다. 경험 없는 영국 공군 연안방어사령부 소속 조종사라면 그냥 지나칠지도 몰랐다. 연돌을 완성하자 누군가가 가짜 연돌에서는 연기가 나오지 않는다고 문제를 제기했다. 뮐렌하임-레흐베르크에 따르면, 그 결과 함내 스피커에 다음과 같은 방송이 나왔다. "비번 인원은 항해장실로 와서 시가를 가져가 제2연돌에서 피우도록!"[16] 결국 린데만 함장의 설치 명령을 기다리는 가짜 연돌이 갑판에 놓였다.

그동안 연료는 계속 줄어들어 갔다. 계산에 따르면 비스마르크는 20노트로 감속해야 브레스트나 생나제르로 가기에 충분한 연료를 보유할 수 있었다. 실제로 오후에 비스마르크는 12노트까지 속력을 줄였다. 그 덕에 잠수부들이 침수된 전방 구획으로 들어가 연료 탱크 밸브를 열 수 있었고, 펌프로 소량의 연료를 뒤쪽으로 보내 가용 연료를 몇백 톤 늘렸다. 필요한 경우 속력을 약간 더 높이기에 충분한 양이었다. 하지만 수리가 끝나자 뤼첸스는 다시 20노트로 항해하라고 명령했다. 이 때문에 영국군으로서는 비스마르크를 포착할 가능성이 조금 더 커진 반면, 비스마르크의 연료도 아주 빠르게 고갈되지는 않게 되었다. 그리하여 비스마르크는 서남서 방향으로 원래 항로를 유지하며 항해했다. 프랑스 항구로 가는 직항로에서 약간 더 남쪽이었다. 그러나 이렇게 하면 영국 내 항공기지에서 더 멀찌감치 떨어진 채 항해할 수 있었고 발각될 가능성도 그만큼 줄어들었다.

여우 쫓기

남동쪽 멀리 있던 서머빌 중장의 H부대는 북북동으로 항해하고 있었다. 다음 날인 5월 26일 아침에 브레스트에서 약 350해리(648km) 위치에 도달할 예정이었다. 비스마르크가 실제 프랑스 항구를 향하고 있다면 서머빌의 함선 세 척은 최적의 요격 위치에 있게 될 것이다. 킹 조지 5세에 탑승한 토비 제독은 서쪽 멀리에 있었고 리펄스와 프린스 오브 웨일스가 재급유를 받기 위해 이탈한 이상 이제 혼자였다.[17] 비록 웨이크-워커 소장이 탑승한 노퍽은 약간 더 오래 추적할 수 있었지만 서퍽 역시 재급유를 받으러 돌아가야 했다. 더 북쪽에서 빅토리어스는 바다에 그대로 머물러도 될 정도로 연료가 충분했으나 커티스 소장의 순양함들은 위험할 정도로 연료가 떨어져 가고 있었다. 하지만 빅토리어스는 호위 없이 바다에 혼자 있기에는 너무나 귀중한 함선이었다. 따라서 전날 저녁에 적과 접촉하지 못하고 마지막으로 남서쪽을 정찰한 다음 커티스는 빅토리어스와 함께 스캐파플로로 돌아갔다. 토비가 이용할 수 있는 함선이 줄어든다는 뜻이었다.

물론 아직 로드니가 있었다. 사실 그날 오후에 로드니의 달림플-해밀턴 함장은 북서쪽으로 오라는 토비의 명령을 무시했다.[18] 그는 토비를 따라 비스마르크를 추적하기에는 로드니가 너무 느리다고 보았다. 하지만 비스마르크가 프랑스로 가는 길이라면 로드니는 비스마르크를 요격하기에 좋은 위치에 있었다. 그런데 실제 접촉이 이루어지고 비스마르크가 방향을 돌린다면 최고속력이 23노트에 불과한 로드니는 따라잡을 수 없었다. 따라잡더라도 단순 포격전이 벌어졌을 때 로드니는 비스마르크의 15인치 포 8문에 대해 16인치 포 9문을 사용할 수 있었지만, 비스마르크가 보유한 현대적 사격통제 시스템과 일급 측거의가 없었다. 따라서 달림플-해밀턴 함장은 로드니가 비스마르크를 저지하거나 속력이라도 늦출 수 있다고 자신하지 못했다.

신경을 갉아먹은 긴 하루가 끝을 향해 가고 있었다. 이날 아침 발신한 전문에서도 비스마르크의 정확한 위치는 불분명했다. 해군성과 토비는 비스마르크가 프랑스로 가고 있다고 확신했으나, 토비는 하루 종일 두 가지 가능성을 염두에 두고 대비하는 데 시간을 보냈다. 비스마르크가 프랑스로 향하는 경우 그리고 북쪽 아이슬란드-페로 제도 사이로 가는 경우였다. 따라서 킹 조지 5세는 이날 오후에 북동쪽으로, 다시 동쪽으로 항해했다. 이 상황에 종지부를 찍은 것은 그리스에서 크레타 공습을 감독하던 한 독일 공군 고위 지휘관이 서부집단사령부에 비스마르크의 최신 상황을 요청한 전문의 해독이었다. 아마도 그는 비스마르크에 탑승한 조카 때문에 이 전문을 보냈을 것이다.[19] 독일 공군 통신망을 통해 전달된 회신에 따르면, 비스마르크는 브레스트로 가고 있었다. 이 소식을 접한 토비와 해군성은 비스마르크의 목적지에 대한 의구심을 해소했다.

토비의 기함이 남서로 뱃머리를 돌렸을 때는 아직 이른 저녁에 불과했고 항로는 비스마르크와 대략 평행했으나 약간 북쪽이었다. 그러나 비스마르크는 킹 조지 5세보다 150해리(278km) 정도 앞서 있었다. 어둠이 내리자 로드니도 변침해 비슷한 항로에 들어왔다. 그때 토비에게는 다른 문제가 있었다. 자신과 휘하의 배들이 생나제르에 다가갈수록 유보트의 공격에 노출될 확률이 높아졌다. 무선통신 방수에 따르면 독일군이 비스마르크를 지원하기 위해 유보트를 출동시킨 것 같았다. 독일 공군도 영국 함선들을 공격하기 위해 폭격기를, 단독 항해 중인 비스마르크를 엄호하기 위해 전투기를 집결하고 있었다. 그날 19시 30분, 서부집단사령부는 뤼첸스에게 전문

1941년 5월 25일 정오의 전략적 상황

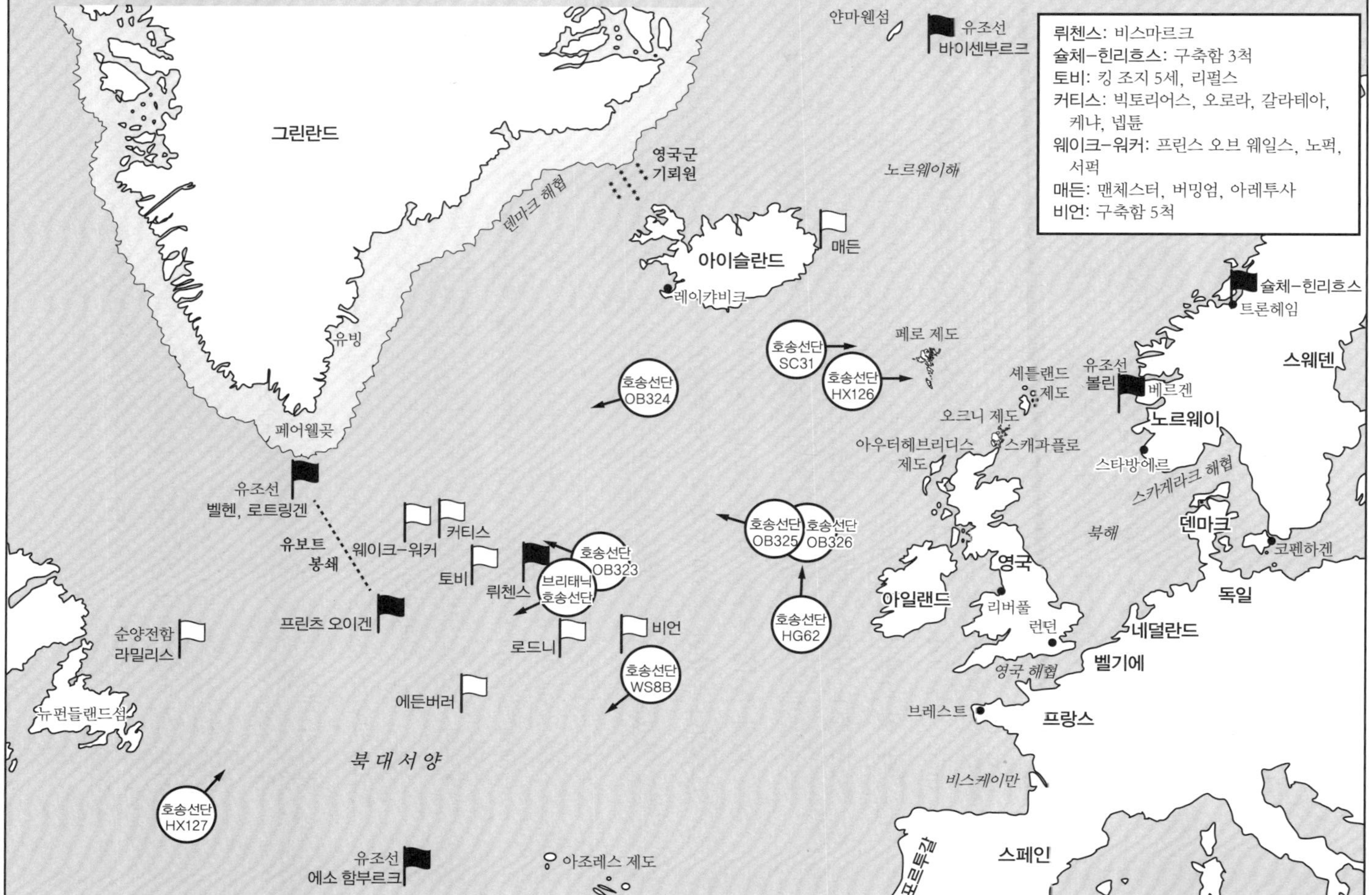

을 보내 공군 폭격기들이 서경 14도, 브레스트 서쪽 360해리(667km)까지 마중나가 비스마르크를 엄호할 것이라고 알렸다.[20] 항속거리가 1,900해리(3,519km)인 포케불프 콘도르Focke-Wulf Condor 정찰기는 더 서쪽으로 갈 수도 있었다.

그런데 하늘에 있는 정찰기는 이들뿐만이 아니었다. 토비를 최대한 돕기 위해 연안방어사령부는 영국 제도 서부 접근로 상공 정찰비행을 한층 강화하고 범위를 비스케이만Bay of Biscay까지 남쪽으로 넓혔다. 쇼트 선덜랜드 비행정과 콘솔리데이티드 PBY 카탈리나 비행정은 각각 항속거리가 1,780해리(3,297km)와 2,520해리(4,667km)에 달했고 수 시간 동안 체공할 수 있었다. 이 비행정들은 5월 25일 저녁까지 초계했으나 비스마르크를 포착하지 못했다. 뤼첸스에게는 안도감을 주었으나 이날 밤 토비가 마음의 평화를 얻는 데는 거의 도움이 되지 못한 사건이었다. 유일하게 위안이 되는 점은 이제 주시할 방향을 알게 되었다는 것뿐이었다. 킹 조지 5세와 로드니, H부대와 순양함 노퍽과 도싯셔, 비언 중령의 구축함 다섯 척이 여우를 쫓고 있었지만 이 모든 것은 비스마르크를 발견할 수 없다면 헛수고가 될 터였다.

5월 26일 04시 30분, 비스마르크에서 한 가지 발표가 있었다.[21] 승조원들에게 다음과 같은 내용이 함내 스피커를 통해 전달되었다. "우리는 생나제르로 가는 중이며 아일랜드의 4분의 3을 지나갔다. 정오쯤 유보트 작전구역과 아군 항공기의 활동범위 안으로 들어간다. 콘도르 정찰기는 정오 뒤에 나타날 것으로 기대한다." 사기를 크게 진작하는 소식이었고 전날 뤼첸스가 내린 비관적 훈시로 암울해진 분위기를 바로잡는 데 도움이 되었다. 처음으로 젊은 독일군 수병들은 대부분 가본 적이 없는 프랑스가 과연 어떤 곳일지 생각하며 외국 항구에서 어떤 재미를 볼 수 있을지 상상했다. 서부집단사령부에서 보낸 다른 전문들도 비스마르크를 호위할 준비를 하고 있다고 확언했다. 구축함과 유보트들이 출동했고 항구의 방비도 강화되고 있었다. 뤼첸스가 해야 할 일은 프랑스 해안의 항공지원을 받을 수 있는 범위 안으로 들어가는 것뿐이었다.

하지만 이날 아침에 정찰기를 보낸 것은 독일 공군만이 아니었다. 연안방어사령부의 둔중한 해상정찰기 한 대가 서부접근로 상공 비행을 준비하는 중이었다. 북아일랜드에서 햄프셔에 이르는 곳에 있는 공군기지에서는 탑승원들이 비행기에 올라타고 있었다. 그 가운데 영국 공군 제209비행대에 소속된 데니스 브릭스Denis Briggs 중위가 조종하는 카탈리나 비행정이 있었다.22

이 비행기에는 미군 부조종사가 탑승했다는 점이 이채로웠다. 렌드리스 프로그램Lend-Lease programme(제2차 세계대전 중 미국의 대연합군 무기 대여·지원 계획—옮긴이)의 일환으로 카탈리나 비행정이 영국으로 보내졌을 때 레너드 '턱' 스미스Leonard 'Tuck' Smith 미 해군 소위가 이 비행기를 조종하는 영국 조종사들을 돕겠다고 자원했다. 동트기 전, 카탈리나는 언 호수Lough Erne의 수면을 달려 떠올라 북아일랜드 퍼매나Fermanagh주의 녹갈색 언덕 위를 지나가며 기체를 옆으로 기울였다가 대서양 해안으로 기수를 돌렸다. 이 카탈리나는 이날 아침에 언 호수에서 날아오른 카탈리나 두 대 중 하나였다. 두 비행기는 각자 사전에 지정된 수색구역을 향해 흩어졌다.

이론상 카탈리나 비행정은 28시간까지 체공할 수 있었다. 따라서 탑승원들은 세 시간마다 교대하는 교대 당직제로 일했다. 비번인 탑승원은 캠핑용 소형 스토브로 요리하거나 독서하거나 카드놀이를 했다. 끊임없는 소음과 진동 속에서 쪽잠을 자는 탑승원들을 위해 기체 내부에는 침상 네 개가 설치되었다. 당직 탑승원들은 비행기를 조종하거나 눈을 부릅뜨고 비스마르크를 찾았다. 스미스 소위는 제209비행대에 배치된 지 겨우 2주째였고 아직 영국 공군의 방식에 익숙해지는 중이었다. 체공한 지 세 시간이 지난 09시 45분에 이들은 언 호수에서 480해리(889km) 떨어진 켈트해Celtic Sea 상공을 비행하고 있었고 아일랜드 해안 남서쪽으로 거의 3,600해리(6,627km)를 날아갔다. 사전에 지정된 정찰구역의 시작점이었다. 시계가 8해리(15km) 미만으로 불량했고 구름이 낮게 깔려 있어 500피트(152m) 이하 고도로 비행해야 했다. 아래에 펼쳐진 바다는 거칠어 보였다. 기체 내의 모든 눈이 함선의 존재를 알려 주는 항적을 쫓아 수면을 훑고 있었다.

수색을 시작하자 스미스가 조종을 맡았고 브릭스는 부조종사석에 앉아 잠시 휴식을 취했다. 수색을 시작하고 겨우 30분이 지났을 무렵, 스미스가 일어나 뭔가를 손가락으로 가리키며 물었다.[23] "저게 뭡니까?" 해상 수색 경험이 훨씬 풍부한 브릭스의 눈에 시계 한계점에 있는 어두운 형체가 보였다. 함선 같았다. 스미스는 발각되지 않고 정체불명의 함선에 다가가기를 바라며 우현으로 약간 기체를 기울여 구름 속을 날았다. 카탈리나는 2,000피트(610m) 조금 못 미친 고도에서 비행하고 있었다. 막 다시 급강하하려 할 때 구름 사이로 틈이 나타났다. 정체불명의 함선은 정면으로 약 500야드(457m) 거리에 있었다. 거대한 함선이었다. 함선을 보자마자 카탈리나는 우현으로 크게 방향을 돌렸다. 그러자 함선의 좌현에서 오렌지색 불꽃이 분출했다.

대공포 사격이었다. 몇 초 뒤, 비행기 주변에서 포탄이 폭발하기 시작했다. 브릭스에게 함선은 깜박거리는 거대한 불꽃처럼 보였다. 가까운 곳에서 포탄 한 발이 폭발해 카탈리나가 크게 흔들렸고 한 탑승원이 침대에서 굴러떨어졌다. 나중에 "[그의] 인생에서 그렇게 소스라치게 놀랐던 적은 없었다"라고 주장한 스미스는 즉시 행동에 나섰다. 그는 둔중한 비행정으로는 해내기 어려운 회피기동을 시작해 기체를 기울이며 자신의 모습을 감춰 줄 구름을 향해 상승했다. 동시에 그는 카탈리나에 양력을 조금 더 주기 위해 탑재한 폭뢰 네 발을 모두 투하했다. 그동안 브릭스는 전문 작성용 패드에 급히 메시지를 적어 무전수에게 건넸다. 격추될 경우를 대비해 메시지를 발신하려고 서두른 것이다. 10시 30분 직전에 보낸 전문 내용은 다음과 같았다. "전함 한 척, 방위 240도, 5해리(9km), 침로 150도, 본기의 위치는 북위 49도 33분, 서경 21도 47분. 발신 시각 26일 10시 30분."[24]
31시간 10분 동안 영국군의 감시망에서 사라졌던 비스마르크가 마침내 발각되었다.

제13장

항공 공격

H부대

브릭스 중위가 타전한 발견 보고는 평문이었으므로 영국 공군 연안방어 사령부뿐 아니라 킹 조지 5세의 토비 제독과 파리의 독일 해군 서부집단사령부에서도 이 보고를 수신했다. 비스마르크의 B-디엔스트도 이 전문을 받았다. 브릭스는 비스마르크가 브레스트 서쪽 690해리(1,278km) 또는 경제속도인 20노트로 항해하면 34시간의 항해거리에 있다고 보고했다. 토비는 킹 조지 5세가 비스마르크의 북쪽 135해리(250km)에, 로드니는 브릭스가 알린 위치의 북동 125해리(232km) 해상에 있다고 보았다.[1] 다시 말해 다음 날 비스마르크를 따라잡을 가능성이 전혀 없다는 뜻이었다. 뤼첸스 입장에서 보면 기함은 공군의 상공엄호를 기대할 수 있는 서경 14도선에서 320해리(593km) 거리에 있다는 말이었다. 심지어 되니츠가 소집하고 있던 유보트 초계선과는 더 가깝기까지 했다. 따라서 20노트로도 비스마르크는 16시간 안에, 또는 다음 날 새벽녘에 아군의 상공엄호 안에 들어갈 터였다.

영국군이 비스마르크를 잡을 단 한 가지 방법은 속력을 늦추는 것뿐이었다. 두 부대만이 이를 해낼 위치에 있었다. 비언 중령의 구축함 다섯 척은 비스마르크와 상당히 가까운 곳에 있었고 비언은 명령을 기다리지 않고 변침해 요격에 나섰다.[2] 도싯셔 함장 벤저민 마틴Benjamin Martin 대령도 마찬가지였다. 도싯셔는 멀리 남쪽에서 호송선난을 호위하다가 시원차 북쪽으로 보내졌다. 결단을 내린 마틴 함장은 프랑스 해안으로 가는 비스마르크의 진로를 차단하러 떠났다.[3] 이제 서머빌 중장과 H부대가 남았다. 브릭스 중위의 보고가 들어왔을 때 서머빌은 비스마르크의 남동쪽에 있었다. 서머빌은 틀에 박히지 않은 지휘관이자 야한 농담을 하는 유머 감각과 열정을 지닌 활기 넘치는 사람이었다. 비스마르크를 전투로 불러올 기회를 가지게 될 사람은 서머빌이 될 것 같았다.

지브롤터에서 북쪽으로 항해하는 동안 구축함을 본대에서 분리했으므로 서머빌에게는 기함인 순양전함 리나운과 경순양함 셰필드, 항공모함 아크로열이 남았다. 리나운과 셰필드 두 척은 비스마르크에게 간단히 제압될 수 있었으나 소드피시 뇌격 비행대를 탑재한 항공모함 아크로열은 비스마르크에 손해를 입힐 가능성이 있었다. 그러나 빅토리어스에서 발진한 뇌격기들의 공격이 보여 주었듯 그럴 가능성은 희박했다. 비스마르크는 항공어뢰 공격에는 거의 면역이 된 것처럼 보였다. 하지만 그날 아침, 서머빌은 아크로열의 로벤 먼드Loben Maund 함장에게 북쪽과 서쪽 수역을 정찰하라고 명령했다.[4] 전날에는 H부대가 남동 방향으로 부는 강풍을 뚫고 항해하고 있어서 항공작전을 연기해야 했다. 새벽녘쯤에 바다는 여전히 거칠었지만 강풍은 조금 약해졌다. 아크로열의 항공작전을 맡은 헨리 트레일Henry Traill 중령은 비행하기에 안전한 상황이라고 보았다.

하지만 아직 위험천만하기 짝이 없었다. 수선 위 62피트(19m)에 있는 항공모함의 비행갑판이 거대한 파도의 물마루 사이에서 위아래로 50피트(15m) 이상 요동쳤다. 함이 좌우로 크게 흔들린 나머지 비행갑판 승조원들은 비행기들이 바다로 떨어질까 봐 노심초사했다. 함수에서 물보라가 부서지고 있었다. 이러한 상황에서 발진하는 것은 위험하기 짝이 없는 행위였지만 상황이 급박하니만큼 극단적 방법을 쓸 수밖에 없었다. 이제 아크로열의 소드피시 뇌격기만이 비스마르크를 멈출 수 있었으므로 일단 목표물을 찾아야 했다. 정찰기가 발진하기로 한 시간은 07시였으나 기상 상황이 개선되기를 바라며 두 시간 연기되었다. 두 시간 뒤 날씨가 약간 나아졌지만 그래도 발진은 무모한 모험이었다. 먼드 함장은 08시 45분에 아크로열의 함수를 돌려 바람을 안고 감속한 다음 트레일에게 발진을 시작하라고 신호했다.[5]

모든 게 타이밍에 달렸다. 바람 부는 방향으로 선회한 덕에 좌우 요동은 멈췄으나 앞뒤 요동은 멈추지 않았다. 따라서 트레일은 파도가 상승해 비행갑판이 들릴 때 비행기를 발진시킬 정확한 순간을 판단해야 했다. 50노트로 부는 맞바람을 안고 있었기 때문에 소드피시가 이함하기 위해서는 활주속력 35마일(56km/h)에 도달하기만 하면 되었다. 구식 소드피시 한 대 한 대가 비행갑판을 따라 앞으로 굴러가 속력을 높여 휘청거리며 하늘로 솟을 때마다 모두의 눈길이 발진하는 비행기에 쏠렸다. 어떤 비행기는 다른 비행기보다 타이밍을 잘 잡았고, 몇몇은 파도를 타고 비행갑판이 아래로 기울어질 때 출발해 수면을 스치며 이함했다. 하지만 모두 발진에 성공해 항공모함 상공을 선회한 후 산개해 수색을 시작했다. 아침에 출격한 소드피시들은 장거리 비행용 연료 탱크를 갖추었으며, 경험 있는 관측수가 탑승했다. 비스마르크를 발견할 사람이 있다면 바로 그들이었다.

브릭스 중위의 전문이 송신된 10시 30분에 소드피시 정찰기 10기는 아직 하늘에 머물러 있었다. 해도를 본 서머빌은 비스마르크의 위치가 북서 112해리(207km) 해상이며 예상 항로는 소드피시의 정찰 사분면 안에 곧 바로 들어온다고 파악했다. 과연 11시 14분에 A2기를 조종하던 '족' 하틀리'Jock' Hartley 중위가 비스마르크를 목격했지만, 중위는 이것을 순양함이라고 생각했다.6 몇 분 뒤인 11시 21분에 2F기의 존 칼란더John Callander 대위가 비스마르크를 포착하고 정확하게 판별했다. 이 소식을 들은 서머빌은 비스마르크를 미행하고 있는 칼란더와 하틀리의 비행기를 대체할 목적으로 레이더를 장착한 소드피시 두 대를 띄우라고 명령했다. 다른 소드피시 여덟 대는 재급유와 18인치 어뢰로 무장하기 위해 모두 소환되었다. 이때쯤 H부대는 선회해 비스마르크 북쪽 50해리(93km)에서 평행한 항로를 취했다.

이제 가장 어려운 문제를 해결해야 했다. 바로 악조건하의 착함이다. 이번에도 타이밍이 중요했다. 한 대를 제외하고 모두 안전하게 착함했다. 타이밍을 잘못 판단한 조종사가 너무 늦게 비행갑판에 진입하는 바람에 파도에 들어올려진 함미와 부딪혀 비행기가 박살났다. 탑승원 세 명은 충격을 받고 타박상을 입었으나 모두 살아남았다. 비행갑판 뒤쪽에서 착함을 위해 정렬해 있던 다른 소드피시는 착함에 실패한 비행기의 잔해를 갑판에서 치울 때까지 기다려야 했다. 까다로운 작업을 끝낸 비행갑판 승조원들은 비행기를 격납고에 수납하고 재급유와 무장 장착을 개시했다. 아크로열은 이날 내내 소드피시 두 대를 교체 운용하며 비스마르크를 계속 단단히 감시했다.

한편 서머빌은 오전 내내 리나운을 아크로열로부터 상당히 동쪽으로 떨어진 곳에 배치했으나 두 함선은 수면 군데군데 떠다니는 안개에 때때로 가리기도 했으나 시각 접촉이 가능한 범위 안에 있었다.7 우선 비스마르크가 아크로열을 공격하기 위해 움직일 경우에 아크로열을 보호하자는 생각이었고, 두 번째로는 필요하다면 프랑스로 가는 비스마르크의 앞길을 막겠다는 것이 서머빌의 생각이었다. 하지만 이는 자살이나 다름없는 임무였다. 리나운은 최대 9인치(22.8cm) 두께의 장갑대, 최대 6인치(15.2cm) 두께의 갑판장갑으로 보호되는 순양전함이었다. 1916년에 진수되어 전간기에 갑판

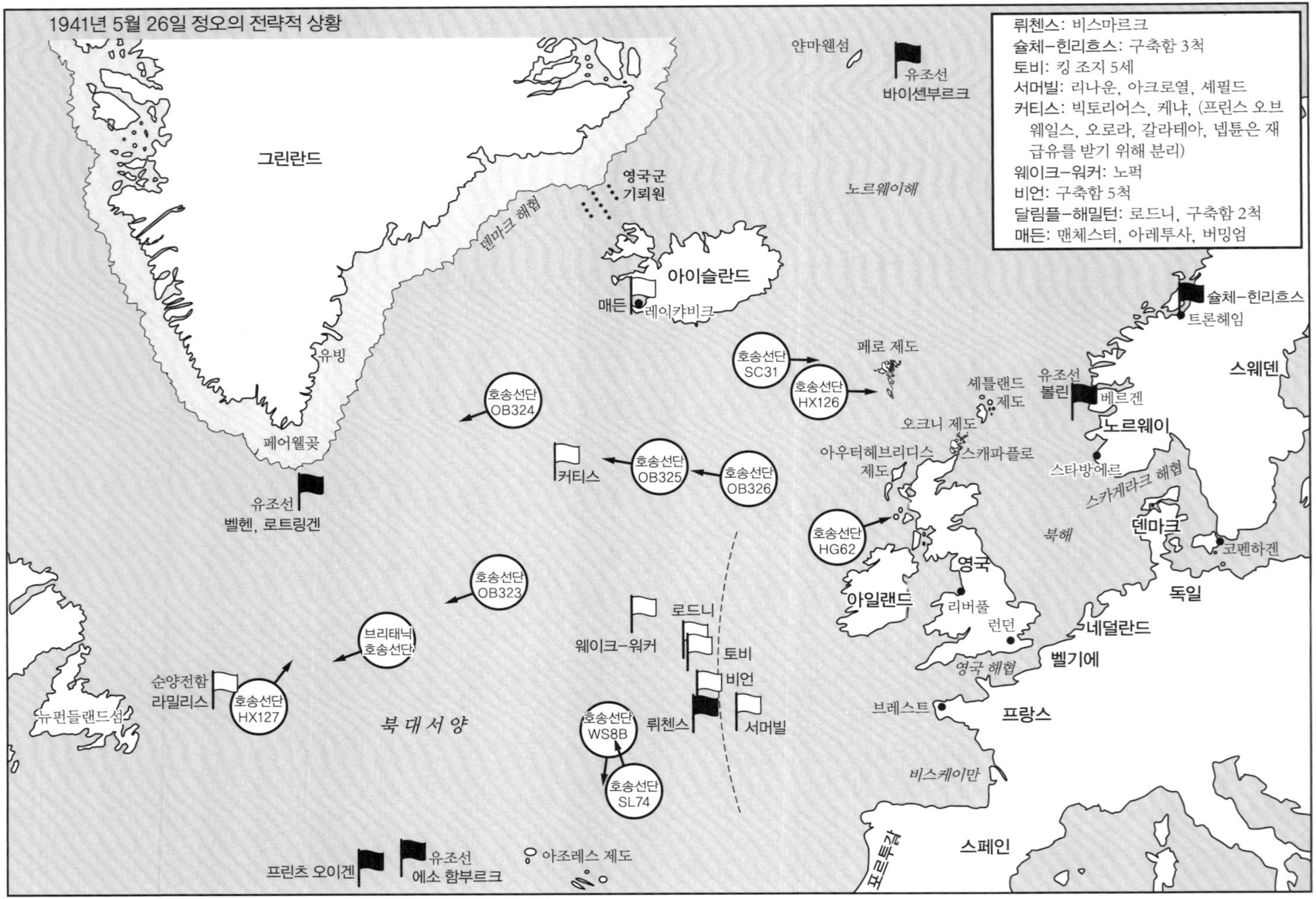
1941년 5월 26일 정오의 전략적 상황
뤼첸스: 비스마르크
슐체-힌리흐스: 구축함 3척
토비: 킹 조지 5세
서머빌: 리나운, 아크로열, 셰필드
커티스: 빅토리어스, 케냐, (프린스 오브 웨일스, 오로라, 갈라테아, 넵튠은 재급유를 받기 위해 분리)
웨이크-워커: 노퍽
비언: 구축함 5척
달림플-해밀턴: 로드니, 구축함 2척
매든: 맨체스터, 아레투사, 버밍엄
그린란드
얀마웬섬
유조선
바이센부르크
노르웨이해
영국군
기뢰원
덴마크 해협
아이슬란드
매든
레이캬비크
유빙
페어웰곶
유조선
벨헨, 로트링겐
호송선단
OB324
커티스
호송선단
OB325
호송선단
OB326
호송선단
SC31
호송선단
HX126
페로 제도
셰틀랜드 제도
오크니 제도
스캐파플로
아우터헤브리디스 제도
유조선
볼린
베르겐
노르웨이
스타방에르
슐체-힌리흐스
트론헤임
스웨덴
스카게라크 해협
덴마크
코펜하겐
북해
호송선단
HG62
영국
아일랜드
리버풀
런던
독일
네덜란드
벨기에
영국 해협
브레스트
프랑스
비스케이만
스페인
포르투갈
호송선단
OB323
브리태닉
호송선단
순양전함
라밀리스
호송선단
HX127
뉴펀들랜드섬
북 대 서 양
로드니
웨이크-워커
토비
비언
뤼첸스
서머빌
호송선단
WS8B
호송선단
SL74
프린츠 오이겐
유조선
에소 함부르크
아조레스 제도

장갑이 강화되었다지만, 비스마르크의 15인치 철갑탄을 방어할 수 있으리라고 보장할 수는 없었다. 리나운은 2연장포 3기에 16인치 포 6문을 탑재했다. 포의 위력은 강했지만 리나운의 화력은 비스마르크의 3분의 2에 불과했다. 게다가 리나운에는 비스마르크가 보유한 현대적 사격통제장치도 없었다. 비스마르크와 전투가 벌어진다면 리나운이 살아남을 가능성은 희박했다.

서머빌은 고민에 빠졌다. 만약 아크로열이 비스마르크의 속력을 늦출 수 없다면 비스마르크 저지는 리나운에게 달렸다. 서머빌은 리나운 함장 로더릭 맥그리거Roderick McGregor 대령과 이 문제를 상의했다. 두 사람 모두 지금은 행동해야 하는 상황이라는 데 동의했다. 다른 대안이 없다면 리나운은 유불리에 상관없이 전투에 나서게 될 것이다. 즉 리나운의 승조원 1,200명의 생명이 경각에 달릴 수도 있다는 뜻이었다. 하지만 다른 선택지가 없었다. 비스마르크를 저지하려면 리나운이 비스마르크의 속력을 늦춰야 했다. 그렇지만 서머빌은 사용 가능한 몇 안 되는 이점을 쓰기로 계획했다. 예를 들어 맞바람을 안고 북서쪽에서 공격해서 만약 상황이 불리해지면 연막을 치고 쉽게 교전을 중단할 수 있을 것이다. 최고속력이 32노트인 리나운이 비스마르크보다 빠르므로 뒤에서 접근한다면 비스마르크는 어쩔수 없이 뱃머리를 돌릴 테고, 그렇게 하면 프랑스로 가는 일정을 지연시키는 데 도움을 줄 수 있었다.

그러나 후드 폭침이라는 재앙이 아직도 기억에 생생한 해군성은 그날 오전 늦게 서머빌과 맥그리거에게 킹 조지 5세와 로드니가 없다면 교전을 피하라고 명령했다. 이 명령은 영국 해군 장병 1,200명의 목숨을 살렸을지도 모르지만 동시에 비스마르크의 속력을 늦출 마지막 기회도 날려 버렸다. 이제 아크로열에 모든 것이 달렸다.

그런데 서머빌에게는 투입 가능한 배가 한 척 더 있었다. 아크로열 호위 임무만 담당한 경순양함 셰필드였다. 13시 15분에 서머빌은 셰필드 함장

아서 라컴Arthur Larcom 대령에게 본대에서 분리해 남쪽으로 가서 비스마르크를 미행하라는 명령을 내렸다.[8] 셰필드가 보유한 레이더는 79Y형 대공수색 레이더 하나뿐이었으므로 노퍽이나 서퍽과 달리 시계범위 안에 머무르며 견시원에 의존해야 한다는 한계가 있었다. 불행히도 서머빌은 아크로열의 먼드 함장에게 셰필드의 재배치를 전달하는 조치를 깜박했다.

"키퍼를 투하해 미안하다"

그동안 아크로열에서는 마지막 정찰기 두 대인 2F기와 2H기가 13시 34분에 착함했다. 그때쯤에는 강풍이 조금 잦아들어 항공 작업이 약간 수월해졌다. 그래도 바다가 극도로 거칠었기 때문에 정상적인 상황이라면 항공 작전은 연기되었을 것이다. 하지만 그날은 평범한 날이 아니었다. 마지막 비행기 두 대도 재급유를 받은 후 어뢰를 장착했고, 탑승원들은 브리핑룸으로 갔다. 거기에서 이들은 비스마르크가 남쪽 40해리(74km) 해상에서 아크로열과 평행한 항로로 항해하고 있음을 알게 되었다. 임무는 상당히 간단했다. 비행기 총 14기가 임무에 사용된다. 1기는 발함 시 문제가 발생할 경우에 대비해 예비기로 돌려 둔다. 소드피시는 각각 빅토리어스의 뇌격기가 탑재한 것과 비슷한 18인치 어뢰 한 발을 탑재한다. 이번에도 뇌격기들은 2, 3기로 구성된 작은 집단으로 나뉘어 목표를 포착하면 어뢰를 회피하기 어렵도록 양현에서 접근할 예정이었다. 이번 공격은 제820항공대 지휘관인 북아일랜드 얼스터Ulster 출신 제임스 스튜어트-무어James Stewart-Moore 소령이 이끌기로 했다.

탑승원들이 각자의 소드피시에 올랐다. 14시 50분에 첫 비행기가 날아올랐다. 항공모함 상공에서 집합을 마친 다음 스튜어트-무어 소령은 이들을 이끌고 남쪽으로 갔다. 바다는 낮게 깔린 구름에 가려 있었으나 일부 비행기는 항공기용 대수상레이더ASV radar를 탑재했다. 이론상 이 레이더는

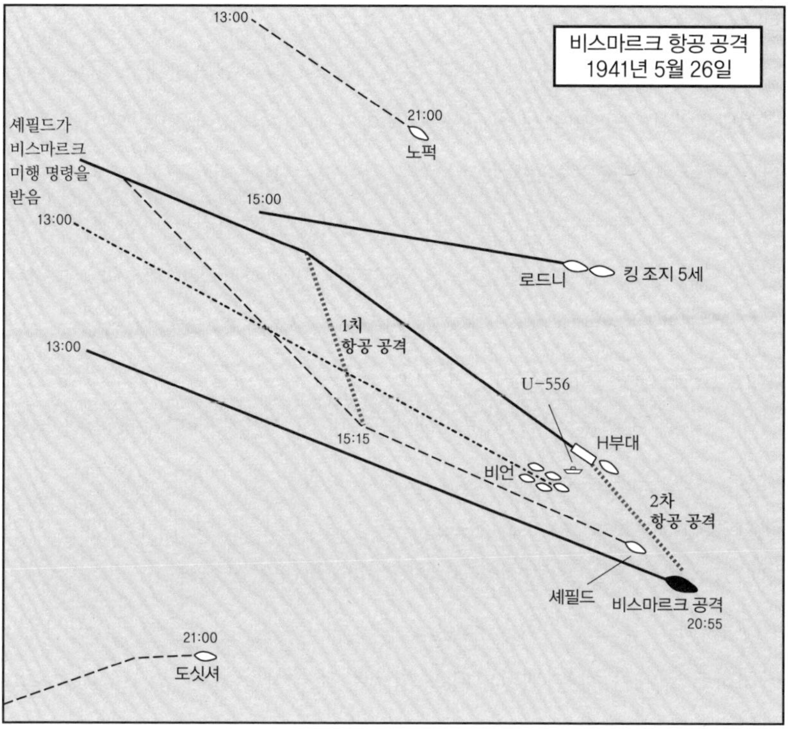

26,330야드(13 시 마일, 24,076m) 범위 안의 수상 표적을 탐지할 수 있었다.[9] 15시 20분, 레이더에 뭔가가 접촉했다. 비스마르크일 수밖에 없었다. 아직 구름 위를 비행하던 스튜어트-무어는 공격대에 편대 단위로 분산해 접촉 목표 좌현과 우현의 공격 위치로 가라고 명령했다. 이상하게도 이 접촉은 예상보다 20해리(37km) 더 가까운 곳에서 이루어졌으며 브리핑룸에서 들었던 예상 항로인 정동쪽이 아닌 남동쪽을 향하고 있었다. 하지만 15시 45분, 모든 비행기가 각자 위치에 배치되었고 스튜어트-무어는 공격 개시 명령을 내렸다. 소드피시들이 구름을 뚫고 내려와 적함을 향해 강하하기 시작했다.

한편 경순양함 셰필드의 승조원들은 진짜 할 일이 생겨서 좋아하고 있었다. 비스마르크를 처음 포착하는 승조원에게는 2파운드를 상금으로 주기로 했다. 31노트로 남쪽을 향해 가는 경순양함에서 승조원들의 사기는 하늘을 찔렀고, 전투위치에 배치된 승조원들은 모두 전투태세를 단단히 갖추었다. 셰필드의 전방 상부 구조물 꼭대기 사격지휘소에 있던 데이비드 리퍼드David Repard 소위후보생의 임무는 귀환하는 비스마르크를 호위하기 위해 나타날지도 모르는 적기를 감시하는 것이었다.[10] 리퍼드의 눈에 낮게 깔린 구름을 뚫고 낙엽이 휘날리듯 하강하는 비행기가 보였다. 아크로열의 소드피시였다. 경보를 울린 리퍼드는 이때 누군가가 한 말을 기억한다. "맙소사, 우리를 공격하고 있어." 아니나 다를까, 뇌격기들은 셰필드의 양현에 전개해 어뢰 공격을 위한 저공비행에 들어가고 있었다. 함교에 있던 라컴 함장도 소드피시를 보고 이들이 공격할 것임을 깨달았다.[11] 함장은 즉시 엔진 텔레그래프를 울려 전속으로 속력을 올리고 선회하기 시작했다. 이와 동시에 대공포수들은 "절대 사격 금지"라는 명령을 받았다.

구름 사이 틈으로 목표물을 본 스튜어트-무어는 자기들이 엉뚱한 배를 공격하고 있다는 것을 깨달았다.[12] 탑승기 조종사도 같은 말을 인터컴으로 반복하고 접근 강하하던 비행기를 상승시키며 날개를 흔들어 다른 조종사들에게 경고했다. 그러나 너무 늦었다. 3기의 탑승원들만 실수를 깨닫고 이탈했다. 다른 비행기들은 적함이 대응사격을 하지 않는다는 데 놀라면서도 어쨌건 어뢰를 투하했다. 첫 어뢰는 80피트(24m) 높이에서 투하되어 수면에 낙하한 다음 셰필드의 좌현 중앙을 향해 항주하기 시작했다. 두 번째 어뢰는 수면과 격돌하자마자 폭발했다. 라컴은 어뢰 항적과 나란히 달리며 어뢰를 피하는 데 성공했다. 어뢰는 함의 좌현을 스쳐 지나갔다. 다른 어뢰 세 발도 수면과 격돌하자마자 폭발했다. 그러나 남은 다섯 발은 함의 좌현과 우현에 모두 성공적으로 투하되었다. 놀랍게도 라컴 함장은 요리조리 빠져나가며 어뢰를 모두 피했다.

일부 조종사는 접근하면서 실수를 깨달았으나 한 조종사는 셰필드의 갑판을 기총소사할 정도로 근접했다. 다행히 아무도 다치지 않았다. 다른 조종사는 앨디즈 램프Aldis lamp(셔터와 각도조정식 반사거울로 빛이 나오는 판을 닫았다 열었다 하며 모스 부호를 보내는 신호등—옮긴이)로 "키퍼를 투하해 미안하다Sorry for the Kipper"라고 소심하게 신호했다. 키퍼는 영국 해군항공대가 어뢰를 가리킬 때 쓰는 속어다.[13] 하지만 이날 오후 라컴 함장은 특별한 관대함을 베풀 기분이 아니었다. 그는 분노로 "얼굴색이 벌겋게 변했다."[14] 셰필드를 구한 것은 어뢰가 장비한 신형 자기 기폭장치인 듀플렉스Duplex였다. 이 장치가 너무 민감하게 작동한 나머지 어뢰는 해면에 착수하자마자 폭발해 버렸다. 체면을 구긴 스튜어트-무어는 공격기를 다시 모아 모함으로 향했다. 비행 중에 대수상레이더가 10해리(19km) 떨어진 곳에서 더 많은 접촉신호를 포착했으나 이들은 영국군의 식별신호를 보냈다. 서머빌과 합류하기 위해 전속으로 항해하던 비언의 구축함들이었다.

그때 바다가 다시 거칠어졌다. 아크로열이 비행기를 착함시키려고 바람 부는 방향으로 선회했지만 극도로 위험했다. 어뢰를 탑재한 소드피시 3기는 착함 전에 어뢰를 버리라는 명령을 받았다. 분별 있는 주의 조치였다. 소드피시 3기는 착함 중에 착륙장치가 위로 올라온 비행갑판 뒤쪽과 부딪혀 찌그러졌지만 모두 무사히 귀환했다. 임무 수행 보고를 하러 함교로 가는 스튜어트-무어의 손에는 종이 한 장이 들려 있었다. "셰필드에 주의할 것"이라는 내용의 전문이었다. 그는 이 전문을 몇 분 전에 받았다. 그와 탑승원들은 엉뚱한 배를 공격하는 꼴사나운 모습을 보였지만 서머빌과 참모들에게도 이 사태에 책임이 있었다. 당연히 이들은 나중에 먼드 함장에게 셰필드의 재배치를 더 일찍 알리지 않은 데 대해 사과했다.[15] 스튜어트-무어의 임무 수행 보고에서는 작전이 '활기찬' 모습으로 진행되었다고 묘사되었다.

마지막 주사위

공격대의 마지막 귀환기는 모함에 17시 20분까지 착함했다. 비행기는 날개를 접고 엘리베이터로 견인된 다음, 격납고로 옮겨져 재급유를 받았다. 먼드 함장과 트레일 중령은 밤이 되기 전에 한 번 더 공격대를 발진시키기에 충분한 시간이 있다고 결단했다. 그날의 마지막 항공 공격이 될 터였다. 그다음에는 어둠과 거친 날씨가 합쳐져 야간 공격은 엄두도 못 낼 정도로 위험해질 것이다. 토비와 서머빌처럼 먼드와 트레일도 새벽녘에 비스마르크가 독일 공군 전투기의 보호망에 들어갈 것임을 알았다. 장거리 비행용 보조 연료 탱크를 장착한 독일 전투기들은 비스마르크를 상공에서 엄호할 수 있을 것이다. 즉 다음 날 아침에 소드피시 뇌격기로 다시 공격해 성공할 가능성은 거의 없었고 사실상 자살 공격이었다. 따라서 이번 공격이 사실상 마지막 주사위 던지기였다.

하마터면 재앙이 될 뻔한 오후의 아군 오폭은 이제 일종의 축복이 되었다. 이 공격 덕에 새 기폭장치의 문제가 주목받았기 때문이다.[16] 새 기폭장치는 구식이지만 신뢰할 만한 접촉식 기폭장치로 교체되었다. 격납고 승조원들이 비행기의 출격준비를 마치는 데는 90분이 걸렸으나 18시 45분에 모든 준비가 끝났다. 이번 공격대는 15기로 구성되었다. 아크로열이 운용 가능한 마지막 소드피시였다. 제810비행대와 제818비행대에서 각각 4기씩이, 제820비행대에서 7기가 차출되었다. 이번 공격대의 지휘관은 제818비행대장 트레번튼 '팀' 쿠드Treventen 'Tim' Coode 소령이었다. 스튜어트 무어 소령도 자기 부대 소속기로 구성된 편대를 지휘하며 공격에 참가했다. 소령과 부대원들은 이번 공격으로 앞서 저지른 과오를 씻고 싶었다. 사전 브리핑에서 이들은 셰필드가 비컨 역할을 할 것이라는 말을 들었다. 셰필드와 접촉한 후, 이들은 셰필드 앞쪽으로 비행해 비스마르크를 발견한 다음 공격을 수행할 것이다. 이번에는 실수를 저지를 여지가 없었다.

17시 40분 이후로 셰필드는 비스마르크와 시각 접촉을 유지했다. 악천후와 나쁜 시계에도 불구하고 뒤에서 10~12해리(19~22km) 떨어져 비스마르크를 미행했다.[17] 어떻게 보면 위험할 정도로 가까워 보였다. 셰필드는 비스마르크의 15인치 포가 단 한 번의 일제사격으로 함을 갈가리 찢어 놓을 수 있다는 것을 알았다. 하지만 적함은 발포하지 않았다.

19시 00분, 비스마르크의 북쪽 35해리(65km) 해상, 아크로열은 바람 부는 방향으로 선회했고 먼드 함장은 트레일 중령에게 발진 신호를 주었다. 시속 50노트의 바람이 날카로운 소리를 내며 비행갑판 위를 휘몰아쳤으므로 먼드는 속력을 10노트로 낮췄다. 비행갑판은 아직도 놀랄 만큼 앞뒤로 요동쳤고 물보라가 비행갑판에서 비행기를 붙들고 있는 승조원들을 덮쳤다. 그럼에도 함과 비행기에 탑승한 전 장병은 결의에 차 있었다. 이들은 자신들에게 모든 것이 걸려 있음을 알았다. 마침내 19시 10분, 트레일이 가지고 있던 녹색 깃발을 내렸다. 비행갑판 승조원들은 고임목을 제거했고 첫 소드피시가 앞으로 서서히 활주하기 시작했다.

이번에도 타이밍에 모든 게 달렸다. 트레일과 그의 팀은 파도를 지켜보다가 함수가 물골 위로 솟아오를 때 발진할 수 있도록 타이밍을 쟀다. 한 대씩 한 대씩 복엽식 소드피시가 갑판을 따라 움직이며 속력을 내다가 강풍이 몰아치는 상공으로 날아올랐다. 마침내 15기 모두 날아올랐다.[18] 쿠드 소령은 서머빌의 기함 상공에서 대형을 형성하고 19시 25분에 남서쪽을 향해 길을 떠났다.

나쁜 시계와 낮게 깔린 구름에도 불구하고 공격대는 목표에 순조롭게 접근했다. 20시 직후, 셰필드가 레이더에 나타났다. 쿠드는 공격대에 구름 아래로 강하해 좌현 뒤에서 셰필드에 접근하라고 신호했다. 이번에는 아무도 어뢰를 투하하지 않았다. 대신 이들은 셰필드 상공에서 다시 대형을 짰다. 라컴 함장은 발광신호로 메시지를 보냈다. 비스마르크가 방위 110도, 12해리(22km) 앞에 있다는 내용이었다. 이 메시지를 받은 소드피시 15기는

영국 항공모함 아크로열에서 발진한 소드피시 뇌격기들이 비스마르크의 운명을 결정했다.

어둠 속으로, 기다리는 적을 향해 쏜살같이 질주했다.

이번에는 구름 높이가 약 2,000피트(610m)로 지난번보다 약간 더 높았는데 하늘의 7분의 1 정도를 덮고 있었다. 쿠드는 접근을 숨기기 위해 구름층 위로 부하들을 이끌었다. 출발했다 한 차례 방위를 잃어버렸던 이들은 고도를 6,000피트(1,829m)로 높이며 동쪽을 향해 출발했다. 공격대는 20시 30분에 하위 편대 단위로 분산했다. 쿠드의 편대가 선두에 섰고 3기로 구성된 편대가 선행 편대를 뒤따르는 방식이었다. 해면에는 군데군데 안개가 끼어 있었고 빛은 사그라들고 있었다. 쿠드는 이 조건이 소드피시가 어뢰를 투하할 때까지 비행하는 중요한 몇 초 동안 접근하는 공격대를 숨기는 데 도움이 되기를 바랐다. 계획에 따르면 공격대는 절반씩 나뉘어 비스마르크를 양현에서 동시에 공격하도록 정해져 있었다. 그런데 지금은 비행에 불리한 기상조건 때문에 세트피스 공격이 불가능해 보였다. 낮게 깔린 구름 때문에 하위 편대들이 서로를 놓칠 가능성도 충분했다. 따라서 쿠드는 부하들에게 독자적으로 행동해 알아서 접근하라고 신호했다.

20시 45분, 적에게 가까이 접근했다고 생각한 쿠드는 강하 명령을 내렸다. 그는 나중에 이렇게 회상했다. "시계는 몇 야드 정도로 제한적이었다. 나는 고도계 눈금이 내려가는 것을 보았다. 2,000피트(610m)에 도달하자 걱정되기 시작했다. …… 1,000피트(305m)에 도달하자 뭔가 잘못되었음을 확신했다. 하지만 우리는 아직도 구름에 둘러싸여 있었다."[19] 구름은 비스마르크 상공에 더 두껍고 더 낮게 깔려 있었다. 이들은 700피트(213m) 고도에서 구름을 뚫고 나왔다. 쿠드가 우려했던 대로 공격대는 구름 때문에 뿔뿔이 흩어졌다. 그래도 다행이었다. 이들은 목표를 지나쳤고 비스마르크는 4해리(7km) 뒤에 있었다. 둔중하기 짝이 없는 소드피시로 선회해 바람을 거슬러 가며 공격하는 것은 자살 행위나 마찬가지일 것이다. 따라서 쿠드 소령은 자신과 동반한 비행기 3기에 기체를 기울여 선회한 다음 구름 속으로 다시 올라가라고 말했다. 나머지 공격대는 어디서도 보이지 않았다. 몇 분 뒤인 21시 직전, 쿠드는 다시 고도를 낮췄다. 뒤에는 부하 셋이 뒤따르고 있었다. 구름에서 나온 이들은 바로 정면에 있는 비스마르크를 보았다.[20]

쿠드는 자신들이 비스마르크에 처음으로 도착한 비행기가 아니라는 데 약간 짜증이 났다. 비스마르크 위 너머에서 데이비드 '페더' 고드프리-포싯David 'Feather' Godfrey-Faussett의 제2편대 소속 2기가 보였다. 이들은 우현에서 비스마르크에 접근하고 있었으나 약간 앞쪽을 겨냥했다. 교범에 따르면 시속 90마일(145km/h)로 비행하는 소드피시는 목표로부터 거리 900야드(0.14 시 마일, 823m), 해수면 고도 90피트(27m)에서 어뢰를 투하해야 한다. 이 거리에서 18인치 마크 12 어뢰가 목표에 도달하기까지 40초가 걸렸다. 그런데 이번처럼 28노트로 달리는 전함은 40초에 622야드(569m)를 이동하며 비스마르크의 길이는 274야드(251m)다. 따라서 소드피시가 확실하게 어뢰를 맞히려면 약 500야드(0.25 시 마일, 457m) 정도의 '편차사격'을 해야 한다. 소드피시 2기가 수평을 유지하며 어뢰를 투하하기 위한 저공비행을 시작하자 비스마르크의 옆쪽에서 오렌지색 불꽃과 여러 색의 예광탄 궤적이 분수처럼 뿜어져 나왔다. 몇 초 뒤에는 대공포가 단속적으로 불을 뿜었다. 그러나 탑승원에게는 다행스럽게도 포탄이 앞에서 폭발했다.

고드프리-포싯의 2B기와 케네스 패티슨Kenneth Pattison 중위의 2A기는 구름 위로 올라갔으나 얼음이 어는 바람에 내려가야만 했다.[21] 대수상함 레이더가 실린 2B기는 비스마르크의 우현으로 잘 빠져나왔다. 어뢰 투하 비행을 하는 동안 비스마르크의 모든 대공화기가 이들을 겨냥하는 듯했다. 예광탄이 날개를 찢고 지나갔지만 이들은 침착함을 유지하다가 어뢰를 투하하고 오른쪽으로 기체를 돌려 이탈했다. 비스마르크의 린데만 함장은 이미 우현으로 선회하고 있었으나 어뢰 중 한 발을 피할 정도로 빠르지는 못했다. 이 어뢰는 함미 부근에 명중했다. 이것이 비스마르크를 불구로 만든 치명적 키 손상을 입혔을 것이다.

비스마르크의 선회로 인해 쿠드의 비행기 4기는 이제 좌현에서 비스마르크에 접근하게 되었다. 전함의 대공포대가 다시 한 번 소드피시 네 대에 포문을 열자 좌현에서 불꽃이 튀었다. 4기 중 3기는 제818비행대 소속기로 구성된 쿠드의 제1편대였다.[22] 에드워드 차일드Edward Child 중위의 5B기가 파편에 맞았으나 어찌어찌 비행하고 있었다. 놀랍게도 격추된 비행기 없이 모두 어뢰를 투하했다. 쿠드는 차일드가 투하하고 얼마 뒤, 존 '족' 모팻John 'Jock' Moffat 중위가 투하하기 직전에 어뢰를 투하했다. 모팻은 편대에서 가장 어렸다. 스코틀랜드 국경에서 태어난 모팻 중위는 1년 전에 해군항공대에 합류했고 아크로열에서 첫 실전 임무를 맡았다. 비스마르크에 다가가면서 중위는 전함의 거대한 크기에 압도되었다. "내가 탄 배보다 두 배나 큰 배를 대면한다면, 그 배가 총력을 다해 우리 배에 포화를 쏟아 댄다면, 그런 상황을 믿을 수 없을 겁니다. 포탄이 너무 많이 쏟아져서 겁에 질려 있었다고 인정할 수밖에 없겠군요." 하지만 족은 어뢰를 투하하고 기체를 돌려 빠져나갔다. 예광탄이 그를 뒤쫓았다.

모팻은 파도 위쪽을 계속 지켜보던 관측수 존 '더스티' 밀러John 'Dusty' Miller 중위의 신호에 따라 어뢰를 투하했다.[23] 만약 어뢰가 물골에 떨어진다면 깊이 항주해 전함의 장갑대 아래에 명중할 가능성이 있었다. 파도나 물마루에 떨어진다면 어뢰는 얕게 항주하기 때문에 실질적 피해를 줄 가능성이 적어진다. 비스마르크와 떨어진 거리가 1,500야드(1,372m)였음에도 존과 더스티는 완벽한 타이밍을 잡아 어뢰를 투하했다. 이 시점에 비스마르크는 좌현으로 선회하고 있었고 소드피시가 비스마르크에 등을 돌릴 때 어뢰 네 발은 모두 빗나갈 것처럼 보였다. 쿠드의 5A기에 탑승한 관측수 에드먼드 카버Edmond Carver 대위는 전함의 좌현, 연돌 바로 옆에서 솟아오르는 물기둥을 보았다. 잘못 보았을지도 모른다. 명중 부위는 실제 그보다 더 뒤쪽이었다.

5K기를 조종하던 네 번째 조종사 제818비행대의 킨Keane 대위가 비슷한 거리에서 '키퍼'를 투하했다. 나중에 킨과 모팻은 서로 자기 어뢰가 명중했다고 주장했는데, 좌현에 명중한 것은 킨이 조종한 5K기의 어뢰로 보인다. 공격을 마친 비행기들이 떠나자 쿠드 소령은 공격대의 나머지 비행기들이 더 좋은 행운을 잡기를 기대하며 현장에 남았다. 제3편대의 2기는 뿔뿔이 흩어져 한 대는 쿠드와 동행하고 다른 1기는 어디서도 보이지 않던 제4편대와 합류했다. 공격대가 구름 속에 지나치게 분산해 있었다. 다음 순간, 쿠드는 보이지 않던 비행기들이 구름 사이에서 나타나 비스마르크의 좌현 뒤쪽으로 가는 모습을 보았다.

이 공격대에는 4기가 속해 있었다. 3기는 제4편대 소속이었고 한 대는 제3편대 소속 찰스 주얼Charles Jewell 중위의 2A기였다. 스튜어트-무어 소령이 4A번 소드피시의 관측수석에 앉아 공격을 지휘했다.[24] 구름층에 진입했을 때 그의 비행기들은 밀집대형을 이루었다. 그러나 구름에서 나올 때는 일렬이었으므로 이번에는 협공 공격을 할 기회가 없었다. 그에 개의치 않고 이들은 공격을 계속했다. 앨런 스완턴Alan Swanton 중위의 4C기도 그중 하나였다. 스완턴 중위에게 반 해리 이하 거리에 있던 비스마르크는 "검고 위협적"으로 보였다. 등이 불룩 튀어나온 불길해 보이는 전함이 발사하는 대공포가 자신을 직접 겨냥한 것 같았다. 실제로 몇 개는 그랬다. 공격대는 좌현 중앙에서 전함에 접근했다.

우선 2기가 어뢰를 투하했다. 제820비행대 소속 4A기와 4B기였다. 이제 스완턴의 차례가 왔다. 그는 어뢰를 투하하고 등을 돌렸다. 기체를 기울여 선회하는 동안 아래에서 대공포탄 한 발이 폭발해 연약한 소드피시를 뚫고 파편이 들어왔다. 비행기는 움찔했지만 계속 떠 있었다. 스완턴과 후방사수가 다쳤다. 귀환해서 보니 4C기의 기체에 구멍이 175개나 나 있었다. 대공포 화망은 무서울 정도로 조밀했고 4C기 외에 피탄된 비행기가 없다는 게 기적 같았다. 후일 탑승원 전원은 독일군이 비행기의 앞쪽에 사격하는 것 같았다고 입을 모아 말했다. 이들은 마치 둔중한 소드피시처럼 느린 뇌격기가 있으리라고는 상상조차 못했던 것 같았다.

스튜어트-무어가 지휘하는 편대의 소드피시 3기는 모두 어뢰를 투하하고 무사히 탈출했다. 같이 비행하던 제3편대 소속 주얼 소위의 2M기도 마찬가지였다.[25] 이들은 좌현에서 다가오던 고드프리-포싯의 편대와 거의 동시에 공격했다. 이론상으로는 어뢰를 피하기 어려운 상황이었는데도 린데만은 간신히 회피에 성공했고 제4편대의 어뢰는 모두 빗나갔다. 이들은 비스마르크에서 멀어져 갔고, 소구경 대공포의 사정거리를 벗어남에 따라 대공포화도 누그러졌다. 하지만 아직 안전하지는 않았다. 이때 비스마르크가 15인치 포로 일제사격을 했다. 포탄이 스튜어트-무어의 비행기 바로 앞에 낙하했다. 포탄이 만든 물기둥이 비행기 고도보다 높이 치솟았다. 스완턴은 물기둥이 무너지며 내는 물보라를 뚫고 비행했다.

비스마르크를 좌현 앞에서 공격한 쿠드의 비행기 4기, 좌현 중앙에서 공격한 스튜어트-무어의 4기, 우현 중앙에서 공격한 고드프리-포싯의 2기가 어뢰를 투하했다. 이 가운데 한 발이 좌현에 명중했으나 눈에 띄는 피해 징후는 없었다. 두 공격의 진행 상황을 지켜본 쿠드는 비스마르크에 아무 손상이 없어 보여 실망했다. 하지만 구름 속 어딘가에 비행기 5기가 남아 있었다. 이들은 제5, 6편대를 이룬 소드피시 4기와 길을 잃었던 제810비행대 소속 토니 빌Tony Beale 중위가 조종하던 2P기였다. 제2편대의 일원인 중위는 구름 속에서 길을 잃었다.[26] 그는 셰필드로 돌아와 신호 램프로 경로를 문의했다. 답을 받은 빌은 다시 출발해 7해리(13km) 떨어진 곳 정면에서 비스마르크를 발견했다. 빌의 비행기는 구름에서 비켜나 비스마르크의 좌현으로 돌아가 공격을 개시했다.

그의 관측수 찰리 프렌드Charlie Friend는 등이 거대하게 튀어나온 비스마르크가 흉악하게 생겼다고 생각했다.[27] 빌은 약 50피트(15m) 정도의 저고도로 침착하게 계속 비행하다가 800야드(0.4 시 마일, 732m) 거리에서 어뢰를 투하했다. 격렬한 대공포화가 쏟아졌다. 프렌드의 말을 빌리면 비스마르크에 다가갈수록 "갑판은 딱딱거리며 올라오는 불꽃으로 폭발하는 것처럼 보였다. 포탄과 파편이 바다를 후려치고 있었다." 어뢰를 투하한 후 기체를 기울여 빠져나가자 소드피시의 뒷좌석에 있던 켄 핌로트Ken Pimlott 항공상병이 비스마르크에 재미삼아 기관총 사격을 했다. 프렌드는 비스마르크의 좌현에서 거대한 물기둥이 솟아오르는 모습을 보았다. 한가운데 연돌 근처였다. 재빠르게 달아나는 비행기에서 핌로트는 뒤따라오는 예광탄에 개의치 않고 신이 나서 지그춤을 추다시피 했다.

제5편대의 소드피시 2기를 이끌던 앨리스터 오언-스미스Alistair Owen-Smith 대위는 다른 전우들 뒤에 있었다. 첫 비행기들이 공격하는 동안 그는 구름에서 강하하는 중이었다. 그의 눈에 주변에서 폭발하는 포탄이 보였다. 구름에서 빠져나와 보니 비스마르크의 후미였다. 대위가 비스마르크의 우현 중앙을 향해 서서히 이동했을 때 함미 근처에서 물기둥 하나가 솟아오르는 모습이 보였다. 그의 생각에는 좌현 쪽 같았다. 대위는 1,000야드

(0.5 시 마일, 914m)까지 거리를 좁혀 "연기와 물의 장벽을 뚫고 비행하다가" 어뢰를 투하하고 선회했다.[28] 비스마르크가 좌현으로 급선회하는 바람에 어뢰는 빗나갔다. 반대 방향으로 선회하리라 기대했던 대위는 이례적인 기동이라고 생각했다. 하지만 그는 편대의 두 번째 소드피시보다 운이 좋았다. 이 비행기는 공격을 두 번 시도했지만 대공포화의 벽에 막혀 돌아갈 수 밖에 없었다. 그런 다음 조종사는 어뢰를 버리고 모함으로 향했다.

이제 여섯 번째 편대의 비행기 2기가 남았다. 모두 제820비행대 소속이었다. 이들은 구름 속에서 뿔뿔이 흩어졌는데 한 대는 임무 수행을 포기하고 귀환했고 다른 한 대인 소드피시 4G기는 우현에서 비스마르크에 접근했다. 다른 비행기들이 현장을 떠난 지금, 4G기 조종사 윌콕스Wilcocks 중위는 무시무시한 위험에 노출되었다고 느꼈다. 모든 대공포화가 외롭게 비행하는 자기 비행기를 조준하는 것 같았다. 그 결과, 중위는 2,000야드(1 시 마일, 1,828m)에서 일찍 어뢰를 투하했지만 비스마르크는 계속 좌선회했고 원거리에서 투하한 어뢰가 전함 우현에서 상당히 떨어진 곳을 빠르게 스쳐 지나가면서 공격에 실패했다. 이것이 마지막으로 굴린 주사위였다. 21시에 시작해 끝나기까지 약 25분이 걸렸다. 마지막 비행기가 떠나가자 비스마르크의 대공포도 침묵했다. 소드피시 여러 대가 돌아가는 길에 셰필드 상공을 날았고 승조원들은 환호성을 질렀다. 이들이 무언가를 달성했으리라는 기대 때문이 아니라 살아 돌아온 데 대한 축하였다.

쿠드 소령은 모든 과정을 지켜보았다. 공격이 끝나자 소령은 귀환 전 무거운 심정으로 모함에 다음 전문을 보내라고 명령했다. 내용은 단순했다. "명중 예상 전무."[29] 이와 더불어 마지막 소드피시가 떠나 아크로열을 향했다. 날이 점점 더 어두워지고 바다가 거친 상황에서 위험한 착함을 다시 해야 하는 상황이었다. 첫 소드피시는 22시 직후 착함을 시작했고 마지막 비행기는 23시에 비행갑판에 발을 디뎠다. 착함은 거의 공격만큼이나 극적이었다. 아크로열은 여전히 거칠게 앞뒤로 요동쳤고 소드피시 가운데 5기가 대공포에 피탄되었다. 가장 상태가 나쁜 비행기는 다친 스완슨 중위가 조종하던 4C기였으나 중위는 안전하게 착함했다. 그러나 4C기는 손상이 너무 심해 전손처리되어 바다로 투기되었다. 다른 세 대는 함이 요동치는 타이밍을 잘못 잡았거나 아니면 착륙장치에 입은 피해 때문에 비행갑판에 비상착함했다. 하지만 모두 무사히 살아남았다.

쿠드가 전문을 발신했을 때 그는 목표에 명중한 어뢰가 없다고 생각했다. 킹 조지 5세의 함교에 있던 토비 제독은 쿠드의 전문이 도착하자 미소만 지을 뿐 아무 말도 하지 않았다.[30] 그때 제독은 아마 졌다고 생각했을 것이다. 서의 따라삽을 뻔했지만 비스마르크는 계속 마법의 보호라도 받는 듯했다. 리나운의 서머빌 중장, 아크로열의 먼드 함장, 로드니의 달림플-해밀턴 함장, 셰필드의 라컴 함장, 코사크의 비언 중령도 같은 전문을 받았다.

하지만 비스마르크가 발포하면서 셰필드의 라컴 함장은 자신에게 닥친 문제부터 해결해야 했다. 비스마르크는 셰필드가 연막을 치고 시계에서 사라지기 전에 셰필드를 협차하기까지 했다. 그때쯤 라컴은 뭔가 이상한 점을 눈치챘다.[31] 비스마르크는 더 이상 프랑스 해안을 향하며 셰필드로부터 멀어지지 않았다. 15인치 포 전부를 사용해 셰필드를 겨냥하려는 것일 수도 있었지만 좀 이상해 보였다. 라컴은 토비에게 "적 침로, 340도"라고 전문을 보냈다. 비스마르크가 북북서를 향하고 있다는 뜻이었다. 킹 조지 5세의 거의 정면 방향이었다. 토비는 라컴의 전문을 일소에 부치고 신랄하게 말했다. "라컴이 골프 코스를 거꾸로 도나 보군." 비스마르크가 라컴이 말한 방향과 반대로 갈 거라고 확신한다는 뜻이었다.

공격이 진행되는 동안 먼드와 트레일은 한두 시간 정도 비스마르크를 계속 미행하기 위해 아크로열에서 비행기 2기를 더 발진시켰다. 무엇보다도 독일 공군이 도착해 비스마르크를 엄호하기 전 새벽녘에 공격대를 보낼 기회가 한 번 더 있을지도 몰랐다. 이 비행기 중 1기가 전문을 보냈다. 라컴 함장이 방위를 혼동하지 않았다는 증거였다. 전문 내용은 다음과 같았다.

"적은 정북쪽으로 항해 중."[32]

이 소식을 접한 모두는 틀림없이 경악했을 것이다. 라컴이 정확했다. 비스마르크는 동쪽 대신 북쪽으로, 토비의 기함을 향해 똑바로 다가오고 있었다. 어떻게 했는지 공격대의 어뢰가 비스마르크에 심각한 손상을 입혔음이 틀림없었다. 그 순간 게임의 판세가 뒤바뀌었다.

제14장

밤의 구축함

10만 분의 1

공습당하는 동안 뮐렌하임-레흐베르크 소령은 비스마르크의 사격통제 장치가 있는 후방함교의 근무처에 있었다. 나중에 그는 이 순간을 이렇게 회상했다. "함미 쪽에 폭발이 있었을 때 공습은 거의 끝났다. 마음이 무거워졌다. 나는 타각지시기舵角指示機, rudder indicator(조타 각도를 나타내는 계기판으로 현재 타의 좌 또는 우로 기운 정도를 선교에서 보기 쉽도록 나타낸 항해기기—옮긴이)를 바라보았다. 눈금이 '좌 12도'를 가리켰다. 이게 당시 우리의 정확한 선수방위였나? 아니다. 그 뒤로도 눈금은 바뀌지 않고 그대로 '좌 12도'에 머물렀다. 우현 경사가 더 심해지는 모습을 보고 우리가 뱅뱅 돌고 있다는 것을 깨달았다."[1] 그때 뮐렌하임-레흐베르크는 다른 일로 바빠졌다. 경순양함 셰필드를 포격하라는 명령이 떨어졌던 것이다. 비스마르크는 약 9해리(17km) 거리에 있는 셰필드에 여섯 번 일제사격을 했다. 첫 일제사격은 빗나갔으나 두 번째는 셰필드를 협차했다.[2] 순양함은 즉시 함수를 돌리고 연막을 피웠다. 다른 네 번의 일제사격은 모두 목표에 못 미쳐 떨어졌다. 심각한 피해를 입히지는 못했으나 15인치 포탄이 폭발하면서 튄 파편에 승조원 한 명이 전사하고 일곱 명이 다쳤다. 나중에 부상자 중 한 명은 상처가 악화되어 숨졌다. 하지만 비스마르크는 내내 좌현으로 계속 선회했다.

뮐렌하임-레흐베르크는 등을 돌려 타각지시기를 다시 보았다. 눈금은 아직도 '좌 12도'였다. 그는 이렇게 말했다. "단번에 세상이 돌이킬 수 없게 변한 것 같았다. 아니면 실제로 바뀐 걸까? 손상 부위를 고칠 수 있을까? 나는 이런 말로 근무 위치를 둘러싼 불안한 침묵을 깼다. '음, 기다려 보자. 아래에 있는 친구들이 최선을 다할 테니까.'"[3] 사실 비스마르크는 어뢰 두 발을 맞았다. 한 발은 얕은 심도에서 항주하다가 좌현 정중앙에 명중했다. 폭발한 곳은 수선 바로 아래 장갑대여서 별다른 피해를 입히지 못했다. 그런데 모팻 중위가 투하한 두 번째 어뢰가 좌현 함미를 타격했다. 그 충격으로 함미 전체가 흔들렸다. 그때 비스마르크의 손상통제반은 45밀리미터 두께의 얇은 방수격벽으로 둘러싸인 조타구획이 피해를 입었다고 생각했다. 실제 피해는 그보다 훨씬 더 심각했다.

뮐렌하임-레흐베르크에 따르면 "어뢰의 타격으로 배가 어찌나 격하게 흔들렸던지 우현 기관의 안전밸브를 잠가야 했다. 기관이 정지하고 천천히 진동이 멈췄다."[4] 그리고 "통제소에서 안전밸브를 다시 열자 증기가 돌아왔다. 기관실 바닥이 반 미터 정도 위로 구부러져 있었다. 좌현축을 통해 바닷물이 쏟아져 들어왔다." 그는 이렇게 덧붙였다. "하지만 구획을 봉쇄하고 물을 펌프로 퍼내는 데 얼마 걸리지 않을 것이다." 결과적으로 지나치게 낙관적인 전망이었다. 함미 구획들을 점검한 손상통제반은 타기실舵機室, steering room이 침수되었음을 확인했다. 근무인원들은 어쩔 수 없이 철수했다. 전기 계통 문제 때문에 이 구획에서 바닷물을 펌프로 퍼내려는 시도가 지연되었다. 침수로 인한 단락 때문임이 분명했다. 손상통제반은 펌프

건조 중인 비스마르크의 프로펠러와 키. 나중에 소드피시 뇌격기로부터 치명타를 입은 부분이다.

도 파손되었음을 발견했다.

침수 피해 확산을 막기 위해 후부 격벽을 보강하는 계획을 세웠다. 격벽을 보강하면 잠수부들이 침수된 구획에 들어가 파손 부위를 막고 펌프로 물을 퍼낼 수 있을 것이다. 그러려면 시간이 걸렸다. 그동안에도 비스마르크는 좌현으로 길고 여유롭게 선회하고 있었다. 키가 반응하지 않았던 것이다. 린데만 함장은 프로펠러로 조타를 시도해 이를 상쇄하려 했으나 여러 가지 이유로 어렵다는 것이 밝혀졌다. 비스마르크에 있는 프로펠러 세 개 중 가운데 프로펠러가 반응하지 않았다.[5] 린데만은 하나를 전속으로 돌리고 다른 하나를 반속으로 돌리는 식으로 좌우 프로펠러를 가지고 곡예를 부려야 했다. 효과적인 해결책은 아니었다. 합리적 방책은, 파손되었다면 타기 아니면 키를 고치는 것이었다. 결국 조타구획에서 할 수 있는 일은 아무것도 없다는 게 분명해졌고 배는 계속 불규칙한 침로로 항해했다.

린데만 함장은 속력을 다양하게 바꿔 보기도 하고 일종의 응급조타장치를 설치해 작동해 보기도 하는 등, 할 수 있는 모든 일을 다 했다. 하지만 시간이 흘러갈수록 비스마르크가 돌이킬 수 없는 피해를 입었음이 분명해졌다. 한 기계과원은 발트해에서 보낸 훈련기간에 실시한 손상통제 연습에서 조타구획에 명중탄이 발생한 경우를 훈련할 때 자신이 전사자 역할을 했던 것을 기억했다. 이들은 조타구획에 명중탄이 발생할 확률은 10만 분의 1로 굉장히 낮다는 설명을 들었다.[6] 이제 그 말이 다시 생각났다.

사실 비스마르크의 문제 중 타기는 사소한 것일 뿐이었다. 어뢰가 폭발하면서 좌현 키가 거의 싹둑 잘려 버려 전혀 반응하지 않았다. 동시에 우현 키가 폭발로 인해 앞쪽으로 휘어져 가운데 프로펠러에 끼어 버리는 바람에 키와 프로펠러가 꼼짝달싹하지 않았다. 생나제르의 드라이독에서나 고칠 수 있는 손상이었으나 그곳까지 갈 가능성은 거의 없었다.

어뢰 피격은 21시 20분경에 발생했다. 겨우 두어 시간 뒤인 23시 30분에 조악한 형태의 비상조타장치인 수동조작식 응급조타장치應急操舵裝置, emergency steering를 현측으로 투하해 좌현 키를 움직이는 요크에 부착했다.[7] 6인치 포탑의 승조원들이 호출되어 장치를 작동시키라는 명령을 받았다. 그러나 작동이 불가능해 결국 실패했다. 격납고 문을 철거해 응급타로 쓰자는 아이디어도 있었다. 잠수부들이 우현 키를 프로펠러와 떼어 내려고 했지만 키가 너무 단단히 끼어 있어 실패로 돌아갔다. 게다가 악천후 때문에 이 임무는 실현 불가능했다.

할 수 있는 모든 조치를 다 해본 린데만은 기관만 이용해 어떻게든 동쪽으로 항해하려고 노력하는 수밖에 없었다. 그러나 이 방법도 실행하기 매우 어려웠고, 함은 북서쪽으로 나아가며 안전한 프랑스 해안에서 점점 더 멀어져 갔다. 사실상 비스마르크의 운명은 정해졌다.

비스마르크가 엉뚱한 방향으로 항해하는 동안 토비 제독은 전력을 모으고 있었다. 그날 15시 36분, 전함 로드니가 토비의 기함 킹 조지 5세의 시야에 들어왔다.[8] 이것은 밤사이 따라잡을 수만 있다면 두 함선의 화력을 합쳐 비스마르크를 공격할 수 있음을 뜻했다. 그 시점에 그럴 가능성은 매우 낮아 보였으나 본국 함대는 특별한 이유 없이 형식상 계속 추격하고 있었다. 얼마 뒤, 토비와 달림플-해밀턴 함장은 발광신호로 연료 상황을 논의했다. 로드니는 며칠 더 항해하기에 충분한 연료를 가지고 있었으나 원래 계획대로 미국으로 가는 여정을 재개한다면 연료량이 아슬아슬했다. 로드니는 미국에서 시급한 재개장 작업을 받을 예정이었다. 그런데 킹 조지 5세의 연료량이 한계에 다다랐다. 패터슨 함장은 토비에게 스캐파플로로 귀환하려면 늦어도 자정까지는 추격을 중단하고 이탈해야 한다고 경고했다.

이는 전속력으로 항해할 경우를 염두에 둔 계산이었다. 그런데 이제 둔중한 로드니가 합류했기 때문에 두 전함은 로드니의 낡은 기관이 최대한 낼 수 있는 23노트의 속력으로 항해했다. 패터슨 함장은 연료 재고량을 다시 계산하고 데드라인을 다음 날 아침 9시로 미뤘다. 하지만 토비는 남동 방향으로 계속 항해하겠다는 뜻을 굽히지 않았다. 대략 비스마르크와 평행한 항로였다. 그는 아크로열의 항공 공격에 마지막 희망을 걸었다. 그날 밤 늦게 항공 공격이 실패했다는 소식이 도착했다. 이제 비스마르크를 막을 방법이 없었다. 기함의 함교에 우울한 기운이 감돌았다. 그러나 비스마르크가 북서 방향으로 가고 있다는 셰필드의 보고가 들어오자 분위기가 약간 좋아졌다. 미행하던 비행기가 이를 확인하고 나서야 토비는 비스마르크를 전장으로 끌어낼 수도 있겠다고 생각했다.

약간 변침한 후 로드니와 킹 조지 5세와 비스마르크는 서로를 향해 달려가며 빠르게 거리를 좁혀 나갔다. 23시에 아크로열의 마지막 공격기가 귀환했다. 탑승원들이 임무 수행을 보고함에 따라 쿠드의 보고대로 명중탄이 전혀 없었던 게 아니라 두 발 또는 그 이상의 어뢰가 명중했음이 점차 분명해졌다. 키 또는 조타기가 고장 나 비스마르크가 프랑스로 직행하기를 포기하고 좌현으로 선회하는 게 틀림없었다. 토비는 다음 날 아침에 비스마르크와 일전을 벌일 수 있기를 바랐다. 게다가 토비는 전함보다 작지만 위력적인 부대를 휘하에 거느리고 있었다. 비언 중령의 구축함들은 이제 킹 조지 5세와 로드니가 밤새 항해하는 동안 비스마르크를 괴롭힐 수 있었다.

어뢰 공격

그날 밤 기상 조건은 무자비했다. 북대서양의 이 구역에 있던 모든 함선은 매우 거친 바다를 뚫고 항해하고 있었다. 황천 5등급을 넘어 6에 근접해 있었다. 즉 최악의 폭풍에 가까운 상황이었다. 희고 거친 포말을 앞세운 파도가 10~15피트(3~4.5m) 높이로 거세게 일고 있었다. 모든 함선이 바다를 가르며 상하좌우로 요동쳤고 물보라 때문에 갑판이 미끄러웠다. 비언의 구축함처럼 작은 함선들은 선수루가 파도와 물보라에 잠겨 '바다를 뒤집어쓴shipping it green' 채 항해하고 있었다. 북서쪽에서 25노트로 강풍이 불었고 때때로 40노트 이상의 돌풍이 불었다. 흰 포말이 작은 함선들의 갑판에 끝없이 부딪히며 부서졌다. 무엇보다 노천함교 또는 상갑판에 서 있던 사람들에게는 고약한 밤이었다. 비언의 구축함들은 날씨에 흠씬 두들겨 맞고 있었으나 승조원들은 거의 신경쓰지 않았다.[9] 이들은 전투를 향해 나아가고 있었다.

22시 직후, 비언의 구축함 네 척이 아직도 끈질기게 비스마르크를 추적하려 애쓰던 셰필드와 만났다. 독일군의 대구경 포탄에 맞을 뻔한 후 라컴 함장은 적 전함으로부터 멀찌감치 떨어져 거리를 유지하고 있었다. 포탄 파편 때문에 레이더가 고장 나서 견시원들이 구축함들의 날씬한 검은 함영을 포착했다. 라컴은 이들이 아군이라고 확신했다. 독일 구축함이 나오기에는 프랑스 해안에서 너무 멀었다. 실수로 셰필드를 목표로 삼은 후 귀환하던 아크로열의 1차 공격대 탑승원들도 이 구축함들을 포착했다. 비언은 북서쪽에서 셰필드에 접근했고 라컴은 발광신호로 비스마르크의 위치를 알려주었다.[10] 그러자 구축함들은 일렬종대로 시나가 어둠 속으로 사라졌다.

비언이 지휘하는 구축함은 모두 다섯 척이었다. 그중 네 척(코사크, 마오리, 시크, 줄루)은 제4구축함전단의 트라이벌급Tribal class이었는데 모두 개전 직전에 취역했다. 필립 비언 중령은 1940년 초에 전단장이 되었고 코사크가 전단 기함 역할을 했다. 이들은 2연장 포탑 4기에 장착된 4.7인치(12cm) 포 8문과 함 중앙에 설치된 4연장 어뢰발사기로 발사하는 21인치(53cm) 어뢰 네 발을 탑재한 강력한 현대적 구축함이었다.[11] 이론상 이 구축함들이 도달할 수 있는 최대속도는 36노트였다. 그러나 그날 밤 바다가 거칠었음을 고려해 보면 그 절반 정도만 내도 다행이었다. 비언은 이러한 조건에 굴하지 않았다. 그가 알기에 아크로열은 미행하던 비행기를 철수시켰고 셰필드는 시각 접촉을 상실했다. 계속 전진하기로 결심한 비언 대령은 비스마르크와 접촉해 속력을 늦추기 위해 할 수 있는 일을 알아보기로 했다.

다섯 번째 구축함은 피오룬Piorun이었다. 이 구축함은 영국 해군의 신형 구축함인 J, K, N급 구축함으로 함생을 시작했다. 피오룬은 클라이드사이드Clydeside에서 용골이 놓이고 1940년 5월에 네리사Nerissa라는 이름으로 진수되었다. 그런데 그해 가을에 네리사는 폴란드 해군에 양도되어 지금은 망명정부인 폴란드 공화국 함선이라는 뜻의 ORP 피오룬이라는 이름으로 취역했다. 피오룬(또는 '천둥번개')의 승조원은 폴란드인 자원병으로 구성되었고 다른 폴란드 해군 함선들과 전력화 훈련을 마친 다음 비언의 전대에 합류했다. 비록 2연장 포탑 3기에 4.7인치 함포 6문을 탑재했지만 피오룬의 주무기는 4연장 발사기 두 개로 발사하는 21인치 어뢰 열 발이었다. 불행히도 그날 저녁에 피오룬의 어뢰발사기는 텅 비었다. 즉 앞으로 일어날 전투에서 피오룬은 가장 무장이 빈약한 구축함이라는 뜻이었다. 어쨌건 구축함 다섯 척은 계속 앞으로 나아가며 라컴 함장이 준 방위를 따랐다. 그동안 빛이 희미해졌고, 비언은 코사크의 노천함교에서 공격 계획을 짰다.

그에게는 세 가지 목표가 있었다. 첫 번째는 비스마르크와 접촉해 토비에게 접촉 보고를 계속 보내는 것이었다. 이는 다음 날 아침에 영국 전함들이 적과 접촉하는 데 도움이 될 것이다. 두 번째는 기회가 생기면 비스마르크를 불구로 만들거나 적어도 속력을 늦추기를 바라며 어뢰 공격을 하는 것이었다. 그 사이에 18인치 어뢰를 탑재한 소드피시 뇌격기 15기가 비스마르크를 공격했었다. 비언의 구축함에는 어뢰 열여섯 발이 있었다. 모두 소드피시가 투하한 어뢰보다 사거리가 더 길고 더 강력한 탄두를 탑재한 21인치 어뢰였다. 어뢰 공격이 아무것도 달성하지 못하더라도 그는 비스마르크와 승조원들을 괴롭히며 계속 전투위치에 붙잡아 둘 수 있었다. 그러면 토비가 다음 날 아침에 교전할 때 비스마르크의 승조원들은 기진맥진해 있을 것이다.

비언은 어둠 속에서 적과 접촉할 기회를 늘리기 위해 구축함들을 2,000야드(1 시 마일, 1,829m) 간격으로 횡대로 길게 늘어세웠다.[12] 구축함들은 거친 바다를 뚫고 15노트로 가고 있었다. 남동 침로를 유지하던 구축함 전대의 가운데에는 코사크가, 시크와 줄루가 그 좌현(우현의 오타로 보임. 271쪽 해도 참조—옮긴이)에, 마오리와 피오룬이 좌현에 있었다. 시계는 몇 해리 앞만 보일 정도로 좋지 않았다. 비를 퍼붓는 스콜이 작은 함선들을 세차게 때렸다. 어둠 속에서 비스마르크가 나타난 시각은 잠시 비가 멈춘 22시 38분이었다.[13] 비스마르크는 8~9해리(14.8~16.6km) 정도 떨어진 곳에서 12노트로 거의 정북쪽을 향하고 있었다. 비스마르크를 먼저 포착한 배는 마

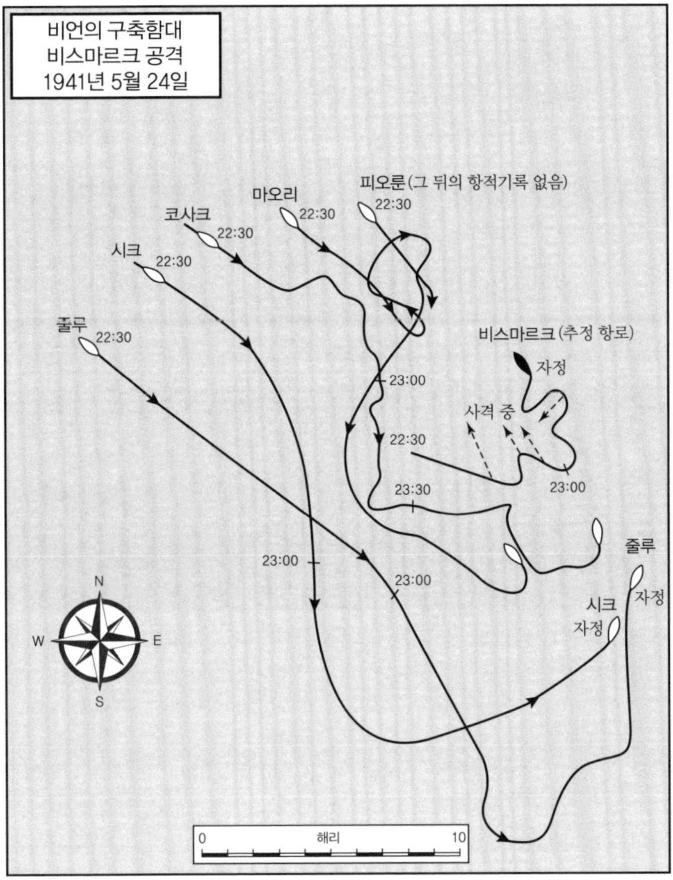

오리와 피오룬이었다. 비언의 계획은 구축함 다섯 척을 산개해 두 척을 비스마르크의 양현에, 두 척을 함수와 함미에 두는 것이었다. 코사크는 바로 뒤에서 비스마르크를 미행할 계획이었다. 구축함들이 각자 위치로 가기 위해 움직이자 비스마르크가 발포했다.

뮐렌하임-레흐베르크는 그날 저녁 포반에서 근무했다. 비스마르크 승조원들은 구축함들을 식별하지 못한 채로 피오룬에 15인치 포와 6인치 포를 모두 발사했다. 그는 전투를 이렇게 기억했다.

비스마르크를 공격한 폴란드 구축함 피오룬. 공격 직후 "우리는 폴란드 해군임"이라는 신호를 비스마르크에 보냈다.

> 측거의는 완벽하게 작동했다. 우리는 적 구축함을 8,000미터부터 3,000미터까지 추적했다. 다가오는 적과의 거리가 줄어듦에 따라 근무위치에서의 긴장감도 높아졌다. 7,000미터 …… 6,500미터 …… 4,000미터 …… 어두웠지만 나는 사격통제장치를 통해 공격하는 적함의 그림자가 가까이 다가와 공격을 위해 몸을 홱 비틀었다가 —그때마다 나는 어뢰가 쉭 소리를 내며 발사관에서 빠져나왔다고 생각했다.— 멀어져 가는 모습을 보았다. 우리 포반이 목표물을 찾는 속도가 워낙 빨라 이들은 감히 우리 주변에서 오래 머물 엄두를 내지 못했다.14

이것은 비스마르크가 계속 선회하고 있었음에도 달성할 수 있었던 성과였다. 그동안 린데만은 침로를 안정적으로 유지하기 위해 애쓰고 있었다. 사실 비스마르크는 전투 내내 계속 선회했다. 그때쯤에는 속력도 늘어

15~20노트로 가고 있었다.

비스마르크는 피오룬에 포착된 지 1분도 채 지나지 않아 피오룬에 사격을 개시했다. 거리는 7해리(13km) 이하였고 빠르게 멀어지고 있었다. 피오룬이 보잘것없는 4.7인치 포로 반격했으나 명중했더라도 별다른 피해를 주지 못했을 것이다. 이렇게 거친 바다에서 정확하게 조준하기는 거의 불가능했다. 더 크고 안정적인 전함에서는 목표물을 겨냥하기가 더 쉬웠다. 그러나 적의 갈지자걸음이 피오룬을 구했다. 그 때문에 독일군 사수들의 조준이 살짝 빗나갔고, 세 번째 15인치 포 일제사격은 위험할 정도로 가까운 곳에 떨어졌지만 피오룬은 상처 없이 빠져나왔다. 이제 할 만큼 했다고 생각한 함장 우제니우츠 푸와프스키Eugeniusz Pławski 중령Komandor은 연막을 피우고 뱃머리를 돌렸다.[15] 그 결과, 피오룬은 비스마르크뿐 아니라 다른 구축함들과의 접촉도 상실했다. 접촉 중단 직전에 푸와프스키는 독일군이 누구와 싸우는지를 알려 주기 위해 비스마르크에 "우리는 폴란드 해군임"이라는 발광신호를 보냈다.

이제 마오리는 비스마르크의 우현 선수 쪽 어딘가에 있었고 시크와 줄루는 좌현 중앙에, 코사크는 그 뒤에 있었다. 공격은 이제 트라이벌급 구축함 네 척에 달렸다. 23시 24분, 비언은 동시합동 어뢰 공격을 명령했다. 공격 위치로 이동하다가 포착된 줄루 앞에 15인치와 6인치 포탄이 비오듯 쏟아졌다.[16] 줄루는 비스마르크와 서둘러 멀어지며 작은 포탑으로 포성을 울리며 반격했다. 포격지휘소에 있던 제임스 갤브레이스James Galbraith 중위는 비스마르크가 어마어마하게 크다고 생각했다.[17] 두 번에 걸친 일제사격으로 발사된 포탄들이 낙하하며 줄루 주변에 거대한 물기둥들이 솟구쳤다. 6인치 포로 실시한 세 번째 일제사격은 전속력으로 달아나는 구축함을 협차했다. 포탄 파편에 갤브레이스가 왼쪽 손목을 크게 베었고 옆에 있던 수병 두 사람이 부상을 입었다. 그럼에도 불구하고 카리스마 넘치는 오스트레일리아 사람 해리 그레이엄Harry Graham 함장은 접촉을 중단하기 전에 어뢰 네 발을 발사하는 데 성공했다. 하지만 비스마르크는 계속 선회했고 어뢰는 모두 빗나갔다.

23시 40분, 코사크의 비언 대령은 4해리(7.4km) 떨어진 곳에서 사냥감을 똑똑히 보았다. 목표물의 함체가 포의 발사 섬광에 빛나고 있었다. 비언에게는 불행하게도 비스마르크는 코사크를 향해 사격하고 있었다. 대구경 함포탄은 빗나갔지만 6인치 포탄이 떨어지며 일으킨 물보라가 코사크를 둘러쌌다. 완벽한 협차였다. 비언은 자신을 향해 날아오는 15인치 포탄을 보았는데 이 포탄은 코사크의 레이더에도 포착되었다. 나중에 그가 말했듯이 깜짝 놀랄 만한 장면이었다. 비스마르크는 조명탄도 쏘고 있었다. 조명탄 불빛이 지금처럼 폭풍이 몰아치는 바다에서는 거의 불가능한 어뢰 공격을 시도하는 코사크의 모습을 비추었다. 코사크는 맹렬한 포화를 무시하고 공격하기 위해 앞으로 쇄도했다. 신호수 에릭 파머Eric Farmer는 그 순간을 이렇게 기억했다. "첫 일제사격은 50야드(46m) 못 미쳐 떨어졌다. 다음번 일제사격으로 발사된 포탄은 함교 위에서 폭발해서 모두 몸을 숨겨야 했다. 거리는 이제 1해리 이하였다."[18] 비언 대령은 이때 코사크의 뱃머리를 돌리고 어뢰를 발사했다.

암흑 속에서 번쩍이는 섬광을 본 코사크의 몇몇 승조원들은 자신들이 발사한 어뢰가 비스마르크에 명중했다고 생각했다. 사실은 비스마르크의 선수루에 낙하하던 신호탄이었다. 승조원들이 재빨리 불을 껐다. 포수 켄 로빈슨Ken Robinson은 다음 상황을 이렇게 설명했다. "공격 후 우리는 선회했다. 바다가 함미 위로 솟구치는 느낌이 들 정도로 최고 속력으로 달려갔다. 뒤쪽의 바다가 요동치며 우리를 사방으로 내던졌다."[19] 그때 비언은 어뢰 한 발이 아직 발사되지 않았다는 사실을 발견했다. 구축함들은 되돌아가 속력을 내며 어뢰를 발사한 다음, 연막으로 몸을 숨기고 철수했다. 이들은 다시 비스마르크가 내는 섬광을 보았다. 어뢰가 명중했을 수도, 포격 섬광일 수도 있었다. 어찌 되었건 코사크 함장은 원인을 찾으려고 그곳에 머무르지는 않았다.

그때쯤 비언의 구축함들은 비스마르크뿐만 아니라 서로 접촉이 모두 끊어졌으나, 자정이 지나 코사크는 피오룬과 우연히 만났고, 그다음 줄루와 만났다. 시크와 마오리의 생존 징후는 없었다. 두 척은 그날 밤 다른 구축함들보다 앞서 나가 비스마르크의 양현에서 각각 어뢰 공격을 수행했다. 마오리는 비스마르크의 정확한 사격에 쫓겨났다가 01시에 다시 공격에 들어갔다. 부하들에게 '비기Beaky'라는 별명으로 알려신 함장 해리 암스트롱Harry Armstrong 중령은 신중하게 지그재그를 그리며 비스마르크의 좌현 중앙으로 접근했다. 그러나 전함이 계속 선회했기 때문에 비스마르크 좌현 뒤쪽 5,000야드(2.5 시 마일, 4,572m)에서 어뢰 두 발을 발사했다. 그때 비스마르크는 북동쪽을 향했으나 이 거리에서 명중할 확률은 희박했고 결국 어뢰는 목표물의 함미에서 빗나갔다. 비스마르크도 줄루에 사격했는데 그 덕에 그레이엄 함장은 포격 섬광 아래에서 비스마르크의 모습을 똑똑히 볼 수 있었다. 마오리는 다시 어둠 속으로 도망쳤다.

결국 시크의 함장 게리 스톡스Gary Stokes 중령은 목표와 동료와의 접촉을 동시에 상실했지만, 비스마르크를 본 줄루의 그레이엄 함장이 발견 보고를 타전했고, 그 덕에 시크는 우현에서 접근하며 비스마르크를 요격할 수 있었다.[20] 시크는 7,000야드(3.5 시 마일, 6.401m)에서 어뢰를 발사했으나 이번에도 모두 빗나갔다. 마오리 외에 다른 구축함들은 목표물에 단 한 발도 맞히지 못하고 어뢰를 소진했다. 산처럼 높은 파도가 치는 바다와 깜깜하기 그지없는 밤이었음을 생각하면 그다지 놀라운 일은 아니었다. 게다가 비스마르크는 계속 선회하며 속력을 수시로 크게 바꿨다. 일종의 고요가 찾아왔다. 비스마르크는 프로펠러축과 키를 수리하기 위해 터빈 하나를 멈춰 세우느라 한 시간 동안 정선했다. 이 시도가 실패하자 02시 20분경에 비스마르크는 불규칙한 항로로 다시 나아가기 시작했다.

그때쯤 비언 대령은 적과의 접촉을 유지하며 조명탄을 발사해 그 위치를 표시하는 것으로 만족하고 있었다. 이는 사실 토비 제독의 명령에 따른 조치였다.[21] 이제 토비는 비스마르크가 도망치지 않는다는 것을 알고 연료를 절감하고자 휘하에 있는 두 전함의 속력을 19노트로 줄였다. 하지만 로드니가 효율적 야간전투를 위한 근대적 사격통제장비를 장비하지 않았다는 것을 아는 토비는 새벽녘까지 기다리는 데 만족하기로 했다. 물론 무슨 피해를 입었든 간에 비스마르크가 수리를 마치고 프랑스로 잽싸게 달아날 가능성도 있었다. 하지만 밤이 지나가면서 그럴 가능성은 더욱더 낮아졌다.

비언은 03시 30분에 조명탄 발사를 중단했다. 조명탄이 독일군의 사격을 끌어들일 뿐이라고 생각했기 때문이다.[22] 그의 구축함들은 비스마르크와 04시 00분에 접촉을 상실했다. 그러나 비스마르크는 다시 구축함들에 포위당했고 기상 상황이 나쁜 이날 밤에 발각되지 않고 도망가기는 거의 불가능해 보였다. 05시 50분, 마오리가 비스마르크를 포착하면서 접촉이 재개되었다. 비스마르크는 불안하게 북서쪽으로, 그리고 토비의 전함들을 향해 똑바로 항해하고 있었다. 암스트롱 중령이 다른 구축함들에 신호해 이들은 다시 적 전함 주변에 공격 위치를 잡았다. 비를 퍼붓는 스콜이 해면을 때렸고 밤의 폭풍은 누그러질 기미가 보이지 않았다. 07시 직전, 마오리가 마지막 어뢰 두 발을 9,000야드(4.4 시 마일, 8.230m) 거리에서 발사했으나 명중하지 못했다. 05시에 비언은 위험할 정도로 연료를 소진한 피오룬에게 포츠머스로 돌아가라고 명령했다. 피오룬의 폴란드 해군 장병들은 마지막 전투를 같이하지 못한다는 데 크게 실망했으나 이들은 제 역할을 다했다. 이제 주력함들이 일할 차례였다.

최악의 시간

23시 40분, 뤼첸스 제독은 손상된 키를 수리할 수 없다는 보고를 받았다. 그때까지 제독의 마음에는 비스마르크가 도망칠 수 있을지도 모른다는 희망이 남아 있었다. 이제 마지막 희망의 불씨가 꺼졌다. 즉 아침이 오면 비스마르크는 싸워야 한다는 뜻이었다. 포와 사격통제 시스템에는 이상이 없었으나 적절한 항로를 잡기가 어려웠으므로 포반은 포탄 낙하점을 계산하는 데 어려움을 겪었다. 이번에 유리한 쪽은 적이었다. 함선이나 포의 수량뿐 아니라 목표물을 맞힐 능력도 그러했다. 비스마르크에 탑승한 B-디엔스트의 무선방수와 프랑스에서 발신한 정보 보고 덕에 뤼첸스와 린데만은 킹 조지 5세와 로드니, 여러 소형함이 대결하러 나가오고 있음을 알았다.[23] 늑대떼가 어둠 속에 모여들고 있었다.

비스마르크의 함교 분위기는 암울했다. 23시 52분, 뤼첸스는 파리와 베를린으로 전문을 보냈다. 내용은 "본함 기동 불능. 우리는 마지막 포탄이 남을 때까지 싸울 것임. 총통 만세"였다.[24] 이 우울한 소식이 함 전체에 서서히 퍼져 나갔다. 보급품 창고에서 원하는 물건을 다 가져가도 좋다고 린데만 함장이 함내 스피커로 알리자 모든 게 끝났다는 느낌이 커져 갔다. 수병들은 햄 통조림, 치즈, 맥주와 소시지로 식사했다. 적어도 배고픈 상태로 전투에 임할 사람은 없었다. 뤼첸스는 승조원에게 이렇게 훈시했다. "독일 국민이 제군과 함께하고 있다. 우리는 포신이 벌겋게 달아오르고 마지막 포탄이 포신을 떠날 때까지 싸운다. 우리 해군의 문제는 이제 이기느냐 죽느냐다."[25] 하루 반 전에 내렸던 훈시의 반복이었다. 이번 훈시는 승조원의 사기를 꺾는 정도가 아니라 아예 날려 버렸다. 승조원들은 이제 다가오는 전투에서 살아남지 못하리라는 것을 깨달았다.

자정 직전, 뤼첸스는 베를린으로 전문을 보냈다. 비스마르크와 승조원은 마지막 한 사람까지 싸울 것이며 "총통에 대한 믿음과 독일이 승리하리라는 굳은 신념"은 변함없다는 내용이었다. 여기에 린데만은 덜 비관적으로 들리는 다음 내용을 추가했다. "기관과 무장은 아직 이상 무. 하지만 배는 엔진으로만 조타할 수 없음."[26] 이제 독일 해군최고사령부는 진짜 심각한 문제가 무엇인지 알게 되었다. 린데만은 지푸라기에 매달려 있었다. 새벽녘에 유보트와 공군이 호위망을 펴서 안전하게 항구에 도달하리라는 실낱같은 희망이었다. 실제로 되니츠는 이미 투입 가능한 모든 유보트에 비스마르크로 가라고 명령했다. 뮐렌하임-레흐베르크에 따르면 독일군 폭격기 대군이 다음 날 아침에 영국군을 공격할 것이라는 소문이 돌고 있었다. 하지만 이는 환상일 뿐이었다. 비스마르크는 폭격기의 항속거리 밖에 있었다.

01시 53분에 아돌프 히틀러가 보낸 전문이 도착했다.[27] "전 독일이 귀관과 함께하고 있음. 할 수 있는 일은 이루어질 것임. 귀관의 임무 수행은 운명이 걸린 이번 투쟁에서 우리 국민을 강하게 할 것임". 이 외에도 밤새 여러 통의 전문이 발신되거나 수신되었다. 이 가운데에는 서부집단사령부가 폭격기 51기의 파견을 약속하는 전문도 있었다. 그러나 새벽이 다가오자 무조건 낙관적인 이들을 제외하고는 모두가 비스마르크와 승조원들이 혼자 싸워야 한다는 사실을 똑똑히 알게 되었다. 편지를 쓰거나 따뜻한 옷이나 개인 소지품을 챙기려고 한 명씩 자리에서 빠져나갔던 간부와 수병들은 구명동의를 입었다. 이들은 자기 위치로 돌아와 새벽을 기다렸다. 뮐렌하임-레흐베르크는 이렇게 회상했다. "불길한 기다림의 밤, 종말만을 기다려야 하는 밤은 끝나지 않을 것 같았다. 꼼짝할 수 없는 상황에서 패배가 확실하다는 것을 실감하자 기분이 두 배로 우울해졌다. 종말은 반드시 찾아오겠지만 고통스러울 정도로 느리게 오고 있었다."

하지만 뤼첸스는 불가능한 과제에 골몰해 있었다. 그는 비스마르크에 어떤 일이 일어나더라도 함대 전투일지는 살려 내겠다고 결심했다. 일지에는 만약 해군최고사령부가 또 다른 대서양 돌파를 시도할 때 유용할 정보와 작전 중 자신이 내린 여러 결단을 정당화하는 뤼첸스의 주장이 담겼다. 05시 직전, 린데만 함장은 비스마르크에 탑재된 아라도 수상기의 발진 준비를 명령했다. 일지를 안전한 곳으로 옮길 비행기였다.[28] 한 시간 동안 승조원들은 비행기의 발진을 준비했고 06시에 발진 명령이 떨어졌다. 그런데 아무 일도 일어나지 않았다. 캐터펄트의 동력인 압축공기의 압력 부족이 원인으로 밝혀졌다. 발진은 취소되었고 인화성 연료가 가득 찬 수상기는 바다로 투기되었다. 07시 10분에 뤼첸스는 서부집단사령부에 "전투일지 회수를 위해 유보트 파견 바람"이라고 요청했다.[29] 그가 발신한 마지막 전문이었다.

참으로 이상하게도 50분 뒤, 파리의 서부집단사령부가 U-556이 일지를 회수할 것이라는 답신을 보냈다. 이 유보트는 헤르베르트 볼파르트의 배였다. 볼파르트는 비스마르크를 직으로부터 보호하겠나고 맹세했넌 바로 그 사람이다. 전날 저녁에 U-556은 바로 그 일을 할 완벽한 기회를 잡았다. 아크로열과 리나운이 U-556의 앞을 휙 지나쳐 갔던 것이다. 그러나 대서양의 전투초계 항해를 끝내고 돌아가는 길이었던 U-556은 어뢰를 소진한 상태였다. 나중에 그는 비언 대령의 구축함 중 한 척을 발견했다. 이 구축함 역시 비스마르크를 추격하는 데 정신이 팔려 U-556을 눈치채지 못했다. 이번에도 볼파르트는 전혀 개입할 수 없었다. 그는 전투일지에 이렇게 썼다. "비스마르크를 위해 내가 뭘 할 수 있을까? 조명탄이 발사되는 모습과 비스마르크의 포격 섬광이 보인다. 이렇게 근처에 있으면서 아무것도 할 수 없다니, 끔찍하다."[30] 결국 보호를 맹세했던 파르시팔조차 살아날 가망 없는 비스마르크를 구하지 못했다. 그리고 뤼첸스의 전투일지는 마지막까지 비스마르크에 남았다.

제15장

마지막 전투

토비의 복수

이날 새벽은 미적미적 찾아왔다. 몇 시간 전에 바다 상태가 약간 누그러졌으나 북서풍은 여전히 30노트로 불고 있었다. 태양은 휙휙 지나가는 회색 구름 사이로 잠깐잠깐 비쳤고, 시계는 강풍에 날려 해면을 스쳐 지나가며 비를 뿌리는 수많은 스콜을 제외하면 상당히 깨끗했다. 더 좋아질 수도 있었지만, 날씨 상황은 분명 지난 밤만큼 음산하지는 않았다. 하지만 비스마르크는 거친 바다와 10피트(3m) 높이의 파도에 개의치 않아도 좋을 정도로 큰 배였다. 상처 입은 괴물의 우아한 강철 함수는 늘 하던 대로 바다를 가르며 나아갔다. 포는 완벽하게 작동했고 측면으로 일제사격하면 포탄을 정확하게 발사할 수 있었다. 린데만 함장이 비스마르크의 모든 포를 다가오는 적을 향하게 한 상태에서 안정된 항로를 유지할 수 있었다면 그랬을 것이다. 다치고 궁지에 몰렸으나 비스마르크는 아직 강력한 이빨을 가지고 있었다.

동이 트자 킹 조지 5세에 탑승한 토비 제독은 서쪽에서 비스마르크 쪽으로 접근했다. 로드니가 좌현 쪽에서 뒤따랐다.[1] 두 전함의 승조원들은 모두 전투위치에 배치되었고 킹 조지 5세의 패터슨 함장과 로드니의 달림플-해밀턴 함장은 시야가 탁 트인 나침함교에 있었다. 비언 중령은 토비 제독에게 비스마르크의 위치를 보고했고, 제독은 자신이 경기장에 언제, 어디에 도착할지 택할 수 있었다. 토비의 계획은 단순했다. 두 전함을 6케이블(1km, 0.6해리) 간격을 두고 일렬 횡대로 산개한다.[2] 나중에 그는 이렇게 말했다. "나는 전함 두 척이 자신을 향해 똑바로 다가오는 광경이 이미 나흘간 긴장에 가득한 낮밤을 보낸 적 측거수와 사격통제관의 신경을 흔들어 놓기를 바랐다." 이 전술은 로드니의 16인치 포 9문 중 6문과 기함의 14인치 포 10문 중 6문이 정면으로 사격할 수 있기에 가능했다.

영국 전함들은 1만 4,000야드(6.9 시 마일, 12,802m)까지 접근한 다음 선회해 한쪽 현으로 일제사격을 시작하기로 했다. 그런데 토비는 로드니의 달림플-해밀턴에게 필요 시 독자적으로 기동할 완전한 재량권을 주었다. 이로 인해 로드니의 함장은 프린스 오브 웨일스의 리치 함장보다 함을 더 유연하게 운용할 수 있었다. 또한 영국 함정들은 서쪽에서 접근하고 있었으므로 떠오르는 아침 해에 비스마르크의 윤곽선을 또렷하게 볼 수 있었다. 그러나 새벽이 찾아왔을 때 비스마르크를 발견한 사람은 전함의 견시원들이 아니었다. 전날 저녁, 중순양함 노퍽이 비스마르크와 마지막으로 조우한 뒤 재급유를 마치고 이 해역에 도착했다. 그날 아침 07시 53분, 웨이크-워커 소장은 북북동 10해리(19km) 해상에서 숙적을 포착했다.[3] 나중에 그는 "불필요하게 비스마르크를 자극하는 행동은 현명하지 않다고 느꼈다"라고 말했다.

놀랍게도 비스마르크는 발포하지 않았고 노퍽은 등을 돌리고 접촉을 중단했다. 몇 분 뒤 노퍽은 토비의 전함들을 포착했다. 08시 08분에 웨이크-워커는 기함에 신호하며 이렇게 보고했다. "적 방위 130도, 16해리(30km)."[4] 그리고 이 말을 덧붙이지 않을 수 없었다. "철모를 쓰고 있음!" 전투가 임박했다는 뜻이었다. 그는 비언 대령의 남은 구축함 네 척의 지휘권을 받았다. 소속된 다섯 척 중 피오룬은 귀환 중이었다. 전함 두 척의 견시원들은 첫 발견자가 되기 위해 눈을 부릅떴다. 그동안 토비는 로드니의 달림플-해밀턴 함장에게 자신의 좌현 앞으로 나아가 횡대로 전개하라고 명령했다. 모두가 후드를 격침한 원수를 보기 위해 기다렸다. 두 영국 전함 승조원들은 긴장하고 흥분했으나 사기가 충천해 비스마르크를 끝장내겠다는 결의에 차 있었다.

그때 비언의 구축함 네 척은 7~8해리(13~15km) 떨어진 곳에서 비스마르크를 기준으로 한 4사분면에 각각 배치되어 있었다. 비스마르크는 구축함에 더 이상 사격하지 않았다. 마치 최후의 전투를 위해 힘을 아끼는 것 같았다. 비스마르크는 북서쪽을 향해 10노트로 항해하고 있었다. 토비의 전함뿐 아니라 웨이크-워커의 순양함과 비언의 구축함, 두 번째 중순양함이 남쪽에서 전장에 접근하고 있었다. 중순양함 도싯셔는 서아프리카의 프리타운에서 북쪽으로 가는 호송선단을 호위하다가 이틀 전에 분리되어 비스마르크 사냥에 파견되었다.[5] 벤저민 마틴 함장은 비스마르크의 동쪽 10해리(19km)에서 북서쪽을 향해 20노트의 속력으로 항해하고 있었다. 마지막으로 H부대는 비스마르크의 남쪽 15해리(28km) 해상에 있었다. 그러나 거친 바다 때문에 새벽녘으로 예정된 아크로열의 항공 공격이 취소되자 서머빌의 부대는 앞으로 펼쳐질 드라마에서 역할을 수행하지 못했다.

08시 43분, 비를 퍼붓는 스콜 사이의 틈으로 킹 조지 5세의 견시원들이 마침내 비스마르크를 포착했다. 킹 조지 5세의 함교에 있던 휴 건지Hugh Guernsey 소령이 기억하듯 "매우 폭이 넓고 뚱뚱하고 땅딸막한, 유령 같아 보이는 배가 바로 우리를 향해 다가왔다."[6] 남동쪽으로 12.5해리(23km) 거리에 있던 비스마르크는 토비의 전함 두 척을 향해 거의 정면으로 다가오고 있었다. 토비의 신호에 따라 로드니는 킹 조지 5세와의 거리를 넓히기 위해 좌현 쪽으로 약간 방향을 틀었다. 이 방법을 쓰면 비스마르크의 사격이 분산되고 독일군 포수들이 조준하기 더 어려워졌다. 08시 47분, 로드니는 전방포탑 2기로 발포했다.[7] 거리는 이제 2만 1,870야드(10.8 시 마일, 19.998m)였다. 1분 뒤, 킹 조지 5세도 사격을 개시했다. 이 거리에서 포탄이 목표에 도달하는 데 겨우 35초가 걸렸다. 첫 일제사격은 빗나갔지만, 08시 48분에 로드니가 발사한 포탄이 비스마르크 근처에 낙하하면서 함수 쪽에 큰 물기둥이 솟았다. 영국군 포수들이 정확한 거리를 찾은 것이다.

로드니가 첫 일제사격을 한 지 2분 뒤인 08시 49분, 비스마르크가 전방포탑 2기로 반격했다. 후방포탑은 적 방향으로 선회할 수 없었다. 처음으로 적을 본 린데만 함장은 기관을 이용해 비스마르크를 약간 좌현으로 돌려 모든 포탑이 사격할 수 있게 하려 했다.[8] 그러나 막상 해보니 실행하기가 무척 어려웠고 비스마르크는 계속 일정하지 않은 항로로 항해했다. 비스마르크는 전투 내내 대략 북쪽으로 가는 항로를 유지했으나 린데만이 지나친 선회를 막기 위해 노력하자 좌우로 왔다 갔다 했다. 주포 전체로 적을 겨냥하는 것은 사실상 불가능했다. 후미 사격통제장치 담당이던 뮐렌하임-레흐베르크는 이렇게 말했다. "비스마르크가 왔다 갔다 하는 바람에 내 눈에는 적이 보였다 안 보였다 했다."[9] 이런 상황에서도 비스마르크의 포술은 빛을 발했다. 비스마르크는 두 영국 전함 중 더 강력한 로드니를 겨냥했다. 첫 일제사격은 목표물에 못 미쳐 떨어졌고 두 번째 일제사격은 목표물을 넘어갔으나 세 번째 일제사격은 로드니를 협차했다.

전방포탑 2기만으로 네 발을 발사한 일제사격이었다. 포탄은 로드니 주변에 떨어졌으나 실제 명중탄은 없었다. 한 발은 앞쪽 상부 구조물에서 겨우 66피트(20m) 떨어진 곳에 낙하했고 파편이 배 여러 곳에 구멍을 냈다. 일부는 함교를 타격했고 일부는 대공 사격통제장치를 관통했다.[10] 상갑판에 있던 승조원들은 높이 솟아오른 물기둥이 뿌린 바닷물에 흠뻑 젖었다.

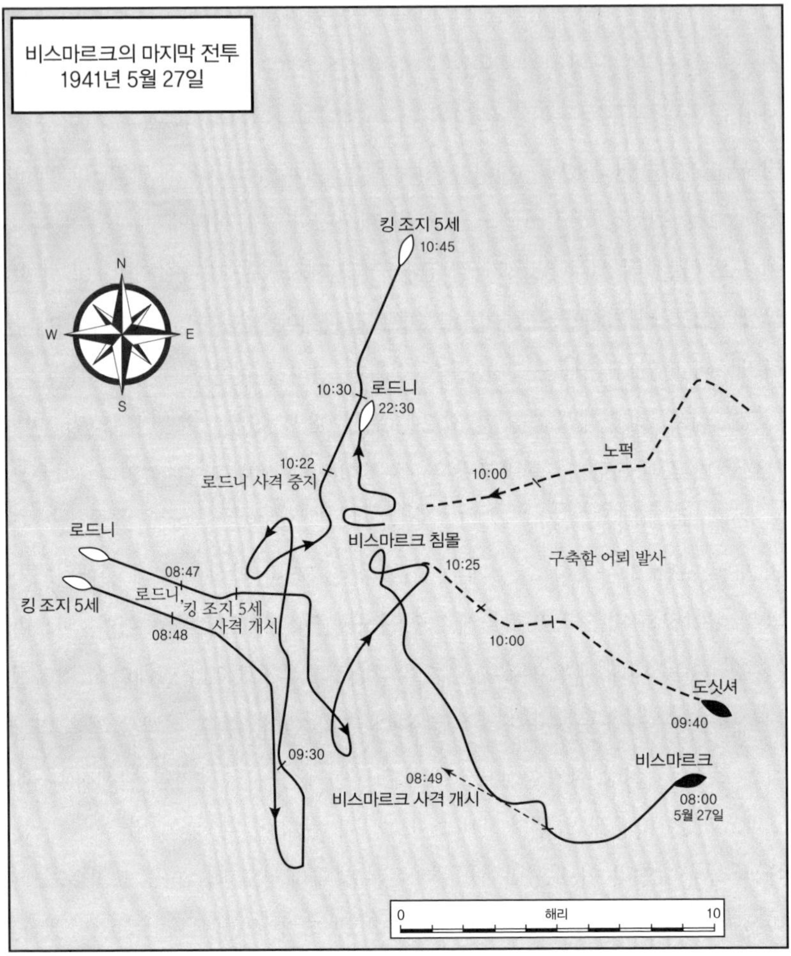

부상자는 없었으나 달림플-해밀턴 함장은 대공포 사수들에게 하갑판으로 몸을 피하라는 현명한 명령을 내렸다. 소구경 화기는 전투에 필요 없었다. 그동안 함장은 승조원들에게 그때그때 함교 스피커로 전투 상황을 논평하며 비스마르크가 로드니를 첫 목표로 선정한 영예를 안게 되었다고 무뚝뚝하게 덧붙였다. 기관실이나 보일러실에 있는 승조원들은 이런 방송이 없으면 위에서 무슨 일이 벌어지는지 알 도리가 없었으므로 유용한 조치였다.

이들이 감지할 수 있었던 것은 소리와 소음, 자함의 포가 발사하면서 내는 진동뿐이었다.

노후 전함 로드니는 포의 발사 후폭풍에 배가 거의 찢어질 듯 진동했다. 충격을 받은 증기관과 물 파이프가 터져 나갔고 리벳이 튀어나오며 물이 새기 시작했다. 보일러의 노爐가 진동 때문에 생긴 압력으로 확 불타올랐다. 화부들은 화상을 입지 않으려고 몸을 날렸다. 다른 곳에서도 그릇이 부서지고 싱크대와 변기가 격벽에서 뜯겨 나갔다. 하지만 그럴 만한 가치가 있었다. 그때쯤 달림플-해밀턴 함장은 로드니를 약간 좌현으로 돌려 세 번째 16인치 포탑으로 비스마르크를 겨누려 했다. 이제 로드니는 주포를 모두 사용해 일제사격을 할 수 있었다. 토비의 킹 조지 5세도 약간 우현으로 선회해 'X' 포탑으로 사격할 수 있게 되었다. 이 대규모 화력 투사가 결실을 맺기 시작했다. 08시 50분에 노퍽의 견시원들이 로드니가 발사한 포탄이 비스마르크를 협차하는 장면을 목격했다. 그러나 로드니의 16인치 포탄은 모두 빗나갔다. 대신 비스마르크는 분수처럼 솟아오른 거대한 물기둥에 완전히 가려졌다. 이것은 로드니의 포수들이 정확한 거리를 파악했다는 뜻이기도 했다.

로드니의 사격통제장치에 문제가 생겨 다음 일제사격은 목표에 못 미쳐 떨어졌다. 조준을 제대로 수정하는 데 몇 분이 걸렸다. 08시 59분, 로드니가 열여덟 번째 일제사격으로 협차에 성공했다. 이번에 비스마르크는 두 발을 맞았는데 하나는 선수루에, 다른 하나는 전방 상부 구조물에 명중했다.[11] 이제 킹 조지 5세의 모든 주포가 비스마르크를 겨냥할 수 있게 되었다. 08시 53분에 발사한 포탄이 비스마르크를 협차해 함 전방에 명중탄을 내는 데 성공했다. 토비의 기함은 레이더를 이용해 탄착 기록을 했는데 이는 매우 효율적인 조치였다. 킹 조지 5세의 일제사격이 한 발 한 발 비스마르크를 파고들기 시작했다. 이 단계에서 중순양함 노퍽이 8인치 포로 전투에 참가해 10해리(19km) 거리에서 사격했다. 비스마르크는 전방의 로드니와 킹 조지 5세, 우현의 노퍽으로부터 공격받으며 사정없이 두들겨 맞고 있었다. 전방 상부 구조물에 화재가 발생했다.

08시 58분, 비스마르크가 사정권에 들어오자 로드니의 우현 6인치 부포들이 전투에 참여했다. 6인치 포탄은 전함의 장갑을 관통할 수는 없지만 비스마르크의 노출된 상갑판에는 약간 피해를 입힐 수 있었다. 비스마르크는 포탄이 일으킨 물기둥에 반쯤 가려진 상태에서 계속 영국군의 포탄을 맞고 있었다. 몇 분 뒤인 09시 04분에 도싯셔가 서쪽에서 나타나 9해리(17km) 거리에서 8인치 포로 비스마르크에 발생한 대화재에 힘을 보탰다.[12] 호송선단을 떠난 다음 도싯셔는 600해리(1,111km)를 항해한 끝에 때마침 전투에 참가했다. 로드니와 킹 조지 5세는 갈라지는 각도로 항해하며 서로에게서 멀어져 갔고 기함은 남동쪽으로 가다가 다시 남쪽으로, 로드니는 북동쪽으로 갔다. 두 척 모두 주포를 계속 비스마르크에 겨눴다. 거리는 겨우 8해리(14.8km) 정도로 급격하게 줄어들었고, 당연히 명중탄을 내기가 더 쉬워졌다.

로드니의 달림플-해밀턴은 비스마르크의 포탄이 일으키는 물기둥을 차분하게 회피했고, 포탄은 로드니 근처에도 다다르지 못했다. 반면 로드니는 거의 모든 일제사격에서 비스마르크를 협차했다. 로드니의 16인치 주포가 발사한 무게 1톤의 포탄은 초속 1,700피트(518m)로 달려 나갔다. 이 포탄의 철갑 탄두가 강철판으로 된 비스마르크의 상부 구조물과 함체를 관통해 폭발했다. 이 거리에서 로드니의 포탄은 심각한 피해를 입힐 수 있었다. 09시 02분에 로드니의 일제사격이 비스마르크를 타격했고 최소한 한 발이 전방 상부 구조물에 명중했다.[13] 이것이 비스마르크의 전투능력을 극적으로 바꾸었다. 함교와 코닝타워conning tower(전함 함교에서 장갑으로 보호된 사령탑. 전투 시에는 지휘부 일부가 여기에 탑승해 위험을 분산한다.—옮긴이) 주변에 한 줄기 불꽃이 치솟는 모습이 보였다. 아마 이 명중탄으로 인해 뤼첸스 제독과 린데만 함장을 포함해 비스마르크의 함교에 있던 대부분이 죽거나 다

비스마르크에 치명타를 안긴 영국 전함 로드니

쳤을 것이다. 로드니의 포탄은 아달베르트 슈나이더 포술장이 포격을 지휘하던 주 사격지휘소도 침묵시켰다.

이 단 한 발의 포탄으로 인해 비스마르크의 조타 시도는 사실상 봉쇄되었고 함을 통제할 고급 간부도 사라졌다. 함의 속력이 떨어졌고 부서진 키 때문에 선회할 수밖에 없게 되었다. 뤼첸스의 참모진 대부분이 아마 이때 전사했을 것이다. 그동안 부장 한스 욀스 중령은 손상통제지휘소를 운영하고 있었다. 단 한 번의 공격으로 비스마르크의 지휘부가 사라진 셈이다. 주 사격지휘소의 상실로 인해 비스마르크의 포격 정확도가 눈에 띄게 떨어졌다. 물론 부르카르트 폰 뮐렌하임-레흐베르크 소령의 후방 사격지휘소가 지휘권을 넘겨받을 수 있었지만 시간이 걸렸다. 바로 비스마르크에는 없는 것이었다. 몇 분이 지나면 공격력은 거의 사라질 테고 비스마르크는 물에 뜬 채 불타는 납골당 신세가 될 터였다.

뮐렌하임-레흐베르크는 이렇게 말했다. "주변과 완전히 차단되고 장갑으로 둘러싸인 내 근무처에서는 주변에서 무슨 일이 벌어지고 있는지 볼 수 없었지만 변화하는 바깥 상황을 예상하기는 어렵지 않았다. 거리가 줄어듦에 따라 다가오는 포탄이 쏴아이악 하고 내는 소리가 더 잦아졌고 전투 소음도 더 커졌다."[14] 09시 08분경, 두 영국 전함 중 한 척이 일제사격으로 발사한 포탄이 비스마르크의 함수 끝단과 전방 포탑 2기('안톤'과 '브루노')에 명중해 두 포탑을 작동 불능으로 만들었다. 따라서 뮐렌하임-레흐베르크가 후방 포탑 2기('카이사르'와 '도라')의 지휘를 맡았다. 목표물 지정을 받지 못한 대위는 똑똑히 보이는 유일한 적함인 킹 조지 5세에 사격하라고 명령했다. 이때 킹 조지 5세는 비스마르크로부터 남쪽으로 6해리(11km) 떨어져 있었다. 대위는 킹 조지 5세에 일제사격을 명령했고 비스마르크는 세 번 더 발포했다. 포탄은 가까운 곳에 착탄했으나 목표물을 협차하지는 못했다.

이들은 점점 가까워지고 있었다. 토비의 기함에 있던 건지 소령은 비스마르크의 네 번째 일제사격 포탄이 머리 위로 찢어지는 듯한 소리를 내며 지나가자 자기도 모르게 몸을 숙였다.[15] 킹 조지 5세도 대응사격을 했고 09시 13분에 14인치 포탄이 뮐렌하임-레흐베르크의 후방 사격지휘소에 명중했다. 모두 자리에서 튕겨 나갔지만 살아남았다. 하지만 측거의가 완전히 박살나 비스마르크의 마지막 포탑 2기도 각 포탑의 사격통제에 따라 사격해야 했다. 다시 말해 각 포탑의 조준수가 포탑의 착탄을 보면서 포탑에 탑재된 포 2문의 사격을 지휘해야 한다는 뜻이었다. 비스마르크는 계속 선회했고, 킹 조지 5세는 비스마르크의 시야에서 사라졌다. 그러자 비스마르크는 좌현 쪽에서 보이는 로드니를 향해 포탑을 돌려 목표를 전환했다. 중앙 집중화와 사격제원 계산이 가능한 사격통제의 지원을 받을 수 없었으므로 명중탄을 기록할 가능성은 낮았다. 그럼에도 두 포탑은 자함이 또 선회할 때까지 꾸준히 사격했다. 목표물은 또다시 시야에서 사라졌다. 하지만 이제 종말이 다가오고 있다는 것은 분명했다.

비스마르크의 죽음

벌써 09시 15분이었다. 비스마르크가 느리게 북쪽으로 항진함에 따라 로드니의 'X' 포탑이 비스마르크를 사격할 수 있는 범위에서 벗어났다. 따라서 달림플-해밀턴은 남쪽을 향할 때까지 함을 우현으로 돌렸다. 비스마르크와 대략 나란히 달리는 항로였고 거리는 5해리(9km)였다.[16] 선회 직전 로드니는 함수에 탑재한 수선 하 이뢰발사관에서 비스마르크를 향해 어뢰를 발사했다. 함수 우현 발사관에서 세 발을 발사했으나 모두 빗나갔다. 목표물이 계속 선회한 탓에 상황이 난처해졌다. 로드니는 좌현 발사관으로 다시 발사했으나 이번에도 목표물을 맞히지 못했다. 선임 부사관 프랭크 폴러드Frank Pollard는 빈 발사관을 재장전하려고 했지만 비스마르크에서 날아온 지근탄 때문에 우현 발사관의 바깥쪽 문이 꽉 끼여 버려 포기했다.[17]

로드니는 전 주포 일제사격으로 비스마르크를 타격하며 매번 한 발 이상의 명중탄을 달성했다. 09시 21분, 비스마르크의 '도라' 포탑 오른쪽 포신에서 포탄이 폭발하며 사격이 중단되었다.[18] 폭발이 일으킨 후폭풍으로 포미가 날아가고 포탑 승조원 대부분이 죽거나 불구가 되었다. 폭발이 탄약 호이스트를 타고 내려가는 바람에 사상자가 더 많아졌다. 남은 인원의 생사 여부에 상관없이 포탑 탄약고를 침수시키라는 명령이 내려졌다. 그러지 않으면 배 자체가 위험에 빠질 터였다. 아마 후드처럼 비스마르크도 유폭으로 갈가리 찢겼을 수도 있지만, 겉보기에 냉혹한 욀스 부장의 명령 덕에 일부 승조원들이 살았을 수도 있다. 하지만 상황은 빠르게 나빠져 갔다. 함수 근처에 있는 '브루노' 포탑이 완전히 파괴되어 뒤쪽이 찢어져 노출되었고 포 1문이 하늘로 솟아 있었다.[19]

'안톤' 포탑은 타격을 받아 일시적으로 사용 불능이 되었으나 승조원들은 살아남았다.[20] 타격으로 인해 유압선이 절단되어 포는 '죽은 꽃처럼 고개를 떨궜다.' 하지만 피나는 노력 끝에 승조원들은 포를 간신히 고쳤고 09

시 27분에 '안톤' 포탑은 마지막 일제사격을 했다. 몇 초 뒤, 대구경 포탄 한 발이 명중해 안톤은 영영 사용할 수 없게 되었다. 비스마르크의 여러 곳에서 화재가 발생했고 상부 구조물은 심한 타격을 받았다. 비스마르크의 장갑은 포탑과 탄약고, 기관부에 집중되었으나 집중방호구역 위의 구획 다수는 빈약하게 방어되어 있었다. 포탄 파편 정도는 방어할 수 있었지만 근거리에서 발사한 14인치, 16인치 포탄은 막을 수 없었다. 갑판 위아래로 두들겨 맞은 비스마르크는 고철 더미가 되어 가고 있었다.

09시 16분에 토비는 킹 조지 5세에 좌선회해 반전하라고 명령했다.[21] 곧 배는 비스마르크를 우현 현측에 둔 채 다시 북쪽을 향했다. 토비와 패터슨 함장에게는 불행히도 기함의 포는 전투 내내 번갈아 가며 고장을 일으켰다. 3일 전 프린스 오브 웨일스가 직면했던 것과 같은 문제였다. 새롭게 설계된 4연장 포탑은 아직도 자잘한 문제에 시달리고 있었다. 승조원들이 간신히 한 문을 수리하면 작동기구가 어딘가에 끼어 움직이지 않거나 호이스트 시스템이 말을 듣지 않는 식으로 다른 한 문이 말썽을 부렸다. 한 번은 킹 조지 5세가 사용 가능한 14인치 포가 겨우 2문으로 줄어들기도 했다. 최소한 지금은 5.25인치 부포가 전투에 참가했고 적함의 상부 구조물에 포탄을 발사하고 있었다.

비스마르크는 간신히 움직이고 있었다. 단속적으로 사격하는 '카이사르' 포탑 외에 모든 포탑이 작동을 멈췄다. 부포들도 사격범위 안에 있는 적에게 사격하고 있었지만 하나씩 하나씩 제압되고 있었다. 부포탑의 장갑은 4해리(7km) 거리에서 발사되는 대구경 포탄으로부터 승조원들을 방어하지 못했다. 09시 26분, '카이사르' 포탑의 포신 하나가 직격탄을 맞아 완전히 망가졌다. 포탑의 광학장치가 박살난 상황에서 남은 한 문이 반격하더라도 명중할 확률이 거의 없었다. 사실상 비스마르크의 주포 전부가 제압되었다. 하지만 비스마르크가 바다에 떠 있었으므로 영국군의 포탄은 계속 비스마르크를 두들겼다. 죽어야만 끝나는 싸움이었다.

전투가 시작된 지 45분도 지나지 않아 비스마르크는 떠다니는 고철 더미가 되었다. 놀랍게도 함의 상부 구조물은 무너지고 얽힌 강철 무더기로 변했고 갑판은 불길에 휩싸여 있었으나, 장갑 벨트가 적의 포탄에 입을 수 있는 최악의 손실만은 막아 주었다. 다시 말해 비스마르크는 싸울 수는 없었으나 계속 물 위에 떠 있을 수는 있었다. 영국군의 포탄은 비스마르크를 마구 때려 댔지만 격침할 수는 없어 보였다. 하지만 포탄은 계속 비스마르크를 타격했다. 1분마다 여러 발이 떨어졌다. 화살극이 계속 이이졌다. 연료가 떨어져 이제 막 본국으로 회항하려던 구축함 타타르에 있던 조지 월리 George Whalley 중위는 불타는 비스마르크를 보며 이렇게 생각했다. “도대체 저 배 안에서 무슨 일이 벌어지고 있을까. …… 함포가 박살나고, 불길에 휩싸이고, 승조원들이 부상을 입은 저 배에서.”[22] 이날 아침 전투에 참가한 영국 해군 장병들도 비슷한 감정을 느꼈다. 킹 조지 5세의 휴 건지 소령도 마찬가지였다. 나중에 그는 이렇게 말했다. “배 안쪽에서 포탄들이 폭발하며 일어난 상황을 나는 절대 알 수 없을 것이다.”[23]

문제는 해군성의 명령이 명확했다는 점이다. 비스마르크를 격침하라는 것이다. 윈스턴 처칠 총리는 시종일관 강경했다. 따라서 일제사격이 계속되었고 비스마르크는 계속 불타올랐다. 비스마르크를 파괴하는 데 가장 공이 컸던 로드니의 달림플-해밀턴 함장은 나중에 이렇게 썼다. “이 일을 아주 즐거운 마음으로 했다고는 말하지 못하겠다. 하지만 달리 무엇을 할 수 있었겠는가.”[24] 토비는 일단 시작했으니 끝장을 볼 생각이었다. 그는 킹 조지 5세와 로드니가 늦어도 10시까지 교전을 중단하지 않으면 본국으로 돌아가다가 연료가 모자라게 된다는 점을 알았다. 그런데 그때쯤에는 포탄만으로는 임무를 완수할 수 없다는 게 명백해졌다. 비스마르크를 어뢰로 끝장내야 했다. 사실 09시 56분에 로드니가 좌현 수선 아래 어뢰발사관으로 어뢰를 발사했다.[25] 거리는 3,000야드(1.5 시 마일, 2,743m) 이하였고 로드니는 한 발이 명중했다고 주장했다. 아마 전함이 다른 전함에 어뢰를 맞힌 유일한 사례일 것이다.

구축함들은 모두 어뢰를 소진했다. 중순양함 노퍽도 10시 전에 가지고 있던 어뢰를 모두 발사했으나 빗나갔다. 따라서 4연장 21인치 어뢰발사관 두 개를 양현에 하나씩 탑재한 중순양함 도싯셔만 남았다. 이를 제외하고 어뢰를 발사할 수 있는 전력은 항공모함 아크로열의 소드피시 뇌격기밖에 없었다. 사실 그날 아침, 서머빌 중장은 아크로열에 또 한 번 비스마르크를 공격하라고 명령했고 09시 20분에 소드피시 12기가 발진했다. 대형을 지은 뒤 이들은 비스마르크로 날아갔다. 그런데 도착했을 때는 포격전이 최고조에 달해 있었다. 이런 상황에서 어뢰 공격을 한다면 아군 포탄에 맞을 위험이 있었기에 공격이 취소되었다.[26] 뇌격기들은 거리를 유지한 채 선회하며 기다렸다. 킹 조지 5세가 이들을 적기로 오인하고 사격했으나 아군기로 판명됨에 따라 사격을 멈췄다. 탑승원들은 몇 분 동안 아래에서 펼쳐지는 장엄한 광경을 지켜보다가 모함으로 돌아왔다.

토비도 스캐파플로로 돌아가고 있었고 돌아가는 길에 로크 유Loch Ewe에서 간절히 원하던 재급유를 받을 예정이었다. 토비는 계획한 시간보다 더 오래 현장에 머물렀고, 이제 그가 지휘하는 전함 두 척은 교전을 중단해야 했다. 10시 16분에 제독은 로드니와 킹 조지 5세에 사격을 중지하고 교전을 중단하라는 명령을 내렸다.[27] 그때까지 이들은 만신창이가 된 독일 전함을 계속 두들겨 댔다. 이날 아침, 킹 조지 5세는 14인치 포탄 총 339발을, 로드니는 16인치 포탄 380발을 발사했다. 중순양함이 발사한 8인치 포탄과 전함의 부포가 발사한 6인치와 5.25인치 포탄은 셀 수 없이 많았다. 비스마르크는 심한 타격을 받은 끝에 굴복했다. 침묵에 휩싸인 독일 전함이 물결에 따라 이리저리 흔들리고 있었다. 갑판은 불바다였으나 독일 해군기는 여전히 펄럭이고 있었다. 그때 해수 밸브를 열어 배를 처분하고 탈출하라는 명령이 떨어졌다.

부장 욀스 중령이 처분명령을 내리자 폭약이 설치되었다.[28] 그동안 욀스는 함 전체를 돌아보며 부하들에게 상갑판으로 가서 탈출해 목숨을 건지라고 명령했다. 하지만 욀스와 수백 명의 승조원들은 미처 탈출하지 못한 채 영국군의 포탄에 전사했다. 그동안 토비는 현장을 떠나며 도싯셔 함장 마틴 대령에게 어뢰로 비스마르크를 끝장내라고 명령했다. 도싯셔는 고철이 된 비스마르크에 접근해 3,300야드(1.6 시 마일, 3,018m) 거리에서 어뢰를 발사했다.[29] 두 발 모두 비스마르크의 우현에 명중했다. 승조원 수백 명이 바다로 뛰어드는 모습이 보였다. 함교 앞쪽은 활활 타오르는 불지옥이었기 때문에 대부분은 함미에서 탈출했다. 마틴은 비스마르크를 한 바퀴 돈 후 10시 36분에 세 번째 어뢰를 발사해 좌현에 명중시켰다. 비스마르크가 좌현으로 기울기 시작했다. 어뢰가 명중했기 때문인지 아니면 처분용 폭약이 폭발했기 때문인지는 중요하지 않다. 비스마르크는 가라앉고 있었다.

영국 전함 두 척이 북쪽 수평선을 향해 떠나는 가운데, 토비는 비스마르크를 뒤돌아보았다. 기우뚱한 비스마르크가 점점 더 기울어 마침내 상부 구조물이 수면과 평행을 이루었다. 구조물 일부가 떨어져 나가기 시작했고, 배는 천천히 기울더니 뒤집어졌다.[30] 비스마르크는 포탑을 앞세운 채 해저로 가라앉는 긴 여정을 시작했다. 10시 39분, 뒤집혀 가라앉는 함체에 승조원들이 쭈그려 앉아 있었다. 함미가 먼저 가라앉았고, 뒤집어진 전함은 천천히 바다로 미끄러져 들어갔다. 빠져나온 공기가 만든 거품만이 여기가 비스마르크의 무덤임을 알려 주었다. 10시 40분, 함수마저 완전히 사라졌다. 한때 자랑스러웠던 전함이 남긴 것은 떠다니는 파편과 큰 유막, 얼음장처럼 차가운 물에 떠다니는 수백 명의 승조원뿐이었다.

이들은 배에 갇히거나 빨려 들어가지 않은 행운아였으나 대부분이 심한 화상을 입었거나 다쳤다. 거의 한 시간 뒤에 도싯셔와 구축함 마오리가 한데 뭉쳐 떠다니는 생존자들과 잔해 쪽으로 천천히 다가가 이들을 구조했다. 물에 떠다니는 이들은 더이상 적이 아닌 조난당한 동료 선원이었다. 영국 수병들은 현측으로 밧줄과 사다리를 늘어뜨려 생존자들을 안전한 곳으

영국 중순양함 도싯셔가 비스마르크의 생존자들을 구조하고 있다.

로 끌어 올렸다. 뮐렌하임-레흐베르크는 이렇게 갑판으로 올라와 구조된 생존자 중 하나이다.[31] 도싯셔의 견시원이 우현 2해리(3.7km) 수면에서 올라오는 한 줄기 연기를 목격했다. 본국 함대는 유보트가 이곳에 모여들고 있음을 알았고 이는 그 유보트 중 하나일 수도 있었다. 마틴 함장은 내키지 않았지만 현장을 떠나라고 명령했다.[32]

11시 40분, 수백 명의 생존자들이 아직도 한 시간 이상 바다를 떠다니고 있었다. 로프에 매달린 운 좋은 몇몇은 갑판으로 끌어 올려졌으나 도싯셔가 떠나자 마오리도 뒤따랐고 남은 생존자들은 바다에 남겨졌다. 하지만 마틴 함장에게는 필요하고도 불가피한 조치였다. 그는 두 함선에 탑승한 영국 해군 장병 850명의 목숨을 위태롭게 할 수 없었다. 도싯셔와 마오리는 총 111명을 구조했다.[33] 비스마르크의 승조원 수는 2,000명이 조금 넘었다. 대부분은 함과 운명을 같이했고, 배를 포기한 수백 명은 이제 물속에 남아 있었다. 그중 다섯 명만이 다음 날까지 살아남아 U-74와 스페인 해군 순양함, 현장에 도착한 기상관측함 작센발트Sachsenwald에 구조되었다. 나머지는 얼어붙을 듯한 추위에 굴복해 조용히 바다로 가라앉았다.

신들의 황혼

비스마르크에 탑승한 이들에게 자비로운 종말은 찾아오지 않았다. 이들은 폭발로 날아가거나, 불덩이에 휩싸이거나, 떨어지는 잔해에 맞고 파편에 신체가 절단되어 죽거나, 봉쇄된 해치와 막힌 통로 때문에 배에 갇힌 채 차오르는 물이 목숨을 앗아갈 때까지 기다려야만 했다. 구조된 생존자들(도싯셔에서 86명, 마오리에서 25명)은 모골이 송연해지는 이야기를 전했다. 갑판에는 절단된 신체 부위가 사방에 흩어져 있었고, 바닥이 피와 내장으로 미끄러웠다. 전사자들은 아무 곳에나 널부러져 있었고 상갑판 곳곳에서 큰 화재가 일어났다. 사격 중지 명령이 내려지기 전까지 배에서는 1분에 여러 발씩 포탄이 폭발했다. 비스마르크는 죽은 자와 부상자를 태운 떠다니는 납골당이었고, 그 와중에 살아남은 자들은 목숨을 구하기 위해 사투를 벌였다. 일부는 중상을 입은 전우를 밟고 기어 올라갔지만, 결국 배와 함께 가라앉는 운명을 피하지 못했다.

사방에서 화재와 폭발의 소음 사이사이로 부상자와 죽어 가는 이들의 비명이 크게 들렸다. 생존자들은 비스마르크가 기울어 가면서 수많은 시신과 부상자가 바다로 쓸려 갔다고 말했다. 부서진 시신들이 파도에 밀려 가라앉는 배에 부딪혔고, 배 아래로 빨려 들어갔다. 해치가 꿈쩍도 하지 않아 수백 명이 배에 갇혔고, 일부 승조원은 체념한 듯 정위치에 남았다. 어떤 이는 발광했고 어떤 이는 스스로 목숨을 끊었다.

뮐렌하임-레흐베르크는 가라앉는 배에서 탈출하는 데 성공한 유일한 장교였다(저자의 오류다. 그 외에 로타르 발처Lothar Balzer 중위, 게르하르트 유나크Gerhardt Junack 기술대위, 한스-게오르크 슈티글러Hans Georg-Stiegler 소위가 탈출해 생존했다.—옮긴이). 후방 주포군이 제압당하자 사격관제탑에서 빠져나온 대위는 그제야 심각한 참상을 목격했다. "함교 현장舷墻(갑판 위에 있는 사람이나 짐이 밖으로 떨어지거나 물이 갑판 위로 올라오지 않도록 뱃전에 설치한 울타리—옮긴이)에 이르기까지 모든 것이 파괴되었다. 주갑판으로 가는 해치는 꽉 끼어 열리지 않았다. …… 불길 때문에 배의 앞쪽으로 가는 길이 차단되었다. 망루에, 함교에, 통제실에, 각종 화기에, 상갑판에, 주갑판에, 포갑판에 승조원 수백 명이 쓰러져 있었다."[34] 그는 배가 뒤집히기 전에 선미 갑판에서 바다로 뛰어들어 수영해서 탈출했다.

그때쯤 포격이 멈췄으나 죽음은 계속되었다. 연기 때문에 앞이 보이지 않는 사람들이 상갑판을 달리다가 포탄이 떨어져 생긴 구멍에 빠져 불구덩이로 굴러 떨어졌다. 열리지 않는 해치에서 억지로 빠져나오려 애쓰는 사람들도 보였다. 묵직한 담요처럼 배를 감싼 진한 연기에 쓰러지는 사람들도 있었다. 뮐렌하임-레흐베르크에 따르면 배가 기울기 시작했을 때 "도싯서가 운명이 결정된 비스마르크의 좌현으로 어뢰 두 발을 발사하자 강력한 폭발이 두 번 일어나 바다로 퍼졌다. 몇 분 뒤 좌현에서 세 번째 폭발이 일어났다." 바다로 뛰어든 사람들은 파도에 밀려 선체에 부딪혀 의식을 잃거나, 부상이 심해서 또는 지쳐서 바닷속으로 가라앉았다. 살아남은 이들은 북대서양의 큰 너울에 밀려다니다가 서서히 얼어 죽는 시련과 대면했다.

비스마르크 상공을 비행하던 아크로열의 소드피시 탑승원은 수백 개의 머리가 바다에 둥둥 떠다니는 모습을 보았다. 추위와 부상에 굴복한 사람들의 머리가 하나씩 사라졌다. 운좋은 이들은 도싯셔와 마오리까지 수영해서 갔지만, 밧줄을 잡고 안전한 곳으로 올라갈 힘이 없을 정도로 추위에 지쳤거나 다치거나 경험이 없는 사람들이 많았다. 마지막 장애물 앞에서 포기해 버린 사람들도 있었다. 아직 머리 수백 개가 바다에 떠 있는데도 영국 함선들은 떠나 버렸다. 그때쯤 킹 조지 5세는 수평선을 넘어 귀환하고 있었다.

킹 조지 5세에 탑승한 토비 제독은 비스마르크의 묘비명 초안을 잡고 있었다. 완성된 내용은 다음과 같다. "비스마르크는 가망 없는 전투에서 독일 제국 해군의 예전 영광에 걸맞은 용기를 보이며 최고로 용감히 싸웠고 깃발을 나부끼며 가라앉았다."35 이 문장을 쓰며 그는 사반세기 전의 일을 떠올렸을 것이다. 당시 소령 계급으로 구축함 온슬로Onslaw를 지휘한 토비는 유틀란트 해전에서 독일 순양함 비스바덴Wiesbaden이 전복해 침몰하는 장면을 목격했다. 누구도 멈춰 서서 생존자를 구조하지 않았고, 다음 날 아침에 단 한 명만 살아남았다. 바다에서의 전쟁은 가슴 아플 정도로 잔인했다.

에필로그

이 이야기는 비스마르크의 침몰로 끝나지 않는다. 라인위붕 작전은 실패로 끝났으나 프린츠 오이겐은 아직 들키지 않고 북대서양을 배회했다. 5월 24일 저녁 이후 이 중순양함은 단독 항해 중이었다.[1] 연료가 떨어져 가고 있었기 때문에 브린크만 함장은 대기하던 독일 유조선 중 한 척과 접선하기로 했다. 약간의 어려움을 겪은 끝에 프린츠 오이겐은 5월 26일에 유조선 슈피헌Spichern과 접촉한 다음, 중부대서양의 영국군 호송선단 항로로 향하다가 비스마르크의 격침 소식을 접했다. 이 해역에 조금 더 머물던 프린츠 오이겐은 좌현 터빈과 프로펠러에 문제가 생겼고 결국 브린크만은 전투항해를 단축하기로 결심했다. 6월 1일에 프린츠 오이겐은 구축함과 전투기의 호위를 받으며 브레스트에 들어왔다. 불운한 라인위붕 작전은 이로써 공식적으로 종결되었다. 프린츠 오이겐은 전쟁에서 살아남았으나 1946년에 태평양에서 미군이 시행한 핵 실험의 목표물로 희생되었다.

이 드라마에 등장한 영국 전함들에 관해 말하자면, 프린스 오브 웨일스는 파손 부위를 수리하고 주포의 결함을 고쳤으나 1941년 12월 남중국해에서 작전 중에 일본군 항공기에 격침되었다.[2] 채 1년을 못 채운 함생이었다. 순양전함 리펄스도 이 항공 공격으로 격침되었다. 도싯셔도 1942년 4월 인도양에서 비슷한 운명을 맞았다. 로드니는 전쟁에서 살아남았지만 비스마르크 격침작전 후 작전 임무를 수행하기에는 기계적으로 너무나 불안정하다고 여겨져 실전이 아닌 본국 함대의 기함 임무를 수행하며 전쟁 기간 대부분을 스캐파플로에서 보냈나. 킹 조시 5세와 빅토리어스는 전쟁 내내 활약해 지중해와 극동에서 실전을 치렀다. 노퍽과 서퍽 역시 본국 함대에서 임무를 수행하며 전쟁에서 살아남았다. 아크로열은 1941년 11월에 유보트의 어뢰 공격을 받아 지브롤터 근해에서 침몰했지만 단 한 사람만 뺀 승무원 전원이 살아남았다. 그때쯤에는 신예함들이 취역해 손실을 보충하고 있었다.

라인위붕 작전 뒤 독일 해군은 대서양에서 수상함 작전을 피했고, 유보트에 의존해 영국 호송선단을 교란했다. 그러나 대서양 전투Battle of the Atlantic로 알려진 이 전투에서 큰 손실을 겪었음에도 영국의 생명이 달린 해상교통로는 단절되지 않았다. 미국의 참전과 호위함 및 비행기의 증가가 전황을 뒤집는 데 일조했고, 독일 해군은 결국 공세적 잠수함 작전을 취소해야 했다. 비스마르크의 자매함 티르피츠는 연합군에 잠재적 위협으로 남았고, 노르웨이 수역에서 티르피츠의 존재 때문에 본국 함대는 북극해 호송선단을 보호하기 위해 주력함들을 붙들어 두어야 했다. 티르피츠는 결국 1944년 11월에 트롬쇠Tromsø 근해에서 영국 공군 랭커스터Lancaster 폭격기에 격침되었다.[3] 그때쯤 독일 해군의 전력은 소진된 상황이었고 연합군의 전쟁 노력에 심각한 위협을 가하기에는 수상함정, 유보트, 심지어 연료까지 부족했다. 결국 라인위붕 작전은 독일 해군이 마지막으로 크게 부른 백조의 노래였다.

1989년 6월, 로버트 밸러드Robert Ballard 박사가 이끄는 탐사대가 비스마르크의 잔해를 발견했다.[4] 10년 전에 여객선 타이타닉호를 발견해 전 세계적으로 유명해진 밸러드는 세계에서 가장 유명한 전함 탐사에 나서기로 결심했다. 영국 측 주장에 따르면 침몰 위치는 북위 48도 10분, 서경 16도 12분이었다. 그러나 거친 바다와 짙게 구름 낀 날씨 때문에 태양이나 별을 이용해 정확한 위치를 측정하는 것은 불가능했다. 이 위치에서 아무것도 발견하지 못하자 조사 구역을 해저 200평방마일까지 확장하고 나서야 비스마르크를 발견했다. 비스마르크는 대서양 해면 1만 5,719피트(4,790m) 아래에 있는 해저 사화산 사면에 누워 있었고, 심한 포격 흔적이 있었으나 함체 상태가 아주 좋았다. 밸러드는 안식처를 찾을 때까지 비스마르크가 어느 정도 거리를 수중으로 활강했음을 발견했다. 다만 뒤집혔을 때 떨어져 나간 포탑 4기는 똑바로 해저로 떨어졌다.

밸러드는 비스마르크가 바다에 가라앉기까지의 여정을 재구성할 수 있었다.[5] 비스마르크는 뒤집혀 가라앉았으나 곧 제자리로 돌아와 종이비행기처럼 활강하다가 화산 사면과 충돌해 파편을 뿌리며 1,000야드(914m)를 달려가다가 멈췄다. 그때쯤 배에 남아 있던 승조원은 모두 죽었다. 함체는 꽤 잘 보존된 상태였는데 공기가 차 있었다면 이 깊이에 도달했을 때 수압으로 찌그러졌을 터이므로 이것은 선체가 이미 물로 가득 찬 상태였다는 방증이다. 밸러드는 이것이 비스마르크가 처분되었다는, 즉 승조원들 스스로 배를 침몰시켰다는 이론의 근거가 되겠다고 생각했다. 그러나 함체를 조사해 보니 어뢰와 포탄으로 인한 피해가 발견되었고 이는 비스마르크가 이유가 무엇이든 침몰할 수밖에 없었음을 보여 주었다. 따라서 비스마르크가 영국군이 격침했는지 아니면 자침처분되었는지에 관한 해묵은 논쟁은 핵심과는 크게 상관없다. 두 가지가 동시에 일어났으며 하나가 다른 하나를 촉진했을 뿐이다.

탐사대는 원격조종탐사선ROV으로 함체를 조사해 마지막 전투에서 비스마르크가 입은 타격을 밝혔다. 비스마르크는 해저에 똑바로 내려앉았으며 흘수선까지 진흙에 묻혀 있었다. 함체 상태는 상당히 온전했으나 함미 30피트(9m) 정도가 가라앉으면서 부러져 나간 것으로 보인다. 이는 상당한 구조적 결함이 발생했음을 암시하며 뒤집힌 다음 왜 그렇게 빨리 가라앉았는지를 설명해 줄지 모른다. 해저로 활강하면서 파편이 떨어져 나갔고 밸러드는 해저에 뒤집혀 있는 포탑 4기를 발견할 때까지 이를 추적했다. 그는 마지막 전투에서 후면이 뜯겨 나간 '브루노' 포탑도 식별할 수 있었다. 그렇다면 이 포탑들이 발견된 위치가 비스마르크의 실제 침몰 위치일 수도 있다.

연돌, 마스트와 사격통제장치를 비롯해 심하게 손상된 함의 상부 구조물 잔해가 파편이 흩어진 경로 곳곳에 있었다. 함체에서 장갑판으로 둘러싸인 코닝타워는 잘 보존되어 있었지만 그 앞의 함교는 완전히 파괴되었다. 아마 뤼첸스와 린데만이 여기에서 로드니가 발사한 직격탄에 맞아 전사했을 것이다. 뒤쪽의 부포탑들은 제자리에 그대로 있었고, 일부는 문이 꼭 닫혀 있었다. 배가 가라앉을 때 승조원들은 이 문을 열지 못해 갇혔을 것이다. 비어 있는 것은 주포탑뿐이었다. 한때 포탑과 탄약고를 잇는 장전용 호이스트를 방어하는 바베트가 설치되었던 곳에는 거대한 구멍만이 남았다. 승조원들이 뤼첸스 제독의 전투일지를 실은 수상기를 발진시키려고 애쓰던 항공기 캐터펄트는 여전히 그 자리에 있었다. 대공포 일부는 영국군 포탄에 쓸려 나갔으나 일부는 그대로였다. 이 대공포들이 1941년 5월 26일 저녁에 아크로열에서 발진한 소드피시에 사격했을 것이다.

2001년 7월, 데이비드 L. 먼스David L. Mearns가 이끄는 탐사대가 순양전함 후드의 최후 안식처를 발견했다.[6] 영국 텔레비전 방송사인 채널 4가 후원한 탐사였다. 비스마르크와 마찬가지로 사이드스캔 소나를 이용해 며칠간 수색한 끝에 잔해를 발견했다. 후드는 수면 아래 9,200피트(2,804m)에 누워 있었으나 폭발하면서 두 동강이 났기 때문에 300피트(914m) 간격을 두고 각기 다른 장소에서 잔해가 발견되었다. 15인치 포를 포함한 잔해들은 두 장소에서 더 떨어진 곳에 흩어져 있었다. 탐사에 나선 먼스 팀은 곧 'X'

포탑 앞 함체가 200피트(61m) 정도 사라졌음을 발견했다. 여기가 1941년 5월 24일에 거대한 순양전함을 둘로 쪼갠 치명적 폭발이 일어난 중심부일 것이다.

이들은 폭발의 엄청난 강도를 증명하는 증거를 발견했다. 포탑 장갑은 구부러지고 뒤틀려 있었고 장갑을 두른 함체 일부도 같은 상태였다. 탐사팀과 증거를 살핀 전문가들에게 이 모든 것은, 폭발이 엄청나게 파멸적이었을 수 있으나 구형 순양전함인 후드의 구조적 결함이 죽음을 재촉했을지도 모른다는 점을 암시했다. 왜냐하면 폭발로 후드가 두 동강 나며 함수와 함미 사이 중간 부분이 완전히 파괴되었기 때문이다. 이 사라진 중간 부분의 흔적은 결국 발견되었으나, 폭발 위치를 정확히 특정하거나 후드를 둘로 쪼갠 사건의 순서를 설명하기에 충분할 정도로 많지는 않았다. 하지만 중간 부분의 잔해는 주요 잔해 두 개의 남쪽에 위치해 있었는데, 이는 후드가 둘이 아닌 셋 또는 그 이상의 조각으로 쪼개졌다는 것을 증명한다. 파손된 함미부 뒤쪽 부분은 후방탄약고 한 곳에 이차 폭발이 있었음을 암시하는 증거다.

후드의 함수부는 이보다 덜 파손된 채 해면에 왼쪽으로 누워 있었다. 수십 년 동안 해저에 누워 있어서 발생한 부식 외에 파손의 흔적은 덜했다. 폭발로 깨끗하게 잘려 나간 650톤짜리 코닝타워가 배의 나머지 부분에서 1,000피트(304m) 이상 떨어진 곳에서 우연히 발견되었다. 하지만 함수부조차 'A' 포탑 바로 앞에서 둘로 쪼개져 있었다. 이는 폭발 때문이든, 함수부가 해저로 추락하며 일어났든 간에 함의 구조적 완전성에 심각한 문제가 있었다는 추정을 강력하게 지지한다. 탐사대는 모든 목격담이 진실임을 확인했다. 후드는 'X' 포탑 앞에서 찢어졌으며, 가라앉으면서 두 부분이 살짝 분리되었다. 또 다른 중요한 발견은 키였다. 키는 20도 각도로 고정되어 있었다. 이는 치명적 결과를 불러온 비스마르크의 여섯 번째 일제사격 시 홀랜드가 후드에 선회를 명령했다는 확실한 증거다.

두 탐사대는 자신들이 발견하고 탐사한 잔해를 전몰자 무덤으로 대우했다. 영국 해군 장병 1,415명이 후드와 함께 가라앉았으며 독일 해군 장병 2,086명이 비스마르크와 운명을 같이했다. 두 탐사대는 이들의 마지막 안식처를 헤집지 않도록 신중하게 탐사했다. 후드에서 인양된 종은 현재 포츠머스의 영국 해군 박물관에 전시되어 한때 강력했던 전함, 그리고 전함과 함께 목숨을 잃은 장병들을 가슴 아프게 상기시키고 있다. 후드의 생존자 세 명 중 한 명인 테드 브릭스는 후드를 재발견했을 때 먼스의 탐사선 모선에 있었다.[7] 그는 원격조종 탐사선이 그의 옛 함선 갑판에 추모 명패를 놓는 현장도 지켜보았다. 그보다 10여 년 전, 비슷한 명패가 비스마르크의 갑판에 놓였다. 전몰자 묘지인 두 함선의 잔해는 서로 1,000해리(1,852km)나 떨어진 곳에 그대로 남아 있으나 역사와 희생이라는 공통분모로 연결되어 있다.

미주

프롤로그

1 이 전투 이야기의 대부분은 부르카르트 폰 뮐렌하임-레흐베르크Burkard von Müllenheim-Rechberg가 쓴 *Battleship Bismarck: A Survivor's Story*(1990)의 pp.135-152에서 가져왔다. 무기와 함정 데이터는 존 캠벨John Campbell의 *Naval Weapons of World War Two*(1985)와 가디너Gardiner의 *Conway's All the World's Fighting Ships*(1985), pp.9,14, 224-229에서 인용했다.

2 Müllenheim-Rechberg, 앞에서 인용한 책, pp.138-139.

3 이 이야기는 생존자 테드 브릭스Ted Briggs의 증언에 기반한 것으로 Coles, Alan & Briggs, *Flagship Hood: The Fate of Britain's Mightest Warship*(1988), pp.184-196에 나온다.

시간, 속력, 거리와 방위에 관해

1 여기에 설명된 해사 관행에 대한 완전한 서술을 보고 싶으면 Ministry of Defense(Navy), *Admiralty Manual of Seamanship*, Vol.I.을 보라.

머리말

1 비스마르크의 잔해가 있는 지점의 깊이와 일반적 묘사는 Robert D. Ballard, *The Discovery of the Bismarck*(1990), pp.163-179에서 따왔다.

2 비스마르크 추격전에 관한 영국 측의 공식적 입장은 Roskill, Stephen W.의 *The War at Sea*(1945), Vol.I, pp.395-416에 나와 있다. 다른 많은 책들의 예를 들면 Winklareth, Robert J.의 *The Bismarck Chase: New Light on a Famous Engagement*(1998), Skwiot, Miroslaw Z. & Prusinowska, Elsbieta T., *Hunting the Bismarck*(2006)과 Zetterling, Niklas & Tamelander, Michael, *Bismarck, The Final Days of Germany's Greatest Battleship*(2009)가 있다. 이 작전에 대한 다른 책들은 참고문헌 목록에 수록되었다.

제1장 전함 비스마르크

1 Müllenheim-Rechberg, 앞에서 인용한 책, pp.30-34.
2 비스마르크의 건조와 그 설계 사상은 Asmussen, *Bismarck: Pride of the German Navy*(2013), Konstam, *Battleship Bismarck 1936-1941, Owner's Workshop Manual*(2015)와 앞서 인용한 Zetterling & Tamelander의 책에 상세히 설명되어 있다.
3 Kennedy(1983), pp.274-276. 이 주제에 대한 더 광범위한 토론을 알고 싶다면 Kaufman, Robert G., *Arms Control Durong the Pre-Nuclear Era*(1993), pp.180-215를 보라.
4 Gardiner, 앞에서 인용한 책, p.227.
5 위의 책, p.225. 또한 Gröner, Erich, *German Warships, 1815-1945, Vol.I, Major Surface Vessels*(1983), pp.31-32.
6 Broszat, Martin, *Hitler and the Collapse of Weimar Germany*(1987), pp.9-10.
7 Maiolo, Joseph, *The Royal Navy and Nazi Germany, 1933-39*(1998), pp.26-33.
8 Gardiner, 앞에서 인용한 책, p.225.
9 위의 책, pp.228-229. 앞에서 인용한 Gröner, pp.65-67.
10 앞에서 인용한 Konstam(2015), pp.12-15.
11 위의 책, p.15.
12 위의 책, pp.16-19.
13 앞에서 인용한 Asmussen, pp.12-13.
14 앞에서 인용한 Kostam(2015), pp.19-21.
15 앞에서 인용한 Gardiner, pp.228-229.
16 앞에서 인용한 Asmusen, pp.213-214.
17 앞에서 인용한 Kostam(2015), pp.21-24.
18 Müllenheim-Rechberg, 앞에서 인용한 책, pp.21-24.
19 위의 책, p.34.
20 위의 책, p.35.
21 위의 책, p.37.
22 앞에서 인용한 Kostam(2015), pp.111-113, Asmussen, pp.132-133을 보라. 아날로그식 포격 지휘 시스템을 더 알고 싶다면 Brooks, John, *Dreadnaught Gunnery*

and the Battle of Jutland: The Question of Fire Control(2005)를 보라. 이 책은 제2차 세계대전보다 이른 시기의 전투를 다루지만 비스마르크에서도 사용된 시스템의 발전 개요를 서술하고 있다. Friedman, Norman, *Naval Firepower*(2013), pp.140-156도 보라.

23 앞에서 인용한 Müllenheim-Rechberg, p.242.

24 위의 책, p.52.

25 위의 책, p.52.

26 앞서 인용한 Kostam(2015), p.31.

27 앞서 인용한 Müllenheim-Rechberg, pp.64-66.

제2장 독일의 대서양 전략

1 Mahan, Alfred Thayer, *The Influence of Sea Power on History*(1893), pp.320-326. Herwig, Holger H., 'The Failure of German Sea Power, 1914-1945: Mahan, Tirpitz, and Raeder Reconsidered', *The International History Review*, 10:1(February 1988)에 출간됨. pp.72-73. Vego Milan, *Maritime Strategy and Sea Denial: Theory and Practice*(2018) 또한 머핸이 개요를 제시하고 양차대전에서 독일이 적용한 개념을 설명한다.

2 Herwig, Holger H., *"Luxury" Fleet: The Imperial German Navy, 1888-1918*(1987), pp.17-20.

3 독일 해군전략의 성공에 대해 잘 알고 싶다면 Sondhaus, Lawrence, *The Great War at Sea*(Cambridge, 2014), pp.275-277을 보라.

4 앞서 인용한 Konstam(2015), pp.34-35, Zetterling & Tamelander, pp.18-23.

5 Whitley, M.J., *Battleships of World War Two: An International Encyclopedia*(1998), pp.63-65.

6 앞서 인용한 Konstam(2015), p.15.

7 Bekker, Cajus, *HItler's Naval War*(1974), pp.33-34.

8 앞서 인용한 Gardiner, p.220.

9 위의 책, p.225-226.

10 위의 책, pp.224-244.

11 OKM의 구조는 Goerlitz, Walter, *History of the German General Staff, 1657-1945*(1985), pp.185-197과 앞서 인용한 Konstam(2015), p.35에 있는 요약본에 개괄적으로 설명되었다.

12 앞서 인용한 Gardiner p.4.

13 앞서 인용한 Whitley(1998), pp.62-72.

14 앞서 인용한 Roskill, pp.43-46.

15 이 지침은 예일대 법학대학원이 아발론 프로젝트The Avalon project의 일환으로 온라인으로 공개했다. http://avalon.law.yale.edu/imt/wardirI.asp

16 앞서 인용한 Bekker, pp.17-20.
17 앞서 인용한 Zetterling & Tamelander, p.25.
18 위의 책, pp.26-27. 라왈핀디 함장 케네디 대령은 방송인이자 *Pursuit*(1974)의 저자 루도빅 케네디의 아버지다.
19 앞서 인용한 위의 책 p.30.
20 프랑스 전역에 대해 자세히 보려면 Jackson, Julian, *The Fall of France: The Nazi Invasion of 1940*(2003), 특히 pp.40-57을 보라.
21 앞서 인용한 Roskil, p.291.
22 위의 책, pp.285-291, 369-372, 앞서 인용한 Zetterling & Tamelander, pp.42-47.
23 앞서 인용한 Zetterling & Tamelander, pp.44-45.
24 앞서 인용한 Whitley(1998), pp.77-79.
25 앞서 인용한 Roskill, pp.373-375.
26 앞서 인용한 Zetterling & Tamelander, p.63.
27 위의 책, pp.66-67.
28 위의 책, pp.67-68, 또한 앞서 인용한 Roskill, pp.390-391.
29 앞서 인용한 Zetterling & Tamelander, p.72.
30 위의 책, pp.77-78. 앞서 인용한 Roskill, p.375.
31 앞서 인용한 Roskill, p.374 와 Zetterling & Tamelander, pp.64-66.
32 앞서 인용한 Zetterling & Tamelander, pp.78-80.
33 앞서 인용한 Roskill, pp.377-379.
34 위의 책, p.379.
35 앞서 인용한 Gröner, p.67. 1941년 초의 일반적인 전략 상황을 알려면 앞서 인용한 Zetterling & Tamelander, pp.82-85를 보라.
36 앞서 인용한 Roskill, p.486.
37 위의 책, p.487.

제3장 본국 함대

1 Konstam, Angus, *Jutland 1916: Twelve Hours to Win the War*(2016), p.44. 같은 저자의 *Scapa Flow*(2009), pp.7-9도 보라.
2 기지 생활에 대한 상세한 묘사를 보려면 스캐파플로와 그 주변에서 전시에 직접 겪은 일을 담은 연작 중 하나인 Brown, Malcolm & Meehan, Patrick, *Scapa Flow*(1968)를 보라. 앞서 인용한 Kennedy(1974), pp.37-38, Konstam(2009), pp.43-46 도 보라.
3 앞서 인용한 Konstam(2009), pp.47-48.
4 위의 책, pp.49-51.
5 위의 책. pp.50-51.

6 앞서 인용한 Kennedy(1974), p.38.
7 앞서 인용한 Sondhaus, pp.157-162.
8 앞서 인용한 Bekker, pp.55-73.
9 앞서 인용한 Roskill, pp.249-264.
10 위의 책, p.345.
11 Heathcote, Tony, *The British Admirals of the Fleet 1734-1995*(2002), p.86. 앞서 인용한 Kennedy(1974), pp.38-44를 보라.
12 앞서 인용한 Whitley(1998), pp.126-136.
13 위의 책, pp.92-113.
14 위의 책, pp.113-120.
15 위의 책, pp.121-127.
16 위의 책, pp.126-127. 또한 Roberts, John, *The Battlecruiser Hood*(1981), p.9를 보라.
17 앞서 인용한 Whitley(1998), pp.137-146.
18 위의 책, p.146.
19 앞서 인용한 Winklareth(1998), p.48. Campbell, pp.28-30도 보라.
20 이 시기 영국군과 독일군 레이더의 상대적 성능에 관한 토론을 보고 싶다면 Friedman, Norman, *Naval Radar*(1981)을 참조하라.
21 Hobbs, David, *British Aircraft Carriers: Design, Development & Service Histories*(2013), pp.68-99. 각 항공모함에 탑재된 비행기의 사양을 보려면 이 책, p.373을 참조하라. Chesneau, Roger, *Aircraft Carriers of the World, 1914 to the Present*(1992), pp.97-105도 보라.
22 앞에서 인용한 Hobbs, pp.42, 80-82, 90-98.
23 이 단계에 활약한 영국 순양함들의 역할과 성능에 관한 토론을 보려면 Friedman, Norman, *British Cruisers: Two World Wars and After*(2010), pp.230-251을 참조하라. 저자는 이와 유사하게 구축함들의 성능 개요를 서술한 책인 *British Destroyers: From Earliest Days to the Second World War*(2009)도 썼다.

제4장 준비

1 앞에서 인용한 Asmussen, p.34.
2 앞에서 인용한 Kennedy(1974), pp.25-26.
3 위의 책, p.223. 앞에서 인용한 Zetterling & Tamelander(2009), pp.18-23에도 이 일화가 나온다.
4 앞에서 인용한 Müllenheim-Rechberg, p.72.
5 위의 책, p.69.
6 앞에서 인용한 Asmussen, p.34.
7 위의 책, p.74.

8 앞에서 인용한 Müllenheim-Rechberg, p.70.
9 위의 책 p.71.
10 앞에서 인용한 Asmussen, p.34.
11 앞에서 인용한 Müllenheim-Rechberg, p.70.
12 앞에서 인용한 Kennedy(1974), p.27.
13 위의 책, p.27.
14 앞에서 인용한 Müllenheim-Rechberg, p.72.
15 위의 책, p.71.
16 위의 책, p.71.
17 앞에서 인용한 위의 책, p.80.
18 위의 책, p.81.
19 위의 책, p.81.
20 위의 책, p.81.
21 위의 책, p.85. 또한 앞서 인용한 Zetterling & Tamelander, pp.92-93.
22 앞서 인용한 Asmussen, pp.37-39.
23 앞서 인용한 Kennedy(1974), p.30.
24 앞에서 인용한 Zetterling & Tamelander, p.102.
25 위의 책, p.103.
26 앞서 인용한 Asmussen, p.43.
27 위의 책, p.43, 또한 앞서 인용한 Kennedy(1974), p.32.

제5장 발트해 통과

1 앞에서 인용한 Asmussen, p.45.
2 앞에서 인용한 Müllenheim-Rechberg, p.100.
3 앞에서 인용한 Konstam(2015), p.35.
4 앞에서 인용한 Müllenheim-Rechberg, p.100.
5 앞서 인용한 Kenndey(2015), p.32.
6 앞서 인용한 Asmussen, p.44.
7 앞서 인용한 Müllenheim-Rechberg, pp.100-101
8 앞서 인용한 Asmussen, p.44.
9 앞서 인용한 Müllenheim-Rechberg, p.101.
10 위의 책, p.101.
11 앞서 인용한 Asmusen, p.44.
12 위의 책, p.44.
13 앞서 인용한 Müllenheim-Rechberg, p.103.
14 Whitley, M. J., *Cruisers of World War Two: An International Encyclopedia*(1996), pp.223-224.

15 앞서 인용한 Müllenheim-Rechberg, p.104, Asmussen, p.44.
16 앞서 인용한 Zetterlong & Tamelander, p.118, Kennedy(1974), pp.18-19 그리고 Müllenheim-Rechberg, p.106.
17 앞서 인용한 Müllenheim-Rechberg, p.106.
18 앞서 인용한 Zetterling & Tamelander, p.113.
19 위의 책, p.114.
20 앞서 인용한 Müllenheim-Rechberg, p.107.
21 앞서 인용한 Asmussen, p.45.
22 앞서 인용한 Müllenheim-Rechberg, p.107.
23 앞서 인용한 Kennedy(1974), pp.35, Müllenheim-Rechberg, p.108.
24 앞서 인용한 Kennedy(1974), pp.35-36.
25 앞서 인용한 Skwiot & Prusinowska, p.73.
26 위의 책, p.74.
27 앞서 인용한 Zetterling & Tamelander, pp.121-122.
28 Skwiot & Prusinowska, p.74.

제6장 노르웨이에 머물다

1 앞서 인용한 Müllenheim-Rechberg, p.109.
2 위의 책, p.109.
3 앞서 인용한 Asmussen, p.45.
4 앞서 인용한 Müllenheim-Rechberg, p.109.
5 위의 책, pp.109-110.
6 위의 책, pp.110-111.
7 앞서 인용한 Müllenheim-Rechberg, pp.111-112, Winklareth(1998), pp.63-64, Zetterling & Tamelander pp.119-121.
8 앞서 인용한 Kennedy(1974), p.42, Asmussen, p.45.
9 앞서 인용한 Skwiot & Prusinowska, p.76.
10 앞서 인용한 Zetterling & Tamelander, p.120.
11 위의 책. p.120.
12 앞서 인용한 Müllenheim-Rechberg, p.111.
13 위의 책, p.111.
14 위의 책, p.111.
15 앞서 인용한 위의 책, p.114-116, Zetterling & Tamelander, p.123.
16 앞서 인용한 Zetterling & Tamelander, p.123.
17 앞서 인용한 Müllenheim-Rechberg, p.116.
18 앞서 인용한 Zetterling & Tamelander, p.94, Skwiot & Prusiniwska, p.59.
19 앞서 인용한 Asmussen, p.54.

20 위의 책, p.54.
21 앞서 인용한 Müllenheim-Rechberg, p.116.
22 위의 책, pp.116-117.
23 앞서 인용한 Müllenheim-Rechberg, p.116.

제7장 뤼첸스의 한 수, 토비의 맞대응

1 앞서 인용한 Kennedy(1974), p.45.
2 위의 책, p.46, 앞서 인용한 Zetterling & Tamelander, p.126.
3 앞서 인용한 Zetterling & Tamelander, pp.119-121.
4 앞서 인용한 Zetterling & Tamelander, p.124, Asmusen p.54.
5 앞서 인용한 Roskill, 해도 30, pp.396-397 사이.
6 위의 책, pp.396-397.
7 앞서 인용한 Skwiot & Prusinowkska, p.183.
8 앞서 인용한 Asmussen, p.54.
9 앞서 인용한 Zetterling & Tamelander, p.126.
10 앞서 인용한 Müllenheim-Rechberg, pp.116-117, Asmussen, p.55.
11 앞서 인용한 Müllenheim-Rechberg, p.117.
12 앞서 인용한 Skwiot & Prusinowkska, p.82, Müllenheim-Rechberg, p.116.
13 Müllenheim-Rechberg, p.82, Kennedy(1974), pp.49, 52, Skwiot & Prusinowkska, p.82.
14 앞서 인용한 Kennedy(1974), p.56.
15 앞서 인용한 Kennedy(1974), p.56.
16 앞서 인용한 Zetterling & Tamelander, pp.142-145.
17 앞서 인용한 Kennedy(1974), p.43, Zetterling & Tamelander, p.143.
18 앞서 인용한 Kennedy(1974), pp.46-47, Zetterling & Tamelander, pp.128-129.
19 앞서 인용한 Kennedy(1974), p.47.
20 위의 책, p.48, Skwiot & Prusiniwska, pp.84-85, Winklareth(1998), pp.66-67.
21 Zetterling & Tamelander, p.129.

제8장 덴마크 해협

1 앞서 인용한 Zetterling & Tamelander, p.144.
2 위의 책, p.129, 앞서 인용한 Roskill, pp.396-397.
3 앞서 인용한 Kennedy(1974), p.54.
4 앞서 인용한 Zetterling & Tamelander, pp.144-145. 영국군 레이더의 성능에 대한 토론을 위해서라면 Friedman(1981)도 보라.

5 앞서 인용한 Roskill, pp.396-397.
6 앞서 인용한 Zetterling & Tamelander, p.146.
7 앞서 인용한 Müllenheim-Rechberg, p.128.
8 위의 책, p.128.
9 위의 책, p.128.
10 앞서 인용한 Roskill, p.397.
11 앞서 인용한 Kennedy(1974), p.55, Roskill, p.397(다만 그는 6해리라고 말한다).
12 앞서 인용한 Kennedy(1974), pp.55-56.
13 위의 책, pp.56-57.
14 위의 책, p.56, 앞서 인용한 Zetterling & Tamelander, p.148.
15 앞서 인용한 Zetterling & Tamelander, p.148.
16 앞서 인용한 Müllenheim-Rechberg, p.133.
17 앞서 인용한 Zetterling & Tamelander, pp.153-157은 그날 저녁의 전술적 상황을 논하며 앞서 인용한 Roskill, pp.398-299도 홀랜드 중장의 관점에서 전술 상황을 논한다.
18 앞서 인용한 Müllenheim-Rechberg, p.133.
19 위의 책, p.134.
20 위의 책, p.134.

제9장 새벽의 결투

1 Coles & Briggs, pp.148-164에는 브릭스의 눈으로 본 상세한 전투 이야기가 실려 있다. Mearns David & White, Rob, *Hood and Bismarck: The Deep-Sea Discovery of an Epic Battle*(2001), p.159에는 이 이야기의 요약본이 실려 있다. Ballantyne, Iain, *Killing the Bismarck: Destroying the Pride of Hitler's Fleet*(2010), pp.72-82에는 개인 경험담이 풍부하게 실려 있다.
2 앞서 인용한 Skwiot & Prusinowska, p.93.
3 앞서 인용한 Kennedy(1974), p.68.
4 위의 책, p.70, 앞서 인용한 Asmussen, p.60, Winklareth(1998), pp.72-73.
5 앞서 인용한 Kennedy(1974), p.69.
6 위의 책, p.66.
7 앞서 인용한 Asmussen, p.60.
8 앞서 인용한 Kennedy(1974), p.71.
9 앞서 인용한 Skwiot & Prusinowska, p.93. 접촉을 위한 양측의 접근을 그린 해도를 보려면 Konstam, Angus, *The Bismarck 1941*(2011)을 참조하라.
10 앞서 인용한 Kennedy(1974), p.74.
11 앞서 인용한 Asmussen, p.60.
12 앞서 인용한 Müllenheim-Rechberg, p.135.

13 위의 책, p.135.
14 앞서 인용한 Kennedy(1974), pp.75-76.
15 앞서 인용한 Asmussen, p.60.
16 앞서 인용한 Müllenheim-Rechberg, p.136-137.
17 Winklareth, Robert J., *The Battle of Denmark Strait: A Critical Analysis of the Bismarck's Singular Triumph*(2012), p.84.
18 앞서 인용한 Müllenheim-Rechberg, p.138.
19 앞서 인용한 Asmussen, pp.61-62.
20 Santarini, Marco, *Bismarck and Hood: The Battle of the Denmark Strait—a Technical Analysis for a New Perspective*(2017), pp.72-75.
21 위의 논문, p.72, 앞서 인용한 Asmussen, pp.61-62.

제10장 후드 폭침

1 앞서 인용한 Winkelrath(2012), pp.135-137, Konstam(2011), p.86.
2 앞서 인용한 Santarini, pp.111-116, Asmussen, p.61.
3 앞서 인용한 Santarini, pp.112-113, Asmussen, pp.61-63.
4 앞서 인용한 Asmussen, p.63.
5 앞서 인용한 Zetterling & Tamelander, p.167.
6 위의 책, p.157, 앞서 인용한 Asmussen, p.63.
7 앞서 인용한 Zetterling & Tamalander, p.162.
8 앞서 인용한 Asmussen, pp.63-64.
9 앞서 인용한 Skwiot & Prusinowska, p.99.
10 앞서 인용한 Asmussen, p.63.
11 앞서 인용한 Skwiot & Prusinowska, p.99.
12 앞서 인용한 Asmussen, p.64.
13 앞서 인용한 Müllenheim-Rechberg, p.141.
14 앞서 인용한 Santarini, pp.72-77.
15 위의 논문, pp.116-122.
16 앞서 인용한 Zetterling & Tamelander, pp.171-173에는 후드 폭침 장면을 접한 프린스 오브 웨일스 승조원들의 증언을 여러 개 실었다. 비슷한 현장 목격담을 보려면 앞서 인용한 Ballantyne(2010), pp.84-88을 보라.
17 앞서 인용한 Ballantyne(2010), pp.93-97.
18 앞서 인용한 Coles & Briggs, p.164.
19 앞서 인용한 Müllenheim-Rechberg, p.142.
20 위의 책, p.143.
21 앞서 인용한 Zetterling & Tamelander, p.173.
22 위의 책, pp.176-177.

23 위의 책, p.180.
24 앞서 인용한 Santarini, p.77.
25 앞서 인용한 Kennedy(1974), p.88, Zetterling & Tamelander, p.176.
26 앞서 인용한 Ballantyne(2010), pp.84-87.
27 앞서 인용한 Skwiot & Prusinowska, p.111.
28 앞서 인용한 Winklareth(2012), p.140.
29 앞서 인용한 Santarini, p.77.
30 앞서 인용한 Asmussen, p.69.
31 앞서 인용한 Kennedy(1974), p.90.

제11장 대서양으로

1 앞서 인용한 Kennedy(1974), pp.90-01, Ballantyne(2010), pp.89-92.
2 앞서 인용한 Zetterling & Tamelander, p.180.
3 위의 책 p.181, 구출담과 생존자 세 명의 고난을 보려면 Ballantyne(2010), pp.93-97을 보라.
4 앞서 인용한 Müllenheim-Rechberg, pp.150-151, Asmussen, p.74.
5 앞서 인용한 Müllenheim-Rechberg, pp.150-151.
6 위의 책, p.152.
7 위의 책, p.152.
8 위의 책, p.153.
9 위의 책, p.152. 이 피해가 뤼첸스에게 일으킨 문제에 관해서는 pp.153-157을 보라.
10 앞서 인용한 Kennedy(1974), p.102.
11 앞서 인용한 Roskill, pp.404-408. 이 시점에 영국 해군의 배치를 완전히 다룬 토의를 보려면 Zetterling & Tamelander, pp.193-197을 참고하라.
12 앞서 인용한 Kennedy(1974), pp.103-104.
13 위의 책, pp.107-108.
14 앞서 인용한 Müllenheim-Rechberg, p.158, Skwiot & Prusinowska, pp.123-134.
15 앞서 인용한 Asmussen, p.75.
16 앞서 인용한 Asmussen, p.75, Müllenheim-Rechberg, p.161.
17 앞서 인용한 Müllenheim-Rechberg, p.163.
18 앞서 인용한 Ballantyne(2010), p.101.
19 위의 책, p.102.
20 앞서 인용한 Roskill, p.408.
21 앞서 인용한 Roskill, p.408.
22 앞서 인용한 Zetterling & Tamelander, p.199, Ballantyne(2010), p.107.
23 앞서 인용한 Asmussen, p.77, Skwiot & Prusinowska, p.128.

24 앞서 인용한 Zetterling & Tamelander, pp.201–203, Ballantyne(2010), pp.108–111.
25 앞서 인용한 Müllenheim–Rechberg, p.167.
26 앞서 인용한 Ballantyne(2010), pp.111–112, Zeterling & Tamelander, p.204.
27 앞서 인용한 Müllenheim–Rechberg, pp.174–175, Zetterling & Tamelander, pp.210–211.
28 앞서 인용한 Müllenheim–Rechberg, pp.174–175.
29 위의 책, p.175.

제12장 비스마르크 사냥

1 앞서 인용한 Zetterling & Tamelander, pp.210–211.
2 위의 책, pp.212–213.
3 앞서 인용한 Winklareth(1998), p.198, Kennedy(1974), pp.126–127.
4 앞서 인용한 Kennedy(1974), p.126.
5 위의 책, pp.127–128, 앞서 인용한 Roskill, p.410.
6 Dannreuther, Raymond, *Sommerville's Force H*(2005), pp.88–89에는 간략하지만 유용한 서머빌 부대의 역사가 실렸다.
7 앞서 인용한 Whitley(1998), p.119.
8 앞서 인용한 Roskill, p.410, Kennedy(1974), pp.141–144.
9 앞서 인용한 Ballantyne(2010), pp.115–117.
10 앞서 인용한 Müllenheim–Rechberg, p.176.
11 위의 책, p.176.
12 위의 책, p.177.
13 위의 책, pp.182–183.
14 위의 책, p.183.
15 위의 책, p.185.
16 위의 책, pp.188–189.
17 앞서 인용한 Zetterling & Tamelander, pp.220–221.
18 앞서 인용한 Kennedy(1974), p.128.
19 앞서 인용한 Zetterling & Tamelander, pp.220–221.
20 위의 책, p.228.
21 앞서 인용한 Asmussen, p.82.
22 앞서 인용한 Kennedy(1974), pp.151–153.
23 위의 책, p.154.
24 위의 책, p.154, 앞서 인용한 Asmussen, p.83.

제13장 항공 공격

1 앞서 인용한 Skwiot & Prusinowska, pp.147–149.
2 Ballantyne, Iain, *Bismarck: 24 Hours to Doom*(2016), pp.21–22, 앞서 인용한 Zetterling & Tamelander, p.234.
3 앞서 인용한 Ballantyne(2010), p.132.
4 앞서 인용한 Zetterling & Tamelander, p.235.
5 앞서 인용한 Asmussen, p.83.
6 위의 책, p.83, 앞서 인용한 Ballantyne(2016), pp.16–18.
7 앞서 인용한 Zetterling & Tamelander, p.235.
8 위의 책, p.235, 앞서 인용한 Kennedy(1974), p.160.
9 앞서 인용한 Zetterling & Tamelander, p.235.
10 앞서 인용한 Ballantyne(2010), p.139.
11 위의 책, p.139.
12 위의 책, p.139.
13 위의 책, p.139.
14 위의 책, p.139.
15 앞서 인용한 Kennedy(1974), pp.165–166.
16 위의 책, pp.165–166.
17 앞서 인용한 Asmussen, p.85.
18 위의 책, p.85, 앞서 인용한 Zetterling & Tamelander, p.240.
19 앞서 인용한 Zetterling & Tamelander, p.240.
20 앞서 인용한 Ballantyne(2010), p.48.
21 앞서 인용한 Zetterling & Tamelander, p.246.
22 앞서 인용한 Skwiot & Prusinowska, p.154, Asmussen, p.228.
23 앞서 인용한 Zetterling & Tamelander, p.242.
24 앞서 인용한 Ballantyne(2010), p.147.
25 앞서 인용한 Asmussen, p.228.
26 앞서 인용한 Zetterling & Tamelander, p.246.
27 위의 책, p.246, 앞서 인용한 Kennedy(1974), p.175.
28 앞서 인용한 Kennedy(1974), p.175.
29 위의 책 p.172.
30 위의 책, p.172.
31 앞서 인용한 Zetterling & Tamelander, p.248.
32 위의 책, p.248.

제14장 밤의 구축함

1 앞서 인용한 Müllenheim-Rechberg, p.208.
2 위의 책, p.209.
3 위의 책, p.209.
4 위의 책, p.210.
5 위의 책, p.212.
6 앞서 인용한 Kennedy(1974), p.27.
7 앞서 인용한 Müllenheim-Rechberg, p.211, Ballantyne(2010), pp.158-159, Asmussen, p.89.
8 앞서 인용한 Ballantyne(2016), pp.27-29.
9 앞서 인용한 Kennedy(1974), p.183, Zeterling & Tamelander, pp.252-253.
10 앞서 인용한 Ballantyne(2010), p.154.
11 Whitley, M. J., *Destroyers of World War Two: An International Encyclopedia*(2001), pp.114-121, 220.
12 앞서 인용한 Zetterling & Tamelander, p.251.
13 앞서 인용한 Asmussen, p.89.
14 앞서 인용한 Müllenheim-Rechberg, p.217.
15 앞서 인용한 Kennedy(1974), p.184.
16 위의 책, p.186.
17 위의 책, p.186.
18 앞서 인용한 Ballantyne(2010), p.157.
19 위의 책, p.157.
20 앞서 인용한 Kennedy(1974), p.186.
21 앞서 인용한 Ballantyne(2016), p.46, Zetterling & Tamelander, pp.255-256과 Müllenheim-Rechberg, p.219도 보라.
22 앞서 인용한 Skwiot & Prusinowska, p.162.
23 앞서 인용한 Zetterling & Tamelander, p.209.
24 앞서 인용한 Ballantyne(2010), pp.41-42, Müllenheim-Rechberg, p.222.
25 앞서 인용한 Kennedy(1974), p.189.
26 앞서 인용한 Ballantyne(2010), pp.41-42, Müllenheim-Rechberg, p.222.
27 앞서 인용한 Müllenheim-Rechberg, p.223.
28 위의 책, p.222, 앞서 인용한 Kennedy(1974), pp.192-193.
29 앞서 인용한 Müllenheim-Rechberg, pp.229-230.
30 위의 책, p.231, 고통받는 비스마르크와 '수호자' U-556이 얼마나 가까이 있었는지, 볼파르트 함장이 개입할 수 없었던 사정에 관한 이야기를 알고 싶다면 같은 책 pp.229-234를 보라.

제15장 마지막 전투

1 앞서 인용한 Kennedy(1974), pp.188-189.
2 위의 책, pp.200-201.
3 앞서 인용한 Zetterling & Tamelander, p.264.
4 앞서 인용한 Ballantyne(2010), p.164.
5 앞서 인용한 Zetterling & Tamelander, p.264.
6 앞서 인용한 Kennedy(1974), p.201.
7 앞서 인용한 Asmussen, p.91.
8 앞서 인용한 Müllenheim-Rechberg, pp.248-249.
9 같은 책, p.247.
10 앞서 인용한 Kennedy(1974), p.204. Ballantyne(2010), pp.170-171도 보라.
11 앞서 인용한 Asmussen, p.92. 영국 함선에서의 반응은 앞서 인용한 Ballantyne (2010), pp.170-171를 보라.
12 앞서 인용한 Müllenheim-Rechberg, p.248, Asmussen, p.93.
13 앞서 인용한 Asmussen, p.92.
14 앞서 인용한 Müllenheim-Rechberg, p.250.
15 앞서 인용한 Kennedy(1974), p.206, Konstam(2015), p.68.
16 앞서 인용한 Zetterling & Tamelander, p.271.
17 앞서 인용한 Asmussen,, p.93.
18 앞서 인용한 Asmussen, p.93.
19 앞서 인용한 Müllenheim-Rechberg, p.250, Ballantyne(2016), p.61.
20 Müllenheim-Rechberg, p.253.
21 Zeterling & Tamelander, p.271.
22 위의 책, p.206.
23 앞서 인용한 Kennedy(1974), p.208.
24 위의 책, p.207.
25 앞서 인용한 Ballantyne(2010), p.185.
26 앞서 인용한 Kennedy(1974), pp.208-209.
27 앞서 인용한 Asmussen, p.97.
28 앞서 인용한 Zetterling & Tamelander, p.274.
29 앞서 인용한 Asmussen, pp.97-98.
30 앞서 인용한 Kennedy(1974), p.209.
31 뮐렌하임-레흐베르크의 탈출과 구조에 관한 이야기를 보려면 앞서 인용한 Müllenheim-Rechberg, pp.277-282를 보라.
32 앞서 인용한 Ballantyne(2010), pp.198-199.
33 앞서 인용한 Asmussen, p.98.
34 앞서 인용한 Müllenheim-Rechberg, p.272.
35 앞서 인용한 Kennedy(1974), p.209.

에필로그

1 Skwiot & Prusinowska, pp.186–190.
2 이들의 운명에 대해 더 자세히 알고 싶다면 앞서 인용한 Ballantyne(2010), pp.215–217, Chesnau and Whitley(1996, 1998, 2002)을 보라.
3 앞서 인용한 Whitley(1998), p.89.
4 앞서 인용한 Ballard, p.89.
5 위의 책, p.218.
6 앞서 인용한 Mearns & White, pp.194–207.
7 위의 책, p.207–211.

참고문헌

Asmussen, John, *Bismarck: Pride of the German Navy* (Cirencester, 2013) Fonthill Media Ltd.

Ballantyne, Iain, *Bismarck: 24 Hours to Doom* (London, 2016) Ipso Books.

Ballantyne, Iain, *Killing the Bismarck: Destroying the Pride of Hitler's Fleet* (Barnsley, 2010) Pen & Sword.

Ballard, Robert D., *The Discovery of the Bismarck* (Toronto, Ontario, 1990) Madison Publishing Inc.

Bekker, Cajus, *Hitler's Naval War* (London, 1974) Macdonald & Co.

Brooks, John, *Dreadnought Gunnery and the Battle of Jutland: The Question of Fire Control* (Abingdon, 2005) Routledge.

Broszat, Martin, *Hitler and the Collapse of Weimar Germany* (Oxford, 1987) Berg Publishers.

Brown, Malcolm & Meehan, Patricia, *Scapa Flow* (London, 1968) Allen Lane – Penguin Press.

Campbell, John, *Naval Weapons of World War Two* (London, 1985) Conway Maritime Press.

Chesneau, Roger, *Aircraft Carriers of the World, 1914 to the Present* (London, 1992) Arms & Armour Press.

Coles, Alan & Briggs, Ted, *Flagship Hood: The Fate of Britain's Mightiest Warship* (London, 1988) Robert Hale Ltd.

Dannreuther, Raymond, *Somerville's Force H* (London, 2005) Aurum Press.

Friedman, Norman, *British Cruisers: Two World Wars and After* (Barnsley, 2010) Seaforth Publishing.

Friedman, Norman, *British Destroyers: From Earliest Days to the Second World War* (Barnsley, 2009) Seaforth Publishing.

Friedman, Norman, *Naval Firepower* (Barnsley, 2013) Seaforth Publishing.

Friedman, Norman, *Naval Radar* (London, 1981) Harper Collins.

Gardiner, Robert (ed.), *Conway's All the World's Fighting Ships* (London, 1980) Conway Maritime Press.

Goerlitz, Walter, *History of the German General Staff, 1657–1945* (London, 1985) Westview Press.

Gröner, Erich, *German Warships, 1815–1945, Vol. I, Major Surface Vessels* (London, 1983) Conway Maritime Press.

Heathcote, Tony, *The British Admirals of the Fleet 1734–1995* (Barnsley, 2002) Pen & Sword.

Herwig, Holger H., *"Luxury" Fleet: The Imperial German Navy, 1888–1918* (Abingdon, 1987) Ashfield Press Ltd.

Hobbs, David, *British Aircraft Carriers: Design, Development & Service Histories* (Barnsley, 2013) Seaforth Publishing.

Jackson, Julian, *The Fall of France: The Nazi Invasion of 1940* (Oxford, 2003) Oxford University Press.

Kaufmann, Robert G., *Arms Control During the Pre–Nuclear Era* (New York, 1993) Columbia University Press.

Kennedy, Ludovic, *Pursuit: The Sinking of the Bismarck* (Glasgow, 1974) William Collins Sons & Co.

Kennedy, Paul, *The Rise and Fall of British Naval Mastery* (London, 1983) Macmillan Publishing.

Konstam, Angus, *Battleship Bismarck 1936–41, Owners' Workshop Manual* (Yeovil, 2015) Haynes Publishing.

Konstam, Angus, *The Bismarck 1941* (Oxford, 2011) Osprey Publishing.

Konstam, Angus, *Jutland 1916: Twelve Hours to Win the War* (London, 2016) Aurum Press.

Konstam, Angus, *Scapa Flow* (Oxford, 2009) Osprey Publishing.

Mahan, Alfred Thayer, *The Influence of Sea Power on History* (1893).

Maiolo, Joseph, *The Royal Navy and Nazi Germany, 1933–39: A Study in Appeasement and the Origins of the Second World War* (London, 1998) Macmillan Press.

Mearns, David & White, Rob, *Hood and Bismarck: The Deep–sea Discovery of an Epic Battle* (London, 2001) Channel 4 Books.

Ministry of Defence (Navy), *Admiralty Manual of Seamanship* (London, 1979) Vol. I, HM Stationery Office (History of the Second World War Series).

Von Müllenheim–Rechberg, Burkard, *Battleship Bismarck: A Survivor's Story* (Annapolis MD, 1990) Naval Institute Press.

Roberts, John, *The Battlecruiser Hood* (London, 1982) Conway Maritime Press (Anatomy of the Ship Series).

Roskill, Stephen W., *The War at Sea* (London, 1954) Vol. Ⅰ, HM Stationery Office (History of the Second World War Series).

Santarini, Marco, *Bismarck and Hood: The Battel of the Denmark Strait — a Technical Analysis for a New Perspective* (London, 2017) Fonthill Media.

Skwiot, Miroslaw Z. & Prusinowska, Elzbieta T., *Hunting the Bismarck* (Marlborough, 2006) Crowood Press.

Sondhaus, Lawrence, *The Great War at Sea* (Cambridge, 2014) Cambridge University Press.

Vego, Milan, *Maritime Strategy and Sea Denial: Theory and Practice* (Milton, 2018) Routledge.

Whitley, M. J., *Battleships of World War Two: An international Encyclopedia* (London, 1998) Arms & Armour Press.

Whitley, M. J., *Cruisers of World War Two: An international Encyclopedia* (London, 1998) Arms & Armour Press.

Whitley, M. J., *Destroyers of World War Two: An international Encyclopedia* (London, 1998) Arms & Armour Press.

Winklareth, Robert J., *The Battle of the Denmark Strait: A Critical Analysis of the Bismarck's Singular Triumph* (Oxford, 2012) Casemate Publishing.

Winklareth, Robert J., *The Bismarck Chase: New Light on a Famous Engagement* (London, 1998) Chantham Publishing.

Zetterling, Niklas & Tamelander, Michael, *Bismarck: The Final Days of Germany's Greatest Battleship* (Newbury, 2009) Casemate Publishing.

옮긴이 후기

제2차 세계대전의 유럽 전선이라면 모스크바, 스탈린그라드, 쿠르스크 전투가 벌어진 독소전쟁, 혹은 노르망디 상륙작전 이후 서부전선의 육상전을 떠올리기가 쉽습니다. 그러나 바다에서도 육지 못지 않게 치열한 전투가 벌어졌고 유보트와 호송선단이 상징하는 대서양 전투는 사상 최대의 해전으로 불립니다. 그런데 대서양에서는 잠수함뿐 아니라 수상함정, 특히 전함 간의 포격전도 벌어졌습니다. 그 가운데 전함 비스마르크 추격전은 동원된 함선의 규모나 극적인 이야기 전개와 비장한 결말 때문에 가장 유명합니다.

제1, 2차 세계대전에서 독일의 가장 큰 적은 영국이었습니다. 두 번의 세계대전에서 독일 지도자들은 모두 영국을 이겨야 전쟁에서 이길 수 있다고 믿었습니다. 그러나 영국은 섬나라였고 이 섬나라 영국에 승리하기 위해서는 해상교통을 차단해야 했습니다. 그러나 독일 해군의 전력은 이 목적을 달성하기에는 터무니없이 약했고 그 때문에 독일 해군은 유보트와 더불어 전함을 비롯한 대형 수상함들을 끊임없이 북대서양에 파견해 영국의 해상

교통을 교란하려 했습니다. 전함 비스마르크의 북대서양 출격도 그러한 노력의 일부였지만 이 출격은 결국 제2차 세계대전의 가장 극적인 사건 중 하나로 역사에 남게 됩니다.

저는 전함 비스마르크 이야기를 내셔널 지오그래픽에서 제작한 로버트 밸러드 박사의 다큐멘터리로 처음 접했습니다. 시청 후 관련된 책을 읽고 싶었지만 아쉽게도 그 때는 그런 책이 없었습니다. 세월이 흘러 지금 제가 그때 원했던 책을 번역하게 되어 감회가 새롭습니다. 저자의 말대로 영미권에서는 이 주제에 대해 이미 수많은 도서가 출간되었고 지금도 출간되고 있습니다. 따라서 어떤 책을 선택해 번역할지를 생각해야 했고, 최종적으로 루도빅 케네디의 『추적*Pursuit*』과 뮐렌하임-레흐베르크 소령의 회고록, 그리고 이 책 『비스마르크를 격침하라』를 후보로 선택했습니다. 구축함 타타르에 탑승해 비스마르크 추격전에 직접 참전한 저자가 쓴 『추적』은 두말할 나위 없는 훌륭한 작품이지만 거의 50년 전 책이라 새롭게 발견된 사실을 반영할 필요가 있다고 느꼈습니다. 뮐렌하임-레흐베르크 소령의 회고록도 귀중한 기록이지만 독일 측 생존자의 회고록이라 한쪽의 이야기만 전한다는 한계가 있었습니다. 고민 끝에 단점도 있지만 최신 연구 성과가 반영되었으며 어느 한쪽의 관점에 치우치지 않고 접근성이 좋은 『비스마르크를 격침하라』를 번역하기로 결정했습니다.

언제나 힘이 되어 준 가족과 출간 제안을 받아 주시고 좋은 책으로 내 주신 일조각 대표님, 편집장님과 직원 여러분께 깊은 감사의 말씀을 드립니다.

2024년 7월

이승훈

사진 출처

Naval History and Heritage Command(USA)
31, 33, 75, 78, 89, 119, 182, 196, 200, 202, 217쪽

Wikimedia Commons
21, 34, 52, 56, 76, 107, 122, 133, 152, 154, 155, 157, 194, 198, 221, 256, 267, 274, 289, 296쪽

찾아보기

ㄱ

〈가야만 하네〉 101
갤브레이스, 제임스Galbraith, James 275
건지, 휴Guernsey, Hugh 284
고다드, 노엘Goddard, Noel 146
고드프리-포싯, 데이비드 '페더'Godfrey-Faussett, David 'Feather' 257
고속전함 24
고텐하펜 85
고틀란드 106
공화국 해군Reichsmarine 24
구축함(영국군) 79
그나이제나우 47, 48, 51, 61
그레이엄, 해리Graham, Harry 275
그린힐, 프랭크Greenhill, Frank 121
그림스타드피오르 117
긱, 필립 '퍼시'Gick, Phillip 'Percy' 220

ㄴ

나치당 26
네츠반트, 하랄트Netzbandt, Harald 100
넬슨 52, 72
노르웨이 침공 48
노이엔도르프, 볼프Neuendorf, Wolf 143
(후드 폭침) 195
노퍽 136, 151, 161, 221, 283, 294, 301
뉴얼, 앨프 '진저'Newall, Alf 'Ginger' 156
뉴펀들랜드 50

ㄷ

달림플-해밀턴, 프레더릭Darymple-Hamilton, Frederick 230, 286
대체 함선 건조 계획 28
던다스, 윌리엄Dundas, William 193
(후드 폭침) 194
데넘, 헨리Denham, Henry 108
덴마크 해협 135, 140, 157, 212
(결과) 204
(독일군의 고려사항) 178
(양측이 서로를 발견) 177
(영국군의 고려사항) 175
(영국군의 오판) 179

덴마크 해협 해전 15
도버 순찰함대Dover Patrol 68
도싯셔 232, 284, 288, 294, 295, 301
도이칠란트 45
도이칠란트급 41
도이칠란트급 장갑함 25
독일 국방군 최고사령부 62
독일 원양함대 23
독일 해군Kriegsmarine 27
독일 해군최고사령부Oberkommando der Marine, OKM 43
(라인위붕 작전의 의도에 관해) 91

ㄹ

라밀리스 56, 212, 230
라왈핀디 47
라인위붕 작전 91
라컴, 아서Larcom, Arthur 250, 263
라플라타강 해전 25
랑스도르프, 한스Langsdorff, Hans 45
랑엘란스벨트 104
러널드, 허버트Ranald, Herbert 144
레더, 에리히Raeder, Erich 28, 41
레쇠섬 106
레이더
(독일군) 77
(영국군) 77, 162
렌드리스 프로그램 241
렐, 루돌프Lell, Rudolf 110
로더럼, 제프리 '행크'Rotherham, Geoffrey 'Hank' 145
로드니 6, 52, 57, 72, 165, 212, 230, 237, 269, 283, 285, 287, 294
로빈슨, 켄Robioson, Ken 276
로사이스 71
로슨, 보비Lawson, Bobby 222
로열 소버린급 72
로열 오크 65
로이드, 프랭키Lloyd, Frankie 145
뢰벤펠트-비스마르크, 도로테 폰 Löwenfeld-Bismarck, Dorothee von 32
룬, 로셔Lund, Roscher 108
뤼첸스, 귄터Lütjens, Günther 8, 218, 219, 278
(경로 선택에 관하여) 138
(덴마크 해협 해전) 183, 203
(덴마크 해협 해전, 교전보고) 209
(덴마크 해협 해전, 평가) 206
(라인위붕 작전 지휘관 선임) 94
(베를린 작전) 51
(비스마르크의 위치 폭로) 233
(생나제르로 퇴각 결단) 210
(영국군 동향을 오판함) 142
(웨이크-워커를 따돌리는 데 성공) 224
(후드 작전) 215
리나운 73, 230, 245, 247, 249
리벤지 56, 212
리치, 존Leach, John 132
(덴마크 해협 해전, 교전 중단 허가 요청) 199
(덴마크 해협 해전, 교전보고) 203
(후드 폭침) 193
리퍼드, 데이비드Repard, David 252
리펄스 73, 149, 301
린데만, 에른스트Lindemann, Ernst 8, 20, 38, 90, 222, 279

ㅁ

마르샬, 빌헬름Marshall, Wilhelm 47
마오리 232, 275, 277, 295
마틴 매릴랜드 146
마틴, 벤저민Martin, Benjamin 245, 284
말라야 55

맥그리거, 로더릭McGregor, Roderick 249
맨체스터 136
머핸, 앨프리드 세이어Mahan, Alfred Thayer 40
먼드, 로벤Maund, Loben 245, 254
먼스, 데이비드 L.Mearns, David L. 303
메독 221
모팻, 존 '족'Moffat, John 'Jock' 258
무장 상선 순양함 47
뮐렌하임-레흐베르크, 부르카르트 폰Burkard von Müllenheim-Rechberg 9, 33, 216, 290
(구축함과의 전투) 273
(덴마크 해협 해전) 192
(뤼첸스의 훈시에 관해) 235
(보안사고 우려) 101
(비스마르크의 뇌격 피해) 266
(비스마르크의 훈련에 관해) 89
(소드피시 뇌격기에 대한 감상) 222
(영국군과의 첫 접촉에 대해) 164
(후드 폭침) 195
밀러, 존 '더스티'Miller, John 'Dusty' 259

ㅂ

바다사자작전 49
바로, 오스카르Bahro, Oskar 89
바르바로사 작전Operation Barbarossa (독일의 소련 침공) 95
바이에른급 24
밸러드, 로버트Ballard, Robert 301
버밍엄 136
베를린 작전 51
보벨, 헨리Bovell, Henry 132, 223
보힐, 프레더릭Bowhill, Frederick 146
본, R. J.Vaughn, R. J. 188
본국 함대 63
볼린(유조선) 117
볼파르트, 헤르베르트Wohlfarth, Herbert 82, 281
봉쇄돌파선 84
뵈메, 프리드리히Böhme, Friedrich 103
부르크하르트, 헤르만Burkhardt, Hermann 28
북방수역 순찰함대Northern Patrol 68, 69, 155
북부(해군)집단사령부 99, 209
브레스트항 15, 58
브롬베르크 88
브리테닉 212
브릭스, 데니스Briggs, Denis 241
브릭스, 에드워드 '테드'Briggs, Edward 'Ted' 168
(후드 폭침) 194
브린드, 패트릭Brind, Patrick 130
브린크만, 헬무트Brinkmann, Helmuth 86, 300
블롬운트포스 22
블룸, 헤르베르트Blum, Herbert 88
B-디엔스트B-Dienst(해군무선정보부) 107, 115, 161, 215, 234
비스마르크 7, 20, 219, 224, 226, 274, 287, 288
(PBY 정찰로 발견) 243
(가짜 연돌) 236
(건조 개시) 29
(그림스타드피오르 출항) 127
(급유와 재도색) 199
(덴마크 해협 해전) 183, 187, 191, 198, 201
(덴마크 해협 해전, 피해) 207
(레이더 고장) 164
(비상조타 시도) 268
(빅토리어스 공격대 어뢰 명중) 222
(설계) 28
(스웨덴 해군에 발각) 107
(아크로열 공격대에 의한 뇌격 피해)

266
(연료 문제) 208
(영국군 정찰기 촬영) 121
(영국군과 첫 접촉) 163
(잔해 발견) 302
(전력화 훈련) 84
(제원) 34
(좌초 사고) 84
(침몰) 295
(캐터펄트 고장) 280
(함부르크 출항) 83
비스마르크, 오토 폰Bismarck, Otto von 22
비언, 필립Vian, Phillip 232, 245, 270, 272, 276, 278, 284
비티, 데이비드 리처드Beatty, David Richard 64
빅토리어스 219, 228, 301
빌, 토니Beale, Tony 261
빌헬름스하펜 47

ㅅ

사진정찰부대 120
생나제르 49
샤른호르스트 47, 48, 51
서머빌, 제임스Somerville, James 57, 230, 231, 245, 247
서부 접근로 50, 68
서부(해군)집단사령부 99, 209, 233, 234
서클링, 마이크Suckling, Mike 121
서퍽 153, 156, 161, 225, 216, 301
셰어, 라인하르트Scheer, Reinhard 212
셰틀랜드 47
셰필드 230, 245, 249, 251, 255, 270
소드피시 77, 222, 246
순양전함 72
순양함(영국군) 79
슈나이더, 아달베르트Schneider, Adalbert 8, 125
슈나이더, 오토Schneider, Otto 124
슈니빈트, 오토Schniewind, Otto 93
슈퍼 드레드노트 23
슐레트슈타트(유조선) 53
슐체-힌리흐스, 알프레트Schulze-Hinrichs, Alfred 104
스미스, 레너드 '턱'Smith, Leonard 'Tuck' 241
스완턴, 앨런Swanton, Alan 260
스카게라크 해협 51, 110
스캐파플로 63
스토레벨트 98
스톡스, 게리Stokes, Gary 277
스튜어트-무어, 제임스Stewart-Moore, James 250
스패로호크 기지 145
스핏파이어 120
시크 232, 275, 277

ㅇ

아드미랄 그라프 슈페 25, 45
아드미랄 셰어 21, 49, 50
아드미랄 히퍼 31, 50
아레투사 136
아르코나곶 103
아이슬란드 70
아이슬란드-페로 제도 139, 140
아크로열 16, 79, 230, 301, 245, 246, 247, 250, 255
악셀센, 비고Axelssen, Viggo 112
안그렌Angren 함장 107
암스트롱, 해리Armstrong, Harry 277
얀마웬섬 52
에든버러 232
에소 함부르크(유조선) 54
에스먼드, 유진Esmonde, Eugene 144, 220,

222, 228
H부대Force H 15, 57, 74, 230, 231, 237, 245, 284
FuMO23 레이더 158
엑스테른브린크, 하인츠Externbrink, Heinz 142
엘렉트라
(후드 생존자 발견) 206
엘리스, 로버트Ellis, Robert 153, 217, 225
영국 공군 연안방어사령부 58, 61
(비스마르크 정박지 폭격) 123
영국 본토 항공전 49
영국 정부 전시금수품 통제 69
영국 해군 대함대 64
영독 해군협정 26
오랑 74
오언-스미스, 앨리스터Owen-Smith, Alistair 261
오크니 대공 방어선 66
오크니 제도 63
욀스, 한스 20, 291, 294
우즈, 샘Woods, Sam 197, 198
워싱턴 해군조약 24
원거리 봉쇄 68
원격 봉쇄 44
월리, 조지Whalley, George 293
웨이크-워커, 프레더릭Wake-Walker, Frederic 136, 151, 197, 206, 211, 212, 216, 217, 225, 228
(덴마크 해협 해전, 교전 중단 허가) 199
윅 기지 120
윌콕스Wilcocks 262
U-47 65
U-556 82, 87, 281
유틀란트 해전 23
273형 수색 레이더 154

ㅈ

자기 기폭장치 253
작센발트 297
작전사령부Seekriegsleitung, SKL 43
잘배흐터, 알프레트Saalwächter, Alfred 99
'재키' 피셔'Jackie' Fisher 제독 64
전 드레드노트형 전함 24
접촉식 기폭장치 254
제122비행대 123
제209비행대 241
제269비행대 123
제619비행대 123
제771비행대 146
제810비행대 254
제818비행대 254
제820항공대 250
제825비행대 220
제828비행대 123
제25 유보트 전단 88
제4구축함전단 271
제5소해대 110
젤리코, 존 러시워스Jellicoe, John Rushworth 64
'족' 하틀리'Jock' Hartley 247
주력함 26
주얼, 찰스Jewell, Charles 259
줄루 232, 275
Z-10 한스 로디 104, 110
Z-16 프리드리히 에콜트 103, 110
Z계획 42
GIUK 갭 65

ㅊ

차일드, 에드워드Child, Edward 258
처칠, 윈스턴Churchill, Winston 65
(후드 폭침에 대한 반응) 205

ㅋ

카르디날 96
카를스, 롤프Carls, Rolf 99, 109
카버, 에드먼드Carver, Edmond 259
카이로 232
카이텔, 빌헬름Keitel, Wilhelm 96
카테가트 해협 106
칸타라호 55
칼바네스만 117
캐머런, 윌프레드Cameron, Wilfred 212
캠벨, 켄Campbell, Ken 61
커, 랠프Kerr, Ralph 131
커티스, 올번Curteis, Alban 228
케네디, 루도빅Kenndey, Ludovic 17
코르스피오르 116
코사크 232, 275, 276
콜릿, 찰스Collet, Charles 217
쿠드, 트레번튼 '팀'Coode, Treventen 'Tim' 254, 256, 262
퀸엘리자베스급 72
크리스티안산 111
크발피외르뒤르 136
킨Keane 259
킬피오르 84
킹 조지 5세 16, 269, 283, 294, 301
(성능과 문제점) 74, 75

ㅌ

타란토항 78
테넌트, 윌리엄Tennant, William 149
토비, 존 크로닌Tovey, John Cronyn 15, 57, 71, 130, 214, 219, 227, 228, 263, 283
(비스마르크 포착에 대한 대응) 165
(비스마르크의 최후의 관찰) 299
(후드 상실 후 함대 재배치) 229
토프, 카를Topp, Karl 85
톰스타드, 군발Tomstad, Gunvald 113
통상파괴전 41
퇴른베리, 에곤Törnberg, Egon 108
트레일, 헨리Traill, Henry 245, 254
티르피츠 85, 301
틸번, 로버트Tilburn, Robert
(후드 폭침) 194

ㅍ

파머, 에릭Farmer, Eric 276
파운드, 더들리Pound, Dudley 109, 212, 214
파텐샤프트 82
패터슨, 윌프레드Patterson, Wilfred 131, 269
패티슨, 케네스Pattison, Kenneth 258
팬코트, 헨리 세인트 존Fancourt, Henry St. John 145
페로 제도 47
페마른벨트 94
페테르센Petersén 중령 108
포레스터, C. S.Forester, C. S. 17
포브스, 찰스Forbes, Charles 71
포케불프 콘도르 240
폴라드, 헨리 '스피드'Pollard, Henry 'Speed' 220
폴러드, 프랭크Pollard, Frank 291
푸와프스키, 우제니우츠Pławski, Eugeniusz 275
풀머 220
프렌드, 찰리Friend, Charlie 261
프린스 오브 웨일스 15, 217, 224
(덴마크 해협 해전) 181, 185, 188, 191, 193
(덴마크 해협 해전, 퇴각) 200
(덴마크 해협 해전, 후드 폭침 뒤)
(성능과 문제점) 74~76

프린츠 오이겐 31, 87, 300
(기뢰 손상) 94
(덴마크 해협 해전) 183, 189, 201
(후드 작전) 215
플로타섬 67
PBY 카탈리나 240
피오룬 232, 271, 275
필립스, 앨프리드Phillips, Alfred 153
핌로트, 켄Pimlott, Ken 261

ㅎ

해양 거부 40, 59
해양 통제 41
헬반도 102
호송선단 41
홀랜드, 랜슬럿Holland, Lancelot 131, 170
(덴마크 해협 해전) 190
(전술) 172
후드 7, 8, 9, 73, 168
(덴마크 해협 해전) 180, 187, 190
(덴마크 해협 해전, 폭침 당시 상황) 192
(성능과 문제점) 74
(잔해 발견) 303
후드 작전 215
히틀러, 아돌프 32, 42, 96, 280

비스마르크를 **격침**하라

1941년 대서양 전투의 변곡점

1판 1쇄 펴낸날 2024년 7월 15일

지은이 | 앵거스 콘스텀
옮긴이 | 이승훈
펴낸이 | 김시연

편집 | 오지은
디자인 | 본문 이미애, 표지 최정희

펴낸곳 | (주)일조각
등록 | 1953년 9월 3일 제300-1953-1호(구 : 제1-298호)
주소 | 03176 서울시 종로구 경희궁길 39
전화 | 02-734-3545 / 02-733-8811(편집부)
02-733-5430 / 02-733-5431(영업부)
팩스 | 02-735-9994(편집부) / 02-738-5857(영업부)
이메일 | ilchokak@hanmail.net
홈페이지 | www.ilchokak.co.kr

ISBN 978-89-337-0839-2 03390
값 25,000원

* 옮긴이와 협의하여 인지를 생략합니다.